AF549948

MAURICE BANACH

SIE NANNTEN IHN MUCKI

Ralf Friedrichs
Thomas Reinscheid

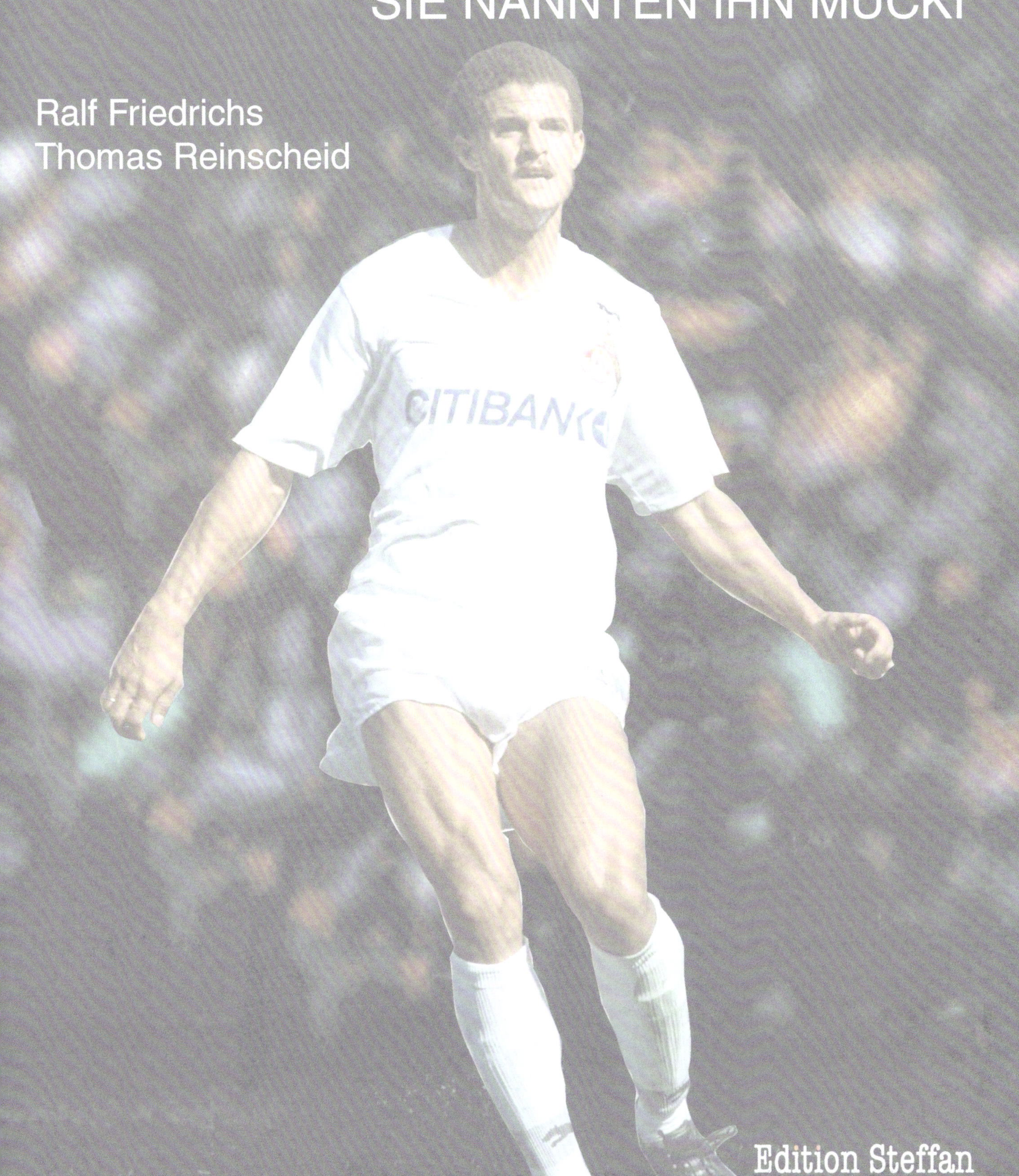

Edition Steffan

Impressum
© 2021 by

Edition Steffan

Verlag
Lindenthalgürtel 10
D-50935 Köln
Tel.: 02 21 / 73 916 73
e-mail: info@edition-steffan.de
www.edition-steffan.de

Autoren:
Ralf Friedrichs
Thomas Reinscheid
Frank Steffan

Lektorat/Redaktion
Frank Steffan

Cover-Grafik:
Thomas Schneider

Grafik:
Michael Croon
michael-croon@t-online.de

Fotos:
Horstmüller, IMAGO, Edition Steffan, Ralf Friedrichs, privat.

ISBN:
978-3-923838-91-2

Printed in Germany

Aktuelle Infos:
www.edition-steffan.de
www.facebook.com/muckiunvergessen/

Inhalt

Vorwort

Es ist nun 30 Jahre her – und dennoch kommt es mir so vor, als wäre es gestern gewesen, als ich die schreckliche Nachricht erhielt, dass Mucki bei einem Autounfall tödlich verunglückt sei. „Ich fahre allein zum Training, bleibt ihr ruhig hier. Bin heute Mittag wieder zurück“, hatte er gesagt, bevor er sich nach Köln aufmachte und dann nie wieder kam.

Mucki fehlt uns nach wie vor unendlich. Wenn ich unsere Söhne Danny und Zico sehe, dann habe ich ihn wieder vor mir – so sehr ähneln sie ihm, nicht nur optisch, sondern auch charakterlich. Wenn ich beide zusammenpacke, dann habe ich wieder meinen Mucki. Er war ein wundervoller Mensch, der für immer in unseren Herzen sein wird.

Dass nicht nur für mich Mucki unvergessen bleibt, sondern auch bei den FC-Fans, fühlt sich sehr gut an. Auch deshalb war ich Feuer und Flamme, als mich Ralf Friedrichs und Thomas Reinscheid kontaktierten und um ein Gespräch über eine etwaige Biographie baten. Dass meinem Mann und dem Vater zweier wunderbarer Söhne ein journalistisches Denkmal in Buchform gesetzt werden sollte, ist eine schöne Idee, die mich direkt begeistert hat. „Sie nannten ihn Mucki“ - der Titel klang für mich sofort passend. Dass zwei ausgewiesene FC-Experten sich diesem Thema annehmen wollen, hat mich sehr gefreut. Es hat lange gedauert, bis Muckis außergewöhnliches Leben in dieser Form dokumentiert wird. Umso schöner ist es für uns, dass es jetzt geschieht.

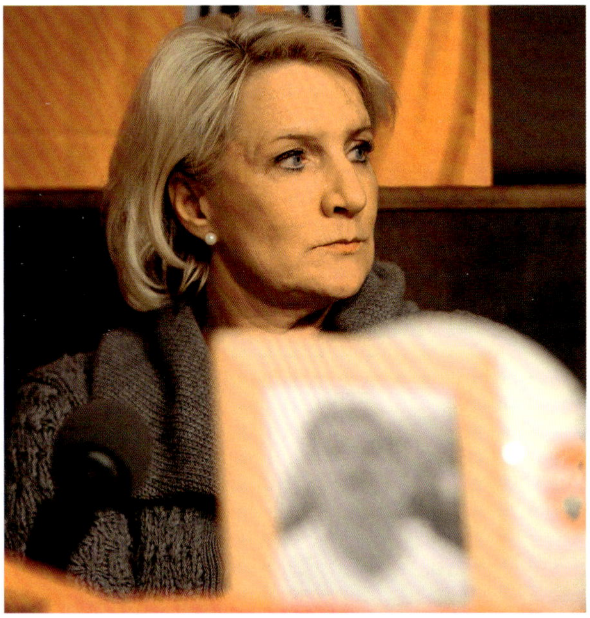

Das gilt auch für die Unterstützung, die wir als Familie von vielen Seiten erfahren. Da ist beispielsweise die wundervolle Trikot-Aktion, die Andreas Gielchen ins Leben gerufen hat. Mir gefällt das von Marc Kaufmann gestaltete Trikot mit dem Mucki-Wappen und den kölschen Tränen ausgesprochen gut. Dann das Benefizspiel, das der 1. FC Köln zum Gedenken an Mucki veranstalten will! Es ist eine ganz besondere Geste, über die wir uns als Familie sehr freuen. Ich habe dabei ein gutes Gefühl und bin sehr dankbar dafür, was der FC und Andreas Gielchen auf die Beine gestellt haben. Die Anteilnahme, die sich in den verschiedenen Aktionen von Fans und Verein widerspiegelt, ist einfach der Wahnsinn.

Der FC, das habe ich nun auch gespürt, ist mittlerweile eine Familie, die zusammenhält. Und eine Familie, in der wir uns gut aufgehoben und aufgefangen fühlen. Das war leider damals nicht der Fall – wir fühlten uns nach Muckis Tod ziemlich allein gelassen vom Verein. Die Unterstützung seitens des FC war im Anschluss an dieses Unglück nicht so, wie sie hätte sein

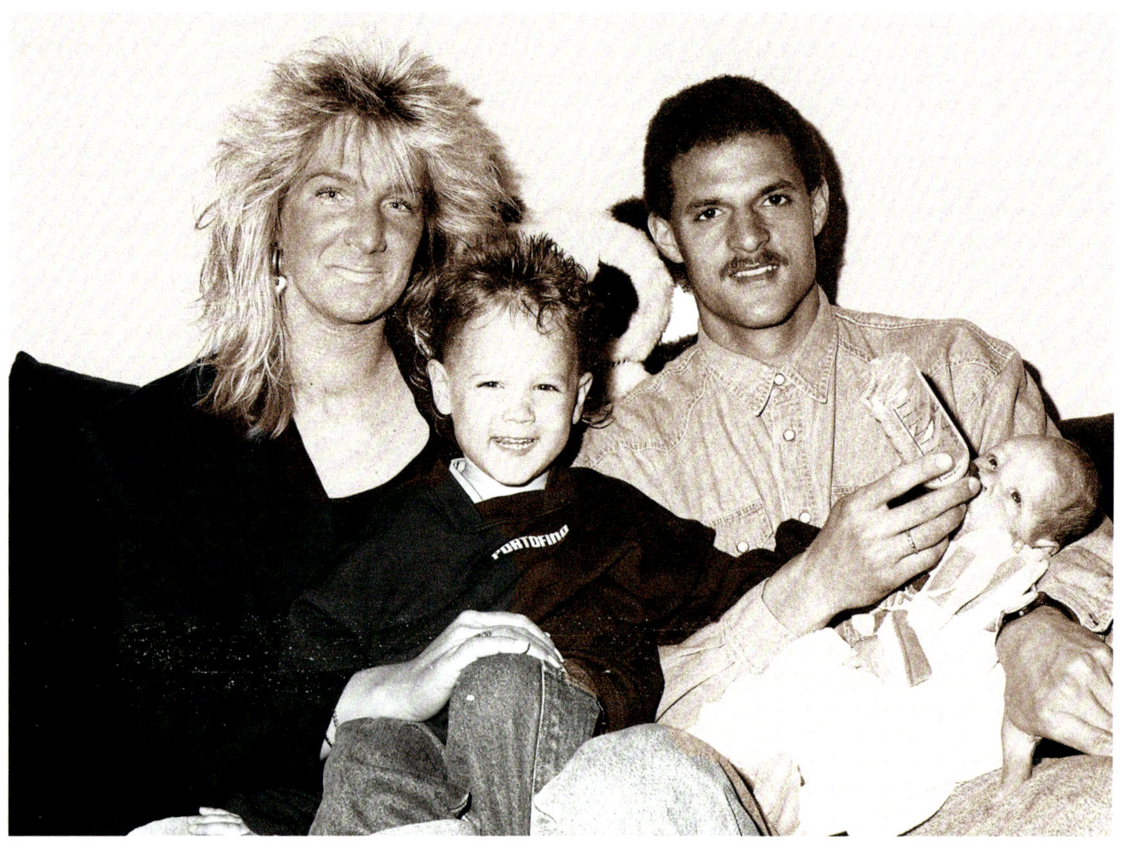

können. Nicht so, wie wir es gebraucht hätten, nicht so, wie es für einem 1. FC Köln würdig gewesen wäre. Ganz im Gegenteil sogar: Die damalige Vereinsführung war alles, nur keine Hilfe für uns. Auch deshalb bin ich dankbar, dass es heute anders ist. Ich habe jetzt das Gefühl, das ich vor 30 Jahren gerne gehabt hätte. Dass man für uns da ist. Dass man uns unterstützt. Dass wir ein Teil der FC-Familie sind – und keine Altlast, wie es aus Vereinssicht schon einmal formuliert wurde.

Dass Mucki alles andere als eine „Altlast" ist, zeigen für mich die Reaktionen, die er besonders bei den FC-Fans hervorruft. Sie haben ihn über all die Zeit nie vergessen, schwelgen nostalgisch in Erinnerungen an ihn und halten Mucki seit Jahren in Ehren. So wie er für mich immer in meinem Herzen sein wird, so ist er auch für immer in den Herzen der FC-Fans. Mucki hat sich das verdient: Er war ein so lieber Mensch, zurückhaltend, warmherzig, liebevoll. Ein Leben, das ein viel zu frühes Ende fand. Der Schmerz dieses schrecklichen Verlustes ist auch nach 30 Jahren noch präsent. Es ist eine Wunde, die für immer bleibt. „Sie nannten ihn Mucki" erzählt die Geschichte, die sich hinter dem Gedenken an einen wundervollen Menschen und herausragenden Fußballer verbirgt. Und dieses Buch ist ein würdiges Andenken an einen wundervollen Menschen. Mucki – unvergessen!

Claudia Bannach

Münster im September 2021

„Mucki Unvergessen" - mehr als nur eine Erinnerung

Die Historie des 1. FC Köln – sie ist gespickt mit Legenden. Wie soll das bei einem solch verrückten Verein auch anders sein? Gern erzählte Geschichten und amüsante Anekdoten, grandiose Erfolge und tragische Niederlagen, Typen und Persönlichkeiten prägen das Bild eines Clubs, der sich so tief in die kölsche Seele eingebrannt hat wie sonst wohl nur der Karneval, der Dom und der Rhein.

Allein ein oberflächlicher Blick in die FC-Annalen zeigt: An herausragenden Charakteren hat es selten gemangelt. Nehmen wir Hennes Weisweiler. Als Spieler, Spielertrainer und Trainer für den FC aktiv, mit dem Gewinn des Doubles 1978 der Architekt des größten Erfolgs der Clubgeschichte – und Namensgeber des weltweit bekannten Maskottchens der „Geißböcke". Oder Hans Schäfer. De Knoll, ein Leben für den 1. FC Köln. Deutscher Meister 1962 und 1964, Anführer und Gesicht dieses Clubs. Weltmeister 1954, der nach innen flankte, „wo Rahn aus dem Hintergrund schießen müsste", schoss und das „Wunder von Bern" perfekt machte. Oder Wolfgang „Bulle" Weber. Der mit gebrochenem Wadenbein von der Massagebank sprang und der schweren Verletzung zum Trotz noch weiterspielte. Der Kronzeuge beim Nicht-Tor von Wembley im WM-Finale 1966, der dieses Drama durch seinen Ausgleichstreffer kurz vor Spielende überhaupt erst ermöglichte.

Oder Wolfgang Overath, der geniale Taktgeber und Spielmacher, der den FC über Jahre wie kein anderer verkörperte, ihm in allen Höhen und Tiefen die Treue hielt und mit der deutschen Nationalmannschaft 1974 den WM-Titel holte. Oder Hannes Löhr, Rekordtorschütze des Vereins in der Bundesliga. Auch nach der Karriere sich nicht zu schade, für die „Geißböcke" in der Not als Trainer oder Sportchef einzuspringen. Oder Heinz Flohe. Der großartige Techniker, viel zu früh verstorben. Immer ein wenig im Schatten anderer, doch wohl der talentierteste Mittelfeldspieler, der je das Trikot des 1. FC Köln tragen durfte. Dessen Karriere auch durch den Verleger dieses Buches endlich die Würdigung erfuhr, die sie verdient gehabt hat. Oder Toni Schumacher, jener positiv Verrückte zwischen den Pfosten. Der die Knochen für den FC hinhielt und weder sich noch Gegner schonte. Oder Pierre Littbarski. Der geniale Dribbler mit den O-Beinen, der in den achtziger Jahren diesen Club nicht nur mit seiner Spielkunst prägte. Oder Thomas „Icke" Häßler, der Freistoßkünstler – dessen Abgang nach Italien noch heute für Diskussionen sorgt. Bodo Illgner. Lukas Podolski. Jonas Hector. Es sind diese klangvollen Namen, diese illustren Personen, diese ganz besonderen Charaktere, die für immer mit dem 1. FC Köln verbunden sein werden.

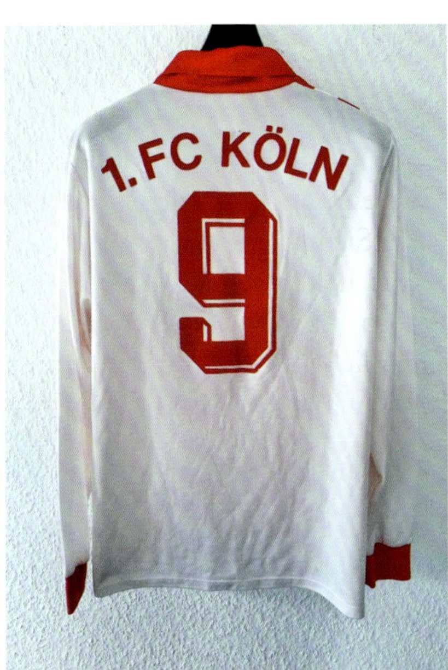

Die Nummer 9:
Mehr als eine Zahl!

Doch wie kommt es überhaupt dazu, dass jemand zur Legende wird? Was ist nötig, um sich einer solchen Einschätzung für würdig zu erweisen? Wie verläuft der oftmals steinige Weg in die heißen Herzen der Fans? Es sind verschlungene Pfade, so viel ist jedenfalls klar. Nicht immer sind es sportliche Großtaten, wenngleich diese das Unterfangen natürlich deutlich erleichtern. Zumeist sind es Emotionen, die einen Platz unter den Legenden frei räumen. Der Star, der Abwerbeversuchen prominenter und zahlungskräftiger Clubs widersteht und seinen Verein zum Erfolg führt. Der Mann für die wichtigen Tore, der trotz allem bodenständig und be-

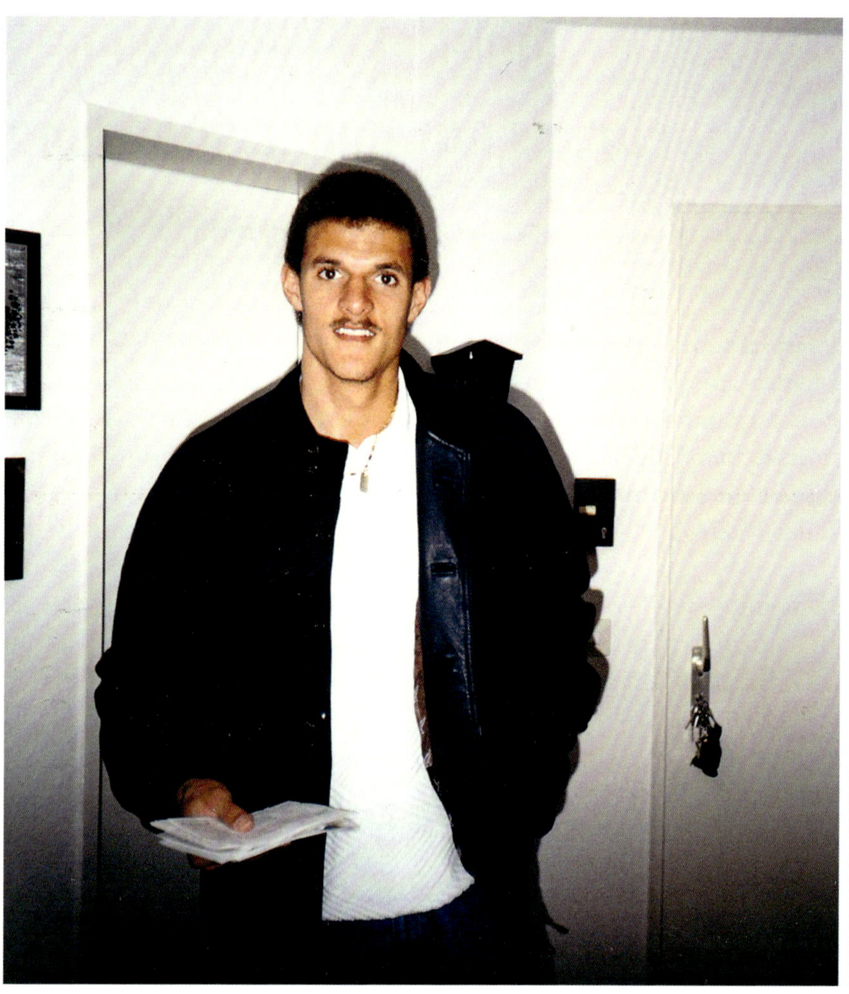

Maurice Banach privat:
Schnappschuss in den eigenen vier Wänden.

scheiden geblieben ist. Der Haudegen, der sich über Jahre in jeden Zweikampf schmeißt und sich für die Drecksarbeit nicht zu schade ist. Der Spieler mit dem speziellen Flair, der für die besonderen Momente, die das gewisse Extra auf den Platz bringen. Oder das Eigengewächs, das in dunkler Zeit Hoffnung auf eine bessere Zukunft macht. Es gibt - das zeigt auch ein Blick auf die bereits genannten Namen, die allen FC-Fans allein dank der Erinnerungen an bessere Zeiten ein Lächeln auf die Lippen zaubern – offenbar viele Wege, um in Köln eine Legende zu werden.

Leider ist auch Tragik einer davon. Denn davon handelt dieses Buch, das wir in Anspielung an einen Bud-Spencer-Klassiker „Sie nannten ihn Mucki" getauft haben. 63 Pflichtspiele absolvierte Maurice Banach, den alle nur „Mucki" nannten, für den FC, erzielte dabei im Trikot der Geißböcke 29 Treffer. Es wurden nur 63 Partien und „nur" 29 Treffer, bevor das Schicksal am 17. November 1991 seinen bitteren Lauf nahm. Banach, der als einer der hoffnungsvollsten jungen deutschen Stürmer galt, kam im Alter von lediglich 24 Jahren bei einem Verkehrsunfall auf dem Weg zum sonntäglichen Training ums Leben. Ein Tag, der eine Zäsur in der Vereinsgeschichte bedeutete. Es wird oft etwas flapsig dahergesagt, dass nach einem Ereignis nichts mehr so war, wie es zuvor zu sein schien. Mit dem tragischen Tod des Torjägers galt das für den 1. FC Köln, der nicht nur einen Leistungsträger, sondern auch einen Publikumsliebling verlor, definitiv. Noch bis heute ist Maurice Banach in den Reihen der Kölner Anhänger unvergessen – und das im wahrsten Sinne des Wortes. „Mucki unvergessen"-Spruchbänder im Stadion erinnern regelmäßig ebenso an den verstorbenen Stürmer wie weitere Fan-Aktionen, beispielsweise ein zu seinen Ehren benanntes Gedächtnisturnier. Wer sich in den FC-Foren oder den sozialen Netzwerken herumtreibt, der wird spätestens am 9.Oktober, Banachs Geburtstag, oder eben an jenem schicksalhaften 17. November die auch Jahrzehnte später noch vorhandene Zuneigung der Anhänger zum einstigen Hoffnungsträger spüren. Aus dem Leben wurde Maurice Banach durch den verhängnisvollen Verkehrsunfall viel zu früh gerissen, aus den Herzen und Erinnerungen der Fans wird ihn niemand so schnell reißen.

Denn: Über die Jahre ist Banach zum Mythos geworden, der tragische Tod des Torjägers wurde quasi nahtlos verknüpft mit dem Niedergang des 1. FC Köln. Waren die Geißböcke bei Banachs Wechsel aus Wattenscheid in die Domstadt noch ein Topclub der Bundesliga, stand nicht einmal sieben Jahre später der erste Abstieg der Vereinsgeschichte auf dem Programm. 1998 war sicherlich der vorläufige Tiefpunkt einer negativen Entwicklung, die schon vor diesem herbstlichen Sonntag im November 1991 ihren Anfang nahm. Dennoch wird diese Schocknachricht, diese menschliche Tragödie in der öffentlichen Wahrnehmung unter den FC-Anhängern zum Wendepunkt stilisiert, der die Talfahrt des einstmaligen Vorzeigevereins aus der Domstadt symbolisiert. „Aus dem Nichts entsteht eine sehr große Legende", heißt es in den Elegien des römischen Dichters Sextus Aurelius Propertius, in Deutschland auch unter dem Namen Properz bekannt. Dieses Nichts, es ist im Falle des Maurice Banach nicht die Leistung des Stürmers oder das einstige Können des 24-Jährigen – es ist seine Abwesenheit. Und aus diesem Nichts, diesem sinnlosen Sterben, ist eine sehr große Legende entstanden.

Fußballfans, das dürfte hinlänglich bekannt sein, neigen gern zu kontrafaktischen Planspielen. Was wäre, wenn? Wohl nichts beschäftigt die Seele der Schlachtenbummler mehr als dieses Gedankenspiel. Hätte der FC etwas mehr Glück auf seiner Seite und den passenden Schiedsrichter gehabt, dann wäre er 1965 in Rotterdam gegen den FC Liverpool weitergekommen. Wenn die Geißböcke in den siebziger Jahren einen Torjäger vom Format eines Gerd Müller gehabt hätten, dann wäre die Erfolgsgeschichte des FC Bayern ein müder Abklatsch gegen die Titelserie der Kölner gewesen. 1998 wäre der FC nicht abgestiegen, aber Oliver Held spielte auf Schalke den Ball mit der Hand und belog dann Schiedsrichter Uwe Kemmling. Hätte, wenn und aber: Der Konjunktiv als Hilfskrücke, um der oftmals bedrückenden Nüchternheit der Realität zu begegnen. Auch diese unverschuldete Unschärfe, diese quälende Ungewissheit spielt eine Rolle, wenn der „Mythos Mucki" zur Sprache kommt. Was hätte noch alles sein können in der Zukunft? Banach hatte gerade erst seinen Vertrag beim FC langfristig verlängert, klopfte nach furiosem Saisonstart an die Tür zur Nationalmannschaft. Ein neuer Dieter Müller vielleicht? Der Torjäger, der die Geißböcke endlich wieder zu ersehnten Titeln schießt? Offene Fragen, die außerhalb der eigenen Gedankenspiele niemals beantwortet werden können.

Und dennoch sind auch sie Treiber für die Idee hinter diesem Buch gewesen. Schon in den vergangenen Jahren hatten wir mit dem Gedanken gespielt, etwas über Maurice Banach zu machen. Der letzte Anstoß kam dann bei Gesprächen über den jetzigen Bundestrainer Hansi Flick, der zur selben Zeit wie „Mucki" beim 1. FC Köln spielte. Nicht nur war es vielen unbekannt, dass Erfolgsgarant Flick, der mit dem FC Bayern das Triple aus Deutscher Meisterschaft, DFB-Pokal und Champions League an die Säbener Straße holte, überhaupt jemals für die Geißböcke gespielt hatte, auch war zu unserer Überraschung den meisten Menschen, mit denen wir sprachen, die Karriere Banachs bis auf seinen tragischen Tod kaum ein Begriff. Gerade für die meisten jüngeren FC-Fans, die Banach nicht mehr haben spielen sehen, können die Erinnerungen darüber gar nicht hinausgehen. Das eindrucksvolle Bild, schon beinahe ikonisch, nach der Niederlage im Pokalfinale 1991 gegen Werder Bremen, das den FC-Angreifer niedergeschlagen mit leerem Blick, der emotionale Schmerz ist förmlich zu greifen, an der Auswechselbank zeigt: Es ist den meisten bekannt, es ist für viele die visuelle Verknüpfung zwischen der eigenen Enttäuschung und der Tragödie, die sich wenige Monate später zutrug. Manchmal gerinnt die Erinnerung an ein Ereignis

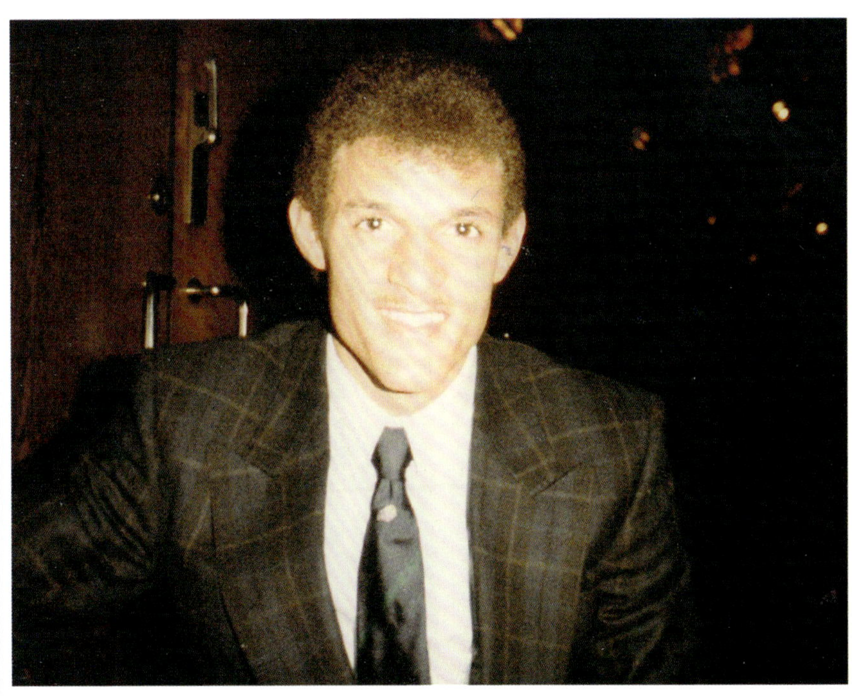

Der Goalgetter:
Auf jedem Parkett heimisch.

zu einem einzelnen Moment, zu einem einzelnen Wort oder zu einem einzelnen Bild. Eben jenem Bild des Angreifers, der weniger als ein halbes Jahr später nicht mehr unter uns weilte, weil ein Autounfall den Ausnahmestürmer aus dem Leben riss.
Doch wer war Maurice Banach überhaupt – auf und neben dem Platz? Diese Frage war der Startschuss für unsere Ambitionen, den Spieler wie auch den Menschen besser kennenzulernen. Die Geschichte des Maurice Banach beginnt in seiner Heimat Münster, in der er unter schwierigen Vorzeichen als Sohn eines US-amerikanischen Soldaten, den er niemals kennenlernen durfte, aufwächst, wo er sein privates Glück mit seiner großen Liebe Claudia findet und zum Vater und Ehemann wird.
Die Geschichte des Maurice Banach führt über den Aschenplatz von Preußen Münster zum Lieblingsverein Borussia Dortmund ins Westfalenstadion, es folgt ein Engagement beim Bochumer Vorortclub Wattenscheid 09, den Banach erstmals in die Bundesliga schießt. Und die Geschichte des Maurice Banach führt nach Köln, der letzten Station dieser eigentlichen Heldenreise, die letztlich zur Tragödie geworden ist.

Die Geschichte des Maurice Banach ist aber auch eine Geschichte, die über den Tod hinausgeht. NBA-Superstar LeBron James sagte zum ersten Todestages der ebenso viel zu früh tödlich verunglückten Basketball-Ikone Kobe Bryant: „Es gibt viel, das stirbt auf dieser Welt. Aber Legenden sterben nie!“ Und das gilt auch für das Andenken an Mucki Banach: Nicht nur in den Herzen der Fans, sondern vor allem in den Herzen seiner Hinterbliebenen. Denn bei aller Faszination für den Fußball – es mag der öffentlichere, der bekanntere Teil sein, der auch in dieser Einleitung den größten Platz einnimmt, doch die wichtigste Partei ist die Familie, sind die Freunde, die einen tragischen Verlust erlitten. Mucki hinterließ eine trauernde Witwe, die ihren geliebten Ehemann verlor. Er hinterließ seine beiden Söhne Danny und Zico, die ihren Va-

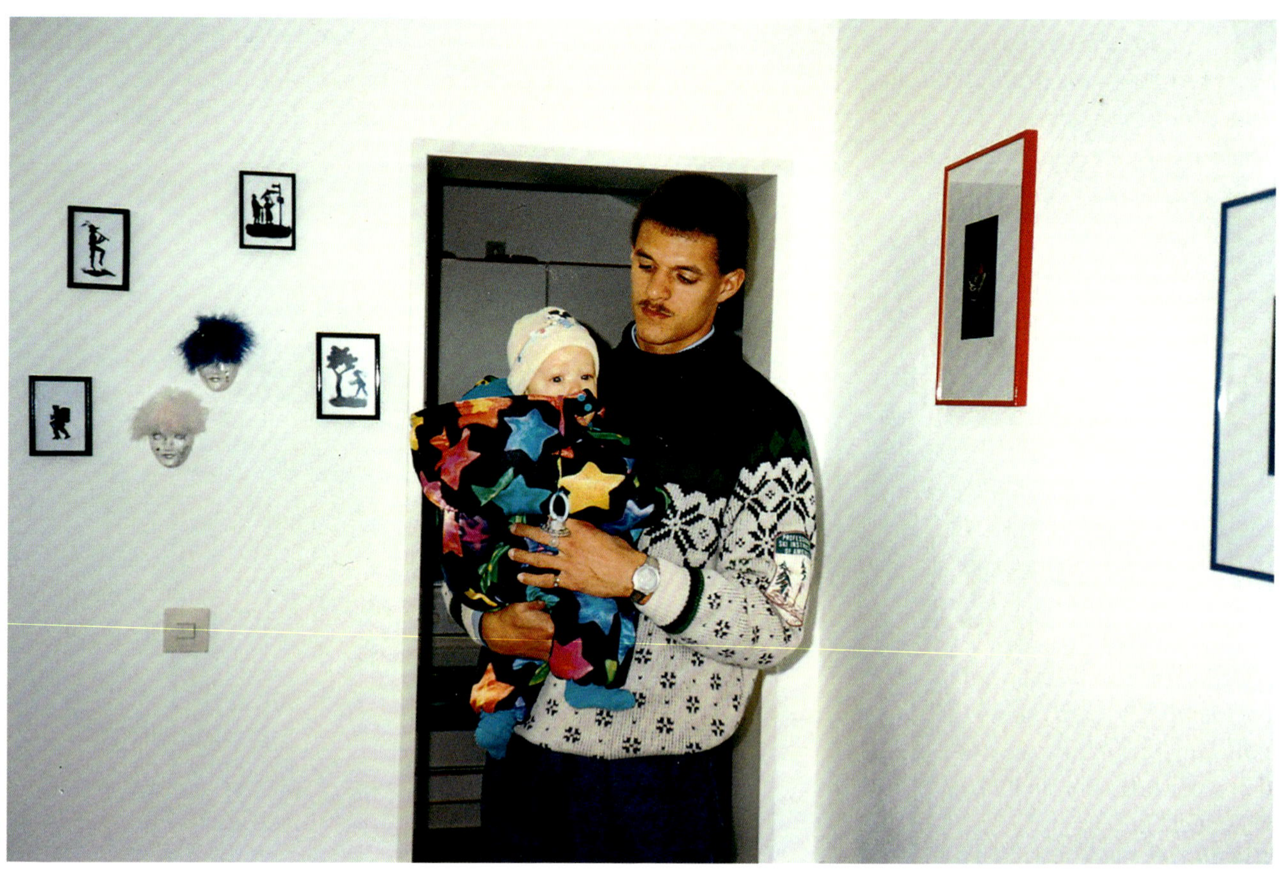

Blick ins Private:
Banach, der Musterpapa.

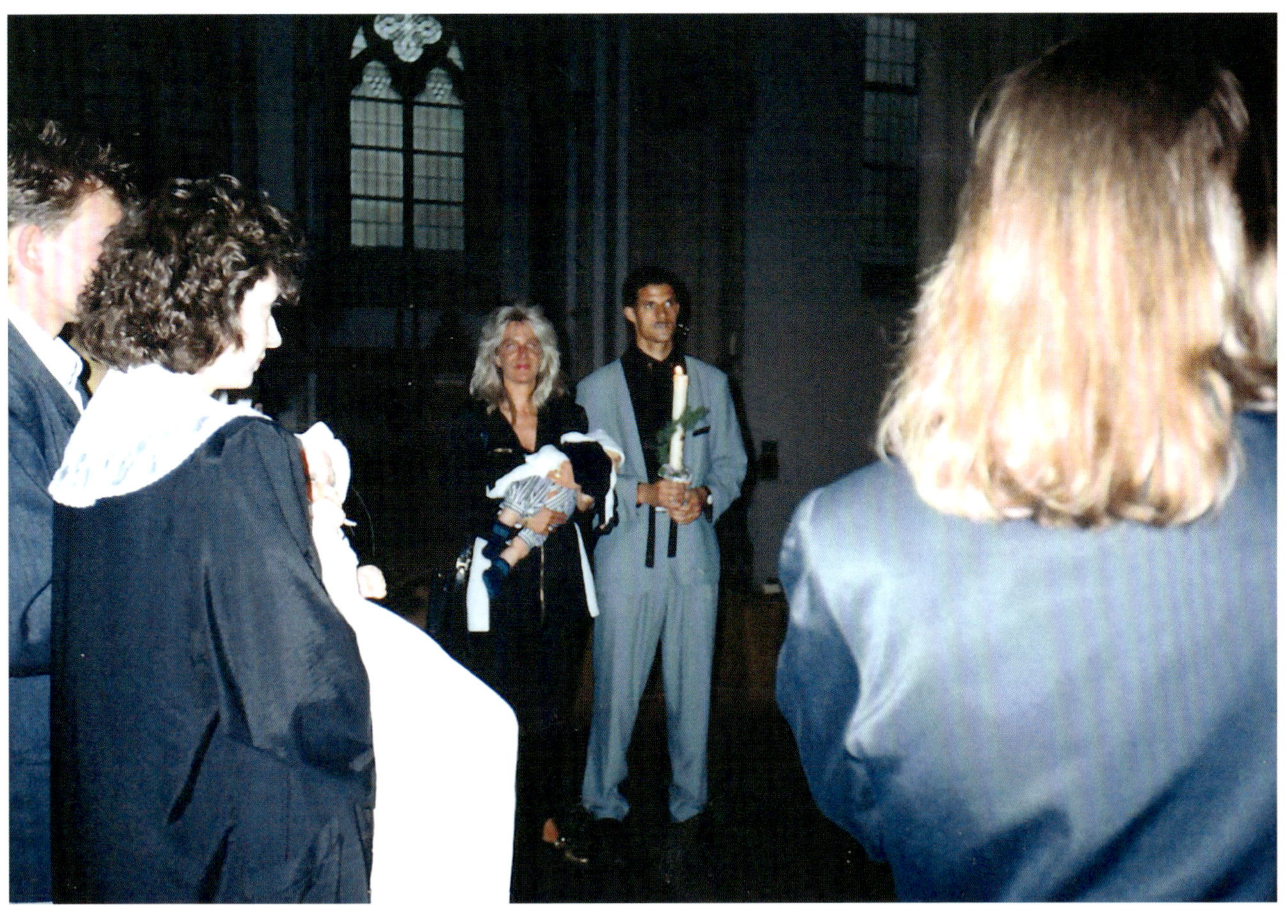

Familiäres Glück:
Die Taufe von Zico Banach.

ter niemals richtig kennenlernen konnten und dessen Aufwachsen der verstorbene Fußballer nicht verfolgen konnte. Deshalb ist die Geschichte des Maurice Banach keinesfalls nur eine Geschichte über einen hervorragenden Fußballer, sondern auch über einen charakterstarken Menschen.

Deshalb ist die Geschichte des Maurice Banach auch eine Geschichte über eine große Liebe, eine starke Frau, der das Schicksal viele Steine in den Weg legte, und über eine Familie, die über das Erinnern hinaus einen Umgang mit dieser Tragödie gefunden hat. Das ist „Sie nannten ihn Mucki".

„Wer im Gedächtnis seiner Lieben lebt, der ist nicht tot, der ist nur fern; tot ist nur, wer vergessen wird", schrieb der große Immanuel Kant einst. Bei der Recherche für dieses Buch haben wir gemerkt, dass dies nicht bloß eine hohle Phrase, nicht bloß eine leere Floskel ist. Mit wem wir auch über Mucki Banach sprachen, wem wir von diesem Projekt erzählten, es war stets dieses Glänzen in den Augen zu sehen. Die Erinnerung an einen großartigen Stürmer ist auch dank des Einsatzes vieler Einzelner wie seinem ehemaligen Mitspieler Andreas Gielchen lebendig – und sie soll das auch über die kommende Zeit, die neben dem durch Fans initiierten Sondertrikot auch ein Benefizspiel seitens des 1. FC Köln vorsieht, hinaus bleiben. Tot ist nur, wer vergessen wird? Maurice Banach bleibt stets unvergessen – dazu soll auch dieses Buch beitragen.

Thomas Reinscheid &
Ralf Friedrichs

Köln, im Oktober 2021

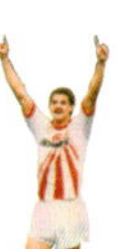

GRATIS!

Der Prospekt zum 40jährigen Verlagsjubiläum!

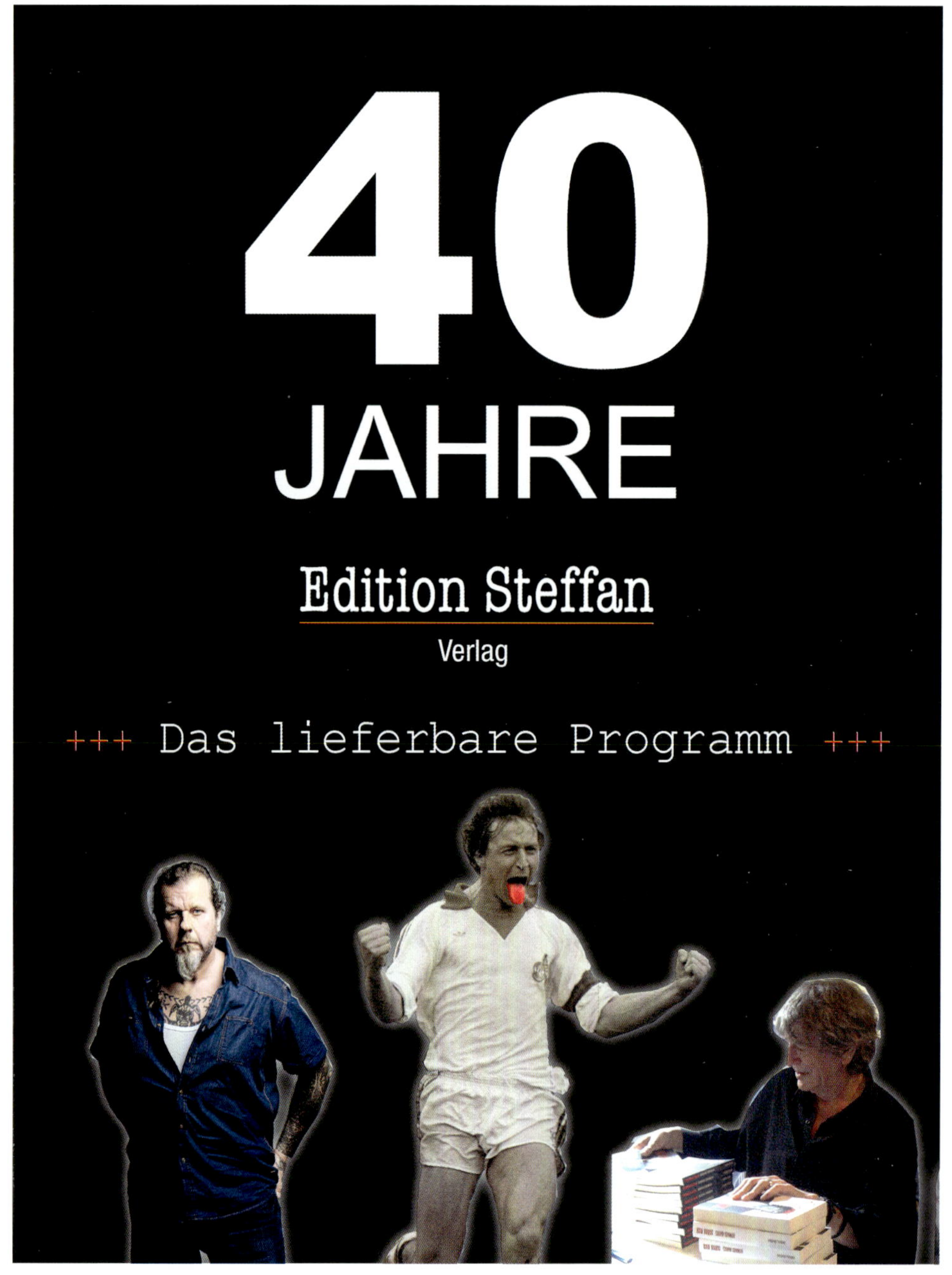

Jeder kann den Prospekt unkompliziert bestellen, Anruf (0221 - 73 916 73) oder formlose Mail an info@edition-steffan.de genügt.
Man kann auch mehrere Exemplare bestellen. Bitte überlegen Sie, wem Sie den Prospekt weiterreichen können. Jeder Kontakt ist gut und hilfreich.

Über Münster nach Dortmund:
Ein steiniger Weg zum Bundesliga-Profi

Einmal vor Tausenden Fans einen entscheidenden Treffer erzielen, der den eigenen Lieblingsverein zum Erfolg führt. Dann von den jubelnden Anhängern auf Händen durch das Stadion getragen werden. Sich irgendwie in den Geschichtsbüchern des Clubs und in den Erinnerungen vieler Menschen verewigen. Welcher Fußballer, gleich ob klein oder groß, träumt nicht insgeheim von diesem Szenario? Maurice Banach hat genau das erlebt. Im Westfalenstadion. Mit seinem Herzensverein Borussia Dortmund. Am vorletzten Spieltag der Saison 1986/87. Der junge Angreifer absolvierte gerade seine erste Profisaison. Der BVB war aus den Ruinen der Relegation gestiegen, in der gegen Fortuna Köln erst im Entscheidungsspiel der Klassenerhalt gesichert werden konnte und er hatte sich unter Reinhard Saftig zu einem ernstzunehmenden Kandidaten für den Europapokal entwickelt. Neben Banach und Adrian Spyrka, die aus der eigenen Jugend hochgezogen wurden, verstärkten sich die Schwarzgelben offensiv mit Frank Mill und Norbert Dickel, auch Thomas Helmer und Wolfgang „Teddy“ de Beer schlossen sich den Dortmundern an, die mit diesem Kader, nur ein Jahr nach dem mit Mühe vermiedenen Abstieg, auf die internationale Bühne zurückkehren wollten.

Die Vorzeichen standen dafür im Saisonendspurt zwar nicht schlecht, doch die Ausgangslage vor dem Heimspiel gegen den VfL Bochum hätte durchaus besser für den BVB sein können: Beim direkten Konkurrenten Werder Bremen hatte das Saftig-Team eine Woche zuvor eine empfindliche 0:5-Klatsche kassiert und musste die Hanseaten durch diese deutliche Niederlage in der Tabelle an sich vorbeiziehen lassen. Nicht nur das, auch der 1. FC Kaiserslautern überholte die Schwarzgelben durch ein deutliches 5:1 gegen den 1. FC Köln. Zwei Spieltage vor Schluss rangierte Borussia Dortmund nur noch auf Rang sechs – ein Platz, der in der Endabrechnung vielleicht nicht zum Erreichen des Europapokals langen könnte. Das hing jedoch vom Abschneiden des bereits als Vizemeister feststehenden Hamburger SV im Pokalfinale gegen die Stuttgarter Kickers ab. Das Schicksal – es lag also nicht mehr ausschließlich in der eigenen Hand des BVB. Und dann war im abschließenden Heimspiel der Saison der Lokalrivale aus Bochum zu Gast. Der VfL hatte bis dahin eine gute Runde gespielt und längst den Klassenerhalt eingetütet.

Es war also im Grunde alles angerichtet, auch wenn die Borussen um den heutigen Dortmunder Sportdirektor Michael Zorc mit einem Auge auf die Ergebnisse auf den anderen Plätzen schielen mussten. Und es sah schon früh nicht schlecht aus für die internationalen Ambitionen der Schwarzgelben: Mill brachte den BVB bereits nach elf Minuten mit seinem 15. Saisontor in Führung, die Konkurrenz aus Bremen und Kaiserslautern lag bei ihren Aufgaben schnell zurück. Doch der VfL Bochum dachte gar nicht daran, kampflos das Spalier für die

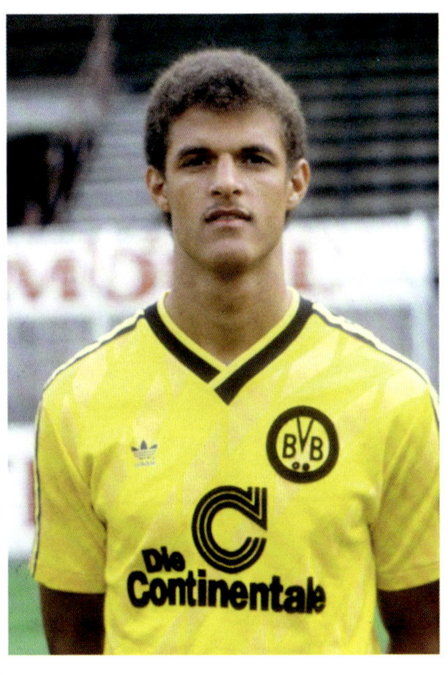

Angekommen beim Lieblingsverein:
Maurice Banach im BVB-Dress.

Europapokal-Traumtänzereien der Dortmunder zu bilden. Schulz (32.) und Leifeld (59.) drehten die Partie zugunsten der Gäste, die der Borussia das Leben enorm schwer machten. Mill gab dem BVB mit seinem Ausgleich noch einmal die Hoffnung zurück – und mit Mucki Banach warf Dortmunds Coach Saftig direkt nach dem 2:2 einen hoffnungsvollen Youngster, der bisher bei den Schwarzgelben noch nicht so recht zum Zug gekommen war, für Norbert Dickel ins Spiel.

Der Rest ist Geschichte, wie es so schön heißt. In einer Erinnerung im Online-Fanzine schwatzgelb.de heißt es wie folgt: „Banach postierte sich am Mittelkreis und kämpfte sofort wie ein Irrer um den Ballbesitz. Es dauerte nicht lange, und der Ball landete wieder bei den Dortmundern. Wie ein Staubsauger schien die euphorisierte Südtribüne den Ball anzuziehen. Scheinbar wie in Zeitlupe segelte der Ball von der linken Angriffsseite auf den langen Pfosten, und da war sie: Die große Sekunde, in der ein Held geboren wird. Der Moment, den man als aktiver Fußballer am liebsten in einem Marmeladenglas konservieren und ständig bei sich tragen möchte! Maurice Banach wuchtete das Leder an Ralf Zumdick vorbei ins Netz. Die Spannung auf der Südtribüne entlud sich in einem orgiastischen Torschrei, der Glaube an den großen Triumph kehrte zurück. Auf dem Spielfeld stürzten sich die Mitspieler auf den überglücklichen Torschützen. Der BVB war wieder da - dank Mucki Banach!"

Und wie Borussia wieder da war: Das 3:2 sollte der Siegtreffer an diesem Samstagnachmittag sein. Die Fans stürmten jubeltrunken auf das Feld und feierten ihre Helden – allen voran Maurice Banach, das Eigengewächs mit dem großartigen Torriecher. Szenen wie bei einer Meisterfeier, schrieb die „Neue Rheinische Zeitung" über die überschwängliche Fete in Dortmund. Ein Blick auf die Ergebnissen in den anderen Stadien zeigte: Der BVB durfte vor dem letzten Spieltag der Saison berechtigt vom Europapokal träumen. Werder Bremen unterlag in Düsseldorf mit 1:2, Nürnberg bezwang den 1. FC Kaiserslautern mit 2:1 – die Borussia rangierte damit vor dem abschließenden Duell bei Eintracht Frankfurt auf Platz vier. Ein Sieg und die Qualifikation für den UEFA-Cup wäre perfekt. Die Pflichtaufgabe erledigten die Schwarzgelben, begleitet von fast 20.000 Anhängern, souverän: Beim 4:0 in der Main-Metropole erzielte Frank Mill wieder einen Doppelpack, Norbert Dickel und Ingo Anderbrügge trafen ebenfalls. Maurice Banach spielte keine Minute – und hat doch seinen Anteil am Einzug in den Europapokal. Einen Traum, den viele Fußballer hegen, hatte sich der junge Angreifer also bereits erfüllt. Muckis Tor – es war vielleicht der Startschuss zur rasanten Entwicklung, die Borussia Dortmund in den kommenden Jahren nehmen sollte, wie Banachs damaliger Mitspieler Norbert Dikkel, späterer „Held von Berlin" und heutiger Stadionsprecher der Dortmunder, erklärt.

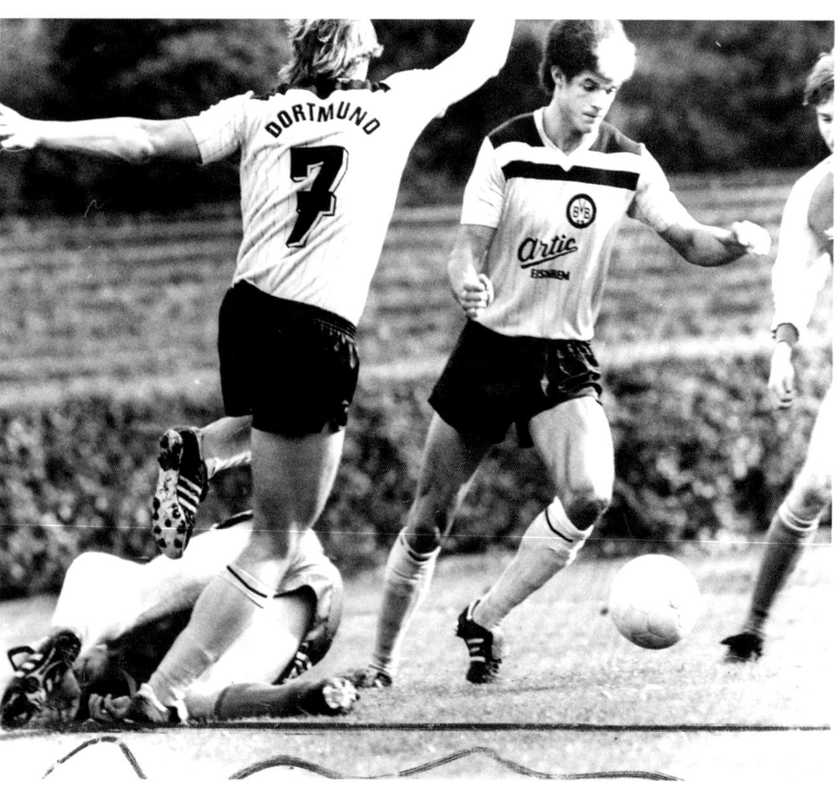

Erste Gehversuche:
Banach beim BVB.

Herr Dickel, wenn ihnen heutzutage der Name Mucki Banach in den Kopf kommt: Woran denken Sie?
Was für ein feiner Kerl er neben dem Platz war. Und ein exzellenter Techniker auf dem Feld. Er konnte mit einer Körperbewegung den Gegner ins Leere laufen lassen und zum Abschluss kommen. Mucki war ein sehr, sehr guter Fußballer. Und dazu: Er war einfach ein toller Typ!

Er war zwei Jahre ihr Teamkollege, kam als Jungspund aus dem BVB-Nachwuchs in die Mannschaft. Wie war ihr Verhältnis zu ihm zu der Zeit?

Ich war übrigens auch noch ein Jungspund. (lacht) Mucki kam mit Adrian Spyrka zusammen aus der Jugend hoch, die beiden hatten dort große Erfolge gefeiert. Über Mucki gibt es überhaupt nichts Negatives zu erzählen. Er war eiskalt vor dem Tor und immer gut gelaunt, immer zu Scherzen aufgelegt. Wie gesagt: Ein richtig feiner Kerl!

Konnte er sich etwas von Ihnen und ihrem Sturmpartner Frank Mill abschauen?

Frankie und ich waren schon unterschiedliche Typen mit unterschiedlichen Spielweisen. Frankie war eher der Techniker, ich dagegen der Holzfäller. Da konnte sich Mucki bestimmt das eine oder andere abgucken, zumal Frankie und ich schon einige Spiele in der Bundesliga absolviert hatten.

Nach dem Abgang aus Dortmund: Haben Sie Muckis Karriere weiterverfolgt? Und hätten sie ihm diese Entwicklung zugetraut?

Natürlich habe ich seinen Werdegang weiterverfolgt, das macht man in meinen Augen als Kollege einfach so. Und ich habe ihm diese Leistungen auf jeden Fall zugetraut – erst in Wattenscheid und dann bei meinem alten Club aus Köln. Da hat er alles richtig gemacht. Als Fußballer siehst du direkt, ob jemand ein Guter ist oder nicht. Und Mucki war ein richtig Guter!

Wenn BVB-Fans an Mucki Banach denken, dann kommt oft das Spiel gegen Bochum zur Sprache, wo er den Siegtreffer erzielte und Borussia Dortmund Richtung UEFA-Cup schoss. War das so etwas wie der Startschuss für den Aufstieg der Borussia zu dem Topclub, den wir heute kennen?

An das abschließende Spiel in Frankfurt erinnere mich noch, als wir mit 4:0 Platz vier und den Einzug in den UEFA-Cup klargemacht haben. Viele in Dortmund, die sich mit dem BVB beschäftigen, haben gesagt, dass das wirklich der Startschuss für die kommenden Jahre war. Es gab durch den Europapokal viel Geld, wir hatten dadurch die Möglichkeit,

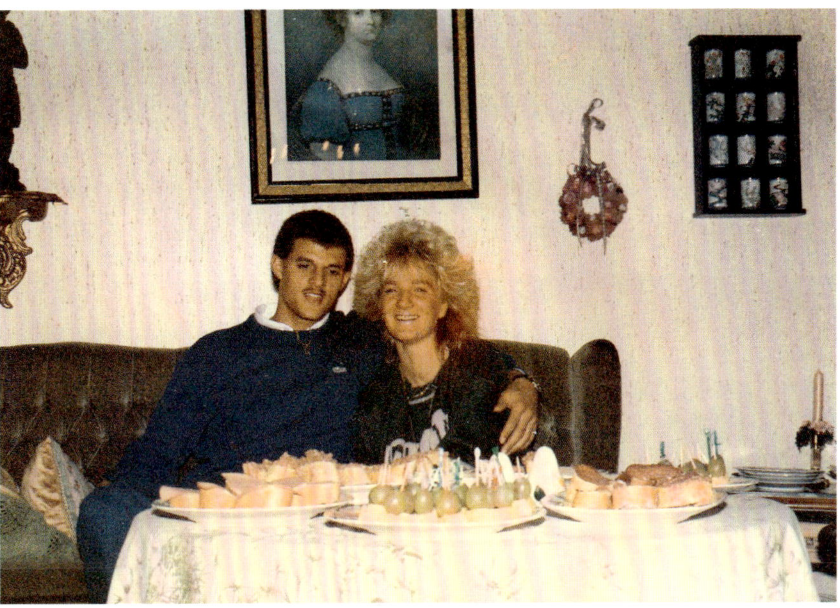

Bei den Schwiegereltern:
Maurice und Claudia Banach im trauten Glück.

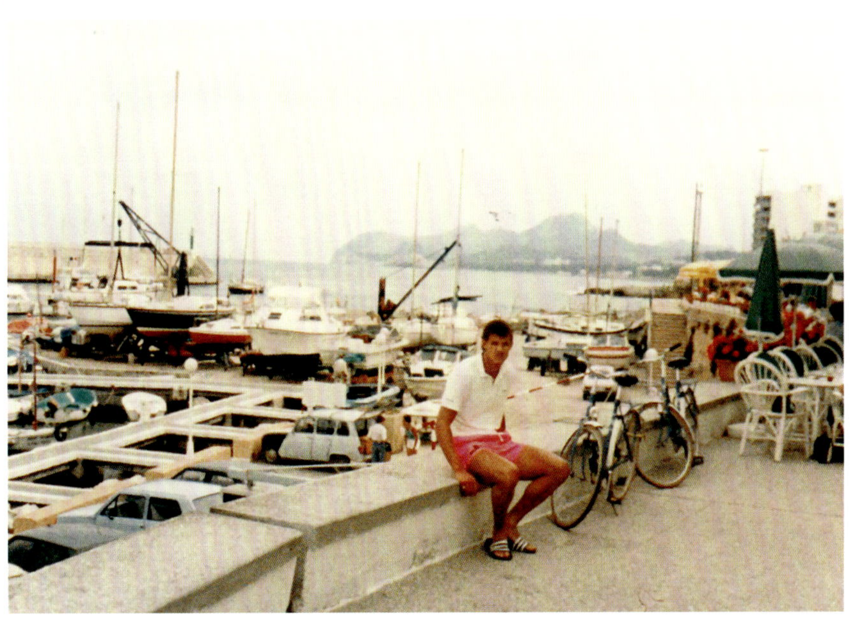

Urlaub muss sein:
Maurice Banach entspannt.

andere Spieler zu holen. Deshalb glaube ich auch, dass der Erfolg in dieser Saison die Weichen für die Zeit danach maßgeblich gestellt hat. Zwei Jahre danach folgte dann für den BVB der Pokalsieg.

Ja, das weiß ich noch. Das war bei einem Promispiel in der Nähe von Kassel, ich saß in der Umkleidekabine und irgendjemand kam hinein mit den Worten: Der Mucki Banach ist tot, Autounfall! Diesen

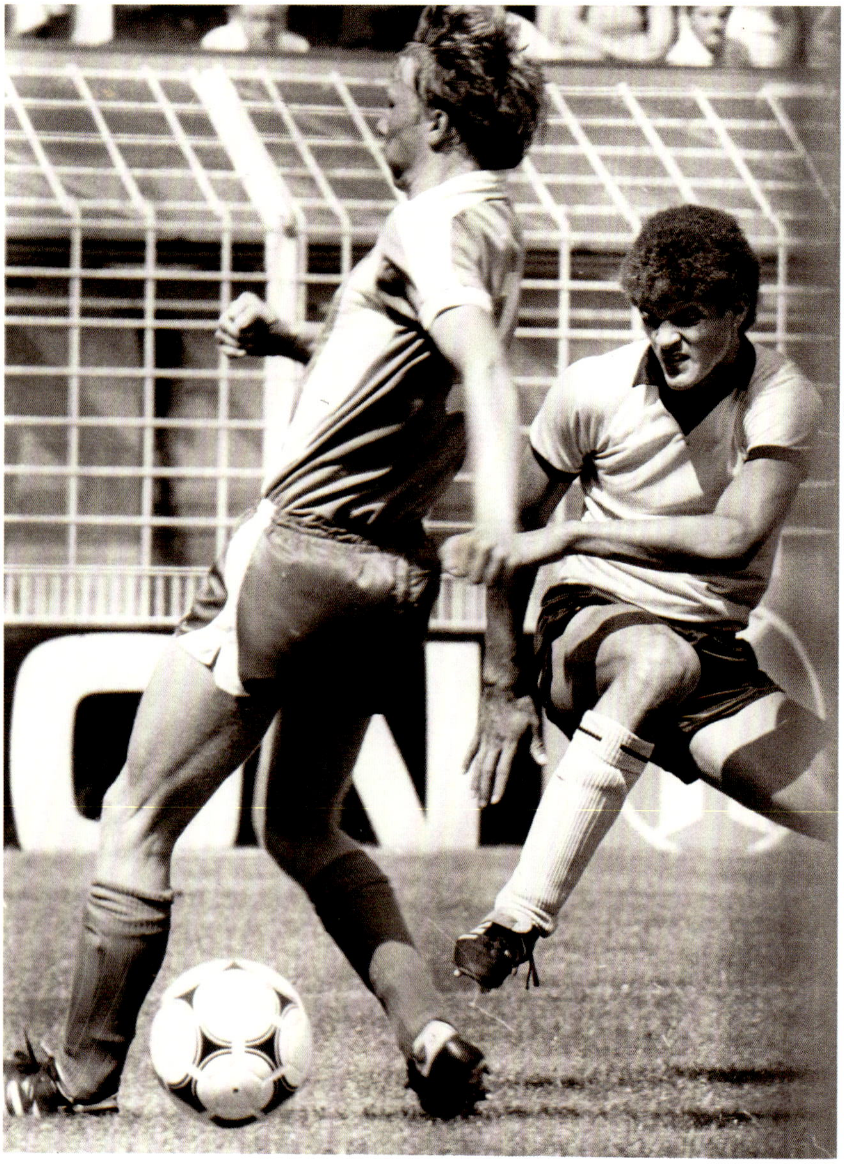

Auf dem Weg nach oben:
Banach der Kämpfer.

Weitere zwei Jahre später, am 17. November 1991 verunglückte Mucki Banach tödlich.
Wissen Sie noch, wie ihre Reaktion war, als sie von seinem Tod erfuhren?

Moment werde ich nie vergessen. Sein Tod ist mir sehr nah gegangen, das muss ich sagen.

Was damals im Dortmunder Westfalenstadion seinen vorläufige Höhepunkt erreichte, begann derweil etwas weniger als 20 Jahre zuvor etwa 70 Kilometer entfernt in Münster. Am 9. Oktober 1967 wird Maurice Vernon Banach geboren. Als Sohn einer Deutschen und eines schwarzen US-Soldaten. Seinen Vater lernte Mucki nie kennen – er musste kurz nach der Geburt zurück in die Staaten, spätere Kontaktaufnahmen misslangen. „Manchmal habe ich schon den Wunsch, ihn kennenzulernen. Aber er ist schwierig zu finden. Und so sehr belastet mich das auch nicht", erzählte er dem „kicker"-Magazin während seiner Kölner Zeit. Es war ganz sicher keine leichte Kindheit für ihn. Seine Mutter heiratete später einen Schotten, der sein Stiefvater werden sollte, und sie bekam zwei weitere Kinder von ihm, Muckis Halbbrüder Mark und Stefan. „Ich möchte meinen Kindern ein sorgenfreies Leben bieten. Es soll ihnen einmal besser gehen als mir", sagte Banach noch kurz vor seinem Unfalltod 1991 über seine Söhne Danny und Zico.

Vieles in seinem Leben hat er sich hart erkämpfen müssen. Banach wuchs in Berg Fidel auf, unweit vom „Weißen Riesen", einem Hochhauskomplex in Münster, der wie aus dem Boden gestampft wirkt. Keine einfache Gegend, ganz und gar nicht. Sozialer Brennpunkt, würde man heute wohl sagen. Schwierige Lage. Aber auch nicht unweit des Preußenstadions. Dort und auf der Straße lernte Mucki, wie ihn seine Freunde schon früh nennen, auf dem Aschenplatz der Preußen das Kikken. Aber nicht nur das – er lernt sich durchzusetzen. „Ich musste mir alles erkämpfen, aber das war kein Fehler", sagt er später einmal auf seine Kindheit angesprochen. In Münster wird Banach „früh mit dem harten – und oftmals rassistischen – deutschen Alltag konfrontiert. Wer dunklere Haut und krausere Haare als deutsche Kinder hatte, der musste einiges wegstecken", wie es in einem „kicker"-Porträt über den Angreifer heißt. „Klar hatte ich damit Probleme. Aber ich konnte mich wehren", erzählte Banach 1991. Als Kind und Heranwachsender durchaus auch mit Fäusten, aber vor allem mit seinem Können auf dem Fußballplatz. Seine Witwe Claudia erinnert sich an diese Zeiten, als Rassismus in Deutschland noch salonfähiger und offensichtlicher als heutzutage rüber kam: „Das war ganz schlimm, das war eine Katastrophe. Man hat beim Fußball sogar Bananen geworfen. Auch hier in Münster war das ein Problem, damals auf alle Fälle. Erst als Mucki bekannter wurde, legte sich das", erzählt sie. Den Stürmer habe das aber weniger gestört: „Mucki ist damit ganz locker umgegangen. Ihn konnte nichts aus der Ruhe bringen, man hat es ihm zumindest nicht angemerkt."

Münster ist zeit seines Lebens die Heimat für den Angreifer. Hier ist er aufgewachsen, hier ist er zum Fußballer geworden, hier hat er die Liebe seines Lebens kennengelernt. In der In-Disco „Batavia 501" traf er am 18. März 1981 zum ersten Mal auf Claudia - und ist direkt Feuer und Flamme. „Wir durften beide eigentlich nicht dort sein. Er war erst 14, ich 15. Ich war mit meiner Clique dort, Mucki mit Freunden", erinnert sich seine Witwe. Doch wie so vieles im Leben des Maurice Banach: Es ist nicht gleich einfach. „Am Tag danach hat er mich angerufen, beziehungsweise versucht, mich zu erreichen. Denn ich habe meiner Mutter gesagt, sie solle sagen, ich sei nicht da", erzählt Claudia Weigl-Banach mit einem Lächeln auf den Lippen: „Beim dritten Mal hat sie geantwortet, dass ich ihm das gefälligst selbst sagen soll. Zum Glück, denn kurz danach bin ich mit dem Bus zu ihm gefahren. Ich war skeptisch, denn Mucki hatte in meiner Clique ein wenig den Ruf als Draufgänger. Im Endeffekt war mir aber klar, dass ich das selbst entscheiden muss. Und er war ja überhaupt nicht so, wie es der Ruf vermuten ließ."

Es sollte der Beginn einer großen Liebe sein – auch über den Tod hinaus. Aber damals war es einfach nur pures Glück. Maurice Banach überzeugte bei Preußen Münster, wurde in die Westfalenauswahl berufen und dort von Borussia Dortmund entdeckt. Der BVB, das war der Lieblingsverein des jungen Angreifers. Die Dortmunder erkannten das riesige Talent Banachs und wollten den Stürmer in den eigenen Nachwuchs holen. Nach kurzen Gesprächen mit Muckis Stiefvater stand fest: Der Münsteraner wird ein Schwarzgelber, wechselt in die C-Jugend der Dortmunder. Keine leichte Zeit für Banach, der viermal die Woche mit dem Zug von Münster in den Ruhrpott zum Training pendeln musste. Zugleich eine Belastungsprobe für die junge Liebe zwischen Mucki und Claudia. Der BVB organisierte seinem Talent eine Ausbildungsstelle bei einem Lebensmittelladen in Münsters Innenstadt, seine Freundin begann ihre Ausbildung in der Herrenartikel-Abteilung eines Kaufhauses direkt gegenüber. „Wir haben uns nicht viel sehen können – Mucki hatte wirklich ein straffes Programm. In der Mittagspause sind wir gemeinsam zum Bahnhof, dann ist er in den Zug gestiegen und kam abends um 22 Uhr wieder zurück nach Hause. Dort habe ich ihn abgeholt, er hat mich nach Hause gebracht und mehr gemeinsame Zeit gab es nicht. Viel-

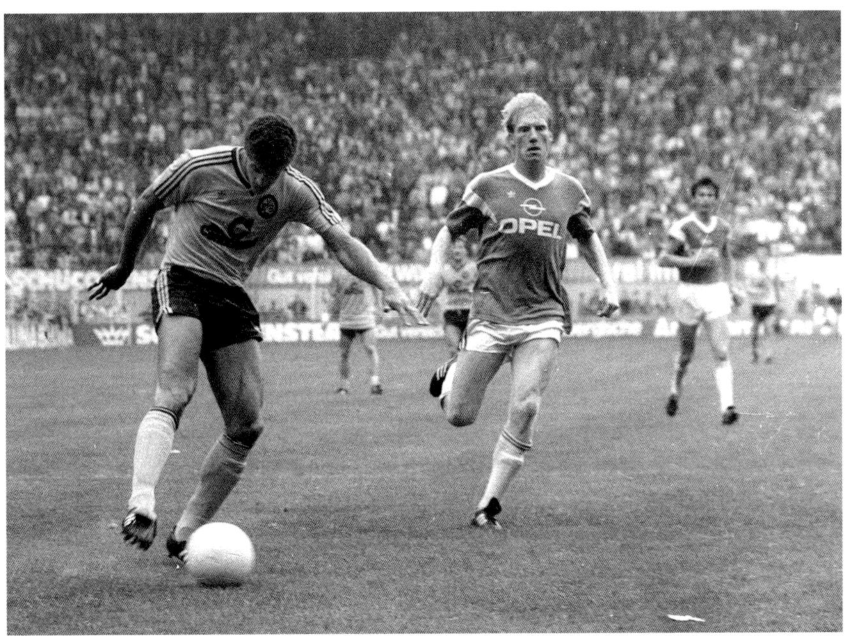

Banachs Sternstunde beim BVB:
Der entscheidende Mann im Spiel gegen Bochum.

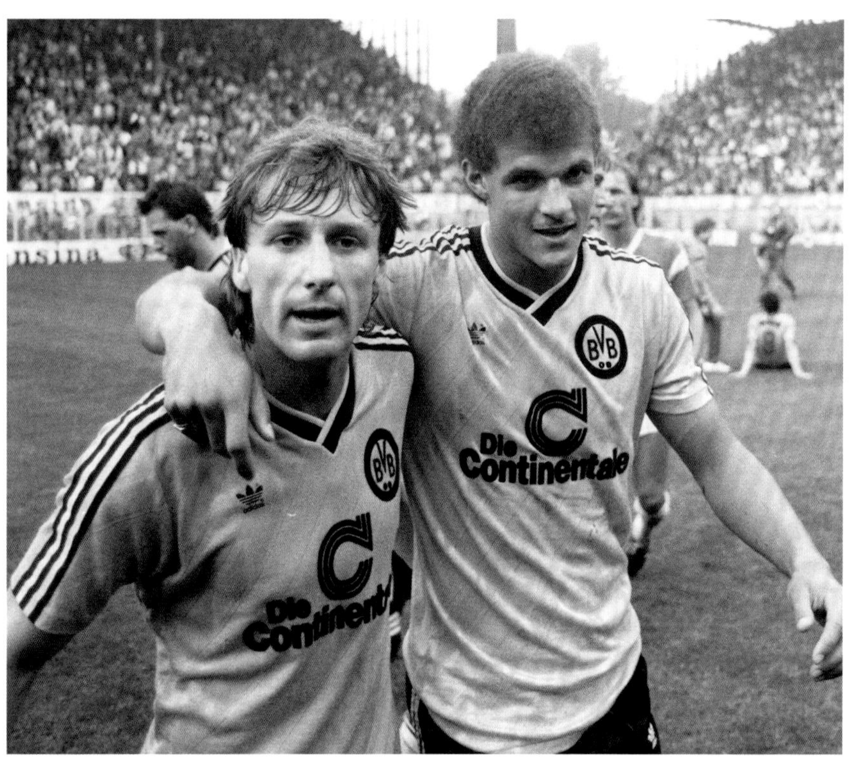

Kumpels und Konkurrenten:
Frank Mill (links), Maurice Banach (rechts).

leicht eine halbe Stunde am Tag", erinnert sich Weigl-Banach an diese Phase.

Doch Muckis Traum von einer Profikarriere – er ist zum Greifen nah. Mit der B-Jugend des BVB wird er 1984 im heimischen Westfalenstadion vor 10.000 Zuschauern Deutscher Meister. Adrian Spyrka schoss die Mannschaft im Finale gegen den TSV 1860 München zum Erfolg, doch auch Maurice Banach, der sein Team mit starken Leistungen ins Endspiel geführt hatte, wusste auf ganzer Linie zu überzeugen. „In der Manier eines Erwin Kostedde" habe er aufgetrumpft, schrieb der „kikker" in seinem Bericht über das Finale – in Anlehnung an den ersten schwarzen deutschen Nationalspieler, der ebenfalls aus Münster stammte. Der Lohn seiner aufsehenerregenden Auftritte im Nachwuchs der Schwarzgelben: Berti Vogts berief den treffsicheren und technisch starken Stürmer in die Jugend-Nationalmannschaft. „Ein guter Dribbler, muss aber noch konzentrierter werden", beschrieb der Weltmeister von 1974 damals Banachs Vorzüge, die längst auch seinem Verein nicht verborgen geblieben waren. Zur Saison 1986/87 statteten die Dortmunder ihr Toptalent mit einem Profivertrag aus, wollten nach einer katastrophalen Saison, die um ein Haar mit dem Abstieg endete, auf die eigene Jugend setzen.

„Mucki hat sich nie Gedanken oder Sorgen gemacht. Er war immer ein Ruhepol. Einen Karriereplan oder so was gab es nicht. Als er seinen Vertrag in Dortmund unterschrieben hat, habe ich mir schon Gedanken gemacht, was jetzt aus ihm wird. Ich habe mich einerseits gefreut, war aber auch andererseits traurig. Ich hatte Sorgen, habe ihm gesagt: Ich weiß nicht, was jetzt aus dir wird und was sich in deinem Leben verändert", erinnert sich Claudia Weigl-Banach. Die Antwort des Angreifers fiel eindeutig aus: „Gar nichts. Und es ist unser Leben", so seine damalige Freundin und spätere Frau. „Mucki ist geblieben, wie er eben war. Er hat sich nie irgendwie verstellt." Gemeinsam waren sie zuvor mit wenig bis gar nichts nach Dortmund gezogen, hatten sich dort in einer kleinen Wohnung eingerichtet. Apfelsinenkiste als Couchtisch, ein ausrangierter Ofen der Nachbarn. Kein glamouröses Leben, wie man es sich heute vielleicht als umworbenes Toptalent in der Bundesliga leisten kann. „Im Prinzip hätte Mucki nur dann viel Geld verdient, wenn er oft eingesetzt worden wäre. Das war jedoch nicht oft. Das Grundgehalt war schon nicht so üppig, viel davon ist für das über den Verein geleaste Auto draufgegangen. Manchmal war es schon so, dass wir nichts zu essen hatten. Oder kein Geld für Sprit", beschreibt Claudia Weigl-Banach die damalige Situation. Kurios: Noch während seiner Profizeit habe sich Mucki in der Nachbarschaft mit Rasenmähen Geld hinzuverdient. Ein Bundesliga-Profi als Gartenhelfer – das dürfte es heutzutage wohl nicht mehr geben. Hautnah erlebt hat Thorsten Fink die Entwicklung Banachs in Dortmund, der spätere Bundesliga-Profi (Wattenscheid, Karlsruhe, FC Bayern) und -Trainer (Hamburger SV) spielte ab 1984 im BVB-Nachwuchs mit dem Angreifer zusammen.

Herr Fink, Maurice Banach stieß ein Jahr nach Ihnen zur C-Jugend von Borussia Dortmund. Hatten Sie direkt einen Draht zueinander?

Wir haben viel Zeit miteinander verbracht, nachdem er zum BVB gewechselt war. Wenn wir am Wochenende Heimspiele hatten, dann hat er vorher bei uns geschlafen. Ich habe ihn beispielsweise vom Bahnhof abgeholt, wenn er aus Münster ankam. Ich war auch öfters bei ihm in Münster. Wir haben uns richtig gut verstanden. Er war ein lustiger Kerl, hat immer Späße gemacht, einfach ein toller Junge.

Sie haben mit Mucki ab 1984 in der BVB-Jugend zusammengespielt. War da sein Talent schon erkennbar?

Auf jeden Fall! Er war pfeilschnell, war ein richtiges Schlitzohr im positiven Sinne und stand meistens goldrichtig. Da hat man früh gesehen, was für ein riesiges Potenzial Mucki hat. Beim Meistertitel in der B-Jugend war er unser Torjäger – auch deshalb war er einer der ersten von uns, die einen Profivertrag unterschrieben haben.

Und später haben sie sich bei Wattenscheid 09 wiedergesehen – und sind 1990 direkt in die Bundesliga aufgestiegen. Welche Erinnerungen haben sie an diese Erfolgsstory?

Zuerst einmal hat mich Mucki in Wattenscheid empfohlen, so dass der Club mich verpflichtet hat. Mich hat Gerd Roggensack geholt, der dann aber zu Kaiserslautern gewechselt ist. Dann haben wir Hannes Bongartz als Trainer bekommen, der auch ein großer Förderer von uns jungen Spielern war. Aber vor allem vom Mucki. Nach dem Aufstieg, an dem er mit 22 Buden einen großen Anteil hatte, ist er dann nach Köln gewechselt.

Das Wort „Schlitzohr“ fiel bereits. Wie würden Sie Maurice Banach als Stürmertyp beschreiben? Wie hat Mucki auf dem Platz agiert?

Darüber habe ich mir eigentlich keinen großen Kopf gemacht. Aber wenn du in diesem Alter derart viele Tore in der 2. Bundesliga machst, dann hast du auch das Potenzial, in der Bundesliga eine gute Rolle zu spielen. Das habe ich ihm schon zugetraut. Und dann stand Mucki in Köln in der Hinrunde 1991 bei zehn Toren – und er war mit 23, 24 Jahren immer noch sehr jung - , das musst du erst einmal schaffen. In meinen Augen hatte er eine große Karriere vor sich, die sicherlich auch in die Nationalmannschaft geführt hätte.

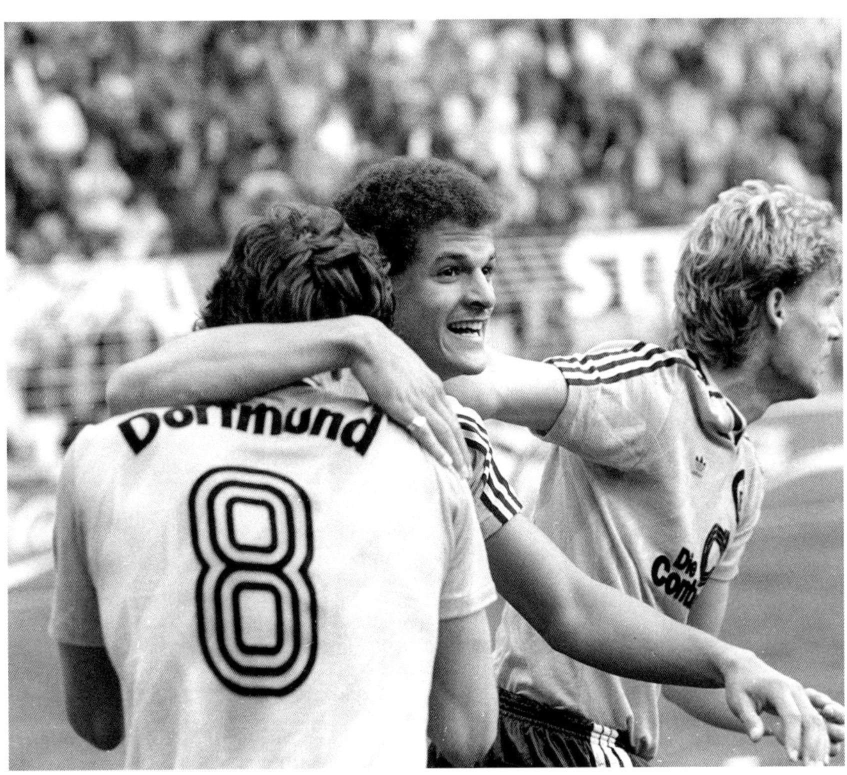

Jubel nach dem Siegtreffer: Banach der Matchwinner.

Er war ein sehr intelligenter Fußballer, der wusste, in welche Räume er laufen muss. Mucki war unheimlich schnell, hatte eine gute Statur, geradlinig auf dem Weg zum Tor – einfach ein kompletter Stürmer. Für einen Torjäger hatte er im Grunde alle Qualitäten, die man haben sollte. Einzig war vielleicht das Kopfballspiel nicht überragend.

In Köln setzte sich Maurice Banach nach seinem Wechsel auch durch, war in seiner zweiten Saison für den FC auf dem Weg in die Nationalmannschaft. War das eine Entwicklung, die Sie ihm ohne Weiteres zugetraut haben?

Diese Entwicklung wurde dann im November 1991 durch den tödlichen Unfall jäh gestoppt. Wie haben sie davon erfahren, wie war ihre Reaktion?

EINZELPREIS 70 PF

WESTDEUTSCHE ALLGEMEINE

1 H 7183 A

Unabhängige Tageszeitung

WAZ

Höchste Auflage im Ruhrgebiet

NUMMER 137

MONTAG, 15. JUNI 1987

WAZ heute

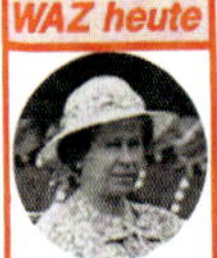

Die Queen trug einen Sommerhut

Lindenstraße „live" erleben

Die Komödie einer Tragödie

Das Wetter

CDU und FDP in Mainz einig über ihre Koalition

Große Mehrheit für Vogel: SPD bleibt Reform-Partei

Nach 23 Jahren ein bewegender Abschied für Willy Brandt

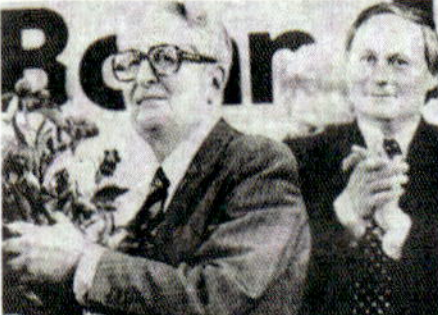

WAZ-Berichte zum SPD-Parteitag

Gewinnzahlen

6000 protestierten gegen Zechensterben im ältesten Revier

UdSSR: Jugendliche überfielen Polizeibüro

Heute im WAZ-Sport

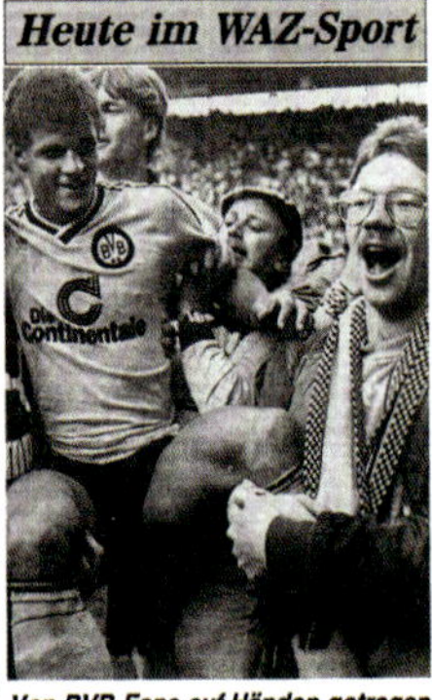

Von BVB-Fans auf Händen getragen

BW Berlin steigt ab – Düsseldorfs letzte Hoffnung

Zweitliga-Ende: St. Pauli träumt vom Aufstieg

100 000 demonstrierten in Bonn für weitere Abrüstungsschritte

Margaret Thatcher holt Gefolgsleute ins neue Kabinett

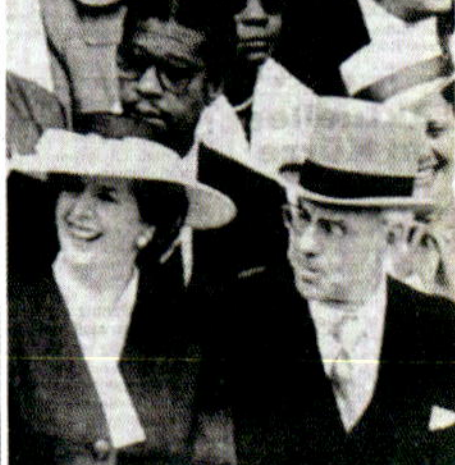

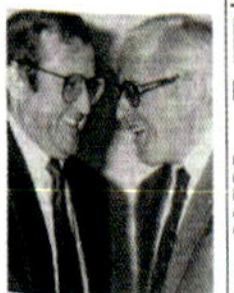

Polens Partei übt Kritik am Papst

Eine Million Menschen bei Abschlußmesse in Warschau

Erster Medienrummel:
WAZ-Titelbild vom 15. Juli 1987.

Ich war zuhause bei meinen Eltern, meine Mutter hat mir die schreckliche Nachricht überbracht. Ich bin direkt in Tränen ausgebrochen, Mucki war ein guter Freund von mir. Ich erinnere mich jedes Jahr am 9. Oktober an ihn, an seinem Geburtstag. Es ist auch schön zu wissen, dass Mucki auch woanders nicht in Vergessenheit gerät.

Sie haben mehrfach in Interviews betont, wie schlimm der Verlust war. Was hat der Tod bei ihnen verändert mit Blick auf den Fußball?

Das ist doch klar, das muss ich vermutlich nicht erwähnen. Da tritt vieles in den Hintergrund, wenn man einen Freund verliert. In diesem Moment wird alles andere sekundär. Aber wir haben für Mucki weitergespielt und ihn nie vergessen.

Es war trotz allem Talent keine einfache Zeit für Maurice Banach beim BVB, es waren harte Lehrjahre für ihn bei seinem Lieblingsverein. In Dortmund hing der Jungspund hinter den erfahrenen Frank Mill und Norbert Dickel sowie dem ebenso talentierten Daniel Simmes fest und bekam bei den BVB-Profis nicht viel Spielzeit. „Er war schon selbstbewusst. Mukki wusste, was er konnte. Aber es gab großen Respekt voreinander, er hat viel von uns lernen können und wir hatten viel Spaß zusammen", schildert Frank Mill die Situation aus heutiger Sicht. Dennoch: In Banachs erster Profisaison stehen nur 45 Einsatzminuten zu Buche – mit dem entscheidenden Tor gegen Bochum als absolutem Höhepunkt. Auch im zweiten Jahr lief es nicht viel besser für den 1,85 Meter großen Modellathleten: Wettbewerbsübergreifend kam Mucki Banach nur in 16 Spielen zum Einsatz, davon lediglich in drei Partien von Beginn an. Ein mickriges Tor in der Bundesliga (gegen Leverkusen nur zwei Minuten nach seiner) Einwechslung, ein Treffer in der ersten Pokalrunde beim Offenburger FV – das ist die bescheidene Bilanz eines gefühlt verschenkten Jahres für den jungen Stürmer.

Großer Frust kam allerdings beim passionierten Angler, der sich in seiner Freizeit gerne in Münster an einen der vielen Seen setzte, nicht auf. Banach war ehrgeizig, keine Frage, Banach wollte spielen und allen sein Können präsentieren. „Er war sicherlich nicht zufrieden, aber Mucki war noch ein ganz junger Spieler. Seine Zeit wäre im Prinzip noch gekommen, er hätte sich auch in Dortmund durchgesetzt", ist sein Teamkollege Frank Mill überzeugt. Nach Hause trug

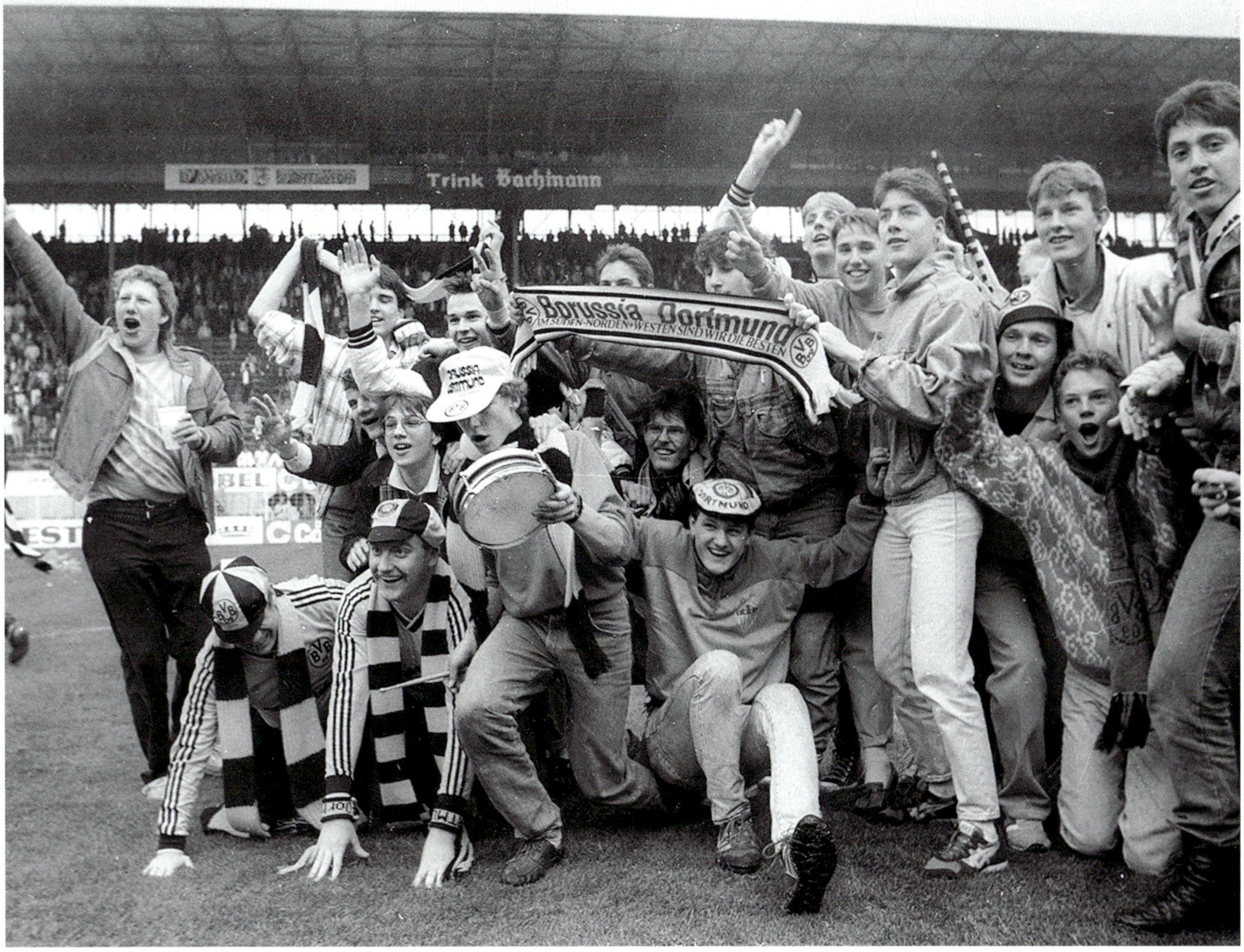

Held der Fans:
Kollektiver Jubel nach Banachs Siegtreffer auf dem Rasen.

er seine Ersatzrolle bei der Borussia jedoch nicht: „Er konnte sehr gut zwischen Beruf und Privatem unterscheiden. Er hat sich das nie zu Herzen genommen. Mucki hat immer gesagt: Wenn es gar nicht klappt, dann suchen wir uns halt etwas anderes“, beschreibt Claudia Weigl-Banach die Einstellung ihres Mannes und berichtet von den gemeinsamen Ferien: „Wenn das Spiel vorbei war, dann war es für ihn vorbei. Wir haben miteinander kaum über Fußball gesprochen. Ich erinnere mich noch, als wir gemeinsam in Urlaub waren und währenddessen die EM lief. Das hat ihn überhaupt nicht interessiert, das hat er nicht geguckt.“

Die Zukunft der Banachs, sie sollte zumindest ab dem Sommer 1988 sportlich nicht mehr in Dortmund liegen, sondern etwa 30 Kilometer westlicher und eine Liga tiefer bei der SG Wattenscheid 09. Gewissermaßen einen Schritt zurück, um zwei nach vorn zu machen. Das war der Plan hinter dem Wechsel in die 2. Bundesliga zum Bochumer Vorortverein, der in den Jahren zuvor vergeblich versucht hatte, den Sprung in die höchste deutsche Spielklasse zu schaffen. Neben Banach verpflichtete Mäzen Klaus Steilmann, Mister Wattenscheid himself, noch einen weiteren Angreifer: Rückkehrer Uwe Tschiskale. Nach Gastspielen beim FC Bayern München und dem FC Schalke 04 wieder zurück an der Lohrheide, sollte Tschiskale an der Seite des talentierten U21-Nationalspielers stürmen und für die entscheidende Tore sorgen. Nicht der schlechteste Plan, wie sich schnell herausstellen sollte. Wattenscheid wurde für Maurice Banach die wohl schönste Zeit seiner Karriere.

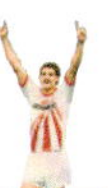

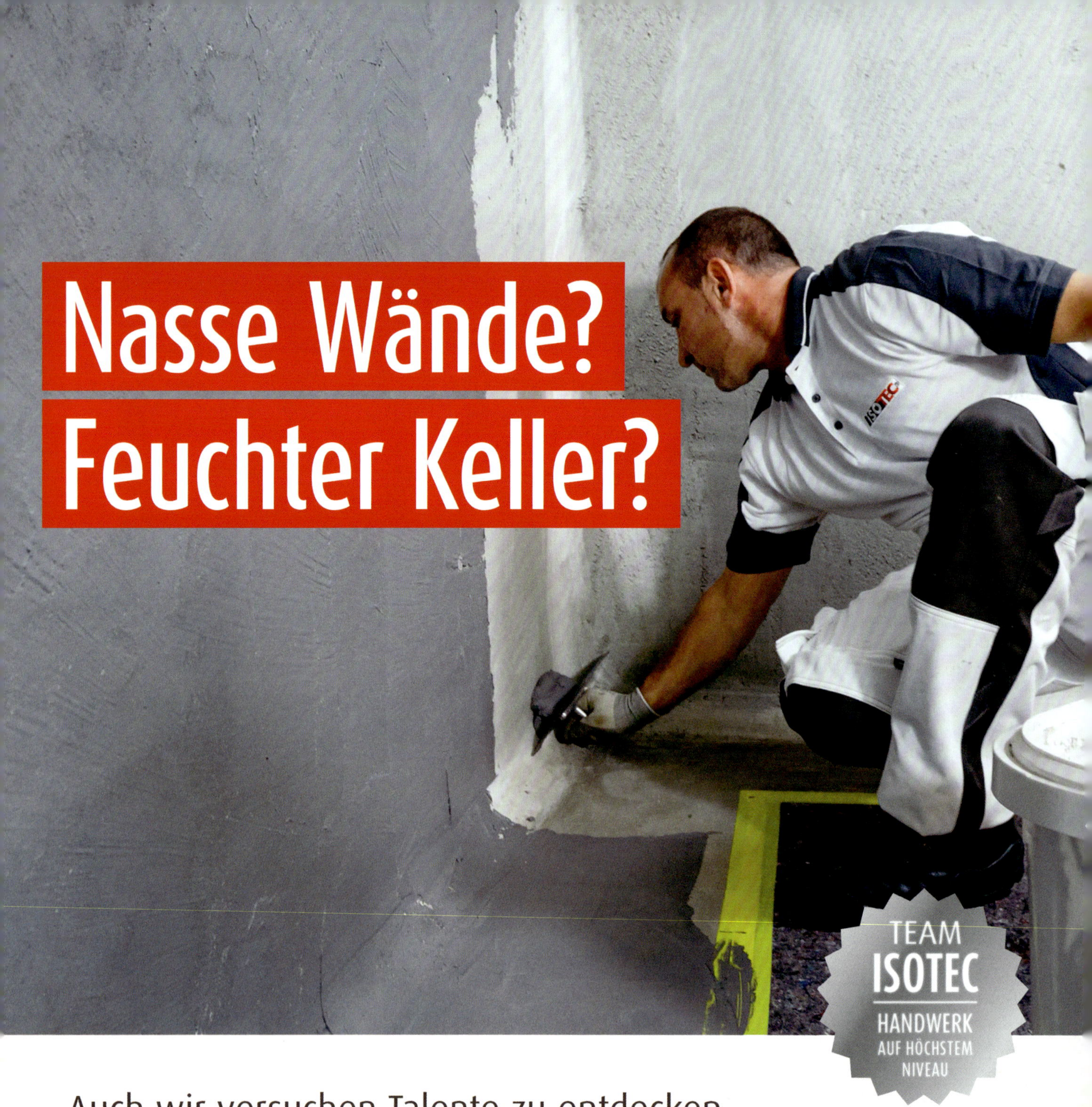

Durchbruch an der Lohrheide:

Banach ballert Wattenscheid in die Bundesliga

Ein Neuanfang sollte her für Maurice Banach: Lange, zu lange aus seiner Sicht, hatte er bei Borussia Dortmund die zweite Geige gespielt, musste sich hinter Frank Mill, Norbert Dickel und Daniel Simmes einreihen. Seinen auslaufenden Vertrag bei den Schwarzgelben, das war früh klar, wollte der talentierte Angreifer nicht mehr verlängern, sondierte gemeinsam mit Berater Heinz Slupek den Markt.

Ein Neuanfang sollte her für Maurice Banach: Lange, zu lange aus seiner Sicht, hatte er bei Borussia Dortmund die zweite Geige gespielt, musste sich hinter Frank Mill, Norbert Dickel und Daniel Simmes einreihen. Seinen auslaufenden Vertrag bei den Schwarzgelben, das war früh klar, wollte der talentierte Angreifer nicht mehr verlängern, sondierte gemeinsam mit Berater Heinz Slupek den Markt. Den Zuschlag erhielt bereits im März 1988 ein Verein aus der Dortmunder Nachbarschaft: Wattenscheid 09 kämpfte in der 2. Bundesliga um den Aufstieg, hatte aber in der Offensive außer Harald Kügler nicht viel zu bieten. Ein ambitionierter Club, der dank des Textilfabrikanten Klaus Steilmann mehr wollte als nur im Fußball-Unterhaus sein Dasein zu fristen. Das perfekte Match, wie man heutzutage wohl sagen würde, für den ehrgeizigen Angreifer, dessen Traum von der Bundesliga mit 20 Jahren längst noch nicht ausgeträumt war. „Er passt zu uns, egal ob wir aufsteigen oder noch in der 2. Bundesliga bleiben", verkündete Wattenscheids Trainer Gerd Roggensack anlässlich der frühzeitigen Verpflichtung des Juniorennationalspielers, der an der Lohrheide einen Zweijahresvertrag unterschrieb. Der ehemalige Bundesliga-Stürmer Roggensack hatte Banach schon früh auf dem Schirm, wie er damals dem „kikker" verriet: „Als er noch für Münster spielte, wollte ich ihn nach Bielefeld holen, doch damals hatten wir schlechtere Karten als die Dortmunder."

Der Bundesliga-Traum erfüllte sich allerdings zunächst nicht für Banach und die Wattenscheider. Am letzten Spieltag der Saison 1987/88 verspielte das Team aus dem Bochumer Vorort, das über die komplette Saison über-

Die Pläne des Aufstiegskandidaten Wattenscheid 09

Banach kommt, andere gehen

Auch wenn die Partie der Wattenscheider gegen Arminia Bielefeld am Freitag abend dem Dauerregen zum Opfer fiel: Untätig waren die 09er nicht. Zumindest was die Vorstandsetage und Trainer Gerd Roggensack betraf, denn kurz bevor sich Borussia Dortmund ins Trainingslager begab, angelte sich der Zweitligist den Edelreservisten Maurice Banach für die nächsten zwei Jahre.

„Er paßt zu uns, egal ob wir aufsteigen oder in der Zweiten Liga bleiben", sagte Gerd Roggensack, der sich bei dem 20jährigen bulligen Stürmer bereits schon einmal eine Abfuhr holte: „Als er noch für Münster spielte, wollte ich ihn nach Bielefeld holen, doch damals hatten wir die schlechteren Karten als die Dortmunder."

Mit dieser ersten Verpflichtung, „weitere werden folgen", so der Coach des Tabellendritten, ist das personelle Karussell angeschoben worden und einige werden dabei keinen Halt mehr finden können. Klar scheint das schon bei Abwehrspieler Werner Steeger zu sein, der zwar noch einen laufenden Vertrag in Wattenscheid besitzt, doch auf dessen Erfüllung man im Lohrheide-Stadion nicht mehr besteht. Der Ex-Uerdinger, der schon seit Wochen über das „Bankhocken" nicht hinausgekommen ist, entspricht nicht mehr dem Anforderungsprofil des Trainers und wurde ausgemustert.

„Er hat sich große Verdienste um 09 erworben und deshalb wird gemeinsam überlegt, wie wir dem Werner beruflich helfen können", so die Vorstandsmeinung. Überhaupt scheint es in Wattenscheid üblich zu sein, daß man Spieler, sofern sie auf einer Linie mit Mäzen Klaus Steilmann liegen, nicht ins Bodenlose fallen läßt.

Dies kann aber auch ein Nachteil sein! So schleppt der Aufstiegsaspirant schon seit geraumer Zeit eine Reihe von Talenten mit sich im Kader herum, für die es beim Talentsein auch geblieben ist. Namen wir Meric Yavuc, Guido Naumann und Thomas Schneider dürften die längste Zeit bei den Lizenzspielern gewesen sein. „Sie müssen verstehen, daß ich Namen nicht nennen kann", meinte Roggensack auf Anfrage des kicker, „schließlich haben wir noch ein Dutzend Spiele auszutragen und da kann personell noch allerhand passieren."

Dieses Trio dürfte aber nicht allein auf der Abschußliste stehen. Auch die vor der Saison gekommenen Thorsten Baetzel, Andreas Hahn und Christian Bittner haben zwar alle noch einen Vertrag, doch wer sich eine Saison lang nicht empfehlen konnte, wird wohl kaum weitere Beachtung finden. Allerdings sollte man nicht so schnell den Stab über sie brechen, zumal man mit einer Reamateurisierung für die eigene Amateur-Oberliga-Elf eine mögliche Alternative für sie aufzeigen kann.

Auch wenn auf Anhieb die aus-

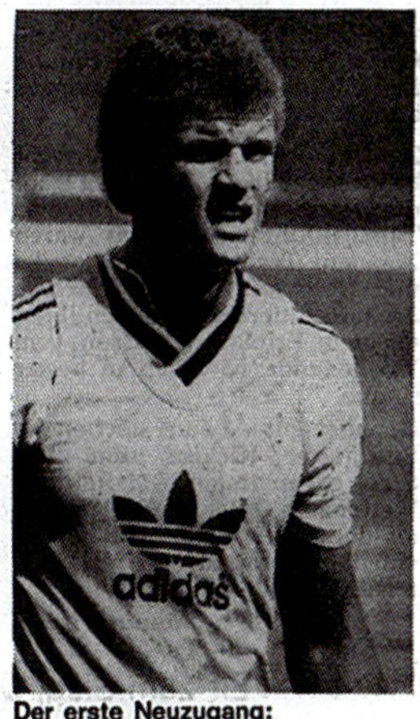

Der erste Neuzugang: Maurice Banach Foto: Weckelmann

nahmslos von Amateurmannschaften gekommenen Akteure nicht den erhofften Erfolg brachten, will man von diesem Kurs nicht abweichen. So machte sich der frühere Kaiserslauterner und Bielefelder Stürmer Roggensack am Wochenende auf die Suche, um beim Amateur-Länderpokal womöglich den einen oder andern an Land zu ziehen. Zwar kann Wattenscheid nicht mit dicken Geldbündeln winken, doch mit Europas größtem Textilfabrikanten Steilmann im Rücken kann man talentierten Jugendlichen auch Arbeits- und Ausbildungsplätze anbieten.

Sollte aber den 09ern am Ende der Saison doch der Aufstieg in die Erste Liga gelingen, so dürften auch Spieler anderen Kalibers den Weg zur Lohrheide finden: „Dann greifen wir an", meinte Roggensack, dem vorschwebt, mindestens zwei Spieler aus der Ersten Bundesliga zu verpflichten. **Frank Hofen**

„Kicker"-Bericht zur Banach-Verpflichtung:

Wattenscheid in froher Erwartung.

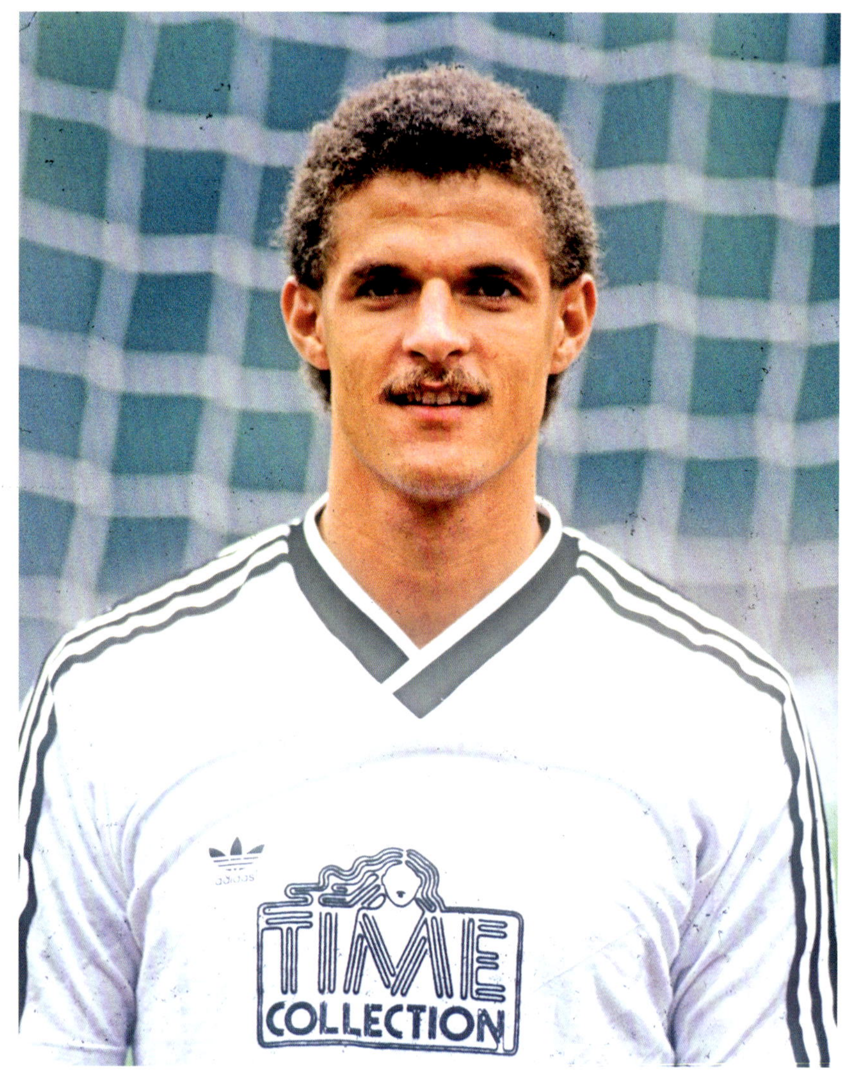

Ein Schritt zurück, zwei nach vorne:
Banach im Wattenscheider Trikot.

raschend oben mitgespielt hatte, durch ein 1:1 gegen Saarbrücken den Relegationsplatz. Stattdessen durfte sich Darmstadt 98 in den entscheidenden Duellen um den verbliebenen Platz in der Bundesliga gegen Waldhof Mannheim versuchen und scheiterte denkbar knapp erst im Elfmeterschießen des Entscheidungsspiels. Doch die Verantwortlichen in Wattenscheid hatten nach der starken Saison Blut geleckt, wollten dank der Unterstützung von Klaus Steilmann, der als Chef des damals größten Textilunternehmens Europas im Hinter- und Vordergrund die Fäden an der Lohrheide zog, endlich den Sprung in die höchste deutsche Spielklasse schaffen. „Die 2. Bundesliga ist ein toter Haufen. Das kostet nur und bringt uns nichts. Aus sportlichen und wirtschaftlichen Gründen müssen wir nach oben", unterstrich Wattenscheids Vereinsvorsitzender Günter Ritter zum Start in die Spielzeit 1988/89 die ambitionierte Ausrichtung. Dazu verstärkten sich die Schwarz-Weißen vor allem in der Offensive: Neben Banach, für den die Wattenscheider dem Vernehmen nach 500.000 Mark auf den Tisch legten, holten die Verantwortlichen noch einen „verlorenen Sohn" zurück an die Lohrheide. Uwe Tschiskale, nur ein Jahr zuvor zum FC Bayern gewechselt, ging fortan wieder an seiner alter Wirkungsstätte wieder auf Torejagd.

Transfers, die sich für die SG 09 rentieren: Schnell akklimatisierte sich Mucki Banach in der Mannschaft, bildete mit Tschiskale ein nahezu für jeden Gegner tödliches Sturmduo. Der Jungspund und der Rückkehrer – es passte einfach zwischen den beiden Wattenscheider Angreifern. „Tschiskale und Banach sind die erhofften Verstärkungen", urteilte der „kicker" nach der Vorbereitung. Und das Traumpaar lieferte gleich zu Beginn der Saison ab: Nach sechs Spieltagen thronte Wattenscheid an der Tabellenspitze der 2. Bundesliga, Banach und Tschiskale standen zu diesem Zeitpunkt bereits bei jeweils vier Treffern. „Dafür, dass wir erst so kurz zusammenspielen, klappt das doch schon hervorragend", schwärmte Tschiskale schon nach wenigen gemeinsamen Partien. „Wir können eben Fußball spielen", antwortete Banach, der es durch seine Leistungen erstmals in die von seinem alten Förderer Berti Vogts trainierte U21-Nationalmannschaft schaffte, gewohnt locker. Andere Töne gab es dagegen vom Trainer zu hören. „Wir wollen auf dem Boden bleiben", betonte Gerd Roggensack, der zwischendurch auch mit einem weiteren Bonmot für Aufsehen sorgte: „Wenn wir aufsteigen sollten, sind wir die erste Mannschaft, die das mit 38 Auswärtsspielen geschafft hat", erklärte der Wattenscheider Trainer angesichts des spärlichen Zuschauerzuspruchs im Stadion an der Lohrheide.

Das lag aber auch daran, dass der Weg für Wattenscheid und die neue

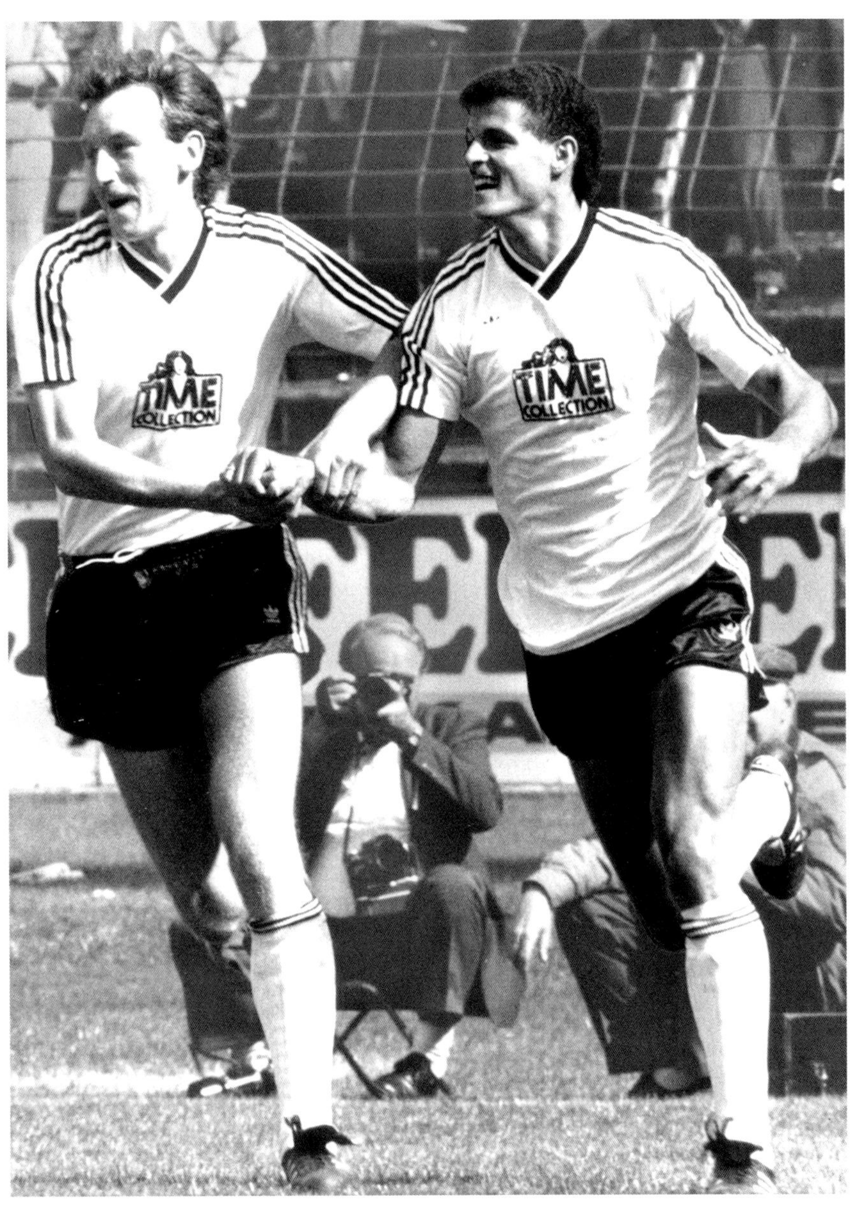

Das Traumduo:
Tschiskale/Banach bei der Arbeit.

Sturmhoffnung nach dem Topstart in die Saison nicht immer nur nach oben führte – Verletzungsprobleme und daraus resultierende Formschwankungen machten Mannschaft und Offensivstar zu schaffen. Gerade im Herbst leistete sich das Roggensack-Team eine verhängnisvolle Schwächephase, die auch mit einer besonderen Durststrecke zu tun hatte: 13 Spieltage musste Banach, der zwischenzeitlich aufgrund einer Blessur fehlte, auf einen Torerfolg warten, bevor er nach der Winterpause mit einem Doppelpack in Darmstadt seine gewohnte Klasse wieder unter Beweis stellte. „Wir liegen im Soll, einer der ersten drei Plätze ist für uns noch realisierbar“, verkündete Roggensack im Winter und seine Mannschaft wollte offensichtlich Wort halten. Angeführt von den bärenstarken Angreifern Banach und Tschiskale schoss sich Wattenscheid mit teils spektakulären Auftritten wie dem 6:5-Auswärtssieg bei Fortuna Köln zurück an die Tabellenspitze der 2. Bundesliga. Zum Aufstieg sollte es allerdings letztlich in dieser Saison nicht reichen für den kleinen Club aus dem Ruhrpott – eine weitere Schwächephase zum Ende der Spielzeit ließ das Team von Trainer Gerd Roggensack, dessen für Sommer angekündigter Wechsel zum 1. FC Kaiserslautern für Unruhe sorgte, sogar bis auf Platz sieben abstürzen. Im Endspurt wurde auch der Ton gegenüber Maurice Banach, für den sich zu der Zeit angeblich Borussia Mönchengladbach interessiert haben soll, rauer: „Unverständlich, wie ein Mann wie Banach in die U21-Nationalmannschaft berufen werden kann und im Trikot der Wattenscheider versagt“, hieß es Anfang Juni in einem „kicker“-Spielbericht. Letztlich endete Banachs Debütsaison in Wattenscheid allerdings persönlich nicht mit einem Versagen: Elf Treffer in 32 Spielen standen für den 21-Jährigen unter dem Strich in der Zweitliga-Spielzeit 1988/89 zu Buche – eine Bilanz, die sich durchaus sehen lassen konnte. Überzeugt hatte Maurice Banach Fans wie Teamkollegen gleichermaßen, was auch sein kongenialer Sturmpartner Uwe Tschiskale bestätigt.

Herr Tschiskale, Sie sind wie Maurice Banach 1988 zu Wattenscheid 09 gewechselt – Mucki kam von Borussia Dortmund, sie kehrten nach Abstechern zum FC Bayern und zu Schalke 04 zurück an die Lohrheide. Was waren damals die Ambitionen der Wattenscheider?

Es war immer ein Traum vom Boss (Wattenscheids Mäzen Klaus Steilmann, Anm. d. Red.), in die Bundesliga aufzusteigen. Ich kam 1988 nach dem Schalker Abstieg wieder an die Lohrheide. Das war für mich quasi mein Zuhause. Mucki und ich sollten das Sturmduo bil-

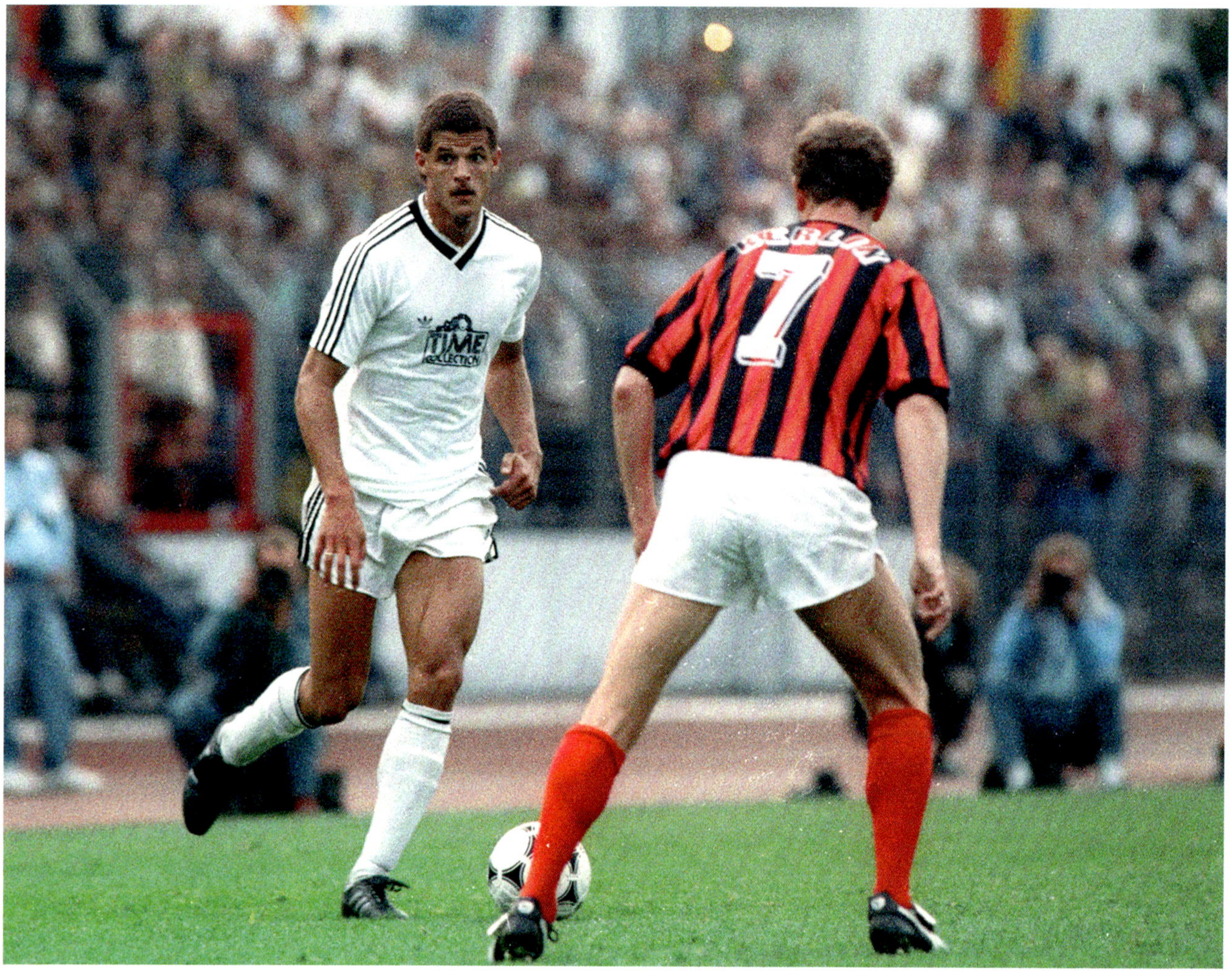

Souveräne Auftritte:
Aktivposten Banach.

den – und haben uns sofort blind verstanden, obwohl wir uns vorher überhaupt nicht kannten. Ich hatte den Namen Mucki Banach vor meiner Rückkehr zu Wattenscheid noch nie gehört.

Sie bildeten schnell ein Traumduo in der 2. Bundesliga, haben sich, wie Sie sagten, praktisch sofort blind verstanden. Weshalb klappte das Zusammenspiel mit Mucki so gut?

Als Menschen haben wir uns wunderbar verstanden, wir passten hervorragend zusammen. Alles andere hat sich im Laufe der Zeit auf dem

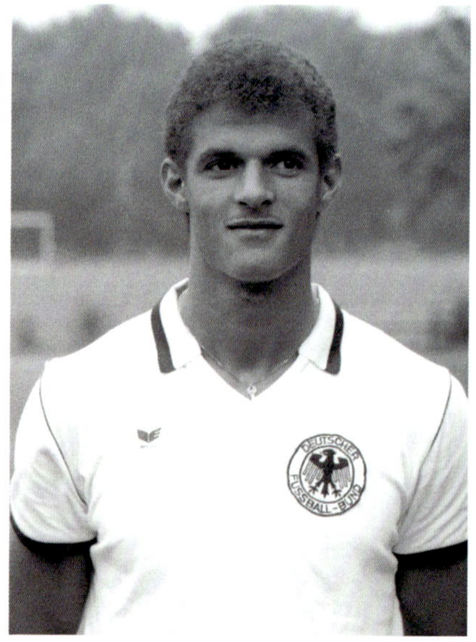

Verdienter Lohn:
Berufung in die deutsche U-21-Nationalmannschaft.

Platz dann einfach ergeben. Er war ein Straßenfußballer, ich war ein Straßenfußballer. Das hat wunderbar funktioniert. Wir wussten, welche Laufwege wir nehmen musste, wo der andere stand, das war irgendwie in uns drin. Da mussten die Trainer auch nicht viel sagen.

Auch abseits des Platzes passte es zwischen ihnen. Wie war Mucki in ihrer Erinnerung?

Mucki war ein lustiger Kerl – genau wie ich. Wir hatten denselben Humor, wir haben beide denselben Mist erzählt. (lacht) Das Wichtigste war aber: Wir wollten

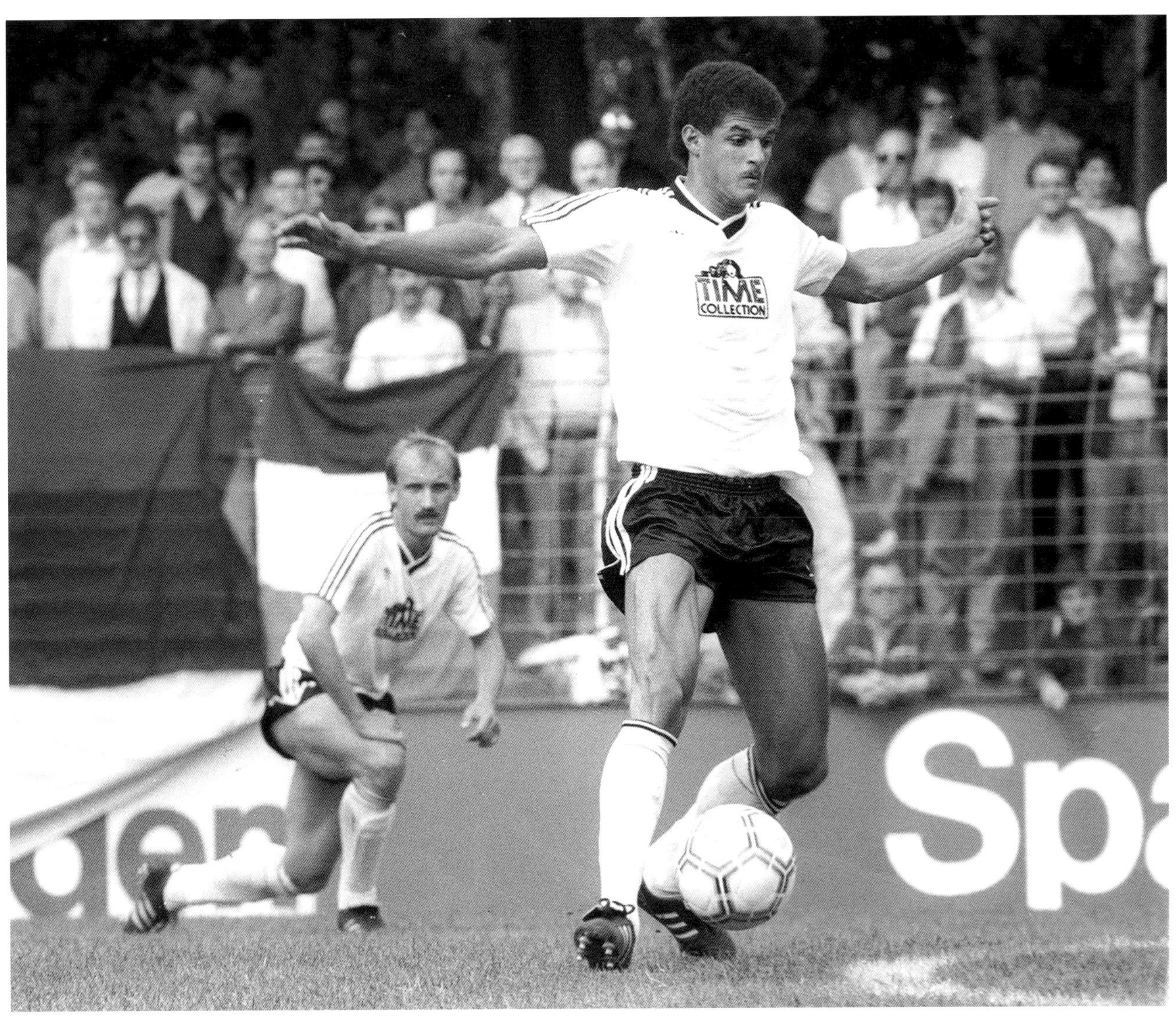

Der Schrecken der 2. Bundesliga:
Banach in Aktion.

beide den Erfolg. Muckis Traum war es immer, in der Bundesliga zu spielen. Er war ein junger Kerl und hat sich von ganz unten mit viel Willen hoch gekämpft. Mucki musste sich von Kind an durchsetzen, das hat ihn auch auf dem Platz geprägt. Er hatte diesen unbedingten Willen, das hat mir immer imponiert.

In ihrer ersten gemeinsamen Saison in Wattenscheid haben Sie mehr Tore geschossen, in der zweiten hatte Mucki die Nase vor. Gab es da eine Art freundschaftlichen Wettbewerb untereinander, vielleicht sogar so etwas wie Torneid?
Nein, so etwas wie Torneid gab es zwischen uns nicht, jeder hat sich für den anderen gefreut. In Wattenscheid hatten wir wirklich eine super Truppe zusammen, es herrschte eine tolle Stimmung innerhalb der Mannschaft.

Daran hatte auch Mucki seinen Anteil: Er hatte eigentlich immer gute Laune.

Im zweiten Jahr folgte dann für Wattenscheid der erstmalige Aufstieg – welche Erinnerungen haben Sie an diese Saison?

Wir haben mit einem 5:1-Heimsieg gegen Hertha BSC die Bundesliga klar gemacht. Die Aufstiegsfeier danach in unserer kleinen Grundschulkabine war ein ganz besonderer Moment. Das sind Erinnerungen, die bleiben. Wie auch die Feierlichkeiten im Anschluss, wir sind auf dem Cabrio sitzend durch Wattenscheid gefahren. Harry Kügler, Mucki Banach und ich – das war echt eine tolle Zeit!

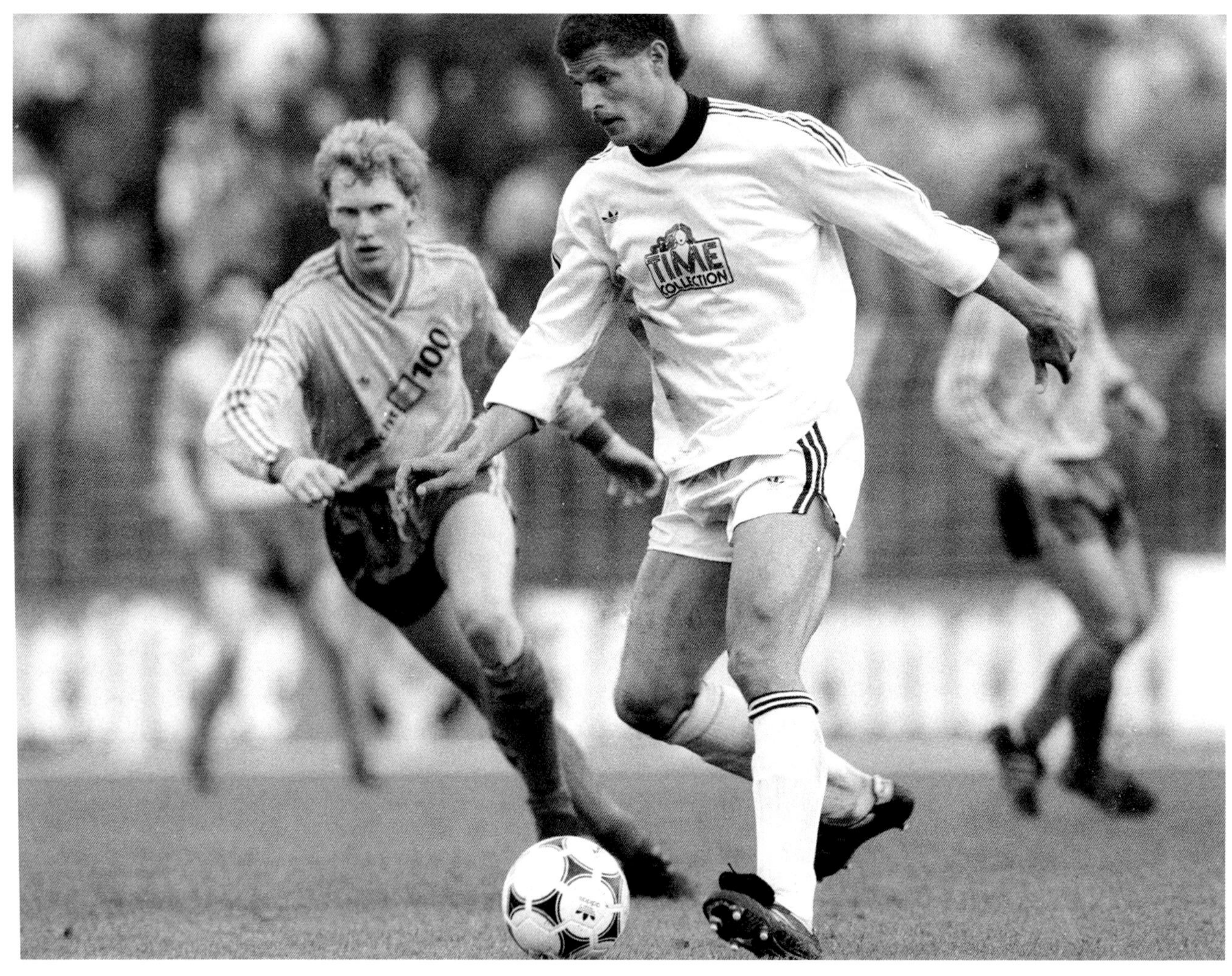

Das Tor stets im Blick:
Auf dem Weg zum Torschützenkönig.

Mucki hatte seinen persönlichen Aufstieg bereits zuvor vorangetrieben, seinen Wechsel zum 1. FC Köln perfekt gemacht. Hat er Sie im Vorfeld um Rat gefragt? Schließlich hatten sie den Sprung weg aus Wattenscheid damals schon einmal gewagt.

Es war abzusehen, dass Mucki nicht zu halten ist. Er war auf dem Weg zum Nationalspieler, da war der 1. FC Köln halt der nächste Schritt. Wir haben uns über das Thema zuvor unterhalten, vor allem über Christoph Daum. Ich wäre drei Jahre zuvor, als ich nach München gegangen bin, beinahe auch zum FC gewechselt. Der Mann hatte mich mit seinen Plänen komplett überzeugt – wäre dann nicht das Angebot des FC Bayern gekommen, ich hätte 1987 in Köln unterschrieben!

Dorthin ging es dann für Maurice Banach, dessen sportliche Entwicklung weiterhin steil nach oben ging. Hatten Sie diese Entwicklung erwartet?

Sein Potenzial hat man gesehen, seine Entwicklung war für mich wirklich abzusehen. Mucki war auf seine Art der beste Strafraumstürmer seit sehr langer Zeit. Was der auf engstem Raum gemacht hat, war ganz weit vorn. Ich habe zwar keinen gesehen, der einen derart krummen Schuss hatte wie Mucki, aber zumeist waren sie halt einfach drin. (lacht) Es war mir klar, dass er seinen Weg gehen wird. Ich hatte es ja bereits versucht bei den Bayern und auf Schalke. Mukki hatte den Willen nach oben zu kommen, das hat man ihm immer angemerkt. Und ich war sehr stolz darauf, wie er sich entwickelte. Denn wie gesagt: Mucki hat sich selbst aus dem Dreck gezogen, ist seinen Weg gegangen.

Was verbinden Sie heute mit Maurice Banach?

2022 werde ich 60, da lässt man so manches aus seinem Leben Re-

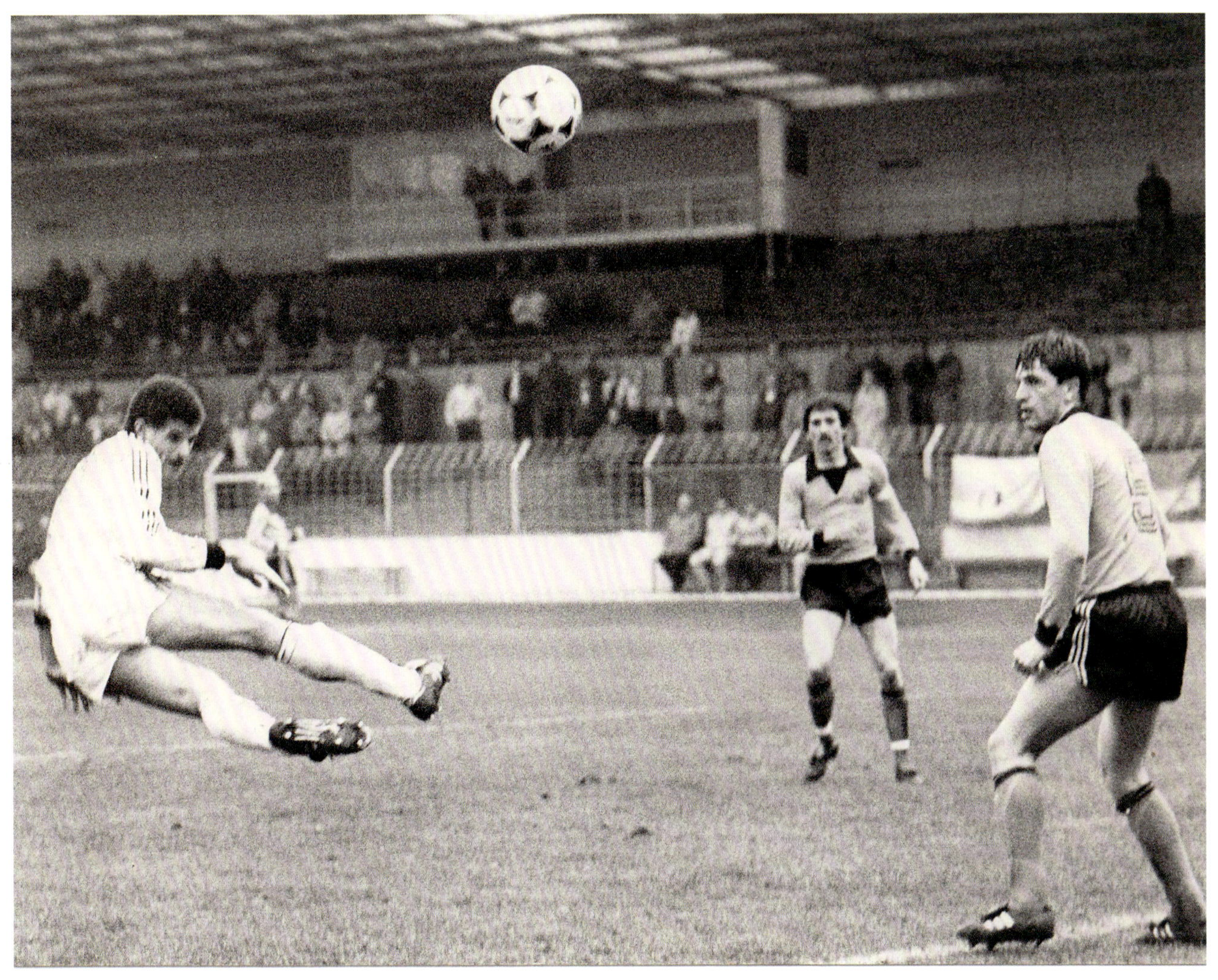

Dynamik pur:
Banach in voller Aktion.

vue passieren, da kommen ganz viele Erinnerungen hoch. Auch an Mucki und die Zeit damals. Beim Spiel zum Jubiläum des Mauerfalls haben wir noch alle an ihn gedacht. Mucki Banach ist einfach für immer in unseren Köpfen. Es ist, als wäre es gestern gewesen, wie wir die Nachricht seines Todes erfahren haben. Das war heftig, mir kommen bei dem Gedanken an den Tag heute noch die Tränen. Mucki und ich wären heute noch gute Kumpels. Das Leben wollte es leider anders.

Den Aufstieg in die Bundesliga hatte Maurice Banach in der ersten Wattenscheider Saison noch verpasst, zwei Schwächephasen waren letztlich zu viel, um ernsthaft um die Spitzenplätze in der 2. Bundesliga mitspielen zu können. Die Ambitionen an der Lohrheide trübte das aber keinesfalls: Das Ziel des kleinen Vereins aus dem Bochumer Vorort war weiterhin der erstmalige Sprung in die höchste deutsche Spielklasse. Dafür sollte ein neuer Trainer sorgen: Hannes Bongartz, einst als Spieler schon von 1971 bis 1974 in Wattenscheid unter Vertrag, übernahm Roggensacks Position an der Seitenlinie der Nullneuner, die abermals in den Kader investierten. Uwe Neuhaus und Frank Hartmann kamen als erfahrene Stützen nach Wattenscheid, dazu wechselte mit Thorsten Fink ein ehemaliger Weggefährte Banachs aus der Reserve von Borussia Dortmund an die Lohrheide. Kaum verwunderlich, dass sich der ehemalige Nationalspieler Bongartz schnell überzeugt von den Qualitäten seiner jungen Schützlinge zeigte: „Eine so junge, hoffnungsvolle Mannschaft, deren Durchschnittsalter unter 24 Jahren liegt, hat bei unserer Spielweise, wenn sie einmal in den Köpfen jedes einzelnen eingeprägt ist, durchaus Perspektive für die Zukunft“, unterstrich Bongartz die glänzenden Aussichten für sein

Wattenscheider Team, das bereits in der Vorsaison seine Qualitäten über weite Strecken der Saison angedeutet hatte.

Und der Aufstiegsaspirant ließ seinen Ambitionen schnell Taten folgen: Nach fünf Spielen stand Wattenscheid verlustpunktfrei an der Tabellenspitze der 2. Bundesliga, fiedelte sogar den Revierrivalen Schalke im direkten Duell mit 3:1 ab. „20 Jahre Zweite Liga sind genug. Entweder wir steigen jetzt auf oder es geht abwärts", verkündete Bongartz nach dem Derbytriumph, zu dem der überragende Maurice Banach mit einem Doppelpack entscheidend beigetragen hatte, selbstbewusst. Ein Faustpfand dabei: Die familiäre Atmosphäre an der Lohrheide, die auch den jungen Angreifer zu Höchstleistungen anspornte. „Nach den Spielen war nichts mit VIP-Raum oder ähnlichem, da saß man gemeinsam mit den Fans bei Butterbrot oder Bratwurst. Bodenständig und normal. Das war toll, das hat Mucki gefallen – er war sehr glücklich in Wattenscheid", erzählt Claudia Weigl-Banach, die vor allem Wattenscheids Mäzen Klaus Steilmann in guter Erinnerung behalten hat: „Er war wie ein Vater für die Spieler, die Bürotür in der Firma stand zu jeder Tages- und Nachtszeit offen für die Spieler und ihre Familien. Ein toller Typ", schwärmt sie noch heute vom Textilfabrikanten, der für viele so etwas wie „Mister Wattenscheid" war.

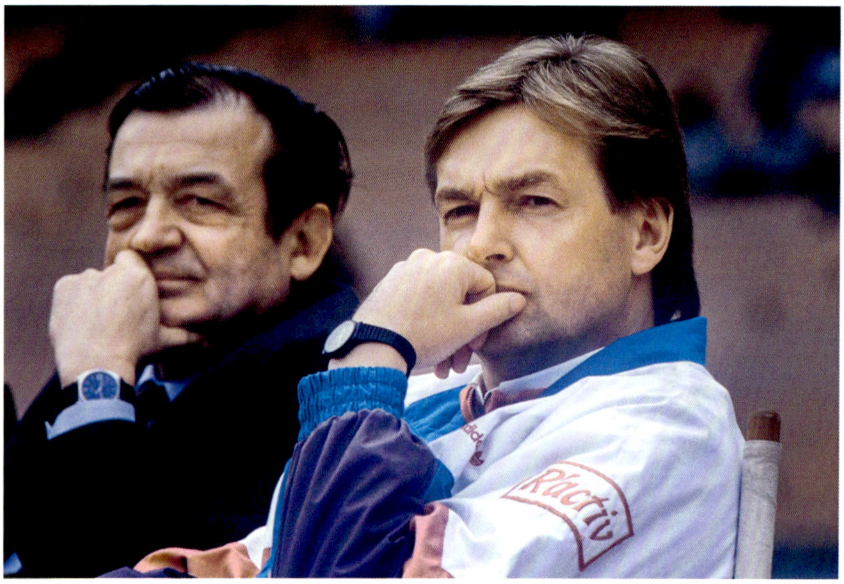

Die Architekten des Wattenscheider Erfolgs:
Unternehmer Klaus Steilmann (links), Trainer Hannes Bongartz (rechts).

Noch vor der Winterpause wartete auf die Nullneuner im Übrigen ein ganz besonderes Highlight: Ausgerechnet zwei Tage nach dem Mauerfall stand das Auswärtsspiel bei Hertha BSC auf dem Programm. Am 11. November 1989 kam es zwischen der „Alten Dame" und dem kleinen Club aus dem Ruhrpott zur ersten Profipartie im freien Berlin. DDR-Bürger erhielten kostenlosen Eintritt ins Olympiastadion, wo der Tabellendritte zu Gast beim Vierten war. Ein „historisches Spiel", wie auch Uwe Tschiskale findet. „Das war eine Geschichte, die wir nie vergessen werden. Davon sprechen wir heute noch. Das Spiel war uns wirklich scheißegal, den Berlinern im Übrigen auch", schildert der Angreifer die historischen Umstände der Partie, die letztlich schiedlich-friedlich 1:1 endete: „Das Olympiastadion ist an sich schon als geschichtsträchtiger Ort ein Gänsehautgarant – und dann noch diese Atmosphäre vor fast 50.000 Zuschauern. Mucki war total fasziniert von der ganzen Sache. Für ihn war das ein absolutes Highlight seiner Karriere", so Banachs damaliger Mannschaftskollege. Es sollte nicht der einzige Höhepunkt in dieser so erfolgreichen Saison der Nullneuner, an der der treffsichere Angreifer enorm großen Anteil hatte, sein. Nach dem 3:0-Auswärtserfolg in Hannover zum Jahresabschluss, inklusive Banach-Doppelpack, war sich Tschiskale sicher: „Wenn wir so weiterspielen, bin ich davon überzeugt, dass wir aufsteigen", betonte der Angreifer im Anschluss an die Partie. Wattenscheid durfte Weihnachten als Spitzenreiter feiern, hatte den lang ersehnten Sprung in die Bundesliga fest im Blick. Auch dank 13 Treffern von Maurice Banach, der zur Winterpause hinter Teamkollege Tschiskale (14) und Osnabrücks Heikko Glöde (15) auf Rang drei der Torschützenliste lag.

Leistungen, die Begehrlichkeiten weckten. Mehrere Bundesliga-Clubs bekundeten ihr Interesse am 22 Jahre alten Torjäger, dessen Vertrag in Wattenscheid zum Saisonende auslief. „Ich habe mit Köln und mit anderen Erstligisten verhandelt. Wenn ich wechseln sollte, dann nur zu einem der fünf Spitzenclubs in Deutschland", betonte der umworbene Banach, der zu dieser Zeit öffentlich auch einen Verbleib an der Lohrheide nicht ausschließen mochte. Doch im Hintergrund werkelte sein Berater Heinz Slupek bereits an einem Transfer seines Schützlings. Schon im November 1989 war sich der talentierte Torjäger mit dem 1. FC Köln grundsätzlich einig. Nach einigem öffentlichen Hickhack, der auch über die nationalen Medien lief, bekannte sich Banach zu seinen Wechselabsichten, verkündete vor dem Start ins neue Jahr: „Ich gehe zum 1. FC Köln, weil dies für mich eine sportliche Herausforderung bedeutet", benannte er sein Wunschziel für die nächsten Jahre. Ein Schritt, der seinen Trainer nicht überraschte: „Es war schon im November alles perfekt mit Köln. Ich habe kurz vor Weihnachten ein Gespräch mit ihm geführt und ihm gesagt: Du musst jetzt dazu stehen, auch in der Öffentlichkeit", erklärte Bongartz im Anschluss an den Wechsel. Bei den Geißböcken, so die Vision, sollte Banach im Angriff den nächsten Schritt in Richtung Nationalmannschaft machen, unter Trainer Christoph Daum, der den Zweitliga-Torjäger bezirzt hatte, sollte er sich zu einem der besten Angreifer der Bundesliga entwikkeln. Doch zunächst einmal hieß das Ziel: Aufstieg mit Wattenscheid 09!

Herr Bongartz, Sie hatten zur Saison 1989/90 den Trainerposten bei der SG Wattenscheid 09 übernommen. Haben Sie sofort gewusst, welches Juwel Sie mit Maurice Banach im Kader haben?

Dass Mucki ein sehr guter Fußballer war, dass er ein Sturmjuwel ist, das habe ich vor Amtsantritt schon gewusst. Dass er ein Spieler mit wahnsinnig großem Potenzial ist, hatten mir Reinhold Klee als Sportlicher Leiter und Klaus Steilmann (Wattenscheids Präsident und Mäzen, Anm. d. Red.) bereits in den Gesprächen kund erzählt. Aber Maurice Banach hatte in seiner ersten Saison schon elf Tore erzielt, das bleibt einem natürlich nicht verborgen.

Mit ihm und Uwe Tschiskale hatten sie im Sturm das Traumduo der 2. Bundesliga, das die SG Wattenscheid 09 dann auch in die Bundesliga geschossen hat. Welche Erinnerungen haben Sie noch an die Aufstiegssaison an der Lohrheide?

Wir hatten eine Mannschaft, die das lang ersehnte Ziel erreichen wollte, mit Wattenscheid endlich in die Bundesliga aufzusteigen. Man hatte es hier in den Jahren zuvor oft probiert. Mit einigen Ergänzungen in der Defensive wie einem Uwe Neuhaus, einem Jörg Bach oder besonders Thorsten Fink, der von der zweiten Mannschaft aus Dortmund kam, hat das wunderbar funktioniert. Auch weil die Mischung zwischen jungen und erfahrenen Spielern passte. Wir hatten in der Saison eine absolute Einheit auf dem Platz!

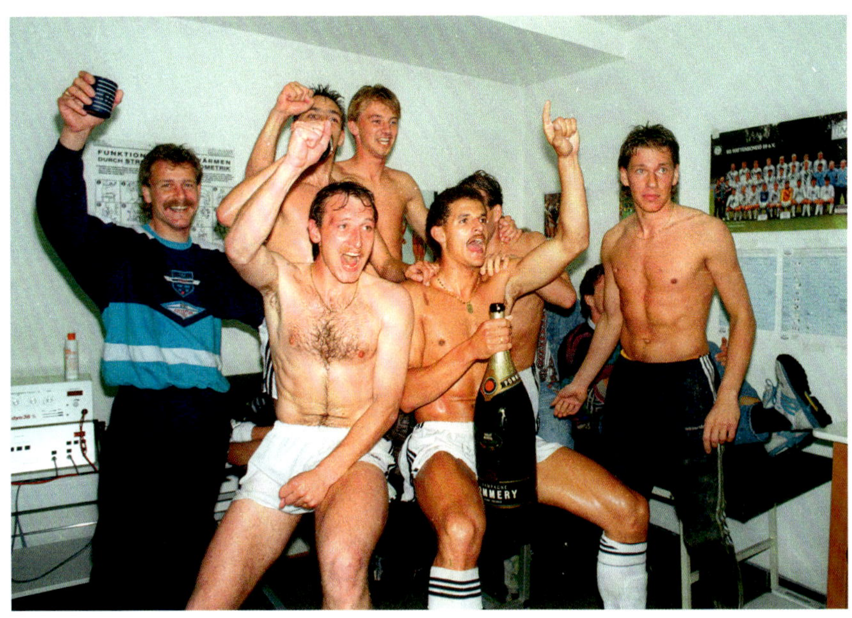

Geschafft:
Mannschaftsjubel nach dem Aufstieg in die Bundesliga. Maurice Banach mit Magnum-Flasche.

Was für ein Typ war Mucki Banach? Wie war er aus Sicht eines Trainers?

Er war pflegeleicht, Mucki war ein absoluter Musterprofi. Er hat viel aufgenommen, war aufmerksam und hat seine Arbeit topp verrichtet. Ein Spieler, den sich ein Trainer wünscht. Neben dem Platz war Mukki ein gemeinschaftlicher Typ, hatte viele Freunde in der Mannschaft. Er war eher ruhig – kein Trommler, der irgendwie voranmarschierte. Er hat gern gelacht und war eine richtig positive Erscheinung.

Im Winter 1989/90 gab es dann etwas Wechseltheater um Mauri-

ce Banach, der sich letztlich für den 1. FC Köln entschied. Wie haben sie das aufgenommen?

Ich habe den Jungs immer gesagt: Wenn sie gute Leistungen bringen, dann weckt das Begehrlichkeiten bei anderen Clubs. Das ist dann eben die Bestätigung ihrer Arbeit und auch ein wenig der Arbeit des gesamten Vereins. Aber ein Wechseltheater, wie wir es vielleicht von heute kennen, war das definitiv nicht. Es gab keinen Trainingsstreik oder ähnliches, wie es mittlerweile modern geworden ist. Dafür wäre Mucki auch nicht der Typ gewesen, das hätte ich ihm nie zugetraut und das hätte er auch nie gemacht!

Aus Wattenscheid ging es dann für Mucki nach Köln, wo er auch in der Bundesliga seine Tore machte und ans Tor zur Nationalmannschaft klopfte. War das eine Entwicklung, die Sie vorhergesehen haben?

Ja, das hätte ich absolut. Mucki hatte das komplette Paket, das du als Stürmer brauchst. Er war dazu enorm intelligent auf dem Platz, wusste, wohin er sich gerade im Strafraum zu bewegen hat.
Wenn ich ihn mit heutigen Spieler vergleichen würde, dann kommt mir immer Robert Lewandowski in den Sinn. Ich bin überzeugt, dass er den Durchbruch zum Mega-Star geschafft hätte, wenn er nicht tödlich verunglückt wäre.

Wissen Sie noch, wie Sie damals von seinem tragischen Tod im November 1991 erfahren haben?

Das war eine ganz traurige Geschichte. Wir hatten ein Benefizspiel in nördlichen Gefilden, einige der Mitspieler hatten auf dem Weg die Unfallstelle passiert.

Ich weiß noch, dass sie sagten: „Da war ein schlimmer Unfall in der Nähe von Wuppertal, da hat sogar ein Auto gebrannt.“ Kurze Zeit später haben wir erst erfahren, dass dort Mucki Banach tödlich verunglückt ist. Diese Nachricht hatte eine absolute Schockwirkung. So etwas muss man erst einmal verdauen, da muss man erst einmal inne halten – wenn so ein Spieler stirbt, das ist einfach nur tragisch.

30 Jahre nach seinem Tod: Wie haben sie Maurice Banach in Erinnerung behalten?

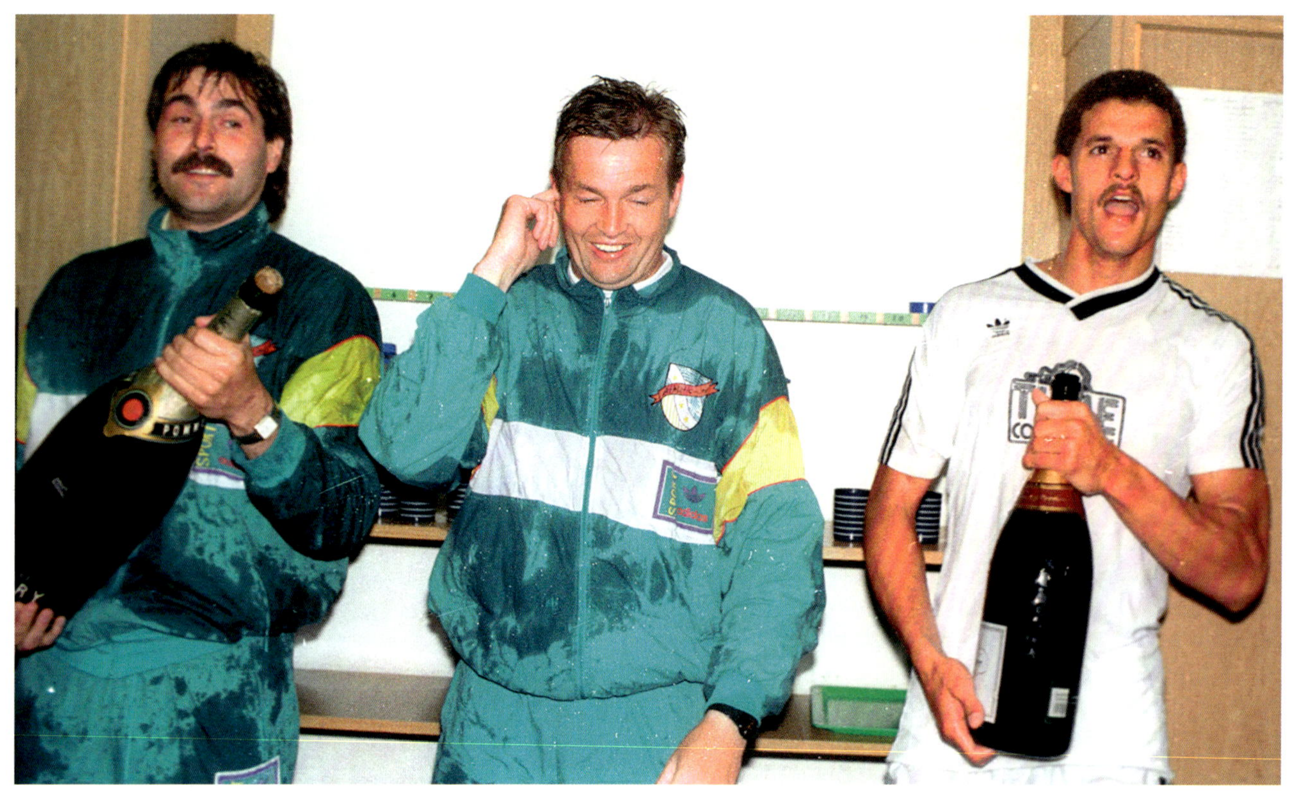

Trainer und sein Torgarant:
Bongartz nach der Sektdusche, Banach mit Pulle.

Für mich bleibt er immer der Top-Spieler, der Top-Mensch, als den ich ihn kennengelernt habe. Ich behalte ihn als Fußballer und als Mensch in Erinnerung. Das ist in meinen Augen der beste Dienst, den wir Mucki erweisen können.

In Erinnerung bleiben: Das wird Maurice Banach in Wattenscheid definitiv. Denn er ist eng verknüpft mit einer historischen Saison der Nullneuner, an deren Ende für gerechnet mit Hertha BSC, in der Hinrunde noch Gegner beim geschichtsträchtigen Duell nach dem Fall der Berliner Mauer, lieferte sich Wattenscheid ein enges Rennen um die Tabellenspitze, lediglich einmal in der gesamten Saison standen die Schwarz-Weißen nicht auf einem der ersten drei Plätze. Großen Anteil daran, wie kann es anders sein, hatte das legendäre Traumpaar im Wattenscheider Angriff: Maurice Banach erzielte nach Tore gelangen. Wenig verwunderlich also, dass es auch das Wattenscheider Duo war, das beim entscheidenden 5:1-Heimsieg gegen Hertha BSC auftrumpfte.

Banach schnürte abermals einen Doppelpack (seine letzten Tore für die Nullneuner), Tschiskale stellte den Endstand her. Der Rest ist schwarz-weißer Aufstiegsjubel – Wattenscheid war erstmals erstklassig!

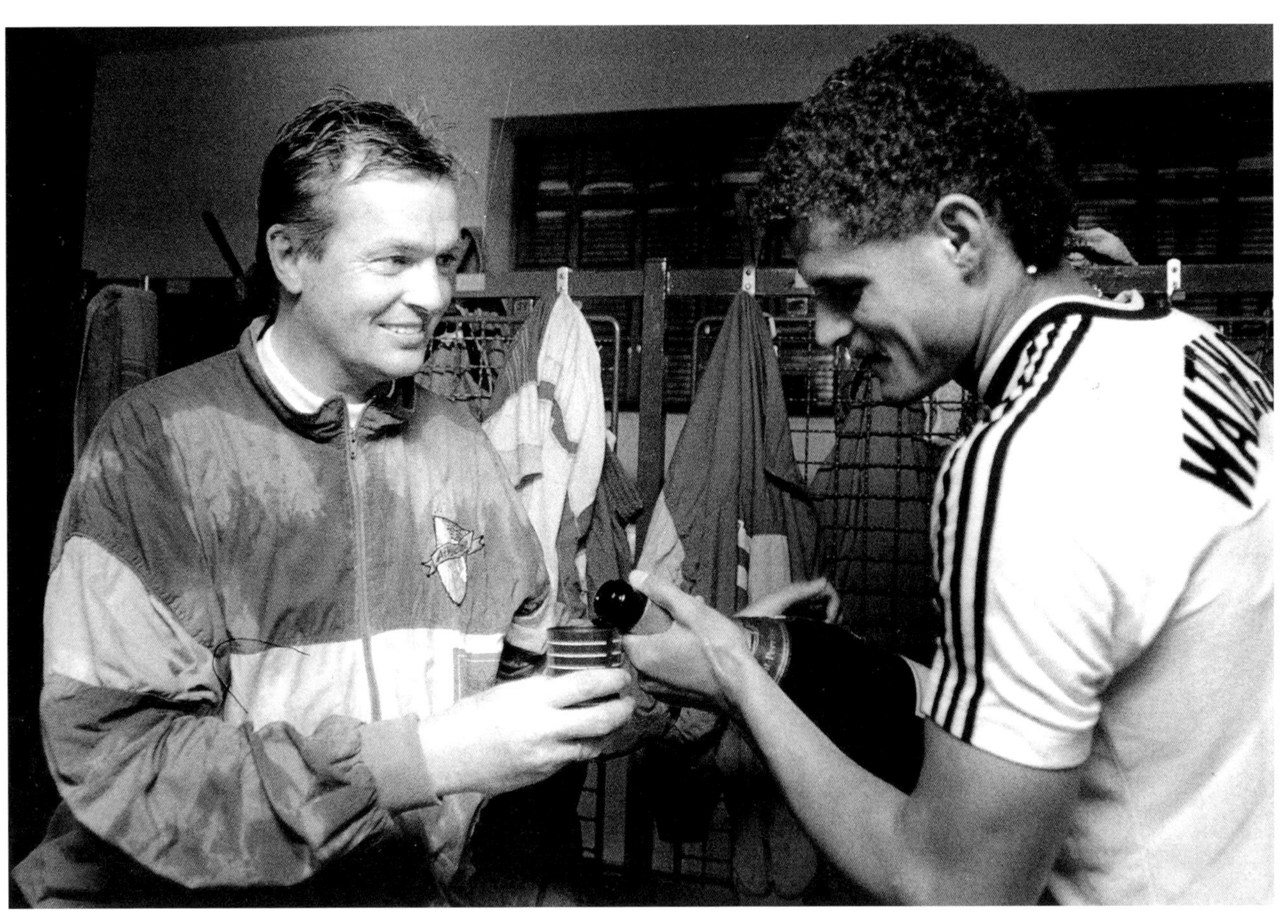

Und noch ein Schlückchen:
Banach schenkt seinem Coach ein.

den Verein der erstmalige Aufstieg in die Bundesliga stand. Anders als noch in den Vorjahren, als die Mannschaft im Endspurt jeweils einen Spitzenplatz verspielte, hielt die Bongartz-Elf der Drucksituation im Frühjahr 1990 stand. Aus- dem Jahreswechsel noch neun weitere Tore und sicherte sich schließlich mit satten 22 Treffern die Torjägerkanone der 2. Bundesliga. Direkt gefolgt von seinem Sturmkollegen Uwe Tschiskale, dem im Verlauf der Spielzeit insgesamt 19 Dass Maurice Banach in der folgenden Saison erstklassig sein würde, das stand bereits seit März 1990 fest. Nach kurzen Verhandlungen zwischen den Vereinen, hatte sich der 1. FC Köln mit Wattenscheid auf einen Wechsel des umjubelten Talents geeinigt. Die kolportierte Ablösesumme für den Torschützenkönig der 2. Bundesliga schwankte nach damaligen Medienangaben zwischen 800.000 und 1,2 Millionen Mark. Um den Preis nicht in schwindelerregende Höhen steigen zu lassen, hatte Christoph Daum nach eigenen Angaben zu einer List gegriffen. Gegenüber Medien ließ er durchsickern, er sei, wie schon Jahre zuvor, an der Verpflichtung von Uwe Tschiskale interessiert. Daum dazu: „Banach war tatsächlich bei vielen Vereinen auf dem Zettel, da habe ich eine falsche Fährte gelegt“, erzählt der damalige FC-Trainer, der die entscheidenden Gespräche mit Banach geführt hatte. „Ein Ablenkungsmanöver, das unter der Hand und teilweise sogar öffentlich die Runde machte. Dadurch waren die Verhandlungen mit Wattenscheid weitaus angenehmer. Wir hatten es dadurch etwas leichter in den finanziellen Verhandlungen, um Mucki für eine geringere Ablösesumme zum FC zu holen“, schildert Daum den damaligen Wechselpoker um den U21-Nationalspieler.

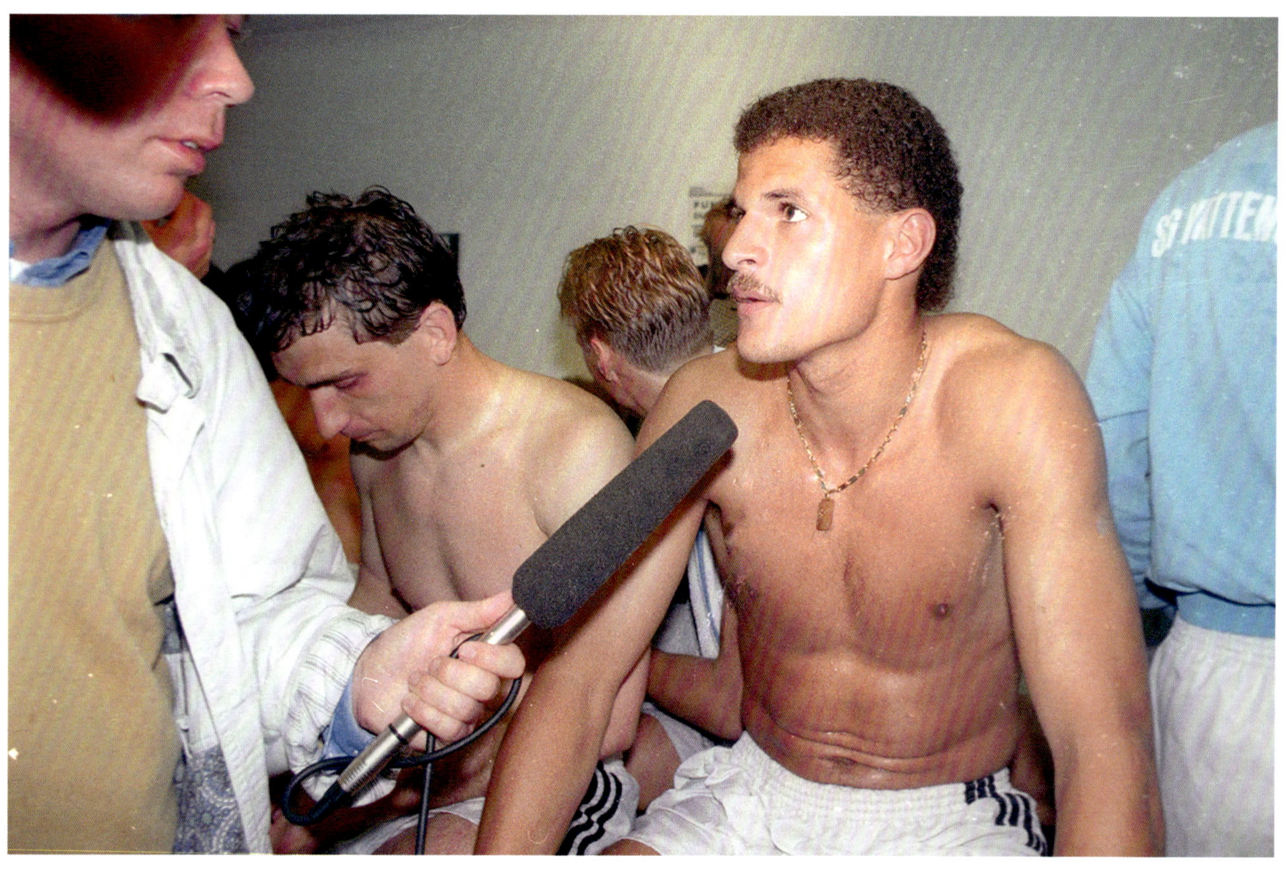

Bei den Aufstiegsfeierlichkeiten:
Banach im Mittelpunkt des Medieninteresses.

In Köln stieß die Verpflichtung allerdings nicht auf allzu große Gegenliebe. Sowohl die Kölner Medien als auch die als verwöhnt geltenden Anhänger in der Domstadt hatten sich größere Namen gewünscht. Neben Banach standen auch Uwe Fuchs und Hans-Dieter Flick früh als Neuzugänge fest, was den „kicker“ zu der Fragestellung veranlasste: „Kauft der FC nur Stars zweiter Wahl?“ Für Daum stand die Antwort damals fest: „Für mich sind das uneingeschränkt Spieler der ersten Wahl. Und alle drei werden das in der kommenden Saison in Köln beweisen“, so der Trainer, der allerdings bei diesem Unterfangen nicht mehr bei den Geißböcken als Cheftrainer verantwortlich sein sollte. In einer spektakulären Nacht- und Nebelaktion entließ der Vorstand den FC-Erfolgscoach während der WM 1990. Erich Rutemöller folgte auf den exzentrischen Coach. Für Mucki Banach bedeutete das: Der Mann, der ihn nach Köln holte, war nicht mehr da. Doch das sollte seinen Erfolg in der Domstadt keineswegs schmälern.

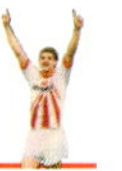

Ein Spitzenclub – in Deutschland und Europa:
Der FC zum Zeitpunkt der Banach-Verpflichtung

Zu welchem Verein ist Maurice Banach im Sommer 1990 eigentlich gewechselt? Hört man heutzutage den Namen 1. FC Köln, denkt Fußball-Deutschland eher an einen Fahrstuhlverein, an einen Club, der ganz früher einmal eine gute Adresse gewesen war, aber sportlich seit über 30 Jahren keine bedeutende Rolle mehr gespielt hat. Stärker im Fokus stehen die sechs Abstiege, die Spielzeiten in der 2. Bundesliga und – bis auf wenige Ausnahmen – die Bemühungen, den Verein überhaupt erstklassig zu halten.

In den Augen von nicht wenigen Beobachtern feiert sich der Club mit seiner treuen Fangemeinde am liebsten selbst. In Ermangelung sportlicher Großtaten bezeichnet sich der FC als einen „spürbar anders" agierenden Verein. Zu kölschen Tönen wird viel gesungen, die Hymne zelebriert und natürlich – so das Gerücht – planen die Fans nach einem einzigen Sieg bereits die Reise quer durch Europa. Oder um es mit Udo Latteks viel zitierten Bonmot zu sagen: „Im Kölner Stadion ist immer so eine super Stimmung, da stört eigentlich nur die Mannschaft", brachte der einstige FC-Manager und Mei-

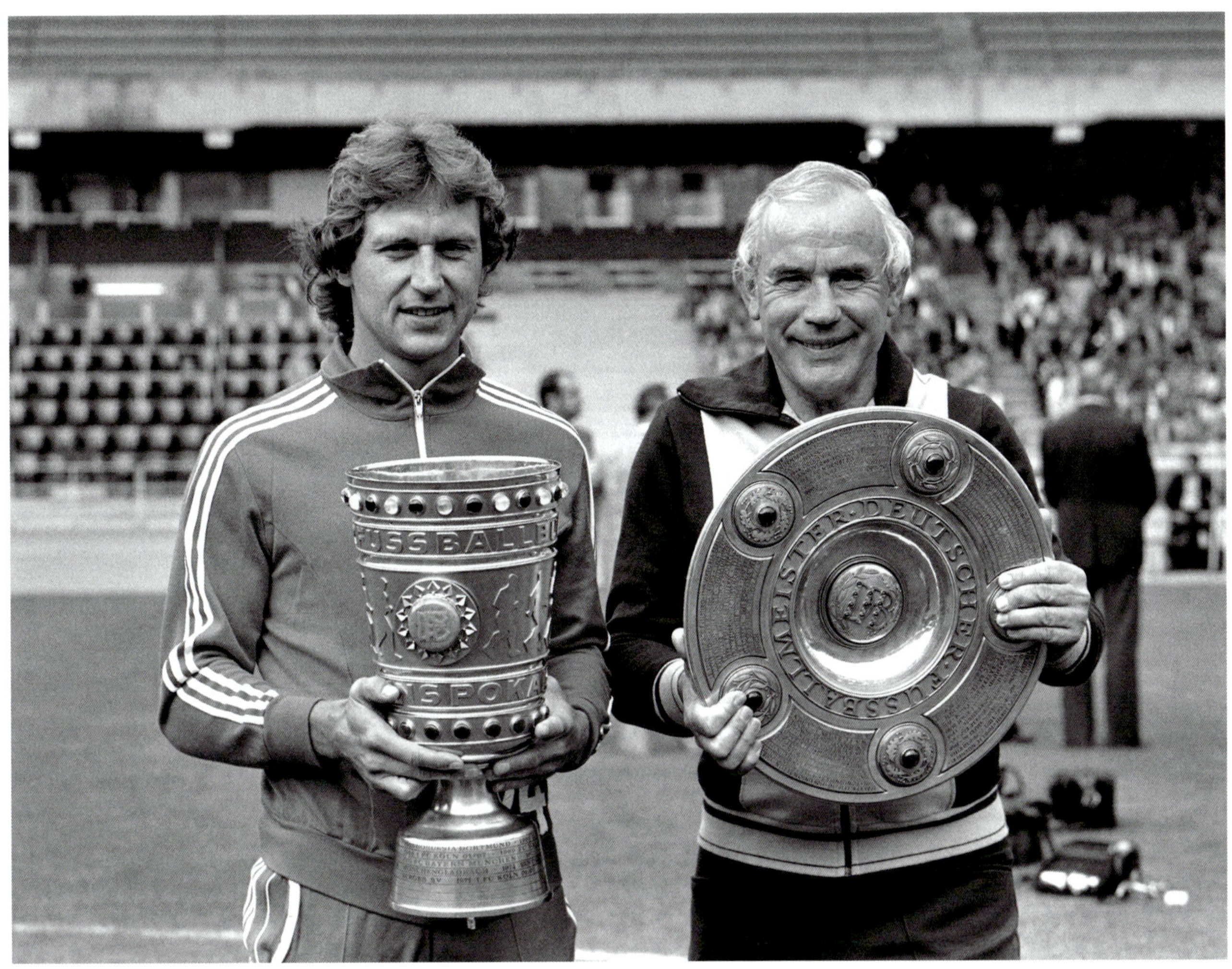

1978 – Auf dem absoluten Höhepunkt:
Double-Kapitän Heinz Flohe und Trainerlegende Hennes Weisweiler präsentieren Pokal und Meisterschale.

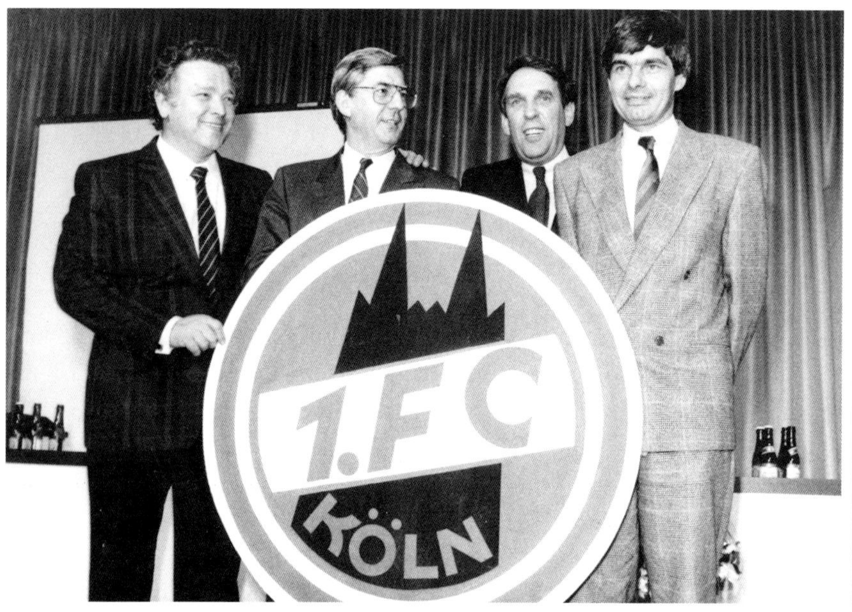

Vorstand 1987:
v.l.n.r. Vizepräsident Jupp Söller, Vizepräsident Hans Neukirch, Präsident Dietmar Artzinger-Bolten und Geschäftsführer Michael Meier.

stertrainer die Gedankenwelt rund um die Geißböcke polemisch auf den Punkt. Der viertgrößte Verein Deutschlands mit seinen gut 115.000 Mitgliedern, der dreimalige Meister und vierfache Pokalsieger, der Vorzeigeclub aus den Anfangszeiten der Bundesliga: Er gilt mittlerweile mehr als Emotionsverein, der die Liga durch diese gerade beschriebene Art bereichert. Jedenfalls mehr mit seiner vielfach gepriesenen Atmosphäre als mit sportlich überzeugenden Auftritten bis zum Sommer 2021. Das F im FC, so sagen Spötter, es steht für Folklore, nicht für Fußball.

Aber im Sommer 1990 war dieser 1. FC Köln ein gänzlich anderer Club. Maurice Banachs Ansage, Wattenscheid nur zu einem der fünf besten Vereine Deutschlands verlassen zu wollen, lässt mit dem heutigen Wissen viele Zeitgenossen zwar schmunzeln, doch zu jener Zeit zählten die Geißböcke tatsächlich zu den Top-Teams der Bundesliga. Vizemeister 1990, UEFA-Cup-Halbfinalist: Der FC war eine große Nummer – in Deutschland und in Europa. Und genau zu dieser Zeit wurde Maurice Banach verpflichtet. Christoph Daum überzeugte den umworbenen U21-Nationalspieler in unzähligen Gesprächen von einem Wechsel ans Geißbockheim. Der Kölner Erfolgscoach war so etwas wie ein Hansdampf in allen Gassen im Verein, stand nicht nur an der Seitenlinie, sondern kümmerte sich in Personalunion als eine Art Manager nach englischem Vorbild auch um die Kaderplanung. Um Banach bemühte er sich schon seit geraumer Zeit. Bereits während seiner Jugendzeit in Dortmund hatte Daum den talentierten Angreifer beobachtet. Die rasante Entwicklung während seiner Wattenscheider Zeit, als sich der gebürtige Münsteraner zum Torschützenkönig in der 2. Bundesliga krönte, verstärkte das Kölner Interesse. Der FC legte letztlich 1,2 Millionen Mark für den U21-Nationalspieler auf den Tisch. Alleine diese Tatsache zeigt, wie hoch Banach von den Geißböcken eingeschätzt wurde, denn es sei noch einmal daran erinnert: Der 1. FC Köln war Anfang der neunziger Jahre eine Topp-Adresse im deutschen und im europäischen Fußball. Streng genommen hatte der Club nichts mit dem heutigen Verein zu tun, weder vom eigenen Selbstverständnis noch vom Standing her. Die Geißböcke waren zu diesem Zeitpunkt noch nie abgestiegen, gehörten permanent zu den Anwärtern auf einen Platz im internationalen Geschäft. In den drei Jahren vor Banachs Verpflichtung, kämpfte der FC um die Deutsche Meisterschaft. Nur kurz zuvor mussten die Kölner die Spitzenposition in der Ewigen Tabelle der Bundesliga an den FC Bayern München abgeben. Seit Anbeginn der Liga hatte der erste Meister der Bundesliga-Historie einen Platz an der Sonne inne gehabt.

Im Prinzip schickte sich der 1. FC Köln zum Zeitpunkt der Banach-Verpflichtung an, endlich wieder an die großen Zeiten der sechziger und siebziger Jahre anzuknüpfen. In dieser Ära hatte der Club sechs seiner sieben großen Titel (drei Meisterschaften, vier Pokalsiege) geholt und sich quasi einen Stammplatz in den europäischen Wettbewerben gesichert. Auch zu Beginn der achtziger Jahre spielte der Geißbock-Club um den Titel mit (Vizemeister 81/82), holte 1983 noch einmal den DFB-Pokal und schaffte drei Jahre später den Einzug ins UEFA-Cup-Finale gegen Real Madrid. In derselbe Saison aber spielte der FC parallel auch gegen den Abstieg aus der Bundesliga – ein Umstand, der zu dieser Zeit eine Seltenheit darstellte und rund um den Verein einiges an Unruhe auslöste. Am Ende der Spielzeit rangierte der Verein lediglich auf Platz 13: ein Unding für das Selbstverständnis des stolzen Premierenmeisters der Bundesliga. Die tristen spielerischen Vorstellungen setzten sich zunächst in der Saison 1986/87 trotz prominent besetztem Kader fort. Schon nach dem achten Spieltag zog der Verein die Reißleine: „Sir" Georg Keßler musste gehen, der junge Co-Trainer Christoph Daum übernahm.

Ein Wagnis, das sich allerdings für die Geißböcke auszahlte: Unter dem Trainer-Heißsporn ging es für den „neuen FC", wie es damals hieß, immer weiter bergauf. Zunächst führte Daum das Team raus aus der Abstiegszone und stabilisierte die Mannschaft, die letztlich Platz Zehn im Endklassement belegte. Gemeinsam mit Udo Lattek, dem neuen Sportdirektor der Kölner, initiierte Daum ab der Saison 1987/88 quasi eine Wiedergeburt des erfolgreichen, mutig und schön anzuschauenden FC-Spiels. In dieser Spielzeit waren die Geißböcke um Pierre Littbarski, der sich selbst aus seinem Vertrag bei Racing Paris freikaufte und somit seiner unglücklichen Zeit in der französischen Hauptstadt ein Ende bereitete, sehr lange ungeschlagen.

Dieser Zeitraum ging als die „Phase des blauen Pullovers" in die Vereinsgeschichte ein. Sportdirektor Lattek, vom „kicker"-Fachmagazin als „Guru vom Rhein" bezeichnet, präsentierte das auf der Tribüne getragene Kleidungsstück in einem Interview als Glücksbringer und wollte ihn erst wieder ablegen, wenn der FC ein Spiel verliert. Es dauerte eine ganze Weile, bis es soweit war, aber jede Serie endet einmal. Am Ende der Saison fand sich der FC, der lange

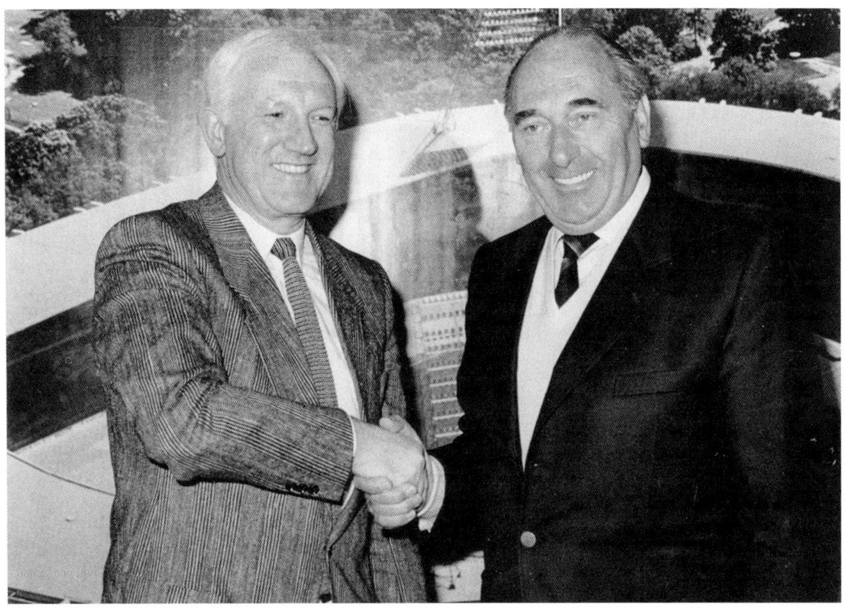

Vermeintlicher Coup:
„Sir" Georg Kessler wird von FC-Präsident Peter Weiand angeheuert.

Zeit im Dreikampf mit dem späteren Meister Werder Bremen und dem FC Bayern mithalten konnte, auf einem guten dritten Platz wieder.

Vor der Saison 1988/89 galten Daums Geißböcke schließlich als titelfähig, gingen ohne Lattek, der ein hochdotiertes Angebot der „Sport Bild" für eine Kolumne annahm und daraufhin den FC verließ, als Bayern-Jäger Nummer Eins in die Spielzeit. Die Münchener, sie spürten den heißen Atem des Verfolgers vom Rhein über das gesamte Jahr sehr deutlich im Nakken. Doch der FC scheiterte bei der Jagd nach dem ersten Meistertitel seit dem Double 1978. Die Bayern stellten sich einmal mehr als einen Tick cleverer heraus. Ein 3:1 im direkten Duell in Köln brachte die Vorentscheidung zugunsten der Münchener. Legendär im Vorfeld: Christoph Daums berühmter Zoff mit den Bayern-Verantwortlichen Jupp Heynckes und Uli Hoeneß, ausgetragen auf offener Bühne vor dem Millionenpublikum des „Aktuellen Sportstudios" im ZDF.

Auch in der Folgesaison, in dessen Verlauf Maurice Banach von Daum verpflichtet wurde, mussten sich die Geißbock-Elf in der Schlussabrechnung mit dem imaginären Titel des Vizemeisters hinter den Münchenern begnügen. Dieses Mal war es allerdings nicht der vor der Spielzeit erwartete Zweikampf mit dem FC Bayern gewesen. Erst in der Schlussphase konnte sich der FC gegen Frankfurt und Leverkusen durchsetzen und sich den zweiten Platz sichern. Im UEFA-Cup schafften die Daum-Schützlinge, angetrieben unter anderem von einem überragenden Thomas Häßler, den Sprung ins Halbfinale des UEFA-Cups. Dort war, ganz in der damaligen FC-Tradition, vorzeitig Schluss. Gegen Juventus Turin war für die Geißböcke, trotz vielversprechendem Hinspiel-Ergebnis im Rückspiel durch ein torloses Remis im Müngersdorfer Stadion Feierabend.

Einen Grund dafür, nicht ganz im Kampf um nationale wie internationale Titel mithalten zu können, sahen die Verantwortlichen am Geißbockheim darin, dass dem Team ein echter Goalgetter fehlte. Mit elf Toren war Falko Götz in der Bundesliga-Saison bester Schütze. Es gab deutlich Luft nach oben bei den Kölnern, die sich in der Offensive auch aufgrund des millionenschweren Häßler-Abgangs verstärken mussten. Neben Maurice Banach kam unter anderem Uwe Fuchs ans Geißbockheim, doch die Pläne beim 1. FC Köln dem Zeitpunkt tatsächlich nicht. Der Verein stand am Scheideweg und schien immer noch vor einer neuen, großen Ära zu stehen. Der Geldspeicher im Geißbockheim war jedenfalls prall gefüllt: Juventus Turin überwies für Thomas Häßlers Dienste 15,5 Millionen Mark in die Domstadt, der Marsch bis ins Halbfinale des UEFA-Cups hatte dem FC darüber hinaus viel Geld in die Kassen gespült. Der nach seiner Auszeit als Kolumnist der „Sport Bild" zurückgekehrte Udo Lattek machte den Fans den Mund wässrig und sprach von

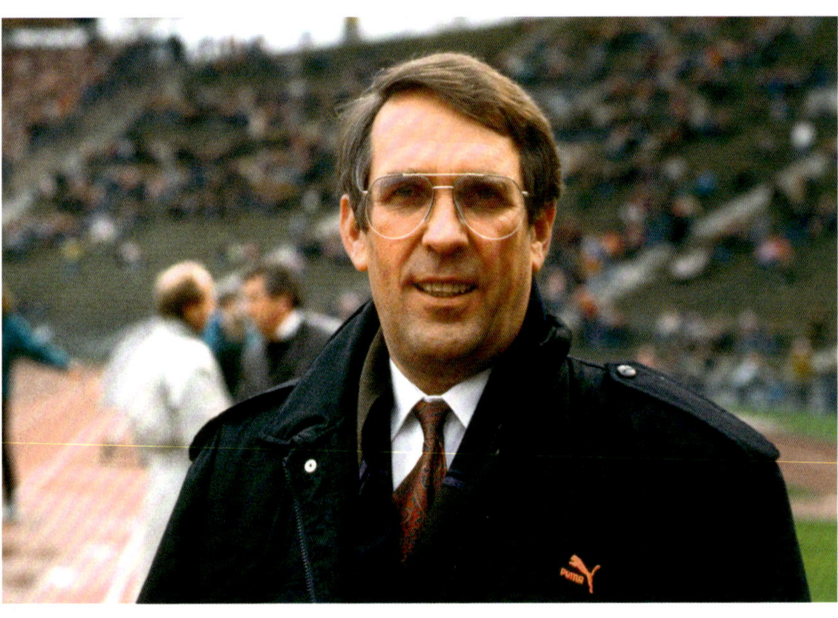

Weiand-Nachfolger Artzinger-Bolten:
Große Pläne bei Dienstantritt.

waren größer als die bis dahin verpflichteten Namen. Präsident Dietmar Artzinger-Bolten sprach in einem Interview mit dem Fachblatt „Kicker" davon, dass der FC das Bayern München der neunziger Jahre werden wolle. So vermessen und schon fast unfreiwillig lustig sich dies in der Rückschau aufgrund der Kenntnis der weiteren Jahre anhört, ganz aus der Luft gegriffen war dieses Ansinnen zu Transfers, wie sie der Verein in seiner Geschichte noch nicht getätigt hat. Der 1. FC Köln – er war unzweifelhaft dick im Geschäft.

Beleg gefällig? Die Rheinländer sorgten 1990 international für Furore. Zwar blieb der große Coup aus, weil sich der spätere Titelträger Juventus Turin als zu stark erwies, doch bis dahin lieferten die Geißböcke eine großartige Europapokal-Saison ab. Nach den Slowaken von Plastika Nitra und danach Spartak Moskau, schaltete das Daum-Team auch die Star-Truppe von Roter Stern aus. In einem unvergessen Rückspiel in Köln drehten die Domstädter eine 0:2-Hypothek aus dem Hinspiel gegen das mit Spielerlegenden wie Robert Prosinecki, Dejan Savicevic und Darko Pancev gespickten Belgrader Team. Ein legendärer Abend in Müngersdorf, nicht nur aufgrund der Geschehnisse auf dem Rasen. Einige der gegnerischen Spieler, die 1991 mit Roter Stern den Europapokal der Landesmeister und den Weltpokal gewinnen sollten, sahen die FC-Spieler um Bodo Illgner und Pierre Littbarski bei der kurz darauf stattfindenden Fußball-Weltmeisterschaft 1990 in der Partie gegen Jugoslawien wieder. Im UEFA-Cup-Viertelfinale wurde schließlich auch Royal Antwerpen aus dem Weg geräumt, ehe das Team von Christoph Daum im Halbfinale auf Juventus traf. Nach einer knappen 2:3-Hinspielniederlage in Turin kam nach einem torlosen Remis in Köln dann das Aus. Wieder kein Titel für den FC, wieder kurz vor dem Schluss gescheitert. Aber immerhin ein indirektes Eisen hatten die Geißböcke in diesem fulminanten FC-Sommer 1990 noch im Feuer, denn die deutsche Fußball-Nationalmannschaft wurde zu dieser Zeit mit vielen FC-Spielern bereichert. Gleich vier Spieler tauschten nach der Saison den Geißbock mit dem Adler auf der Brust. Bodo Illgner, Paul Steiner, Thomas Häßler und Pierre Littbarski schafften die Mitfahrt über den Brenner ins schöne Italien.

Wie immer gehörte Deutschland im Vorfeld zu den Mitfavoriten. Gastgeber Italien sowie Brasilien zählten bei Buchmachern wie

Fans gleichermaßen zu den ersten Anwärtern auf den WM-Pokal. Auch Titelverteidiger Argentinien um Megastar Diego Maradona wurde zu den Kandidaten gerechnet. Das alles konnte den FC-Recken erst einmal egal sein. Mit Jürgen Kohler und Uwe Bein, deren Engagement in Köln noch nicht allzu weit zurück lag, trafen sie im deutschen Kader für die Endrunde dazu noch auf zwei alte Bekannte. Mit so viel kölscher Power war klar: Die WM kann nur ein riesiger Erfolg werden. Und das wurde sie auch. Die DFB-Auswahl von Teamchef Franz Beckenbauer krönte einen deutsch-italienischen Sommer mit dem dritten WM-Titel. Mittendrin: Die Spieler des 1. FC Köln, die zwar nicht die Hauptrollen wie Lothar Matthäus, Rudi Völler oder Andreas Brehme spielten, aber keinesfalls nur Statisten waren. Bodo Illgner führte das DFB-Team im Halbfinale gegen England beispielsweise erfolgreich durch das Elfmeterschießen. Die Geißbock-Kicker waren eigentlich immer dabei, im siegreichen Finale gegen Argentinien (1:0) standen mit Pierre Littbarski, Thomas Häßler und eben jenem Bodo Illgner gleich drei FC-Spieler auf dem Platz. Ein Novum aus Kölner Sicht, denn bei den bisherigen Titelgewinnen 1954 mit Hans Schäfer und 1974 mit Wolfgang Overath, hatten erst zwei FC-Spieler bei zwei verschiedenen Turnieren in für Deutschland erfolgreichen Finalspielen auf dem Platz gestanden. Dazu stellte ein Kölner einen Rekord auf, der bis heute noch nicht gebrochen wurde: Bodo Illgner ist nicht nur der erste Schlussmann mit einer Weißen Weste im WM-Finale, das FC-Eigengewächs war zudem der jüngste Weltmeister-Torwart der Geschichte.

Doch ganz ohne Pleiten, Pech und Peinlichkeiten durfte eine solche Weltmeisterschaft für den 1. FC Köln scheinbar nicht ablaufen. Die Vereinsführung um Präsident Dietmar Artzinger-Bolten reiste während des laufenden Turniers in das eigentlich streng abgesicherte WM-Quartier der deutschen Mannschaft in Erba, bestellte den als Zeitungskolumnisten in Italien weilenden Christoph Daum ein und teilte dem völlig überraschten FC-Erfolgstrainer mit, dass er fortan arbeitslos sei. Eine Entscheidung mit wahrlich großen Folgen

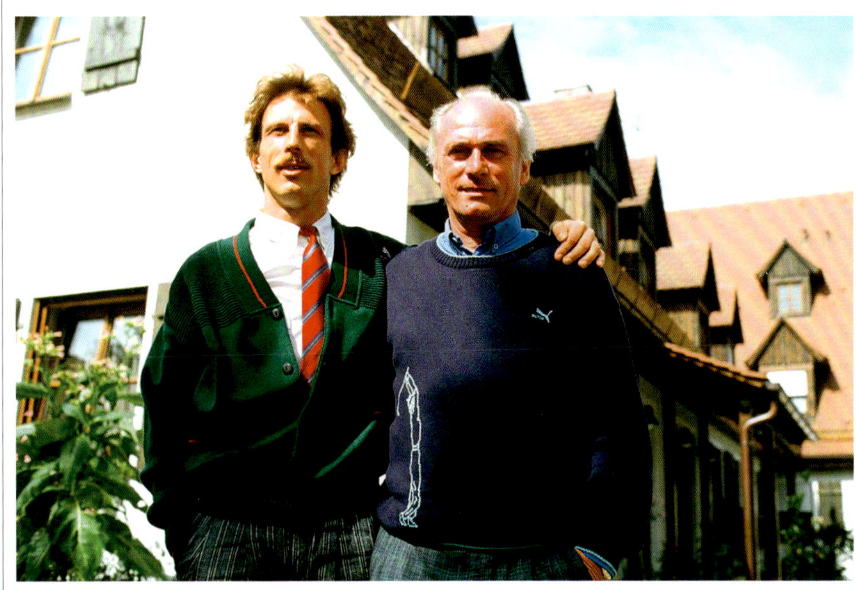

Tandem Daum/Lattek:
Zeitweilig nicht zu bremsen.

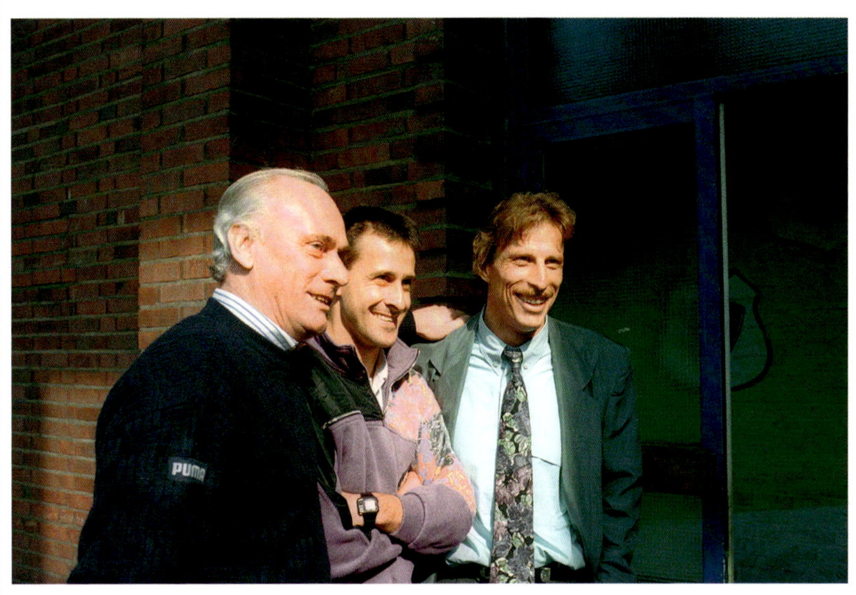

Gelungener Coup:
Lattek/Daum nach der gelungenen Rückholaktion von Pierre Littbarski.

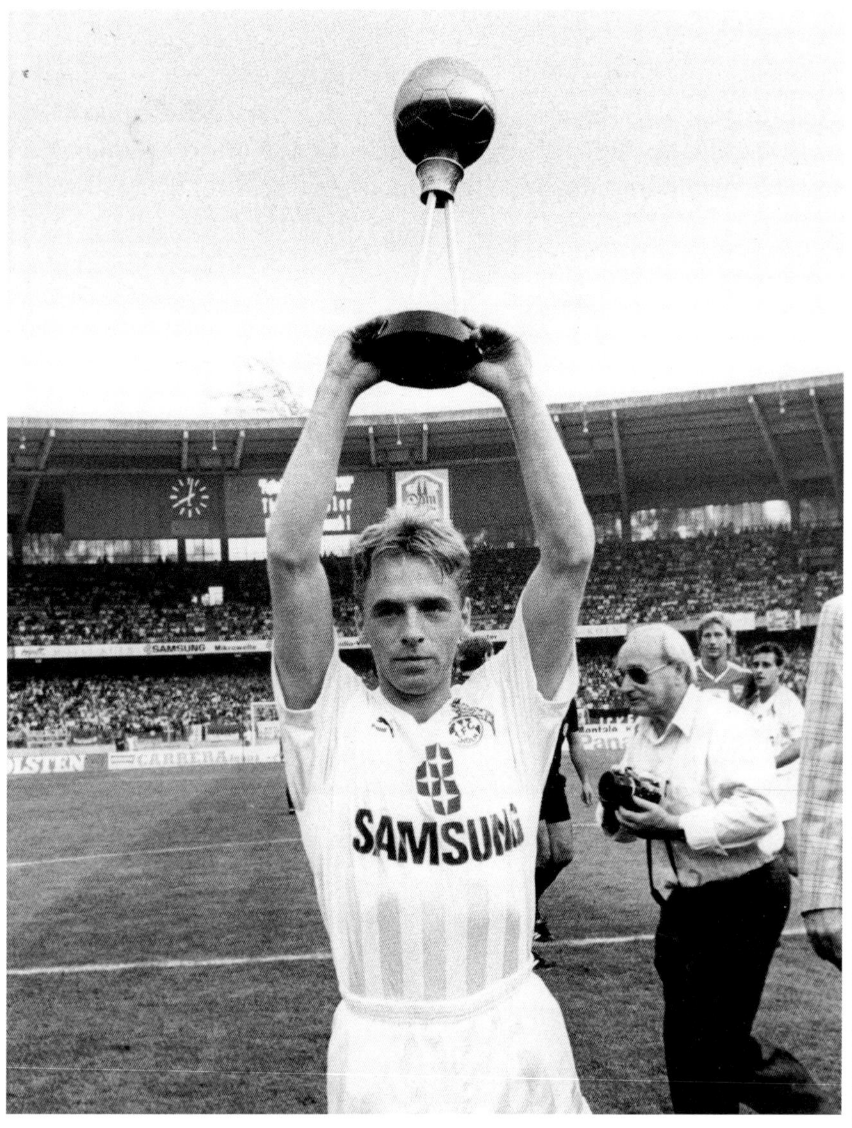

Thomas Häßler:
Beim FC vom Nachwuchstalent zum Superstar.

für die Geißböcke. Und mit großen Folgen für Maurice Banach, der vor der Entscheidung für seinen Wechsel der Überzeugungskraft des Kölner Machers erlegen war. Aber zunächst noch einmal zurück nach Erba, wo die kölsche Abordnung noch einen Schritt weiter ging. Artzinger-Bolten rief nach der spektakulären und schlagzeilenträchtigen Trennung die Medien zur Pressekonferenz ins Quartier der Nationalmannschaft zusammen, um der Weltöffentlichkeit auf der DFB-Presseanlage mitzuteilen, was man entschieden habe. Ganz Deutschland schüttelte den Kopf über die kölschen Eindringlinge. Der gänzlich uninformierte DFB war wie vor den Kopf geschlagen und wütend. Teamchef Franz Beckenbauer artikulierte seine Meinung ganz offen und zürnte: „Das geht doch nicht. Ich wusste von nichts", so der merklich genervte Fußball-Kaiser. Der Kölner „Express" beschrieb das skurrile Szenario auf der Titelseite mit dem Bonmot „Die Geißbock-Trampel".
Vielleicht war diese Posse dann doch der Startschuss für einen anderen 1. FC Köln. Einen 1. FC Köln, der seit dieser Zeit oftmals Gelegenheiten fand, um zum Chaosclub und Fahrstuhlverein zu werden. Auch ein Maurice Banach, der sich selten „einen Kopf machte", wie es aus seinem Umfeld immer heißt, wird dennoch um ein paar Überlegungen nicht herum gekommen sein. Es scheiden sich die Geister, wenn die Sprache auf Christoph Daum kommt, aber Ende der achtziger, Anfang der neunziger Jahre kamen viele Spieler nur wegen des Kölner Erfolgstrainers ans Geißbockheim. Daum war die „heißeste Aktie" unter den Trainern, ein wenig vergleichbar mit dem jungen Jürgen Klopp, auch wenn dieser sicher ein ganz anderer Typ ist. Daum wurde seinerzeit medial enorm gehypt, Spieler wie Jürgen Kohler, Henrik Andersen und einige andere nennen immer ihn als primären Grund, zum FC gewechselt zu haben. Für Maurice Banach war der FC-Trainer ebenfalls ein schlagendes Motiv. In vielen Gesprächen bezirzte Daum den umworbenen Spieler, malte ihm die Zukunft in Köln in den buntesten Farben aus. Sogar taktische Details wie Laufwege wurden besprochen, der Erfolgscoach beeindruckte Banach mit seinen Visionen und Plänen. Mit seinem Wattenscheider Teamkollege Uwe Tschiskale, einst auch von Christoph Daum umworben, sprach der Angreifer über seine Kontakte zum FC-Trainer. Und Banachs Witwe Claudia bestätigt, wie Mucki zum damaligen Architekten des Kölner Erfolgs stand: „Daum als Trainer war schon ein wichtiger Faktor, auf diese Zusammenarbeite hatte er sich gefreut."

Es gibt bis heute wilde Spekulationen in der Domstadt, warum Daum tatsächlich vom FC rausgeschmissen wurde. Die Vereinsführung wird Gründe gehabt haben, auch wenn sie diese nie öffentlich benannt hat. Fakt ist jedoch, dass es ab diesem Zeitpunkt einen Bruch gab. Die Auswirkungen sollten dramatisch werden. Die nach der Daum-Entlassung einhergehende Abwärtsspirale trat beim FC schleichend aber kontinuierlich ein. In den Sommertagen 1990, als ganz Köln noch seine Weltmeister Europas. Köln bejubelte zunächst seine Helden Pierre Littbarski, Bodo Illgner und auch den ohne Einsatz gebliebenen Paul Steiner. Bereits in der Nacht nach dem Finale befand sich quasi die komplette Stadt auf den Straßen und feierte fröhlich und ausgelassen den großen Erfolg. Überhaupt ist diese WM 1990 der damals noch sehr ursprüngliche Beginn der WM-Partys, wenn es auch noch große und überwiegend positive Euphorie rund um den Mauerfall in sich trug. Schwarz, Rot und Gold war chic geworden, auch wenn das nicht jedem gefiel und ganz sicher nicht jeder richtig interpretierte. Doch die Mehrheit zelebrierte den Fußball und das Ganze mischte sich mit jener mediterranen Leichtigkeit, die von einem der schönsten und passendsten WM-Songs – Un'estate italiana (Notti magi-

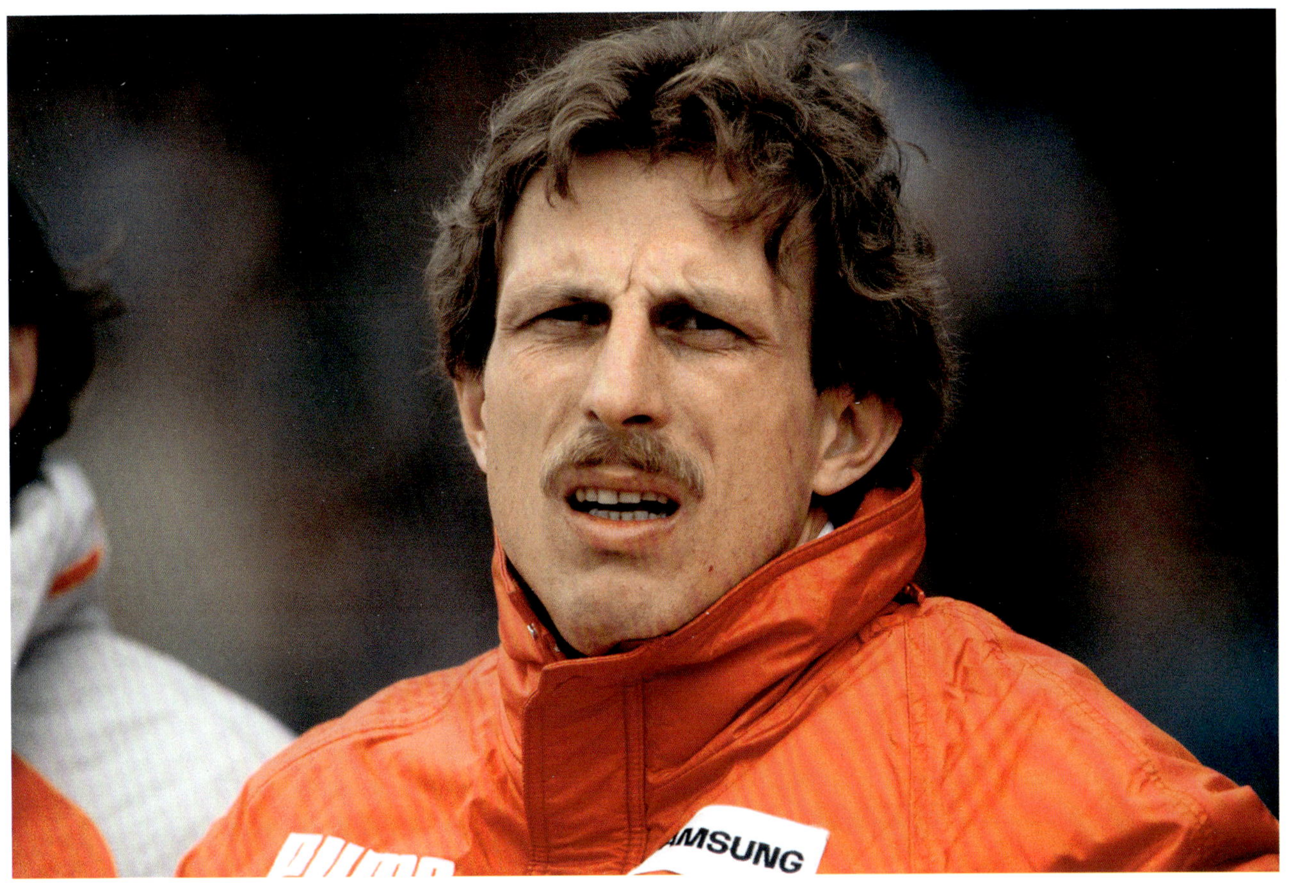

Trainerzampano Daum:
Mit der Brechstange zum Erfolg.

feierte und Maurice Banach seine ersten Trainingseinheiten am Geißbockheim absolvierte, wurde jedenfalls die Basis für einen anderen 1. FC Köln gelegt. Die Folgen waren weitreichend. Noch aber war das Zukunftsmusik, der 1. FC Köln galt nach dem Häßler-Transfer als einer der reichsten Vereine kein Public Viewing gab. Die Turniere vor 1990 waren anders, rationaler und fachbezogener angegangen worden.

In diesem Sommer aber schwappte bereits in der Frühphase der WM das italienische Lebensgefühl herüber und traf auf ein Land, das die che) – von Gianna Nannini und Eduardo Bennato genial begleitet wurde. Es war in der Tat ein italienischer Sommer, der magische Nächte produzierte und gerade in Köln, der nördlichsten Stadt Italiens, kam dies bei passendem Wetter natürlich großartig an. Italien ist und bleibt ein klassisches deutsches Urlaubsland – wenig überraschend kann sich die deutsche Elf großer Unterstützung vor Ort erfreuen. Viele Anhänger fuhren ihre gewohnte Urlaubsroute über den Brenner und brachten bei der Rückfahrt die Routine der Gastgeber mit, jeden Turniersieg wie ein gewonnenes WM-Finale zu feiern.

die beide Endrunden vergleichen können, sehen „Italia Novanta" als das wahre Sommermärchen. Zwar war auch 2006 die Stimmung bei der WM in Deutschland großartig, dennoch sei es erlaubt, darauf hinzuweisen, dass es 1990 noch deutlich ursprünglicher zuging.

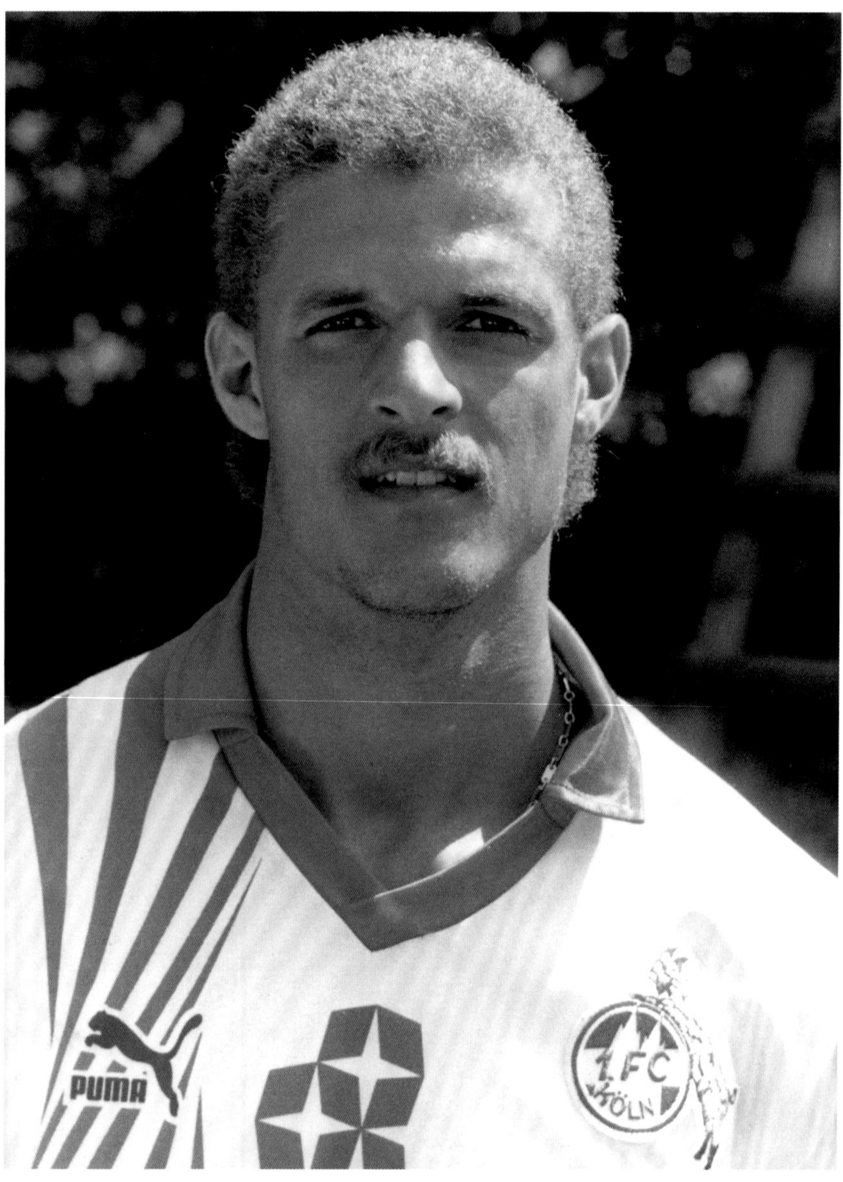

Beim FC gelandet:
Maurice Banach im FC-Dress.

Autokorsos feiern die Italiener selbst bei knappen Vorrundensiegen, Deutschland übernahm diese Sitte nach und nach. Zeitzeugen,

Am 1. Juli 1990 trat Maurice Banach seinen Dienst beim 1. FC Köln an. Er hatte natürlich die großartige WM-Stimmung mitbekommen und wusste, dass er nun in einem Team mit mehreren Weltmeistern spielen würde. „Er hatte ja die gleiche Problematik wie Hansi Flick und Henrik Andersen, war von Christoph Daum geholt worden, der dann auf einmal weg war", beschreibt sein Mitspieler Andreas Gielchen Banachs Einstand am Geißbockheim: „Mucki saß in der Kabine am ersten Tag direkt neben mir. Nachdem wir uns gegenseitig vorgestellt hatten, fragte er natürlich: Wer ist denn jetzt der Trainer? Da habe ich ihm alles über Erich Rutemöller erzählt. Dass er ein lockerer, netter Kerl sei. Mucki hat das sehr professionell hingenommen und war total offen und erwartungsfroh", schildert Gielchen die Stimmungslage in der FC-Kabine. Banach fügte sich direkt bestens ein, bestätigte in der Vorbereitung die in ihn gesetzten Hoffnungen. Gielchen: „Mucki war bei der Mannschaft und bei den Fans direkt akzeptiert. Er hat ja auch direkt getroffen, in den ersten Freundschaftsspielen, dann in den Bundesligaspielen. Da war er natürlich happy. Und Mucki war glücklich, jetzt beim FC zu sein. Wenn da plötzlich ein Litti, ein Bodo Illgner oder ein Steiner, rein kam, dann kamen da drei Weltmeister durch die Tür. In der Wattenscheider Kabine ist ihm das nicht passiert."

Doch die Bundesliga ist bekanntlich ein Haifischbecken. Auf dem Trainingsplatz am Geißbockheim ging es ordentlich zur Sache. Maurice Banach wusste sich allerdings in den direkten Duellen zu wehren, wie auch Gielchen zu spüren bekam: „Als Abwehrspieler habe ich im Training oft gegen ihn gespielt. Manchmal war er 20 Minuten am Stück gar nicht zu sehen, aber wenn es darauf ankam, hat er geknipst. Da konnte ich nichts machen, das ging vielen Gegenspielern so", betont der Kölner Defensivspezialist mit einem Schmunzeln und fügt an: „Mucki war eine ziemliche Kante. Wenn du gegen den gelaufen bist, dann musstest du zum Schutz am besten die Ellenbogen ausfahren. Er war jetzt nicht der Fußballzauberer vor dem Herrn, aber eben unfassbar treffsicher und präsent. Obwohl er Stürmer und damit von Hause aus Individualist war, zeigte er sich dennoch als ein Teamspieler, der wirklich sehr mannschaftsdienlich unterwegs war", so Gielchen über den Stürmer. Maurice Banach wusste zu diesem Zeitpunkt bereits, dass er in einem Club mit großen Ambitionen angekommen war – bewusst hatte sich der umworbene U21-Nationalspieler für einen Spitzenverein in der Bundesliga entschieden. Endgültig klar wurde der kölsche Anspruch spätestens im September 1990, als Udo Lattek als sporttechnischer Leiter zurückkehrte. Der FC-Zampano sorgte in der Öffentlichkeit immer wieder mit Aussagen wie „Der 1. FC Köln muss in jedem Jahr um die Meisterschaft mitspielen" für Aufsehen und trieb die Erwartungshaltung bei den Kölner Fans in unermessliche Höhen.

Dennoch: Beim FC hatten die WM-Feierlichkeiten die eigentlich schlechte Stimmung nach der Daum-Entlassung nur kurzfristig übertüncht. Das Umfeld war neugierig, ob Lattek nun im Verbund mit dem neuen Trainer Erich Rutemöller die Geißböcke weiter in der Erfolgsspur halten könnte. Von den Neuzugängen war man in Köln hingegen eher enttäuscht. Klar: Ein Maurice Banach wurde als vielversprechendes Talent betrachtet, aber die Fans hatten, angetrieben durch öffentliche Äußerungen der Verantwortlichen und angesichts der prallgefüllten Kassen nach dem Häßler-Verkauf, insgesamt von größeren Namen geträumt. Hansi Flick, der immerhin viermal Deutscher Meister mit Bayern München geworden war, galt im defensiven Mittelfeld als solide Arbeitsbiene, war aber sicher kein Ersatz für den Fußballkünstler Thomas Häßler. Hoch dekoriert kam auch Henrik Andersen, der wie Flick und Banach noch von Christoph Daum verpflichtet wurde, ans Geißbockheim. Drei Meisterschaften, zwei Pokalsiege und den Sieg im UEFA-Cup brachte der Däne als Spieler des RSC Anderlecht als persönliche Titelsammlung mit. „Das Transfergeschäft ist ein schwankendes Geschäft. Man weiß ja wie das mit Vorhersagen so ist. Man kann hinterher genau sagen, warum die Vorhersage nicht eingetroffen ist",

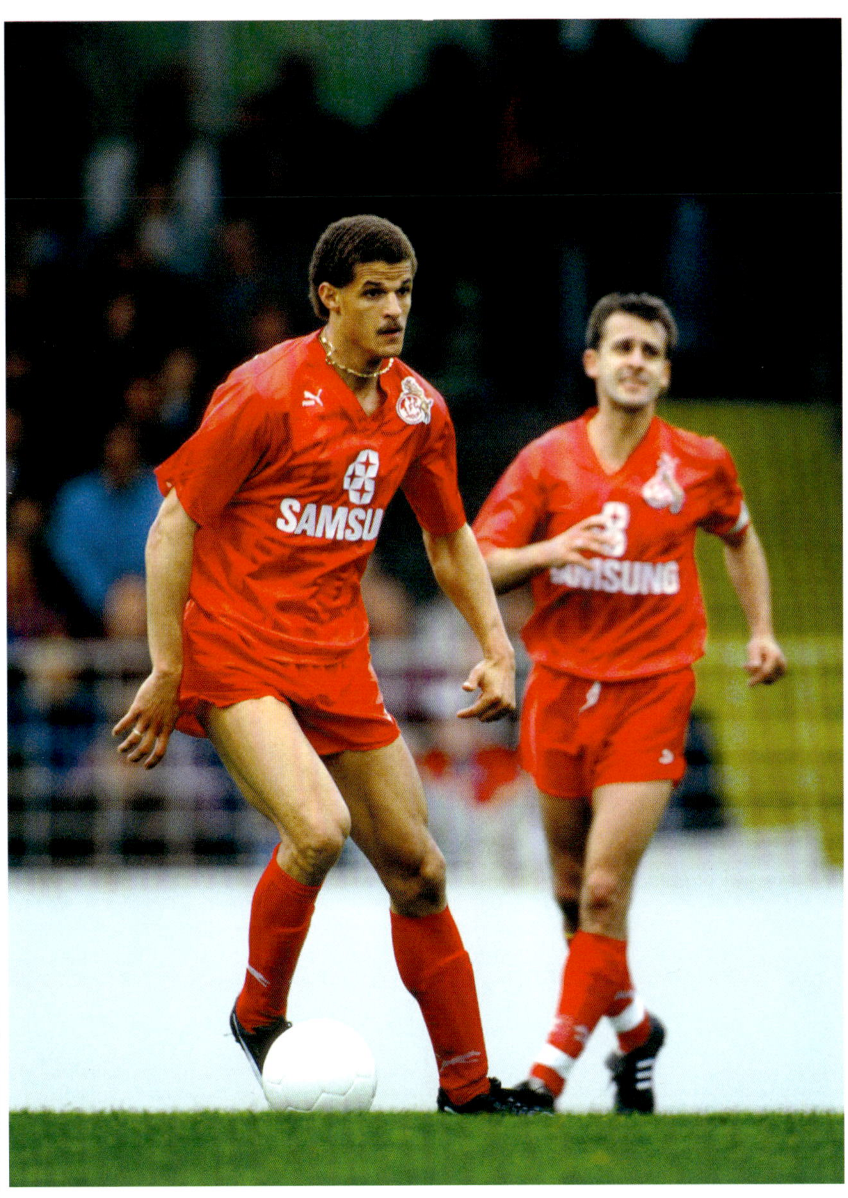

Blindes Verständnis:
Stürmer Banach und Regisseur Littbarski.

erzählt Christoph Daum angesprochen auf die damaligen, von ihm verantworteten Neuzugänge mit einem Schmunzeln.

Bei Maurice Banach trafen allerdings die gemachten Vorhersagen ein. „Sehr viele Dinge, die ich in ihm gesehen hatte, haben sich bei Mucki im Nachhinein bestätigt. Er hat dann die Entwicklung durchlaufen, die ich eben vermutet oder vorhergesehen habe. Das hat mich für ihn unheimlich gefreut", betont Daum, der von 2006 bis 2009 noch einmal den Geißbockclub trainierte. Enttäuscht sei der Coach lediglich darüber gewesen, dass er Banachs Entwicklung selbst nicht mehr begleiten konnte: „Aber das traf 1990 auch auf andere Spieler zu, wie zum Beispiel auf Hansi Flick, den ich von Bayern München losgeeist habe. Da kommen dann schon Aussagen wie ‚Ich bin Ihretwegen gekommen, ich will jetzt nicht mehr zum FC'", schildert der Fußballlehrer das Dilemma. „Oder auch Henrik Andersen, den ich aus Anderlecht geholt habe. Der sagte dann auch ‚Ich will nicht mehr zum FC'. Ich habe ihm geantwortet: ‚Henrik, du hast nicht den Vertrag mit Christoph Daum unterschrieben, sondern mit dem 1. FC Köln.' Da sagte er dann: ‚Ja, ich bin aber ihretwegen hergekommen.' Das traf auf einige Spieler in der Zeit zu, die ich 1990 für den FC verpflichtet habe. Durch den Abgang von Thomas Häßler hatten wir ein Transfervolumen, durch das wir uns auch einige Spieler leisten konnten."

Doch Christoph Daum war im Sommer 1990 Vergangenheit beim 1. FC Köln. Die Gegenwart auf der kölschen Trainerbank hieß Erich Rutemöller. Durchwachsen, aber letztlich halbwegs ordentlich starteten die Geißböcke in die neue Saison. Maurice Banach zeigte sich alsbald treffsicher, war unter anderem im Derby bei Borussia Mönchengladbach oder gegen seine alten Kollegen aus Wattenscheid erfolgreich. Die Hinrunde beendete der FC als solider Sechster, vier Punkte von der Tabellenspitze entfernt. Das war noch einigermaßen in Schlagdistanz und gerade Spiele wie der 4:0-Kantersieg über Bayern

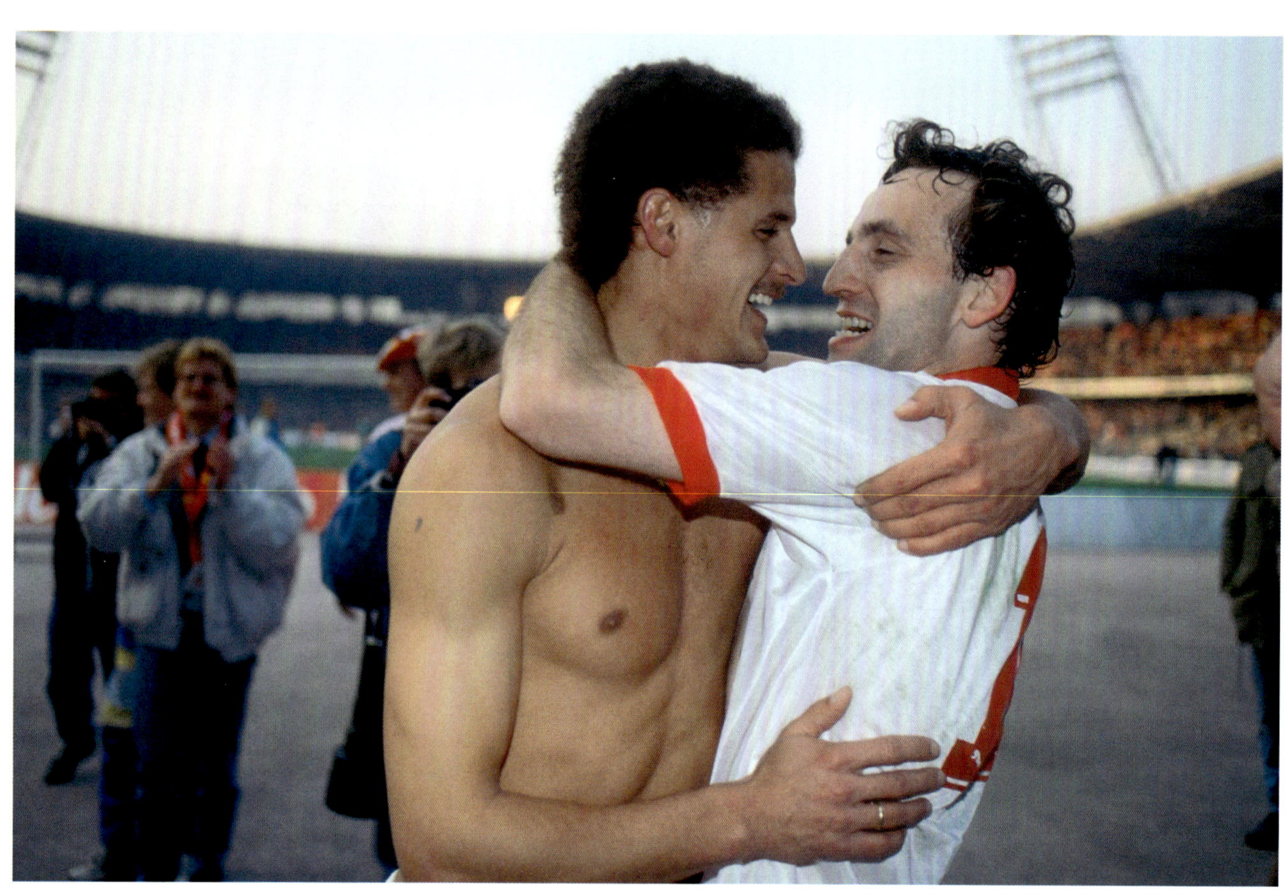

Banach/Ordenewitz:
Im Glück vereint.

München, bei dem auch Mucki traf, zeigten das enorme Potenzial, das im Kölner Kader schlummerte. Aber ein Gefühl schlich sich ein rund ums Geißbockheim: Das Stückchen Dominanz, das gewisse Selbstverständnis im Spiel – es war den Kölner Kickern nach diesem turbulenten Sommer abhanden gekommen. Die WM-Euphorie war auch längst Geschichte, es spielte bei den Kölnern mit Torwart Bodo Illgner nur noch ein Held von Rom dauerhaft mit. Pierre Littbarski litt an einer langwierigen Knieblessur, Paul Steiner verletzte sich im ersten Saisonspiel gegen Fortuna Düsseldorf so schwer, dass er später sogar seine Karriere beenden musste. Und Thomas Häßler? Der kickte bei Juventus Turin, wurde dort allerdings nicht sonderlich glücklich.

Der weitere Verlauf der Saison gestaltete sich mit Höhen und Tiefen. Das einzig Konstante beim FC war das Unbeständige. Die Titelambitionen waren spätestens nach dem missratenen Start in die Rückrunde erledigt, doch das Erreichen des Europapokals war für die Geißböcke immer noch in greifbarer Nähe. Auf internationalem Parkett war für den FC nach dem Achtelfinale Schluss, gegen Atalanta Bergamo fehlte den Kölnern die nötige Durchschlagskraft. Insbesondere die Offensive der Domstädter stand in der Kritik. Maurice Banach wurde sogar als „Stolperkönig" und „Chancentod" bezeichnet. Doch der Angreifer stopfte den Kritikern mit starken Leistungen das Maul, auch dank seiner Treffsicherheit kämpfte das Team von Trainer Erich Rutemöller bis weit in den Saisonendspurt um einen Platz im UEFA-Cup. Mit einer starken Phase, an der auch der torgefährliche Banach seinen Anteil hatte, brachte sich der FC in Stellung zur Erreichung des Minimalziels. Doch durch heftige Heimniederlagen gegen Stuttgart (1:6) und im letzten Saisonspiel gegen den neuen Meister aus Kaiserslautern (2:6) verpassten die Geißböcke im Endspurt den Sprung ins internationale Geschäft. Auch den „Joker" DFB-Pokal konnten die Kölner nicht nutzen, obwohl es für den FC bis ins Endspiel nach Berlin ging. Auf dem Weg dorthin, siegte das Rutemöller-Team unter anderem beim späteren Deutschen Meister Kaiserslautern, der VfB Stuttgart mit Christoph Daum auf der Trainerbank, wurde zuhause in der Verlängerung niedergerungen. In beiden Begegnungen hieß der umjubelte Held Maurice Banach, der jeweils den Siegtreffer beisteuerte. Im Halbfinal-Entscheidungsspiel gegen den MSV Duisburg glänzt der junge Angreifer mit einem Tor und zwei Vorlagen, doch nach der Partie redete jeder nur noch über Trainer Erich Rutemöller, der mit seinem berühmt gewordenen Spruch „Mach et, Otze" in die Geschichte des deutschen Fußballs einging. Im Endspiel gegen Werder Bremen reichte Mucki Banachs zwischenzeitlicher Ausgleich zum 1:1 nicht zum fünften kölschen Pokalsieg. Im Elfmeterschießen unterlag der 1. FC Köln den Hanseaten und verpassen endgültig den Einzug nach Europa.

Die Saison im Nachgang zur Fußball-Weltmeisterschaft war letztlich eine herbe Enttäuschung für den Verein, was sich auch finanziell auf die weiteren Planungen auswirkte. Den späteren Absturz hätten die Verantwortlichen am Geißbockheim jedoch mit klugen Transfers und den richtigen Maßnahmen verhindern können. Eine Zwangsläufigkeit zum Abflug ins Mittelmaß (und darüber hinaus) nur aus dieser Saison oder gar aus dem verlorenen Endspiel abzuleiten, wäre falsch. Doch es waren überdeutlich Fehlentwicklungen zu sehen, die ein Gegensteuern nötig gemacht hätten. Beim 1. FC Köln beschäftigte man sich allerdings lieber mit sich selbst. Präsident Dietmar Artzinger-Bolten geriet zunehmend in die Kritik und trat letztlich nach einer öffentlichen Schlammschlacht kurz nach Start in die Saison 1991/92 zurück. Für Maurice Banach persönlich hingegen war diese erste Saison ein Erfolg. Der Neuzugang aus Wattenscheid wurde bester FC-Torschütze, erzielte in seiner Debütsaison mit dem Geißbock auf der Brust gleich 14 Bundesliga-Treffer und landete damit im Rennen um die Torjägerkanone auf einem guten sechsten Platz. In der Scorerliste belegte er als bester FC-Akteur mit achtzehn Punkten den achten Platz. An ihm, das dürfte klar geworden sein, lag es also nicht, dass die Geißböcke im Jahr 1991 sportlich im Niemandsland landeten.

Trotz der Enttäuschungen im Saisonendspurt blieb Erich Rutemöller FC-Trainer. Eine in Verein und Umfeld nicht unumstrittene Entscheidung. Der bescheidene Westfale erfreute sich zwar bei den Fans großer Beliebtheit, doch bei den Medien und bei manchen im Club waren die Zweifel nach der ersten Saison als Cheftrainer keineswegs kleiner geworden. Im Gegenteil. Insbesondere Udo Lattek ließ sich immer wieder dazu hinreißen, sein Missfallen auch öffentlich zu äußern. Es war zu hören und zu spüren, dass der Erfolgsmensch Lattek den erdverbundenen Rutemöller immer noch als naiven

Amateurtrainer betrachtete, der völlig überfordert wirkte. Gerade die „Mach et, Otze“-Posse hatte als Brandbeschleuniger gewirkt. Keine guten Aussichten für die Zukunft in Köln. Große Hoffnungen setzten die Kölner Verantwortlichen (Saarbrücken, 1,1 Millionen DM). Die Reste der mittlerweile legendär gewordenen Häßler-Millionen aus dem Vorjahr waren somit quasi aufgebraucht.

In Fankreisen wurden all diese Verpflichtungen eher mit gemischten der Folge kam nun die Saison ohne Europapokalteilnahme hinzu, die Niederlage im Endspiel des DFB-Pokals, ein eher enttäuschend anmutender Transfersommer und der maue Start – all das potenzierte den Unmut in der

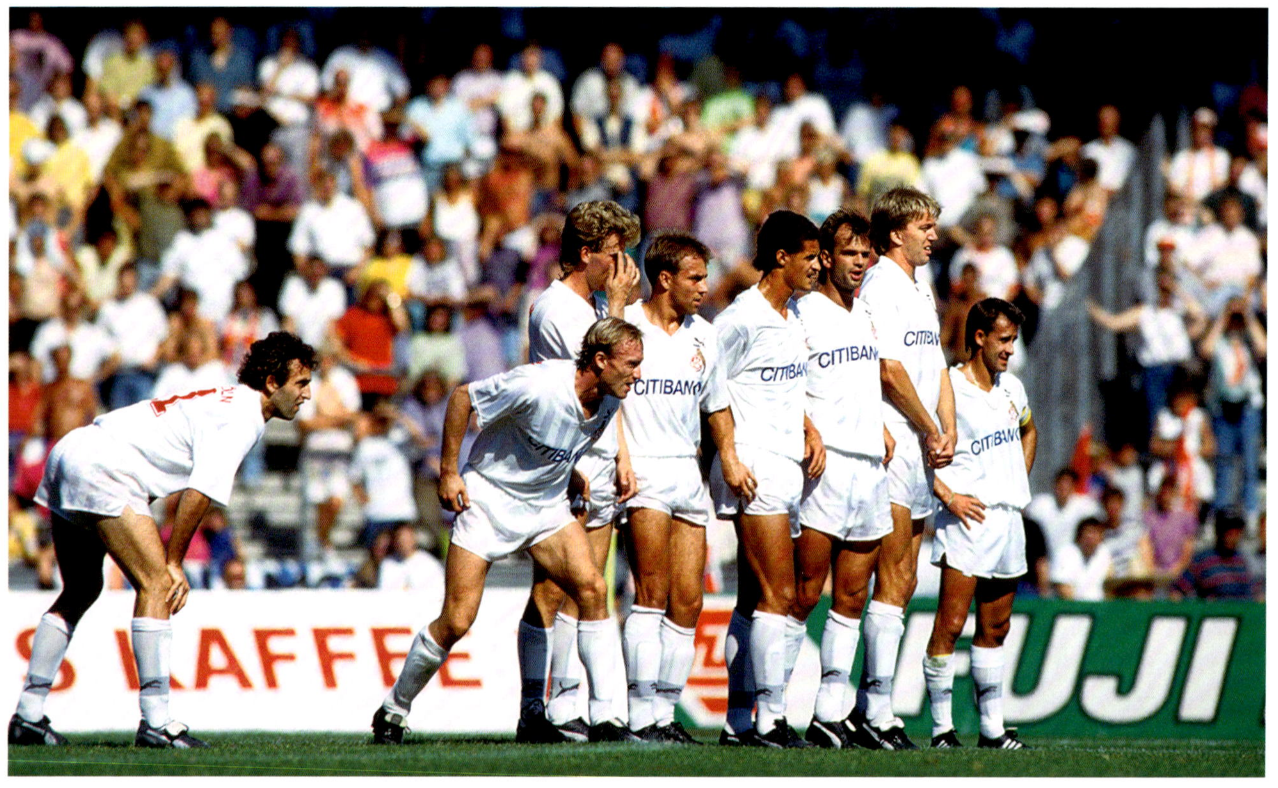

Die FC-Mauer:
Dritter von rechts Rico Steinmann und links neben Banach … Bundestrainer Hansi Flick als FC-Spieler!

derweil in die Neuzugänge: Vor allem Rico Steinmann, den der FC für satte 2,8 Millionen Mark aus Chemnitz geholt hatte, galt als eines der größten Talente des ostdeutschen Fußballs. Der Mittelfeldspieler sollte mittelfristig Pierre Littbarski ersetzen, den Kölns Sportdirektor Lattek nach dessen Verletzung aus der Vorsaison als Wackelkandidaten einschätzte. Weitere kostspielige Transfers waren der Angreifer Henri Fuchs (Rostock, 2,4 Millionen DM) sowie die Abwehrspieler André Trulsen (St. Pauli) und Adrian Spyrka Gefühlen aufgenommen, hatte Lattek doch zuvor mehr oder weniger glanzvolle Namen angekündigt: „ … man wird staunen, wen wir alles holen“.

Nach den ersten Spielen der Saison 91/92, die gleich fünfmal in Folge Remis endeten, wurde die Kritik an der Vorstandsarbeit immer lauter. Die Fans hatten nicht vergessen, unter welchen Umständen das Präsidium um Dietmar Artzinger-Bolten ein Jahr zuvor den Erfolgstrainer Christoph Daum rausgeschmissen hatte. In Anhängerschaft. Als dann zusätzlich Gerüchte in Umlauf kamen, dass von den Häßler-Millionen nichts mehr übrig sei, der Club in eine finanzielle Schieflage geraten könnte, wurde es immer unruhiger rund ums Geißbockheim. Am achten Spieltag war der FC weiterhin sieglos, hatte bis dahin sechsmal Remis gespielt und zweimal verloren – Grund genug für den Vorstand um Artzinger-Bolten, am 9. September 1991 seinen Rücktritt für die am 21. November angesetzte Mitgliederversammlung anzukündigen. Zuvor hatten sich die

Kölner bereits von Trainer Erich Rutemöller getrennt, dessen Engagement beim FC im Anschluss an eine 0:4-Niederlage beim 1. FC Nürnberg ihr Ende fand. Interimsmäßig übernahm Udo Lattek für das Heimspiel gegen seinen Ex-Club Bayern München den Trainerstuhl. Der einzige Trainereinsatz des einstigen Meistermachers und zwei Niederlagen feiern konnte. Mittelfristig brachte Berger die Mannschaft weiter, am notorisch unruhigen Umfeld in der Domstadt hingegen änderte das wenig.

Die Mitgliederversammlung am 21. November rief eine Oppositionsgruppe um den Kölner Anwalt und Ex-FC-Justiziar Bernd Schä- mehr den eigenen Ansprüchen. Finanziell zogen obendrein düstere Wolken auf. Mittendrin: Maurice Banach, der anscheinend von alle dem unbeirrt seine Tore machte. Bis zum 18. Spieltag traf er zehnmal und war damit bester FC-Schütze und nur ein Tor hinter dem in der Torjägerliste führenden Stephane Chapuisat platziert. In

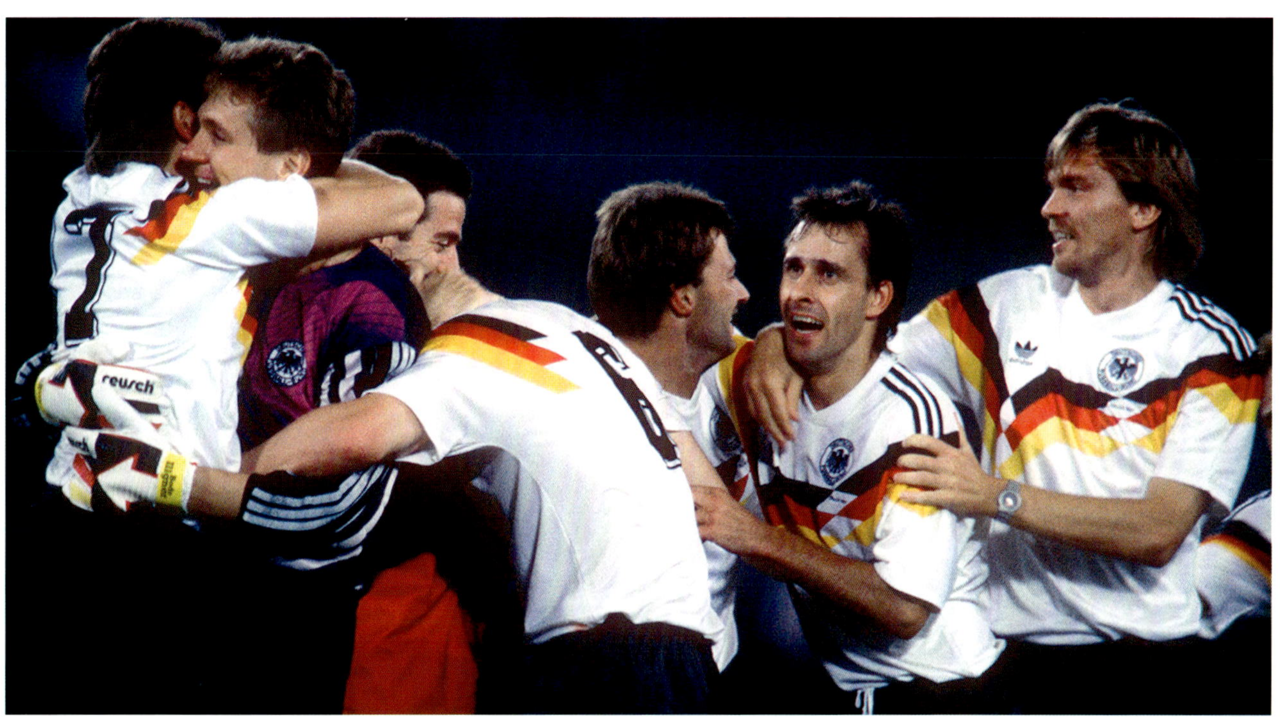

Jubelnde FC-Weltmeister 1990:
Bodo Illgner, Pierre Littbarski und Reservist Paul Steiner.

für den FC endete zum wiederholten Male mit einem Unentschieden. Torschütze für die Kölner beim respektablen 1:1 gegen die Bayern: Maurice Banach.

Ruhiger wurde es rund um den FC allerdings nicht: Co-Trainer Hannes Linßen leitete noch ein Spiel als Interimschef, dann kam schließlich nach quälend langer Suche Jörg Berger als neuer Coach. Es sollte jedoch noch bis zum 14. Spieltag dauern, bis der FC den ersten Sieg nach elf Unentschieden fer III. auf den Plan. Ob der vom Verwaltungsrat für das Präsidentenamt vorgeschlagene, hochrangige Kaufhof-Manager Klaus Hartmann wirklich gewählt werden würde, galt im Vorfeld keineswegs als sicher. Und mittendrin beklagte sich Udo Lattek darüber, dass er „noch nie so viel auf die Schnauze bekommen habe, wie in Köln."
Der 1. FC Köln war im Herbst 1991 also ein Krisenverein wie er im Buche steht. In mehrfacher Hinsicht kriselte es. Sportlich genügten die Geißböcke nicht einer Mannschaft, in der es nicht richtig rund lief, in einem Verein, der auf der Suche nach seiner Identität war und in der es schlicht zum Teil chaotisch zuging. Man mag sich kaum vorstellen, wie es ausgesehen hätte, wenn Banach beim FC der Jahre 1987-90 mitgespielt hätte. In nur einem Jahr war Maurice Banach in Köln zum Hoffnungs-, Sympathie- und Leistungsträger geworden, seinen Vertrag hatte er nach einigem Hin und Her sowie Lockrufen der Konkurrenz aus Stuttgart und Dortmund

bereits verlängert. Eine der wenigen guten Entscheidungen der damaligen Führung, die allerdings auch im Zuge des Vertragspokers mit dem besten Stürmer mit dem Feuer spielte. Dennoch: Hätte der 1. FC Köln seine Führungskrise in den Griff bekommen und hätte er wieder wie ein seriöser Club agiert, dann wäre mit einem Torjäger von Banachs Klasse vieles möglich gewesen. Doch es kam bekanntlich der schicksalsträchtige 17. November 1991, der den Angreifer unversehens aus dem Leben riss.

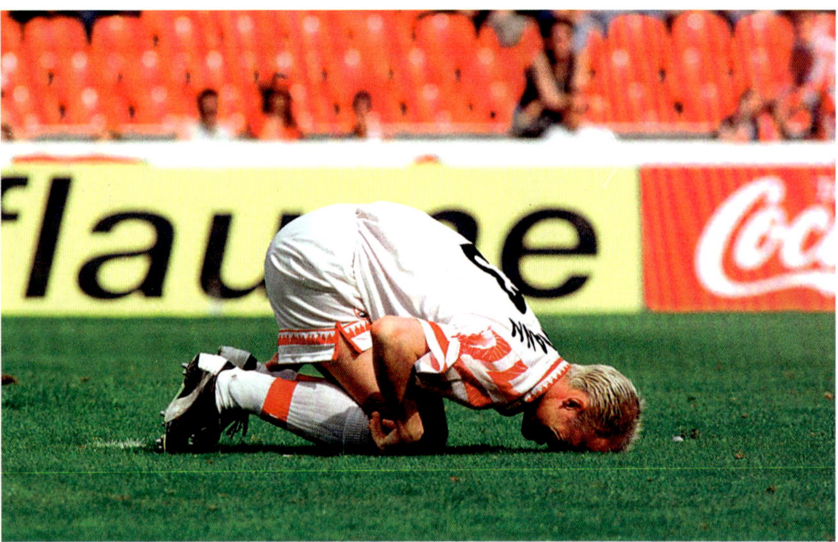

Symbolträchtiges Bild:
Der erste Abstieg des 1. FC Köln ist 1998 perfekt!

Nur 18 Monate zuvor hatte die Zukunft des 1. FC Köln noch golden ausgesehen: Ein erfolgreiches Team, ein charismatischer Trainer, große Pläne mit großen Namen. Der Sommer 1990, als Maurice Banach ans Geißbockheim wechselte und die DFB-Auswahl den dritten WM-Titel der deutschen Fußballgeschichte holte – er ist, wie man heute weiß, letztlich der Abschied des 1. FC Köln von der ganz großen Fußballbühne gewesen. Lediglich Lukas Podolski sorgte viele Jahre später während seines FC-Engagements für Lichtblicke auf Turnierebene. Den WM-Titel im Jahre 2014 holte er zwar als Angestellter des FC Arsenal, zeigte aber bei den Feierlichkeiten immer wieder die Fahne der Stadt Köln. Immerhin sorgte Jonas Hector für einen ganz besonderen Moment, als sein verwandelter Elfmeter gegen Gigi Buffon beim Viertelfinale der Europameisterschaft 2016 für das Ende des deutschen „Italiens-Fluchs“ sorgte.

Bis heute ist der 8. Juli 1990 der letzte große Titel mit FC-Beteiligung. Die Erinnerung an wunderbare und magische italienische Nächte wird immer bleiben, die Sehnsucht nach ähnlichen Erfolgen aber auch. Erfolge, die der Geißbockclub in der Saison 1991/92 jedoch noch einmal einfahren durfte: Trotz oder gerade wegen der tragischen Umstände um Maurice Banach, schafft die Mannschaft unter Trainer Jörg Berger noch den Sprung ins internationale Geschäft. Kapitän Pierre Littbarski macht das heute auch an dem Zusammenhalt fest, der sich nach der Tragödie um den verstorbenen Angreifer ergeben hatte. Der vierte Platz dieser Saison, an dem Banach mit zehn Treffern und damit immer noch als zweitbester Torschütze einen hohen Anteil hatte, ist immer noch die beste Platzierung des 1. FC Köln seit 1990.

In den Folgejahren begann trotz dieses Zwischenhochs der rapide Absturz der Geißböcke ins untere Mittelfeld, in dessen Folge Pierre Littbarski 1993 den Verein Richtung Japan verließ und auch Bodo Illgner 1996 in einer Nacht- und Nebelaktion den Niedergang seines FC nicht mehr mitmachen wollte und stattdessen bei Real Madrid große Erfolge feierte. Der 1. FC Köln verabschiedete sich 1998 Richtung Fahrstuhl in die 2. Bundesliga und stellt seitdem den Verein dar, der er heute noch ist: Ein auf dem Papier großer Verein, der zwischen den Ligen taumelt und sich aus Mangel an echten sportlichen Erfolgen mehr und mehr selber feiert. So schön die Erinnerungen an die Zeit Anfang der neunziger Jahre inklusive vier kölscher Weltmeister auch sind: Der schale Beigeschmack einer Zäsur ist im Stolz über die damaligen Erfolge enthalten. Und auch die Erinnerung an die Tragödie um Maurice Banach hinterlässt Spuren. Mit Banach verlor der FC im November 1991 einen wunderbaren Menschen und großartigen Torjäger. Viele Fans, die seit seinem Tod die Abläufe erlebt haben, sind sich sicher: Mit Mucki wäre einiges anders gelaufen. Beweisen kann das niemand, aber es spricht auch so gut wie nichts dagegen.

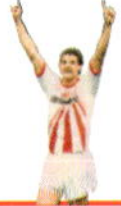

Auf dem Weg zum Nationalspieler:
Die sportliche Zeit beim 1. FC Köln

22 Tore in der 2. Bundesliga – und das mit erst 22 Jahren: Mit großen Vorschusslorbeeren wechselte Maurice Banach von der SG Wattenscheid 09 zum 1. FC Köln. Der 1,85 Meter große Zweitliga-Torschützenkönig galt Anfang der neunziger Jahre als eins der größten deutschen Sturmtalente. Viele Bundesligisten hatten um die Dienste des treffsicheren Modellathleten gebuhlt, die Geißböcke haben letztlich für 1,2 Millionen Mark das Rennen gemacht. „In Köln setzten sie ein Siegerlächeln auf, als sie den Zuschlag erhielten. Nicht Pierre Littbarski oder Frank Ordenewitz würden ihnen eine goldene Zukunft bescheren, sondern Maurice Banach. Sie waren sich sehr sicher", formulierte es das „11Freunde"-Magazin später einmal.

Und ja: In Köln wusste man, was für ein Juwel man sich mit dem gebürtigen Münsteraner gesichert hatten. Nur von außen war Unmut ob der Transferpolitik der Kölner zu spüren: FC-Sportdirektor Udo Lattek hatte nach den Europapokal-Nächten der Vorsaison (die Geißböcke marschieren 1990 bis ins Halbfinale, dort war gegen Juventus Turin Endstation), dem erneuten Einzug in den UEFA-Cup als Vizemeister und dem millionenschweren Verkauf von Publikumsliebling Thomas Hässler prallgefüllte Kassen zur Verfügung, kündigte auch vollmundig in der Öffentlichkeit Großtaten auf dem Transfermarkt an. „Der teuerste Transfer der FC-Geschichte" - darunter machte es der einstige Meistertrainer und damalige FC-Zampano nicht. Unter anderem sollte der dänische Topstürmer Brian Laudrup, damals noch bei Bayer Uerdingen unter Vertrag, den Weg ans Geißbockheim finden – der FC zog im Transferpoker jedoch den Kürzeren, der Angreifer wechselt nach München zum FC Bayern. Die Neuzugänge neben Maurice Banach unter anderem: Hansi Flick, den Daum vom Meister aus München loseiste, und Fortuna Düsseldorfs Angreifer Uwe Fuchs. Alles nicht die Kategorien, in denen der große 1. FC Köln und dessen kritisches Umfeld damals zu denken pflegte. Von „Stars zweiter Wahl" war die Rede, Latteks Gerede von einem Neuzugang, wie ihn der FC noch nicht gesehen hatte, fiel dem Verein im Vorfeld der Saison in der Öffentlichkeit mächtig auf die Füße. Kritik, die Führungsspieler wie Pierre Littbarski nicht teilten: „Okay, ich bin Berufsoptimist. Aber schwächer sind wir nicht. Wir haben Fuchs, wir haben Flick, wir haben Banach. Das sind neue Gesichter, auf die wir uns freuen können", verkündete der Weltmeister nach seiner Rückkehr ins Mannschaftstraining. Dort wartete allerdings noch ein neues Gesicht: Erich Rutemöller war in

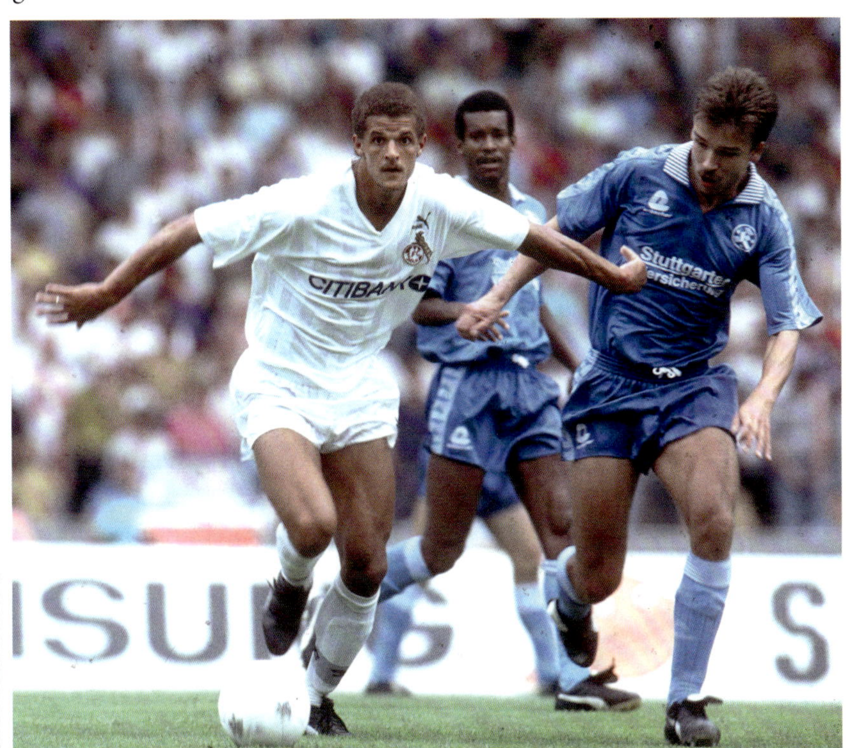

Platz da, hier komme ich:
Banach setzt sich durch.

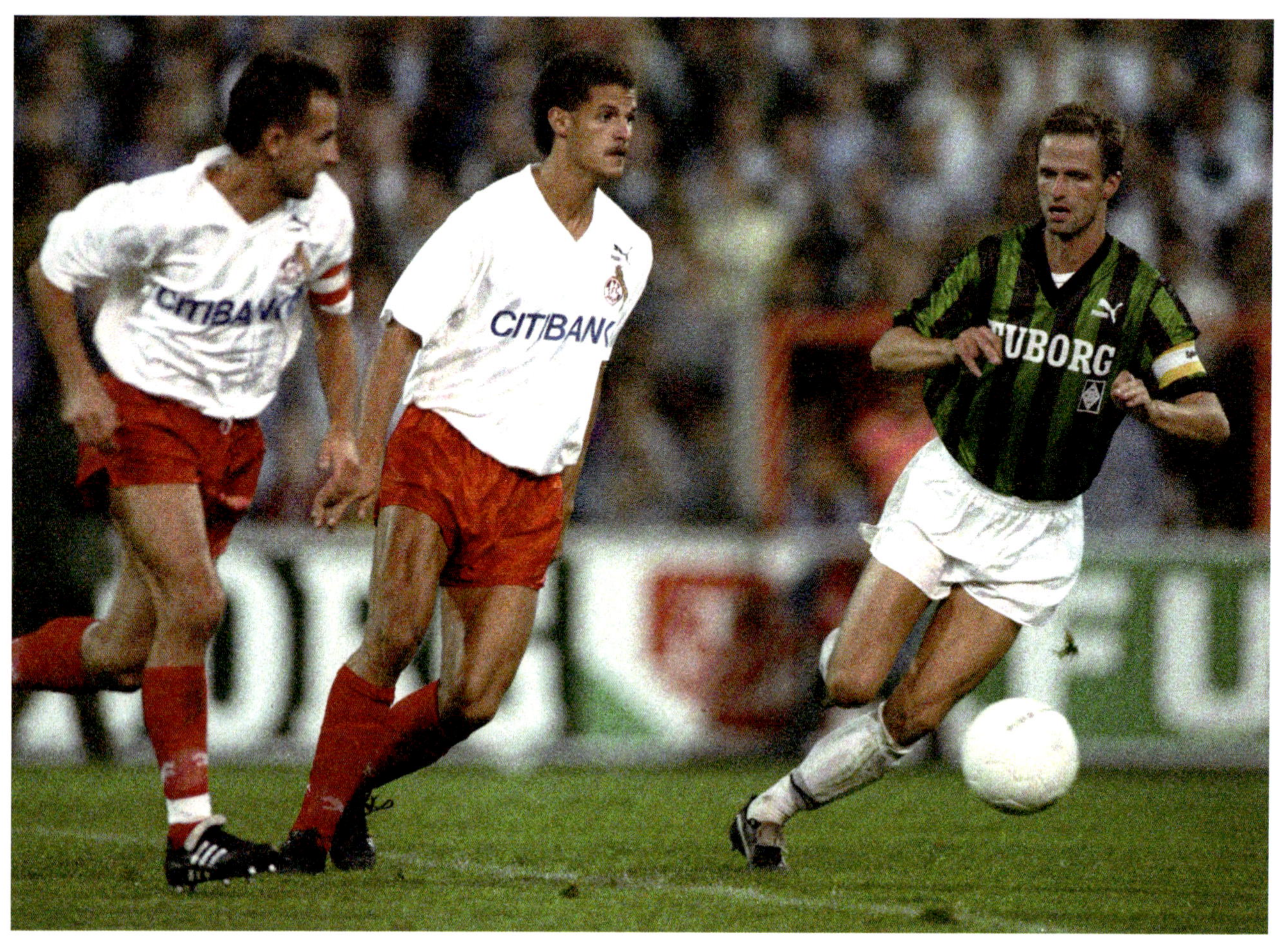

Littbarski/Banach:
Auf dem Weg zum gegnerischen Tor.

der Zwischenzeit zum Trainer der FC-Profis aufgestiegen, der einstige Coach der Kölner Amateure ersetzte Christoph Daum an der Seitenlinie. Vom beliebten wie erfolgreichen Übungsleiter hatten sich die Vereinsverantwortlichen zuvor in einer Nacht- und Nebelaktion während der WM in Italien getrennt – und verkündeten diese Entscheidung auch wenig stilvoll im Quartier der DFB-Auswahl der Presse. „Keine schmutzige Wäsche" wollte der Vorstand um FC-Präsident Dietmar Artzinger-Bolten waschen, zahlreiche Dinge seien vorgefallen, das Binnenverhältnis zum Erfolgstrainer dadurch zerrüttet. Das beinahe obligatorische Chaos also beim 1. FC Köln, der zu diesem Zeitpunkt auch weiterhin noch dringend einen Sportdirektor suchte.

Kein großartiger Beginn für Banach, der auf ausdrücklichen Wunsch Christoph Daums zum FC wechselte und sich vom ebenso ehrgeizigen wie charismatischen Macher von einer goldenen Zukunft in der Domstadt überzeugen ließ. Auch menschlich tat sich der schüchterne Stürmer zunächst am Geißbockheim schwer, das familiäre Umfeld, das er in Wattenscheid vorfand, fehlte dem Angreifer beim eher unterkühlten FC mit gestandenen Profis und dem Weltmeister-Trio um Bodo Illgner, Paul Steiner und Pierre Littbarski. Doch Mucki überzeugte alle Skeptiker – mit seiner Art neben dem Platz und mit seinen Qualitäten auf dem Platz. Nach kleineren Verletzungsproblemen in der Vorbereitung erzielte Banach am 4. Spieltag im Derby bei Borussia Mönchengladbach seinen ersten Bundesliga-Treffer für die Geißböcke, eine Woche später schoss er sich mit einem Doppelpack ausgerechnet bei seinem Ex-Verein Wattenscheid 09 endgültig in die Startelf. Zwei Tore, dazu den Elfmeter zur Führung herausgeholt: Banach war beim 3:0-Auswärtssieg gegen seine ehemaligen Kollegen in Galaform. „Lauffreudig und schussstark präsentierte sich der U 21-Nationalspieler seinen ehemaligen Fans und mit zwei blitzsauberen Kontertoren (74./90. Minute) zeigte er auf, dass es im Profigeschäft keine Sentimentalitäten gibt, obwohl er heute noch beste Freundschaften zu Wattenscheid pflegt", schrieb die „Neue Rheinische Zeitung". Muckis ehemaliger Trainer Hannes Bongartz war sich nach dem Spiel sicher: „Mit Maurice Banach hätten wir 3:0 gewonnen." Der Torjäger blieb dagegen trotz erster Lobeshymnen cool: „Ich habe doch nur meine Arbeit gemacht. Deshalb haben mir die Wattenscheider auch nicht leid getan. Ich spiele jetzt in Köln, habe aber noch viele Freunde in Wattenscheid", betonte Banach und widmete seine Treffer dem schwer am Knie verletzten Mannschaftskollegen Pierre Littbarski.

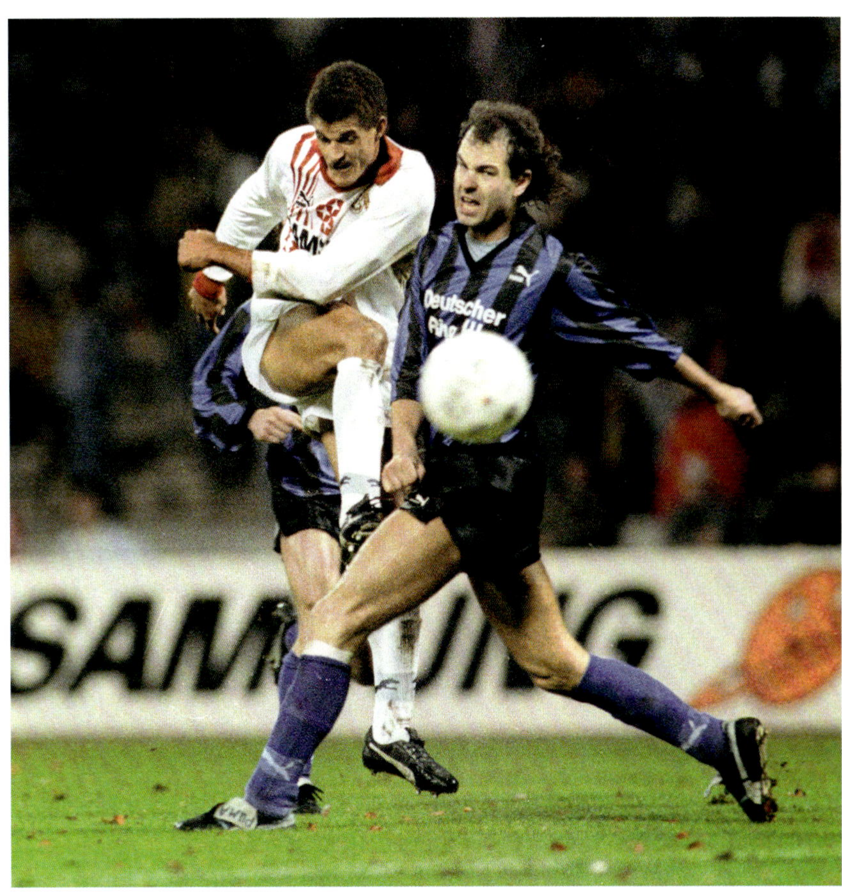

Volle Durchschlagskraft:
Sturmtank Banach

Es blieb allerdings eine Saison zwischen Himmel und Hölle. Für den 1. FC Köln, der zwischenzeitlich den großen FC Bayern mit 4:0 aus dem Müngersdorfer Stadion schoss, sich aber konstant inkonstant durch die Bundesliga bewegte. Für Maurice Banach, der beim Kantersieg gegen den Meister aus München zwar glänzte, aber ansonsten gerade im gegnerischen Strafraum mitunter äußerst unglücklich agierte. Der Angreifer wurde zwischenzeitlich in Köln als Chancentod verspottet, das „kicker"-Magazin („genügt den hohen Kölner Ansprüchen nicht") fällte ein vernichtendes Urteil über den Neuzugang, der im Herbst nach dem bitteren Ausscheiden im UEFA-Cup-Achtelfinale gegen Atalanta Bergamo angeblich wegen mangelnder Leistungen vor dem Rauswurf gestanden haben soll. Banachs Reaktion: Noch härter arbeiten. In Extraschichten mit FC-Amateurcoach Eberhard Vogel baute der formschwache Stürmer sein Selbstbewusstsein wieder auf – mit Erfolg, denn spätestens im Frühjahr war Mucki Banach wieder der, den sich die Verantwortlichen am Geißbockheim erhofft hatten. Mit seinem Kopfballtreffer in der Verlängerung gegen den VfB Stuttgart (mit Christoph Daum auf der Trainerbank) brachte er den FC Ende März ins Pokalhalbfinale und gegen seinen Ex-Club Borussia Dortmund sorgte er zwei Wochen später mit einem Doppelpack für einen wichtigen Auswärtssieg im Kampf um einen Platz im internationalen Geschäft.

Doch komplett rund lief es für Banach und die Geißböcke weiterhin nicht: Die Kölner kämpften in einer Achterbahnsaison um den Einzug in den UEFA-Cup, der ehrgeizige Neuzugang um einen Platz in der Stammelf. „Ich will von Anfang an spielen, die Jokerrolle reicht mir nicht. Ich bin Torjäger und es ist doch egal, ob ich meine Tore in der ersten oder in der zweiten Halbzeit mache", motzte Banach nach seinem Tor zum 2:2 beim FC Bayern. FC-Coach Rutemöller erhörte seinen Wunsch – und brachte den Angreifer unter anderem im Entscheidungsspiel des Pokalhalbfinals gegen Zweitligist Duisburg von Beginn an. Eine gute Entscheidung, erzielte Banach doch beim deutlichen 3:0 einen Treffer und bereitet die anderen beiden zum Einzug ins Endspiel des DFB-Pokals vor. Nur vier Tage später glänzte er mit einem Doppelpack beim 3:0 in Uerdingen, das Selbstvertrauen wuchs enorm. „Ich habe immer gesagt, dass ich mehr als nur ein Joker bin", betonte Banach und visierte nach seinen Saisontreffern 11 und 12 die Torjä-

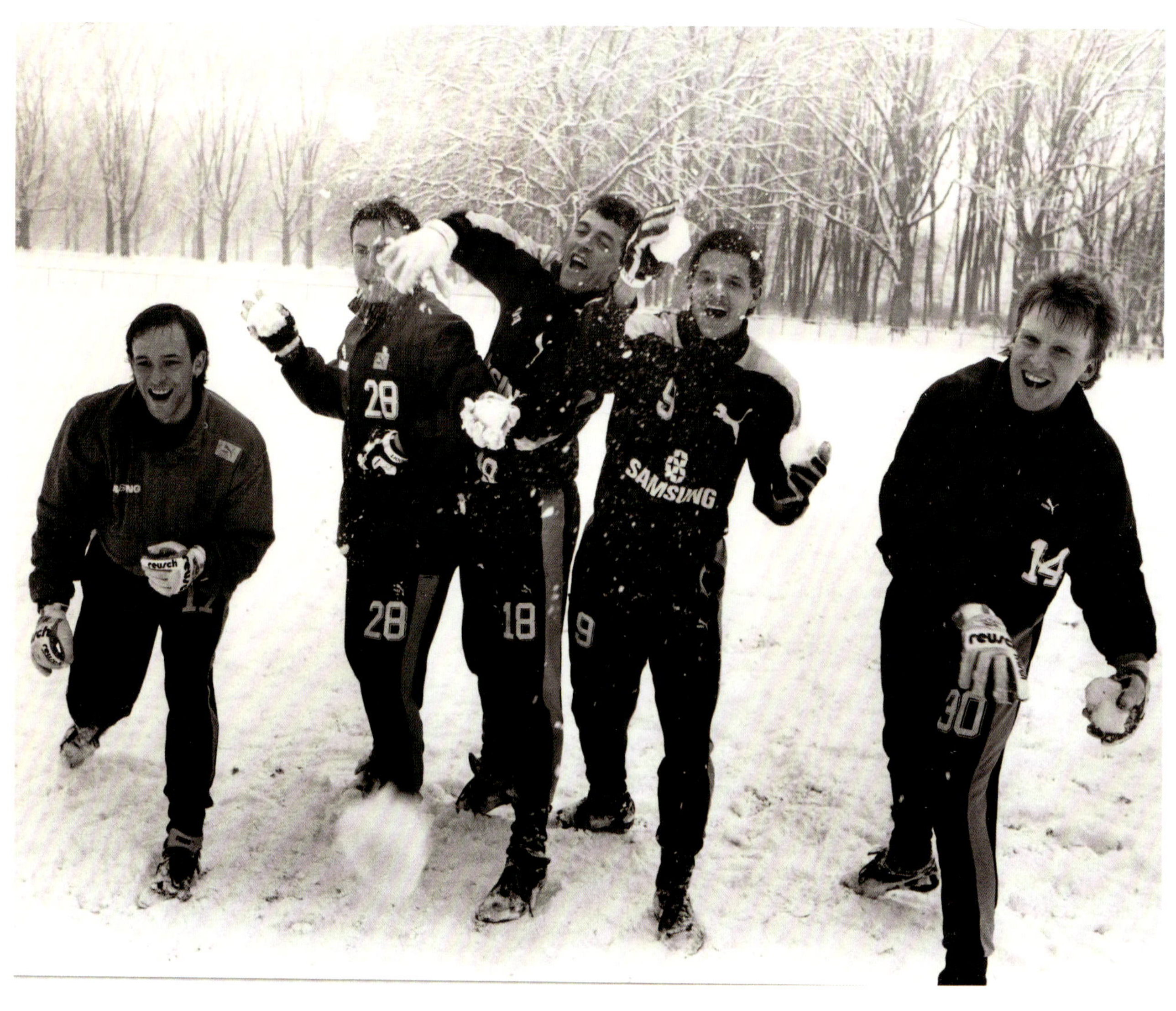

Spaß muss sein:
Schneeballschlacht der FC-Profis im Winter 1991.

gerkanone an: „20 Treffer kann ich noch schaffen. Vielleicht reicht es, um doch noch Torschützenkönig zu werden", so der damals 23-Jährige, der sich bei den Kölnern zunehmend als Top-Torjäger etablierte. Aus diesem Traum wurde allerdings nichts, weil der FC und Banach die gute Ausgangslage im Saisonendspurt verspielten. Krachende Heimniederlagen gegen Stuttgart (1:6) und Kaiserslautern (2:6) ließen die Geißböcke den anvisierten Einzug in den UEFA-Cup verpassen – in Köln brannte vor dem Pokalfinale gegen Werder Bremen abermals der Baum.

Ein Kurztrainingslager ausgerechnet in Maurice Banachs Heimat, sollte im Vorfeld der wichtigen Partie für die nötige Ruhe sorgen – der FC quartiert sich für die Vorbereitung auf das Endspiel in Berlin im eleganten Hotel Krautkrämer in Münster-Hiltrup ein. „Es steht viel auf dem Spiel. Am Erfolg hängt die Arbeit eines ganzen Jahres daran", erhöhte Kölns Sportdirektor Udo Lattek, der dem Vernehmen nach im dreitägigen Trainingslager seine Schützlinge wie ein „Poltergeist" animierte, öffentlich den Druck auf die Mannschaft, schob aber gleichzeitig die Favoritenrolle dem Gegner zu:„Die Bremer sind klarer Favorit, wir nur krasser Außenseiter", so Lattek vor dem Finale, das dem FC den fünften Pokalsieg bescheren sollte. Das Duell zwischen Werder, das nach zuvor zwei Endspielpleiten zum dritten Mal in Folge in Berlin dabei war, und den Kölnern entwikkelte sich zu einer Nervenschlacht: Dieter Eilts brachte die Hanseaten kurz nach dem Seitenwechsel mit einem flachen Distanzschuss verdient in Führung, den Ausgleich für danach formverbesserte Kölner besorgte Maurice Banach. Nicht irgendwie, sondern mit

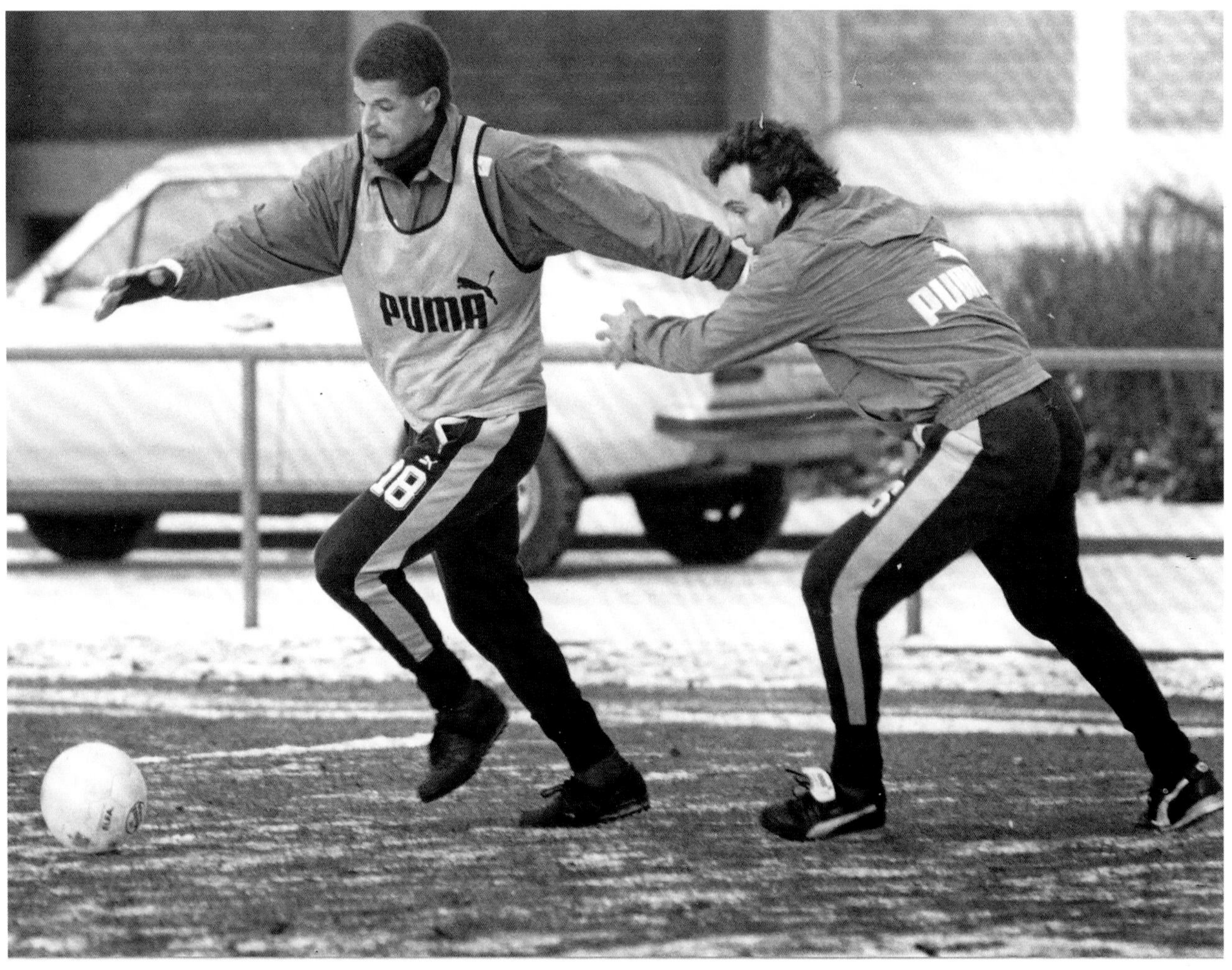

Training am Geißbockheim:
Banach immer engagiert.

einem sehenswerten Seitfallzieher nach Kopfballvorlage von Pierre Littbarski. Das Finale, laut „kicker"-Magazin „zweifellos eines der schwächsten Pokalspiele überhaupt und das langweiligste, seit 1985 Berlin der Austragungsort ist", endete dramatisch: Die Verlängerung brachte keine Entscheidung, erst zum zweiten Mal in der langen Geschichte des Wettbewerbs wurde der Sieger des DFB-Pokals im Elfmeterschießen ermittelt. Für den FC nahm es kein gutes Ende: Andrzej Rudy vergab als allererster Schütze der Geißböcke, der Ex-Kölner Klaus Allofs scheiterte an Bodo Illgner. Auch dem sonst so sicheren Littbarski versagten die Nerven, Reck parierte seinen schwach getretenen Elfmeter locker. Als Uli Borowka den letzten Versuch souverän verwandelte, jubelte Werder – und die Geißböcke trauerten einer verpassten Gelegenheit auf den fünften Pokaltitel nach. Maurice Banach, nach dem dramatischen Ende in Tränen aufgelöst, trat im Übrigen als dritter Kölner Schütze an und verwandelt souverän – er war eigentlich statt Rudy als erster Schütze eingeplant gewesen, wollte aber nach den 120 kraftraubenden Minuten nicht beginnen. „Wir hatten überhaupt Mühe, fünf Schützen zu finden", gab ein nach der Finalniederlage extrem enttäuschter Pierre Littbarski zu Protokoll. Etwas, das auch FC-Coach Erich Rutemöller im Nachgang bestätigt. „Hätten wir gewonnen, wäre sicherlich einiges danach anders verlaufen", so der Daum-Nachfolger, der sich noch lebhaft an seine Zeit beim FC erinnert.

Herr Rutemöller, Sie übernahmen 1990 den Trainerposten beim 1. FC Köln, nachdem sich der Verein im Sommer von Christoph Daum getrennt hatte. Wie haben Sie die damalige Situation in Erinnerung?

Ich wurde kurz vor der Entscheidung gefragt, ob ich die Profis

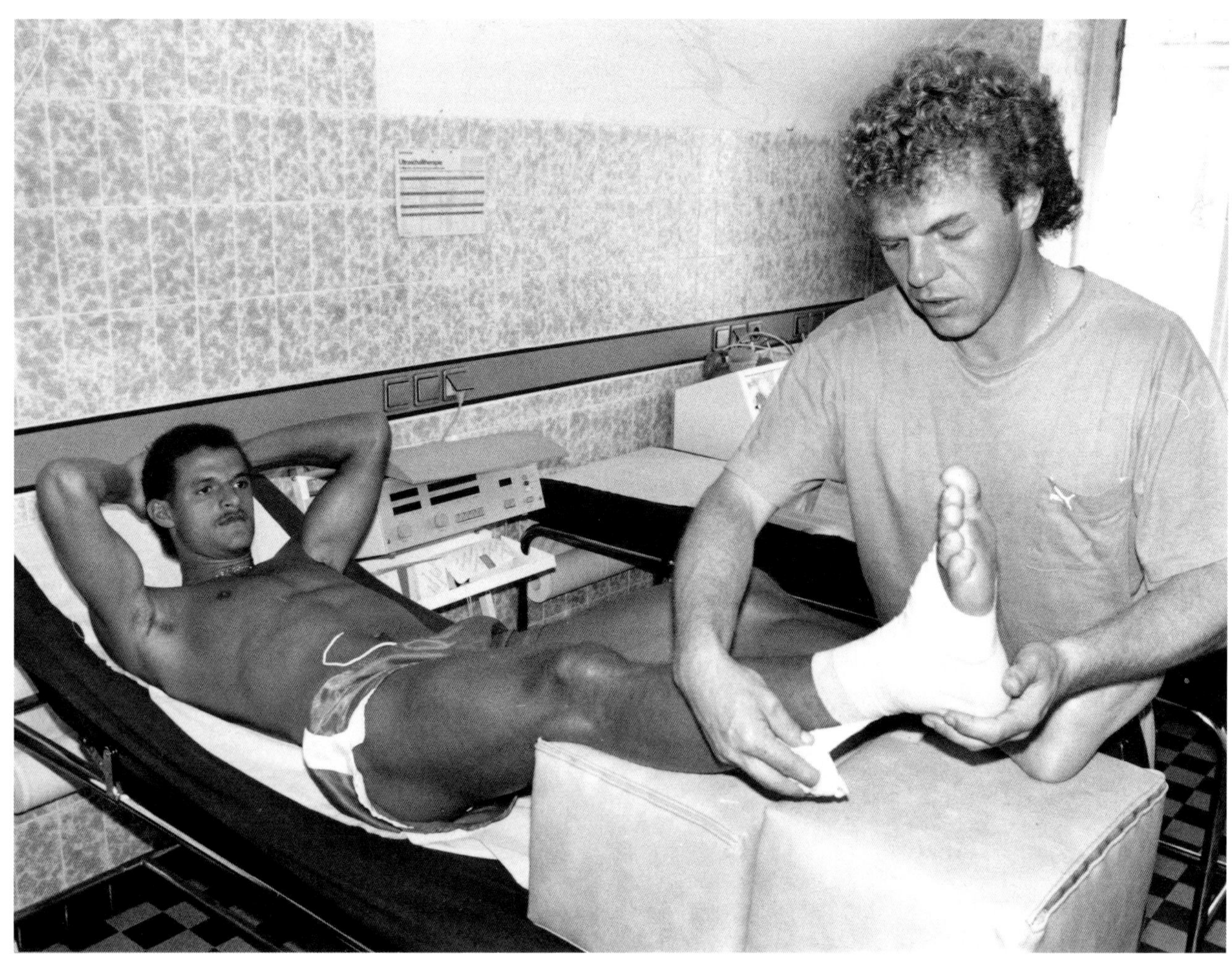

Rundumversorgung:
Physio Schäfer legt Hand an.

trainieren wolle. Für mich war das eine Zwickmühle, hatte mich Daum doch zurück zum FC geholt. Ganz so blauäugig, wie mancher vielleicht meint, habe ich den Posten nicht angetreten. Ich kannte die Geschichten anderer FC-Trainer wie beispielsweise die Demontage von Karl-Heinz Heddergott. Ich wusste also, was auf mich zukam. Daum war vorher extrem erfolgreich gewesen mit dem FC. Wenn es sportlich nicht gelaufen wäre, hätte ich schnell die Sachen packen können.

Auch Maurice Banach stieß 1990 zum FC, kam als Zweitliga-Torschützenkönig aus Wattenscheid ans Geißbockheim. Wie haben Sie Mucki als Neuzugang erlebt?

Ich habe Mucki noch vor Augen, er war ein wahnsinnig sympathischer Typ, überhaupt nicht arrogant. Ich habe nie Probleme mit ihm gehabt, er war sehr einfach zu führen. Mucki hätte ja auch sagen können: „Da kommt jetzt dieser Amateurtrainer, was will denn der?“, weil ich anstelle von Christoph Daum nun von den Amateuren zu den Profis als Trainer kam. Oder er hätte mich das sonst irgendwie spüren lassen können. Aber das hat Mucki nicht gemacht, er war menschlich eben ein feiner Kerl.

Wie schlug sich Mucki zu Beginn sportlich? Der Sprung aus der 2. Bundesliga dürfte für ihn ja nicht ohne Probleme gewesen sein.

Mucki war ein echter Torjäger, der es ja direkt in die Mannschaft geschafft hat. Er hat uns auch im Pokal in der Saison sehr viel geholfen und das nicht nur im Endspiel. Er war ein reiner Strafraumstürmer, aber mit einer sehr guten Technik ausgestattet. Kopfballstark war er auch, jedenfalls hatte er ein sehr großes Kopfballgeschick. Von außen kam er eher weniger, Mucki hat eher nicht Laufwege gesucht, um Räume freizumachen, er hat im Strafraum geahnt, wo der Ball

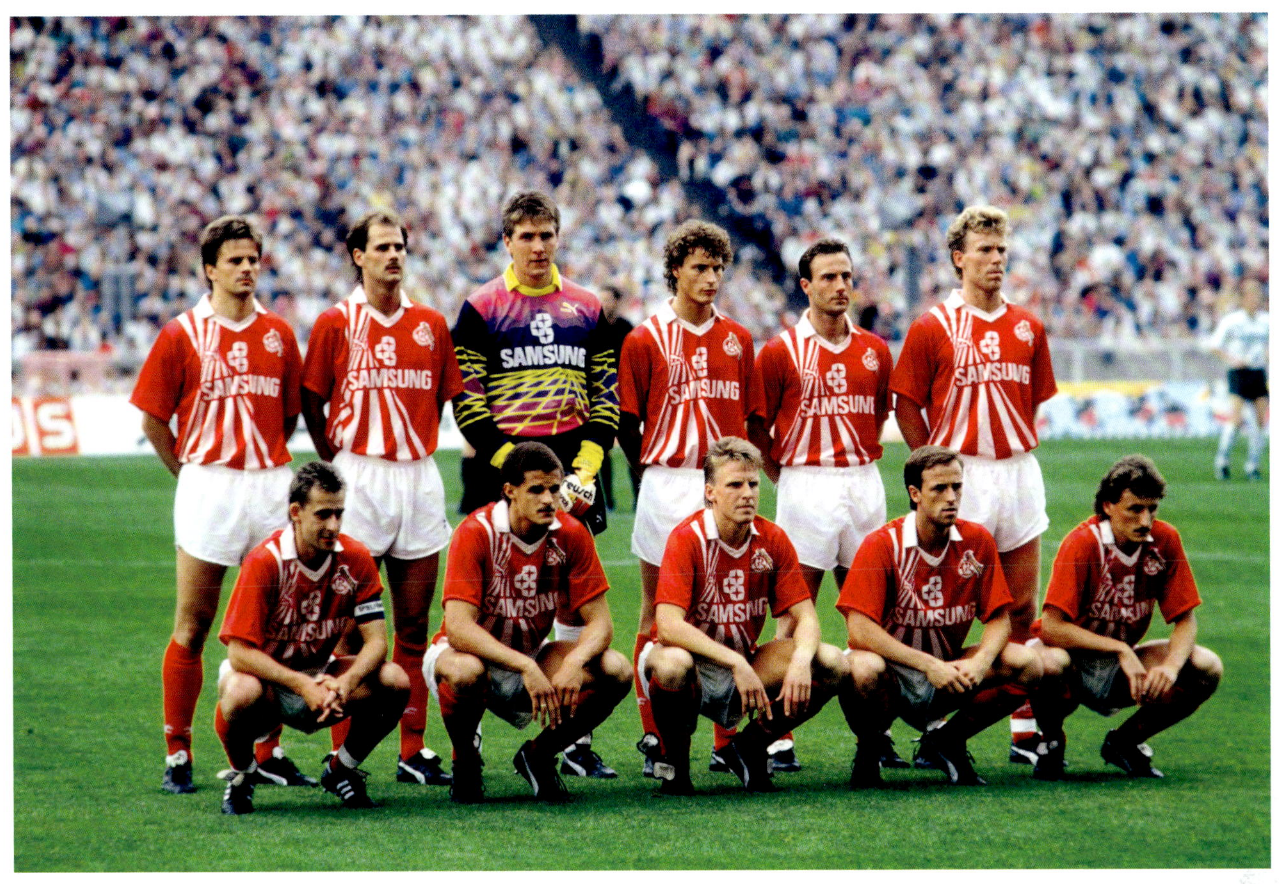

DFB-Pokafinale 1991:
Die Anfangsformation des 1. FC Köln.

hinkommt. Das war eine seiner Stärken.

Auch dank ihm sind Sie mit dem FC 1991 ins Pokalendspiel eingezogen – dort verlor ihr Team trotz Banach-Treffer im Elfmeterschießen gegen Werder Bremen. Wie sind ihre Erinnerungen an dieses Finale?

Wir wollten nach der bitteren Niederlage gegen Kaiserslautern im abschließenden Bundesliga-Spiel, als wir den Einzug in den UEFA-Cup verpasst hatten, unbedingt raus aus Köln und sind in Münster-Hiltrup ins Hotel Krautkrämer für ein Kurztrainingslager gegangen. Das war eine gute Idee, wir waren abgeschottet und hatten dort am Ende auch eine angenehme Woche. Im Finale waren wir auch dadurch wieder auf Augenhöhe mit Werder. Mucki machte für uns den Ausgleich, doch am Ende haben wir im Elfmeterschießen den Kürzeren gezogen. Es hätte auch anders kommen können. Schade!

Nicht einmal ein halbes Jahr später starb Mucki Banach bei einem schweren Autounfall. Wie haben Sie von seinem Tod erfahren?

Ich saß sonntagmorgens bei mir zuhause, als Hannes Linßen mich angerufen hat und sagte: „Der Mucki Banach ist tot!" Das war natürlich ein Riesenschock für mich, ich konnte das zuerst gar nicht glauben. Die Beerdigung in Münster war sehr bewegend, herzzerreißend! Muckis Frau Claudia hat vor Schmerz geschrien, das hatte ich noch nie erlebt. Ich stand neben Franz Wunderlich, wir haben uns angeschaut und waren kreidebleich. Ich komme wie Mucki aus Münster. Und immer, wenn ich an der Unfallstelle vorbeifahre, wo das schreckliche Unglück passiert ist, spreche ich ein kleines Gebet. Immer noch, nach all den Jahren.

Mucki war dem Vernehmen nach auf dem besten Wege in die Nationalmannschaft. War das etwas, das sie auch auf dem Schirm hatten?

Er wäre auf jeden Fall sehr bald Nationalspieler geworden, da bin ich mir ganz sicher. Bundestrainer Berti Vogts muss große Stücke

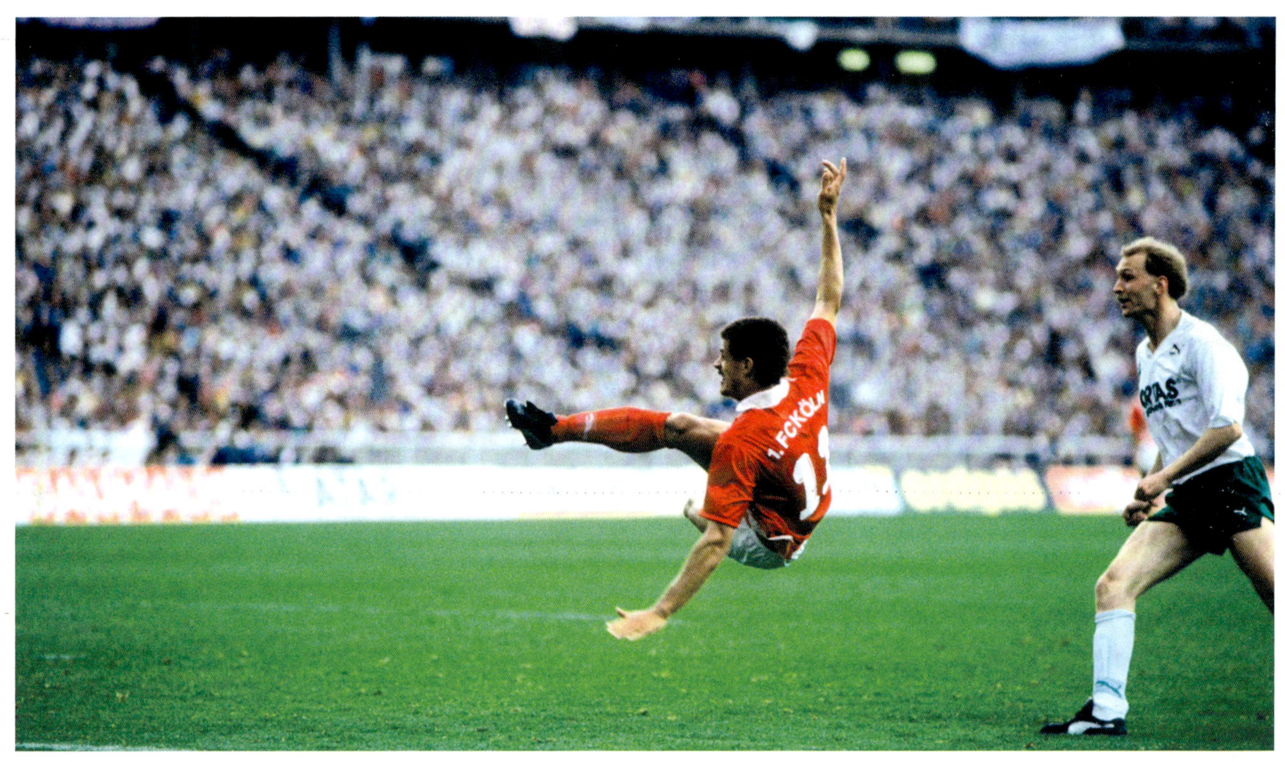

Eleganz und Akrobatik:
Banachs Finaltreffer zum 1:1 gegen Werder Bremen.

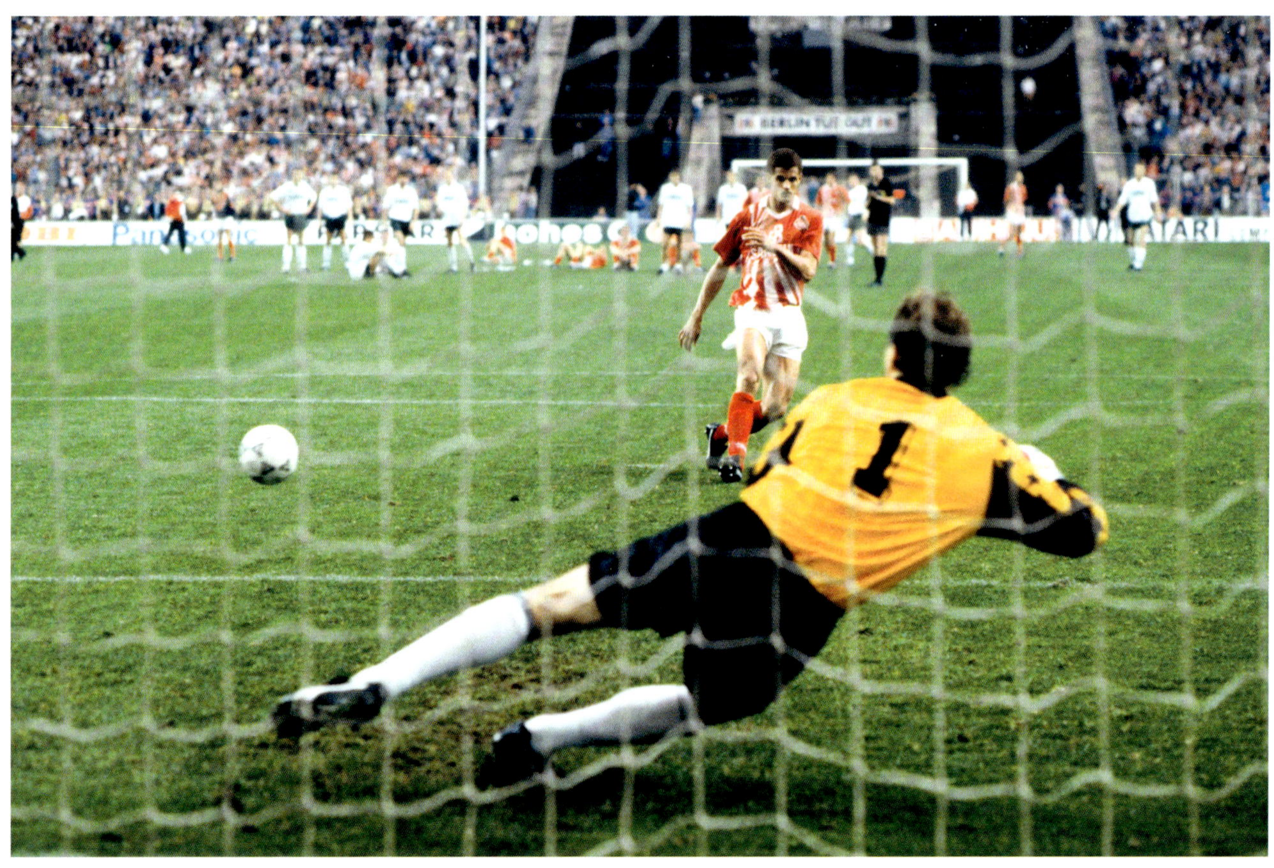

Verwandelt:
Banachs Elfer sitzt.

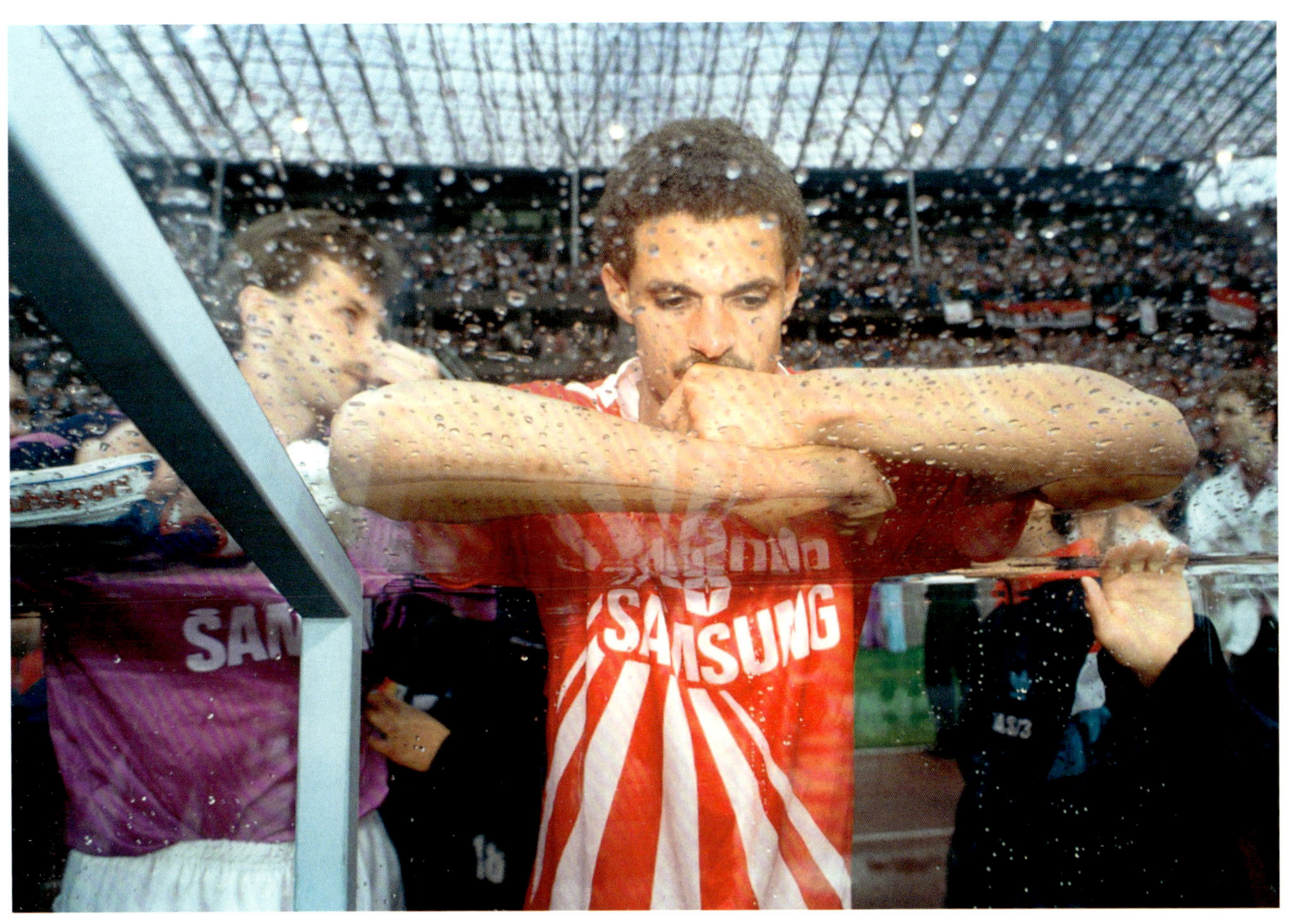

Tristesse pur:
Banach-Trauer nach dem verlorenen Elfmeterschießen im DFB-Pokalfinale.

auf ihn gehalten haben. Er hatte ihn ja schon in den Jugendnationalmannschaften. Nicht umsonst war er ja auch auf der Beerdigung. „Fertig" war er als Spieler sicher noch nicht, da war noch viel drin für die Zukunft. Es wäre sehr interessant gewesen, seinen Weg in der Bundesliga weiter zu verfolgen.

Sein Weg in der Bundesliga ging zu Beginn der Spielzeit 1991/92 jedoch erst einmal beim 1. FC Köln weiter: Maurice Banach war nach 13 Saisontoren einer der großen Hoffnungsträger der Geißböcke, die nach dem Verpassen des internationalen Geschäfts wieder zurück auf die internationale Bühne wollten. Der FC schlug auf dem Transfermarkt vor allem im Osten der Republik zu, sicherte sich vor dem ersten Jahr im wiedervereinigten Fußball-Deutschland die Dienste des hochveranlagten Chemnitzer Spielmachers Rico Steinmann und des vielgepriesenen Sturmtalents Henri Fuchs, der aus Rostock ans Geißbockheim wechselte. Konkurrenz für Banach, der seinen Platz als Top-Torjäger allerdings von Anfang an festigen konnte, auch wenn es für den FC alles andere als gut lief zu Beginn der Saison. Nach fünf Remis zum Start trennten sich die Kölner im Anschluss an ein deutliches 0:4 in Nürnberg von Erich Rutemöller. Nach Interims-Intermezzi von Sportdirektor Lattek und Co-Trainer Hannes Linßen übernahm Jörg Berger die Geschicke im Kölner Grüngürtel. Der ehemalige Bayern-Spieler Sören Lerby war eigentlich Latteks Favorit gewesen, der Däne entschied sich aber zur Rückkehr nach München. Auch Jürgen Gelsdorf, Hans Krankl und Ruud Krol wurden gehandelt, ebenso fiel der Name des ehemaligen Kölner Liberos Morten Olsen. Doch Berger, in der Vorsaison bei Eintracht Frankfurt geschasst, bekam den Zuschlag. Der neue FC-Coach hielt große Stücke auf seinen Sturm-Schützling Banach („Dich mache ich zum Torschützenkönig, zum Nationalspieler. Das verspreche ich dir!"), setzte im Angriff trotz einiger taktischer Experiment auf die Dienste seines treffsichersten Torjägers, der nach zehn Spieltagen bereits sechs Er-

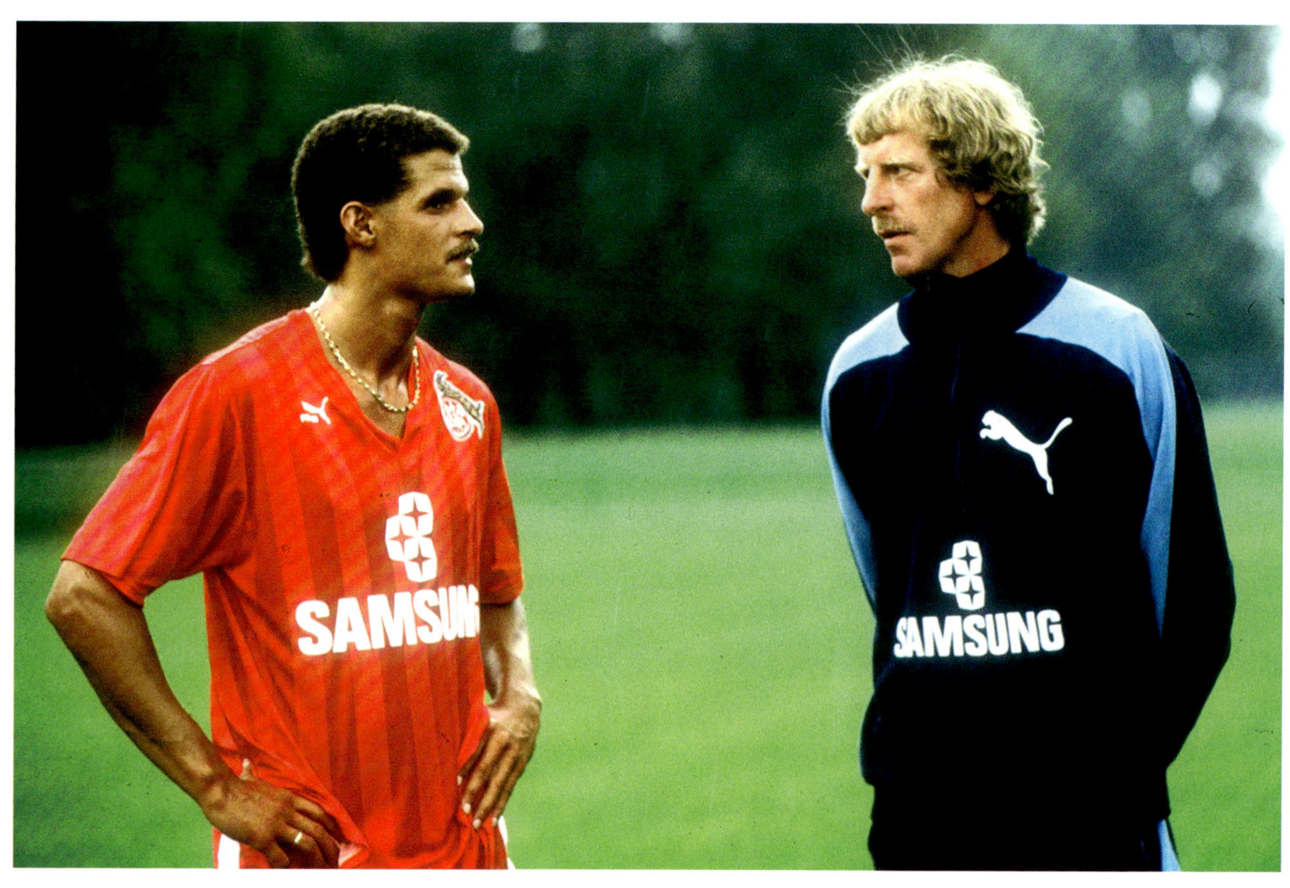

Gutes Verhältnis:
Banach im Gespräch mit Trainer Erich Rutemöller.

folgserlebnisse auf seinem Konto hatte.

Leistungen, die abermals Begehrlichkeiten weckten. Insbesondere der VfB Stuttgart interessierte sich brennend für die Dienste des Kölner Goalgetters – kaum verwunderlich, war doch Christoph Daum, der Banach einst in Domstadt lotste, in der Schwabenmetropole mittlerweile der entscheidende Mann. Der FC-Torjäger dachte lautstark über einen Wechsel nach, sprach öffentlich von interessanten Gesprächen mit dem ehemaligen Kölner Trainer. Vom Werben seines eigenen Vereins um einen Verbleib zeigte er sich zunächst enttäuscht, lehnte einen ersten Vorstoß der Verantwortlichen ab: „Wenn ich damals ein vernünftiges Angebot bekommen hätte, dann hätte ich sofort unterschrieben. Jetzt höre ich mir auch alles andere an“, sagte Banach und sah die sportliche Perspektive als ausschlaggebend an: „Mir geht es genauso wie Bodo Illgner. Ich warte die sportliche Entwicklung ab. Zwei Jahre hintereinander will ich auf keinen Fall auf die internationale Teilnahme verzichten“, so der damals 23-Jährige, der allerdings auch finanziell Ansprüche stellte. „Banach: Ich will mehr Geld“, titelte der Kölner „Express“ und zitierte Banach, der einen Vierjahresvertrag vorliegen hatte, aber sich nur auf zwei Jahre binden wollte: „Wenn es mal nicht gut läuft, dann möchte ich mich anständig verabschieden und mir nicht vorwerfen lassen, ich hätte einen Rentenvertrag in Köln unterschrieben. Wenn das Angebot stimmt, wenn die Forderungen erfüllt werden, dann bleibe ich“, betonte der Torjäger, für dessen Verbleib sich auch Pierre Littbarski („Es wäre katastrophal, wenn er nicht bei uns bliebe“) stark machte. Ende September dann die Einigung: Maurice Banach unterschrieb beim 1. FC Köln zu stark erhöhten Bezügen einen neuen Dreijahresvertrag – der Publikumsliebling widerstand zur Freude der Verantwortlichen und der Fans den Offerten aus Stuttgart, Dortmund sowie Hamburg und blieb den Geißböcken langfristig erhalten. „Endlich habe ich meine Ruhe“, verkündete der Angreifer nach der Vertragsunterschrift erleichtert.

Ruhe, die Banach zu weiteren Treffern nutzte: Nachdem der FC am 14. Spieltag in Karlsruhe endlich seinen ersten Saisonsieg einfahren konnte, platzte der Knoten im darauf folgenden Heimspiel gegen Werder Bremen so richtig. Bei der Neuauflage des Pokalendspiels bombten die Geißböcke die Hanseaten mit 5:0 aus dem Müngersdorfer Stadion, Banach glänzte mit einem Treffer und zwei Vorlagen. Wobei: Eigentlich glänzte er mit zwei Toren und einem Assist, denn um das 4:0 der Kölner durch Horst Heldt gab es kleinere interne Streitigkeiten. Kurz vor Überqueren der Torlinie hatte der kleine Spielmacher dem Ball nach Banachs Schuss noch einen letzten Impuls gegeben, seinem Mitspieler sozusagen den Treffer streitig gemacht. „Ich will doch Torschützenkönig werden", wetterte der Torjäger nach dem Abpfiff. „Ich möchte, dass der Treffer Banach angerechnet wird. Mucki hat das Tor verdient. Nach wie vor meine ich, dass der Ball noch nicht über der Torlinie war. Aber es war nicht meine Absicht, ihm das Tor zu klauen. Schreibt ihm den Treffer gut!", verkündete Heldt via „Express" in der Woche nach dem Bremen-Spiel. Noch bis kurz vor seinem Tod wird Banach das 4:0 gegen Bremen sich selbst zuschreiben. Seinen Lauf setzte er unbeeindruckt von dieser Diskussion allerdings fort: Zwei Tage vor dem 11.11. schoss Banach den 1. FC Köln mit einem Doppelpack zum 4:1-Derbysieg über Fortuna Düsseldorf, die Presse überschlug sich mit Lobeshymnen auf den Sturmstar. Selbst der rheinische Rivale musste neidlos anerkennen: Der Kölner sei „ein wahnsinnig gefährlicher Mann, im Strafraum einer der besten Stürmer der Liga", erklärte Düsseldorfs Trainer Rolf Schafstall.

kicker Bundesliga

Der Mann hat Biß. Schon immer mußte Maurice Banach um Anerkennung kämpfen, sich im Leben durchbeißen. Auch beim 1. FC Köln hatte er am Anfang zu „knabbern".

In der Trainerkabine im Kölner Geißbockheim saßen sie oft zusammen. FC-Trainer Erich Rutemöller mußte seinem Schützling Maurice Banach immer wieder gut zureden, mußte ihm den Rücken stärken und die Zweifel nehmen. „Mucki, du schaffst das schon", schärfte Rutemöller seinem Stürmer ein. „Jeder hat mal eine Krise. Wenn du wieder gut drauf bist, dann spielst du auch wieder."

Seelenmassage für einen Mann, der am Rhein schon unterzugehen drohte, der immense Mühe hatte, die Klippen der Bundesliga zu umschiffen. Mit 23 Treffern und der Empfehlung „Torschützenkönig der Zweiten Liga" aus Wattenscheid gekommen, tat Maurice Banach sich schwer, im Oberhaus Fuß zu fassen. Zwar schoß er in der Hinrunde der laufenden Saison sechs Tore, aber die spielerische Leistung war eher dürftig, die Bindung zu den Mitspielern fehlte. „In Wattenscheid wußten die Mittelfeldspieler, wie sie mich einsetzen mußten. In Köln mußten sich die Kollegen erst an mich gewöhnen.

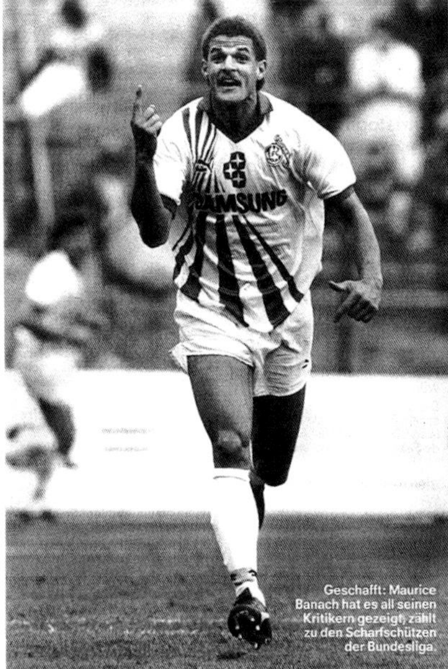

Foto: Rauchensteiner

Geschafft: Maurice Banach hat es all seinen Kritikern gezeigt; zählt zu den Scharfschützen der Bundesliga.

Maurice Banach

Geb. 9. 10. 1967 in Münster, Größe 1,85 m, Gewicht 78 kg, erlernter Beruf: Lebensmittelverkäufer.

Spielte bis 1983 bei Preußen Münster, von 1983 bis 1988 bei Borussia Dortmund, von 1988 bis 1990 bei Wattenscheid 09, seit 1990 beim 1. FC Köln. 14 Bundesliga- (2 Tore) und 2 Europapokaleinsätze für Dortmund, 26 (6 Tore) und 6 (1 Tor) für Köln (Stand: 21. 5. 1991). Deutscher B-Jugend-Meister 1984, Torschützenkönig der 2. Bundesliga 1990, 3 U 21-, 2 U 20-, 3 U 19- und 1 A-Jugend-Länderspiel (1 Tor).

Maurice Banach ist verheiratet mit Claudia und hat zwei Söhne, Danny (3 Jahre) und Zico (2 Monate).

Ein Traum wurde wahr

Der amerikanische Traum: Vom Tellerwäscher zum Millionär.

Der deutsche Traum: Vom Balljungen zum Fußballprofi. Jedenfalls hat Maurice Banach diesen Traum geträumt — und ihn erfüllt.

Als 13jähriger Jugendspieler bei Borussia Dortmund durfte er den Profis im Westfalenstadion die Bälle zum Einwurf reichen. „Das war für mich etwas ganz Besonderes", erzählt er. „Wenn die Profis direkt vor dir standen, vielleicht noch etwas zu dir sagten, dann war ich immer ganz weg." Seit diesen Tagen habe ihn der Gedanke, selbst ein Profi zu sein, nie mehr losgelassen. Deshalb findet er meistens ein gutes Wort für die vielen namenlosen Balljungen in den Stadien.

Mucki läßt die Muskeln spielen

Außerdem fehlte mit Pierre Littbarski der Mann, der den entscheidenden Paß in die Tiefe spielen kann", sagt Maurice, den alle Welt nur „Mucki" nennt.

Mucki — das klingt so lieb, so niedlich, so nett, so brav. Ist er auch, sagt seine Frau Claudia. Ist er nicht, sagen die Abwehrspieler der Bundesliga. Zumindest seit Beginn der Rückrunde vertreten sie diese Meinung. Denn 1991 drehte Mucki so richtig auf. Sieben Treffer hat er in diesem Jahr schon erzielt. Was aber wichtiger ist: Er steht nicht mehr im Strafraum, wartet nur auf seine Chance, sondern er spielt mit, holt sich die Bälle weit vor dem Strafraum, setzt die Mitspieler in Szene. „Das ist eigentlich meine Stärke", sagt er, „25 Meter vor dem Tor den Ball zu kriegen und mich dann in den Strafraum hineinzudrehen."

Und seitdem er groß auftrumpft, zum Stammspieler und ständigen Unruheherd im Strafraum der Gegner wurde, seitdem steht ganz Köln auf den 23jährigen Maurice „Mucki" Banach. Die Mitspieler denken jetzt: Der kann's doch. „Ich habe mich durchgebissen", sagt er nur. Nüchtern und sachlich.

Dabei ist dieses „durchgebissen" ein Wort, das das ganze Leben des Maurice Banach kennzeichnet. Am 9. Oktober 1967 in Münster als Sohn einer deutschen Mutter und eines farbigen amerikanischen GIs geboren, wurde Mucki früh mit dem harten — und oft rassistischen — deutschen Alltag konfrontiert. Wer eine dunklere Haut und krausere Haare hat als deutsche Kinder, der muß einiges wegstecken — ganz besonders in der Schule. Kinder können grausam sein. „Klar hatte ich damit Probleme", sagt er. „Aber ich konnte mich wehren." Notfalls mit den Fäusten. Da war der liebe Mucki nicht zimperlich — immerhin bedeutet Muckis in der Umgangssprache Muskeln. Und die läßt er heute wie damals spielen. Mucki mußte sich seinen Platz im Leben erkämpfen, obwohl möglichst behütet von Mutter Ruth und Stiefvater Jan.

Seinen leiblichen Vater hat Maurice Banach nie kennengelernt. Der setzte sich noch vor der Geburt seines Kindes in die USA ab. Maurice weiß heute noch nicht, wo er lebt, wie's ihm geht. Banach: „Manchmal habe ich schon den Wunsch, ihn kennenzulernen. Aber es ist schwer, ihn zu finden. Und so sehr belastet mich das auch nicht."

Den Ausgleich für die alltäglichen Probleme fand der heranwachsende Maurice im Sport. Als sechsjähriger Steppke kickte er schon für Preußen Münster, rückte als C-Jugendlicher in die Westfalenauswahl auf. Und schloß sich mit 13 Jahren Borussia Dortmund an. Das liest sich leicht, war aber ganz schön schwer. Dreimal wöchentlich 65 Kilometer Fahrt von Münster nach Dortmund, chauffiert von „meinem anderen Vater" Jan oder der Deutschen Bundesbahn. „Das war sehr stressig und ich hatte wenig Freizeit", berichtet er.

Der Erfolg ließ viele Strapazen vergessen: Deutscher Jugendmeister, Westfalenauswahl, Westdeutsche Auswahl, Jugendnationalelf U 15 bis U 21. Logisch, daß die Bundesliga auf diesen Mann irgendwann aufmerksam werden mußte. Und, davon träumt er, daß Bundestrainer Berti Vogts vielleicht auch irgendwann auf ihn aufmerksam werden könnte. „Das ist ja erst mein erstes Jahr in der Bundesliga. Wenn ich jede Saison 12 bis 15 Tore mache, klappt's vielleicht."

Nicht, daß jetzt einer glaubt, Maurice Banach sei ein Träumer. Dazu hat er zuviel mitgemacht, dazu kann er Traum und Realität zu gut auseinanderhalten. Und wenn's wieder mal ganz schlecht läuft, dann kriegt er Trost von Trainer Rutemöller. Und von seiner Familie: Ehefrau Claudia und die beiden Söhne Danny (drei Jahre alt) und Zico (drei Monate alt und nicht nach dem berühmten Brasilianer benannt) sind sichtbarer Beweis, daß Maurice Banach sich seinen Platz im Leben erkämpft hat. **Dirk Westerheide**

Schlagzeilenträchtiges Gerangel:
Kicker-Bericht zu den Vertragsverhandlungen.

Doch Mucki Banach war weitaus mehr als nur ein Strafraumstürmer, ein Abschlussspieler, ein Knipser, der vor dem gegnerischen Tor auf seine Chance lauerte. Der Kölner Angreifer war stattdessen ein mitspielender Stürmer – jemand, den seine Kollegen anspielen konnten, der die Bälle festmachen und verteilen konnte, der sich sogar etwas ins Mittelfeld zurückfallen ließ, um mehr ins Spielgeschehen eingebunden zu sein.

„Das ist eigentlich meine große Stärke", formulierte es Banach gegenüber dem „kicker"-Magazin einmal selbst. Eigentlich sogar der Prototyp eines Offensivakteurs, wie man ihn sich selbst heute noch wünscht. Ein bisschen Lewandowski, ein bisschen Thomas Müller – so beschreibt es beispielsweise Pierre Littbarski. Ein moderner Modellathlet, aber ganz eigen in seiner Spielweise, ganz eigen in seiner Herangehensweise. Technisch fein, ohne allerdings den Sinn des Spiels aus

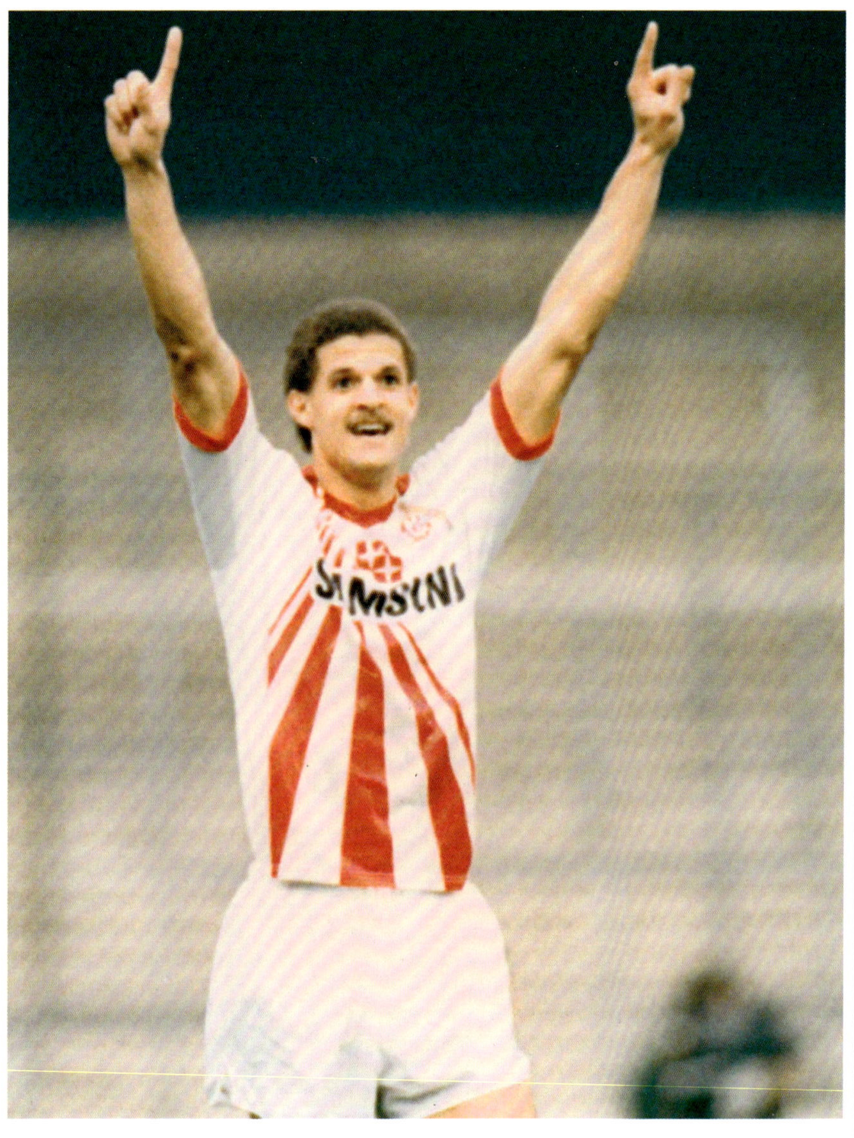

Siegerpose:
Banach auf dem Weg in die Nationalmannschaft.

den Augen zu verlieren. Eine ihm eigene Eleganz, ganz ohne Eigennutz. Schnell, aber ohne Eile. Kompliziertes sehr einfach ausschauen lassen: Das war Banachs Ansatz auf dem Platz. Nicht viel Brimborium, sondern zielstrebig Richtung gegnerisches Tor. Ein Vollblut-Knipser eben, komplett unprätentiös. „Wenn der schlaksige Stürmer den Ball für den FC ins Tor bugsierte, beschlich den Zuschauer nicht das Gefühl vom großen Rasenzauber oder vollendeter Brillanz. Die Tore erinnerten ihn vielmehr wieder daran, dass Fußball ein sehr einfaches Spiel ist. […] Banach tänzelte nicht, er spielte nicht Hacke, er machte keine Übersteiger. Er zog einfach ab. Immer wieder. Ball, Schuss, Tor“, schrieb das „11Freunde“-Magazin passend. Suche man nach gegenwärtigen Vergleichen, fallen einem Spieler wie eben Thomas Müller ein, die diesen Drang zum Tor und diese Simplizität des Spiels vereinen. Fast ein Alleinstellungsmerkmal damals. Etwas, das Maurice Banach besonders machte. Als Spieler und als Menschen.
Der Stürmer war endlich angekommen, hatte sich durchgebissen. Der kleine Junge aus Berg Fidel auf der großen Fußballbühne – vom Bordstein bis zur Skyline quasi. Der schüchterne Stürmer, so zurückhaltend im Leben, so eiskalt auf dem Platz. Als Straßenfußballer, der noch auf roter Asche das Kicken lernte, ausgerechnet beim 1. FC Köln, der seine elitäre Arroganz damals wie eine Monstranz vor sich hertrug. Als Karnevalsfan ausgerechnet in der Jecken-Hochburg Köln, als jemand, der das grelle Rampenlicht nicht sucht, aber trotzdem der Liebling des FC-Anhangs ist. Sympathieträger und Torjäger – vereint in einer einzigen Person. Jemand, der nichts Besonderes sein wollte und genau deshalb im Fußball-Business etwas ganz Besonderes war. Jemand, der vor dem gegnerischen Kasten die Ruhe weg hatte und den auch abseits des Rasens niemand aus der Ruhe bringen konnte. „Mucki hätte man in die Hosentasche pinkeln können, er hätte sich dafür noch bedankt“, drückt es Claudia Weigl-Banach 30 Jahre später aus. Ein herzensguter Kerl – nur eben nicht im gegnerischen Strafraum. Dort wurde der passionierte Angler zum eiskalten Killer.

Vor allem deshalb schien für Mucki Banach die weitere Karriere bereits vorgezeichnet: Der Stürmer zählte zu den treffsichersten Angreifern der Bundesliga, lag im November 1991 gemeinsam mit Dortmunds Stephane Chapuisat an der Spitze der Bundesliga-Torschützenliste. Eine Berufung in die deutsche Nationalmannschaft galt nur noch als eine Frage der Zeit, zumal mit Berti Vogts ein früher Förderer Banachs Bundestrainer der DFB-Auswahl war. „Natürlich ist das ein Ziel“, betonte der Kölner Angreifer selbstbewusst. Banach wusste, was er kann. Er hatte sich im Leben durchgebissen, er hatte sich auf dem Platz durchgesetzt. Warum sollte ihn dieser Weg also nicht bis in die Nationalmannschaft führen? Auf dem Zettel des Bundestrainers, das ist klar, stand der mittlerweile 24-Jährige auf jeden Fall, eine Nominierung des Torjägers für die Zeit nach einer erfolgreichen EM-Qualifikation sollte bereits beschlossene Sache sein. „Im Strafraum gehört er zu den allerbesten", ließ Vogts die Kölner Medien wissen. Das wollte Maurice Banach auch auf Schalke unter Beweis stellen: Vor 61.500 Zuschauern im Parkstadion gingen die Kölner allerdings mit 0:3 unter, der Kölner Torjäger scheiterte gleich mehrfach an S04-Keeper Jens Lehmann. Der spätere Nationaltorhüter wird in seiner Biographie 2010 sogar über eine Szene aus diesem Spiel sprechen, wenngleich seine Erinnerung ungefähr so neblig zu sein scheint wie die Wetterverhältnisse an diesem Samstagnachmittag auf Schalke. „Ich erinnere mich noch sehr genau: Wir lagen kurz vor Schluss 1:0 in Führung, als nach einer verlängerten Ecke Maurice Banach die Riesenchance zum Ausgleich hatte. Banach war eine der ganz großen deutschen Stürmerhoffnungen, er war erst kurz zuvor von Wattenscheid nach Köln gewechselt. Nun stand er frei vor mir, ich warf mich ihm in den Weg, er schoss meine Brust an – damit vereitelte ich die letzte Torchance seines Lebens", heißt es dort. Zum Ausgleich kurz vor Schluss hätte es vermutlich nicht gelangt, lagen die Geißböcke doch nach Gegentoren in der 72. und 80. Minute bereits mit 0:3 zurück. Und die Chance, die Lehmann beschreibt, sie hatte beim Stand von 0:1 nach ungefähr einer Stunde nicht Maurice Banach. Mit einem liegt Jens Lehmann allerdings leider richtig: Es ist das letzte Fußballspiel im Leben des Maurice Banach gewesen.

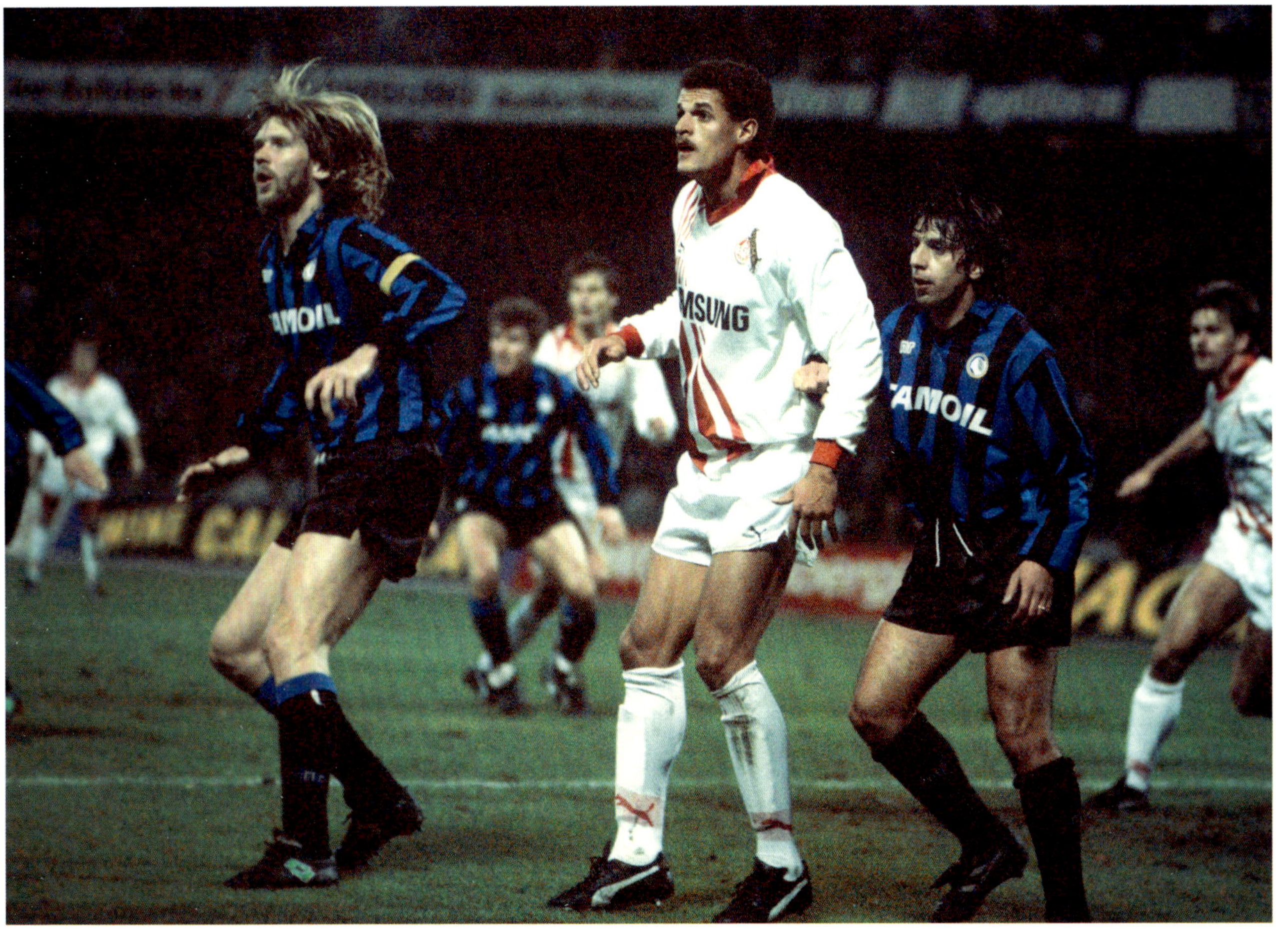

Auf dem internationalen Parkett:
Banach im Spiel gegen Bergamo.

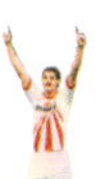

29 aus 63:
Maurice Banachs Tore für den 1. FC Köln

49 Bundesliga-Spiele absolvierte Maurice Banach für den 1. FC Köln, 23 Tore erzielte er in diesen Partien. In nahezu jedem zweiten Spiel war der 1,85 Meter große Angreifer, der 1990 für 1,2 Millionen Mark von der SG Wattenscheid in die Domstadt gewechselt war, für die Geißböcke erfolgreich. Was in heutigen Zeiten fast wenig anmutet, war Anfang der neunziger Jahre, als mitunter nicht einmal 20 Treffer zur Torjägerkanone reichten, wahrlich eine starke Bilanz. Noch besser wirkt Banachs Torquote, wenn man einen Blick auf die Minuten wirft, die er zum Erzielen seiner Treffer im FC-Trikot gebraucht hat: Alle 162 Minuten, also sogar weniger als zwei Spiele, brauchte der Torjäger für ein Erfolgserlebnis. Wie gesagt: Nicht selbstverständlich für diese Zeiten, als mit Offensivakteuren in der Bundesliga noch anders als heutzutage umgesprungen wurde.

Wie wichtig Banachs Tore für den 1. FC Köln waren, zeigt auch die Statistik, wie viele Punkte die Geißböcke eingefahren haben, wenn Mucki jubeln durfte. Traf der Kölner Torjäger für sein Team, dann holte der FC nach der heutigen Dreipunkteregel 1,63 Punkte im Schnitt pro Partie.

War Banach nicht erfolgreich, dann gab es heruntergerechnet auf ein Spiel lediglich 1,21 Zähler. Alles statistische Spielereien, die allerdings den Wert des Angreifers für die Mannschaft unterstreichen.„Unser großer Hoffnungsträger war nicht Littbarski, nicht Horst Heldt, es war Mucki“, sagte der damalige FC-Coach Jörg Berger auch deshalb über den Torjäger, der seinen Vertrag beim FC nur wenige Wochen vor seinem Tod langfristig verlängert hatte. 29 Tore erzielte Maurice Banach in 63 Pflichtspielen für den 1. FC Köln. 29 Gründe, all sein Treffer noch einmal einzeln Revue passieren zu lassen.

Bundesliga | 3. Spieltag | 01.09.1990 | 1:0 | Borussia Mönchengladbach (A) | 16. Minute | Endstand: 2:2

Manchmal müssen es nicht die spektakulären Treffer sein. Manchmal reicht es als Torjäger einfach, zur richtigen Zeit am richtigen Ort zu sein. Den Riecher für die Chance zu haben. Wie Maurice Banach bei seinem Premierentor für den 1. FC Köln – und das auch noch im Derby bei Borussia Mönchengladbach. Angriffskollege Ralf Sturm hatte den Ball an Gladbachs Keeper Uwe Kamps vorbeigespitzelt, der FC-Neuzugang aus Wattenscheid rauschte heran und drückte das Spielgerät über die Linie. Ein Torjäger tut, was ein Torjäger eben tun muss!

Bundesliga | 4. Spieltag | 08.09.1990 | 2:0 | SG Wattenscheid 09 (A) | 75. Minute | Endstand: 3:0

Keine Gnade kannte Maurice Banach bei seinem ersten Auf-

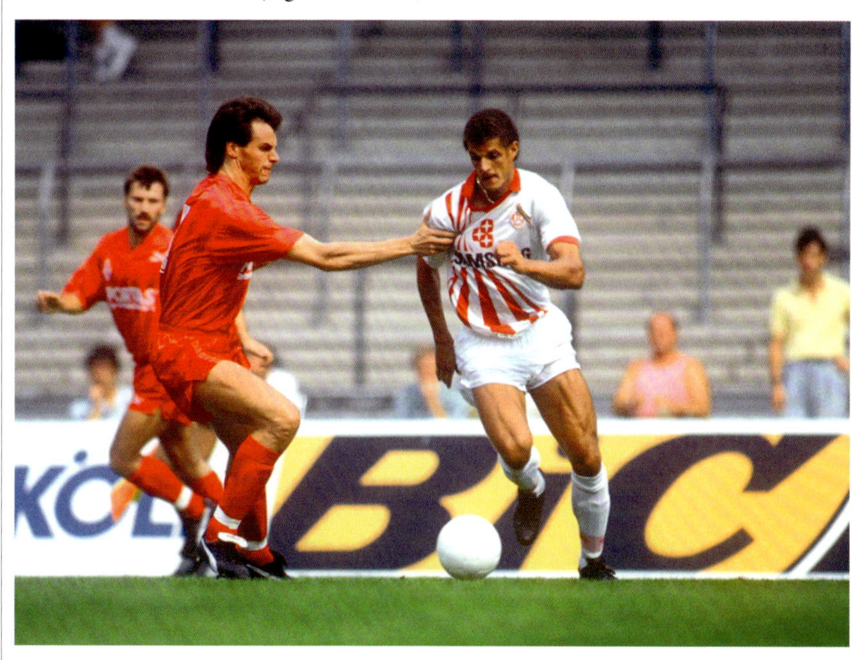

Oft nur mit unfairen Mitteln zu bremsen:
Banach auf dem Weg zum Tor.

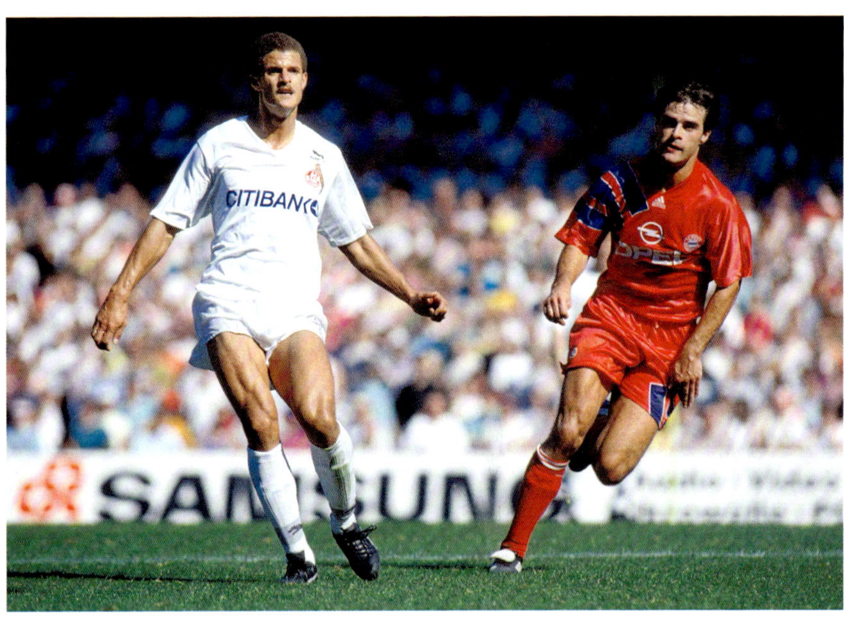

Der Musterathlet in Aktion:
Banach im Spiel gegen Bayern München, rechts Thomas Berthold.

einandertreffen mit seinen alten Kollegen: Nach zwei Jahren in Wattenscheid inklusive Aufstieg in die Bundesliga war Banach zuvor nach Köln gewechselt – und zeigte gegen seinen Ex-Club erstmals so richtig auf, welch große Klasse der FC verpflichtet hat. Zunächst holte der Angreifer den Elfmeter zur 1:0-Führung heraus, dann schlug er eine Viertelstunde vor Schluss selbst zu: Schnelle Drehung im Sechzehner um seinen Gegenspieler, trockener Abschluss – 2:0 für den FC im Bochumer Ruhrstadion!

Ein erster Einblick, welch starker Strafraumstürmer Mucki ist. Doch das ist an diesem Nachmittag noch nicht der letzte Streich des Maurice Banach. Wattenscheid warf angesichts des Rückstands alles nach vorn, die Geißböcke konterten geschickt. Banach überlief die Defensive der Gastgeber nahezu spielerisch und stürmte von der Mittellinie allein auf der Tor der Nullneuner zu. Eiskalt ließ er Wattenscheids Keeper Eilenberger keine Chance – der erste Doppelpack im FC-Trikot war perfekt. „Das war schon ein kleiner Durchbruch", jubelte Banach und widmete beide Treffer seinem schwer am Knie verletzten Teamkollegen Pierre Littbarski. Wattenscheids Coach Bongartz befand derweil: „Hätte Maurice Banach bei uns gespielt, wir hätten 3:0 gewonnen."

UEFA-Cup | 1. Runde | 07.05.1991 | 2:1 | IFK Norrköping (H) | 72. Minute | Endstand: 3:1

Eigentlich galt das Erstrundenlos im UEFA-Cup als leichte Aufgabe für den 1. FC Köln, denn mit dem schwedischen Vertreter IFK Norrköping dürften die Geißböcke wenig Mühe haben, vermutete man zumindest. Denkste: Nach einem torlosen Remis im Hinspiel lag das Rutemöller-Team im Rückspiel in Müngersdorf plötzlich zur Pause 0:1 hinten. „Alles oder nichts" hieß es für den FC, der die Partie doch noch drehte. Auch dank Maurice Banach, der den Ball zum 2:1 praktisch über die Linie arbeitete. Nicht schön, aber erfolgreich – es hätte ebenso das Motto des 1. FC Köln für diesen Auftakt im Europapokal sein können.

Bundesliga | 10. Spieltag | 13.10.1990 | 3:0 | FC Bayern München (H) | 38. Minute | Endstand: 4:0

Einen traumhaften Nachmittag erlebten 54.000 Zuschauer im Müngersdorfer Stadion – zumindest aus Kölner Sicht, zerlegte der 1. FC Köln doch den Meister aus München nach allen Regeln der Kunst. Nach Treffern von Frank Ordenewitz und Olaf Janßen legte Mucki Banach noch einen drauf: Nach Janßens Sturmlauf auf der rechten Seite verwertete der FC-Stürmer die Hereingabe an die Strafraumgrenze mit einem wuchtigen Abschluss, der Gäste-Torwart Aumann chancenlos hinterließ. „Zieht den Bayern die Lederhosen aus", schallte es durch das Stadion. Mit dem 4:0 gelang das den Geißböcken prächtig.

Bundesliga | 11. Spieltag | 20.10.1990 | 4:0 | 1. FC Nürnberg (A) | 86. Minute | Endstand: 4:0

Nur eine Woche später legte der 1. FC Köln mit dem nächsten Kantersieg nach – beim 1. FC Nürnberg erreichten die Geißböcke erneut einen 4:0-Erfolg. Und wieder war Maurice Banach maßgeblich daran beteiligt. Kurz vor Abpfiff nahm er auf der rechten Seite Fahrt auf, drehte seinen Gegenspieler am Strafraumeck ein und schlenzte dann mit links gefühlvoll in den linken Winkel. „Traumtor von Banach", kommentierte Gerd Rubenbauer für die ARD-Sportschau.

DFB-Pokal | 2. Runde | 03.11.1990 | 2:1 | 1. FC Kaiserslautern (A) | 88. Minute | Endstand: 2:1

Kurz nach Fritz Walters 70. Geburtstag versaute der 1. FC Köln die Feierlichkeiten auf dem Betzenberg: Im Zweitrundenduell des DFB-Pokals setzten sich die Geißböcke hauchdünn durch. Umjubelter Held aufseiten der Kölner: Maurice Banach köpfte in der 88. Minute nach schöner Außenristflanke von Frank Greiner freistehend zum Siegtreffer ein. Ein glücklicher Erfolg, auch wenn Maurice Banach das im Interview nach dem Spiel nicht so sehen wollte. „Verdient", sprach er ins Mikrofon, auch wenn der Treffer am Ende ein „Glückstor" gewesen sei. Hauptsache weiter – keiner fragt im DFB-Pokal nach dem „Wie".

Bundesliga | 15. Spieltag | 24.11.1990 | 2:0 | VfB Stuttgart (A) | 49. Minute | Endstand: 2:3

Ausgerechnet: Diese Reporterfloskel durfte beim Duell des 1. FC Köln in Stuttgart oft bemüht werden. Ausgerechnet zum Debüt von Christoph Daum beim VfB sind die Geißböcke zu Gast, ausgerechnet dort trifft Maurice Banach, den der einstige FC-Trainer in die Domstadt geholt hatte, zum vermeintlich vorentscheidenden 2:0. Nach Illgners langem Abschlag tauchte Mucki allein vor dem Stuttgarter Kasten auf und versenkte eiskalt. Den Sieg brachte das den Kölnern nicht, die in der zweiten Hälfte komplett einbrachen und trotz Zwei-Tore-Führung noch mit 2:3 verloren.

DFB-Pokal | Viertelfinale | 30.03.1991 | 1:0 | VfB Stuttgart (H) | 110. Minute | Endstand: 1:0 n.V.

Etwas im Schatten von Pierre Littbarski, der nach langer Knieverletzung überraschend sein Comeback feierte, avancierte Maurice Banach zum Pokalhelden des 1. FC Köln. In einem umkämpften Bundesliga-Duell sicherte der Torjäger, zuvor noch oft kritisiert und wochenlang unter Ladehemmung leidend, dem FC den Einzug ins Halbfinale des DFB-Pokals. In der Verlängerung köpfte der eingewechselte Banach eine Littbarski-Freistoßflanke zum einzigen Treffer des Tages ein. Der führte nach Armin Ecks Treffer mit 1:0, da schickte Trainer Erich Rutemöller den Angreifer kurz nach der Pause aufs Feld. Eine Entscheidung, die sich prompt auszahlte: Sechs Minuten nach seiner Einwechslung köpfte Banach eine Flanke von Ordenewitz, der sich zuvor auf links geschickt bis auf die Grundlinie durchgedribbelt hatte, akrobatisch ins Hamburger Tor – und sicherte dem 1. FC Köln damit einen Punkt an der Elbe.

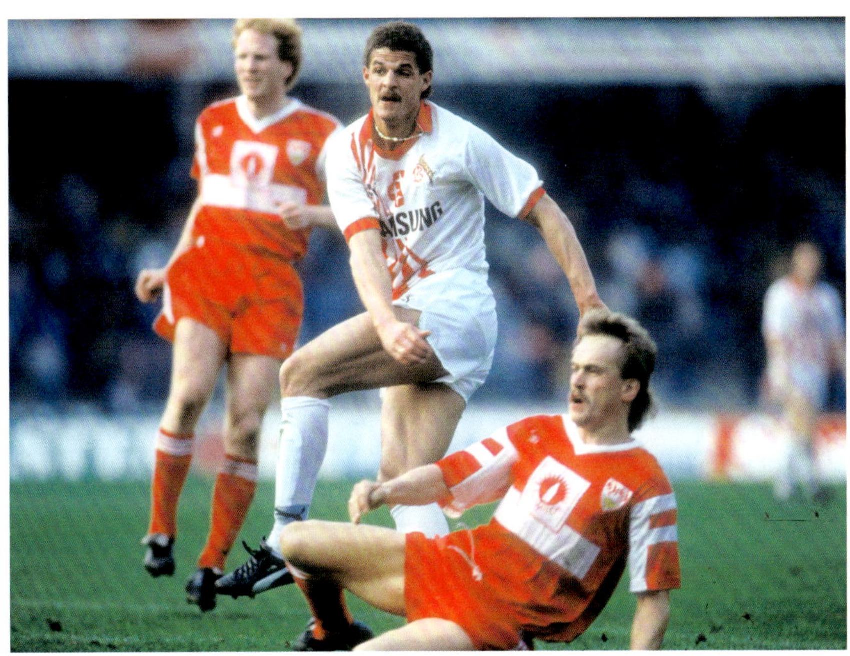

Kein langes Fackeln:
Banach zieht gegen den VfB Stuttgart ab und trifft.

Jubel in Köln: Groß – auch wegen des Siegs über Ex-Trainer Daum. „Einer wie Banach fehlt dem VfB", titelte der „kicker" danach.

Bundesliga | 23. Spieltag | 03.04.1991 | 1:1 | Hamburger SV (A) | 60. Minute | Endstand: 1:1

Dass er es als „Joker" einfach konnte, bewies Maurice Banach Anfang April beim Gastspiel des 1. FC Köln in Hamburg. Der HSV

Bundesliga | 25. Spieltag | 13.04.1991 | 1:0 | Borussia Dortmund (A) | 20. Minute | Endstand: 2:1

Maurice Banach gegen seine Ex-Vereine: Das schien in dieser Saison gut zu passen. Bei Borussia Dortmund, bis 1988 Muckis fußballerische Heimat, schlug der Angreifer des 1. FC Köln gleich doppelt zu. Zunächst reagierte Banach bei Alfons Higls Distanzschuss geistesgegenwärtig und lenkte den Ball geschickt Richtung BVB-Tor. Dortmunds Torwart Wolfgang „Teddy“ de Beer, einst Muckis Kollege bei den Schwarzgelben, war machtlos. 1:0 FC im Westfalenstadion nach 20 Minuten! Eine Viertelstunde später legte der ehemalige Dortmunder im FC-Trikot nach: Horst Heldt und Frank Greiner kombinierten sich auf rechts fein durch die BVB-Defensive, Greiners Schuss konnte de Beer nur abprallen lassen – Banach war zur Stelle und schob zum 2:0 für die Geißböcke ein. Am Ende holte der FC zwei wichtige Punkte in Dortmund, es sollte der letzte Auswärtssieg der Kölner im Westfalenstadion für sehr lange Zeit bleiben. Erst im November 2020 brach der FC den Bann beim BVB, gewann durch einen Doppelpack von Ellyes Skhiri ebenfalls 2:1 gegen die Schwarzgelben.

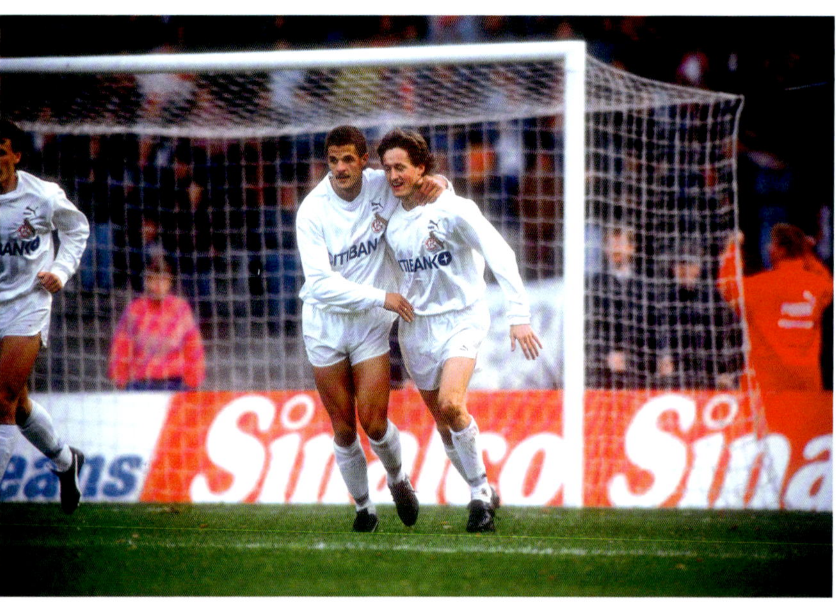

Gemeinschaftproduktion:
Banach und die Kölner Neuverpflichtung Henri Fuchs.

Bundesliga | 27. Spieltag | 20.04.1991 | 1:1 | FC Bayern München (A) | 60. Minute | Endstand: 2:2

Saisontor Nummer zehn in der Bundesliga: Das erzielte Maurice Banach beim FC Bayern, gegen den er im Hinspiel bereits getroffen hatte. Nach Greiners Flügellauf stand Mucki im Strafraum goldrichtig, wuchtete die flache Hereingabe zum 1:1-Ausgleich ins Münchener Tor. Im Saisonendspurt holte der FC im Olympiastadion auch deshalb einen wichtigen Punkt im Rennen um einen Platz im internationalen Geschäft. Banach war aber nicht zufrieden, ihn fuchste das Dasein als Einwechselspieler: „Die Jokerrolle reicht mir nicht. Ich bin Torjäger und es ist doch egal, ob ich in der ersten oder in der zweiten Halbzeit meine Tore mache.“

DFB-Pokal | Halbfinal-Entscheidungsspiel | 07.05.1991 | 3:0 | MSV Duisburg (H) | 90. Minute | Endstand: 3:0

Auch im DFB-Pokal zeigte Maurice Banach einmal mehr, dass er ganz genau wusste, wo das Tor steht. Im Entscheidungsspiel gegen den MSV Duisburg, damals in den Regelarien bei einem Remis vorgesehen, ließ Trainer Erich Rutemöller den Angreifer von Beginn an von der Leine. Der dankte es mit einer starken Leistung: Beim 3:0-Heimsieg über den Zweitligisten, der dem FC den Einzug ins Pokalendspiel bescherte, legte Banach die ersten beiden Treffer auf und stellte in der Schlussminute den Endstand her. Überschattet wurde die Partie allerdings vom „Mach et, Otze“-Skandal: Der Stürmer holte sich absichtlich eine Gelb-Rote Karte ab, um in der Liga und nicht fürs Finale gesperrt zu sein. Der Trick flog auf, weil sich Trainer Rutemöller nicht sonderlich clever vor laufenden Kameras verplapperte.

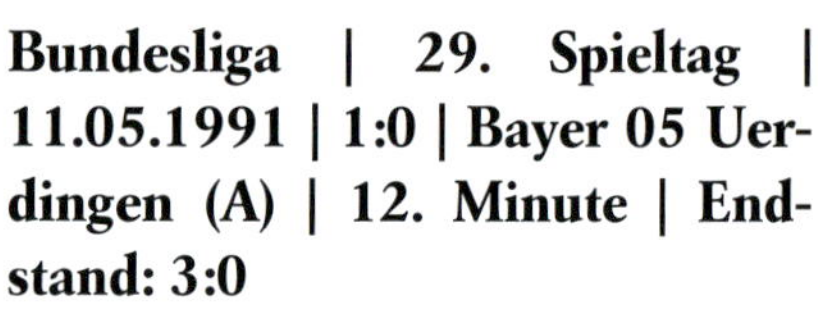

Bundesliga | 29. Spieltag | 11.05.1991 | 1:0 | Bayer 05 Uerdingen (A) | 12. Minute | Endstand: 3:0

Rechtzeitig zum Saisonendspurt präsentierte sich der FC und Maurice Banach in starker Verfassung: In Uerdingen veredelte der Kölner Stürmer bereits nach zwölf Minuten ein feines Zuspiel von Pierre Littbarski zur frühen Führung der Geißböcke. Gegen den wuchtigen Abschluss war der Krefelder Keeper Bernd Dreher absolut chancenlos – Banachs elftes Bundesliga-Tor in dieser Saison zählte sicherlich zu den sehenswerteren seiner Karriere. Auch danach blieb der FC-Torjäger stets gefährlich in der Grotenburg, vergab aber nach Greiners Flankenlauf eine aussichtsreiche Möglichkeit auf seinen zweiten Treffer. Der gelingt Mucki Banach dann allerdings kurz vor dem Seitenwechsel: War es beim

1:0 noch Pierre Littbarski, der den FC-Angreifer perfekt in Szene setzte, so ist es nun Horst Heldt, der seinen Mitspieler brillant bediente. Nach dessen Pass zog Banach unwiderstehlich in den Uerdinger Strafraum, bei seinem trockenen Abschluss aus halblinker Position konnte Krefelds Keeper Dreher den Einschlag abermals nicht verhindern. 2:0 – die Weichen Richtung Auswärtssieg waren gestellt. Und das Selbstbewusstsein groß beim Mann des Tages: „Ich habe immer gesagt, dass ich mehr bin als ein Joker. 20 Tore kann ich in dieser Saison noch schaffen. Vielleicht reicht es, um doch noch Torschützenkönig zu werden“, betonte Banach mit breiter Brust nach seinen Saisontore 11 und 12.

Bundesliga | 33. Spieltag | 08.06.1991 | 1:0 | Karlsruher SC (A) | 38. Minute | Endstand: 1:1

Dieser Plan ging nicht auf: Der FC schwächelte im Endspurt, verspielte den eingeplanten Platz im UEFA-Cup – auch weil Banachs Treffsicherheit ein wenig litt.
Erst am vorletzten Saisonspieltag beim Karlsruher SC durften die Geißböcke wieder über einen Treffer ihres besten Torschützen jubeln. Hansi Flicks Zuspiel in den Lauf konnte Banach nutzen, um allein auf KSC-Keeper Kahn zuzulaufen.

Überlegt schob Banach den Ball am späteren Nationaltorhüter vorbei, der 1:1-Ausgleich an diesem Samstagnachmittag. Zu wenig für den FC, dessen obligatorischen Europapokal-Ambitionen in diesem Jahr unerfüllt blieben.

DFB-Pokal | Finale | 22.06.1991 | 1:1 | SV Werder Bremen | 63. Minute | Endstand: 4:5 n.E.

Über den Pokal ins internationale Geschäft: Diese Parole gab FC-Sportdirektor Udo Lattek vor dem Endspiel in Berlin gegen Werder Bremen aus. Und das Team war gewillt, zum fünften Mal in der Vereinsgeschichte den Pott nach Köln zu holen. Lange durften die Geißböcke davon träumen, weil Maurice Banach auf seine unnachahmliche Art die Hoffnung am Leben hielt.
Nach Kopfballvorlage von Pierre Littbarski (!) vollendete Mucki aus der Drehung artistisch mit einem Seitfallzieher zum zwischenzeitlichen 1:1-Ausgleich. Im Elfmeterschießen zog der FC dann den Kürzeren: Banach verwandelte seinen Versuch traumwandlerisch sicher, Rudy und Littbarski vergaben vom Punkt. Eine der bittersten Niederlagen der Vereinsgeschichte – und vielleicht eine der folgenreichsten.

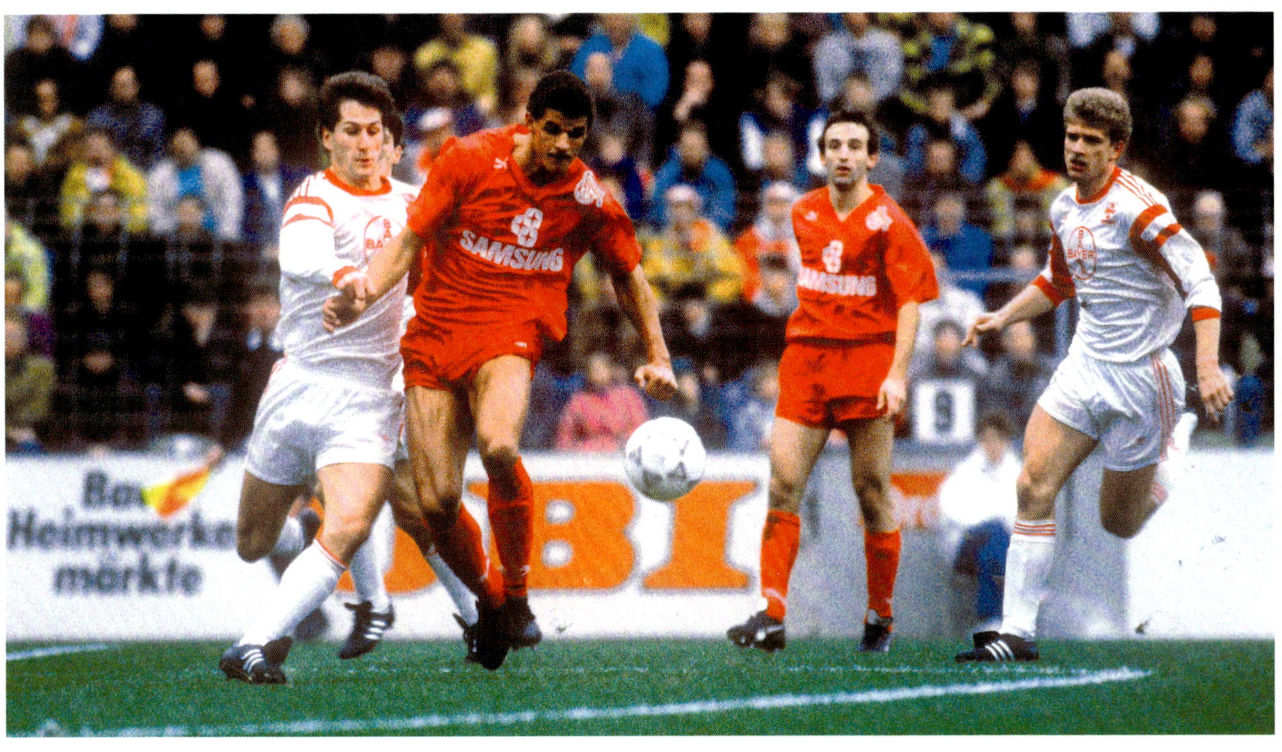

Nicht vom Ball zu trennen:
Maurice Banach setzt sich gegen drei Leverkusener durch.

Bundesliga | 1. Spieltag | 02.08.1991 | 2:1 | VfL Bochum (A) | 45. Minute | Endstand: 2:2

Neue Saison, alte Treffsicherheit: Direkt zum Auftakt der neuen Spielzeit netzte Maurice Banach wie im Vorjahr ein.

Beim VfL Bochum schoss Mucki die Geißböcke zum zweiten Mal an diesem Nachmittag in Führung – nach der Vorlage von Frank Ordenewitz war der Knipser zur Stelle, um zum 2:1 einzuschieben. Zu einem Auftakterfolg reichte das dem 1. FC Köln aber nicht, am Ende hieß es gegen den Abstiegskandidaten aus dem Ruhrpott nur 2:2. Zu wenig für die Ambitionen der Domstädter, die in dieser Saison allerdings noch lange auf ihren ersten Sieg warten mussten.

Bundesliga | 3. Spieltag | 14.08.1991 | 1:1 | 1. FC Kaiserslautern (H) | 86. Minute | Endstand: 1:1

So sehr der Saisonstart dem 1. FC Köln auch misslang: Maurice Banach war von Beginn an auf Betriebstemperatur, rettete seinem Trainer Erich Rutemöller im als „Schicksalsspiel" titulierten Duell gegen den 1. FC Kaiserslautern erst einmal den Trainerposten. Nachdem Henri Fuchs an den Pfosten geköpft hatte, schob der FC-Torjäger den Ball zum wichtigen Ausgleich ins Tor des amtierenden Meisters, der den Geißböcken im vorherigen Saisonendspurt mit 6:2 eine ordentliche Abreibung verpasst hatte. Zweites Saisontor am dritten Spieltag, so konnte es weitergehen.

DFB-Pokal | 1. Runde | 17.08.1990 | 3:0 | Einheit Wernigerode (A) | 55. Minute | Endstand: 4:0

Im DFB-Pokal machte der Kölner Torjäger dort weiter, wo er in der Bundesliga aufgehört hatte: Beim lockeren 4:0 im Erstrundenspiel bei Rot-Weiß Wernigerode erzielte Banach das 3:0, gegen den Landesligisten aus Sachsen-Anhalt nagelte er den Ball nach Heldt-Vorlage aus klassischer Stürmerposition humorlos unter die Latte. Dazu trafen Karsten Baumann, Pierre Littbarski und Henri Fuchs für die Geißböcke, die mit einem standesgemäßen Pflichtsieg in die nächste Pokalrunde einziehen und darüber hinaus im Harz etwas Selbstbewusstsein tanken konnten.

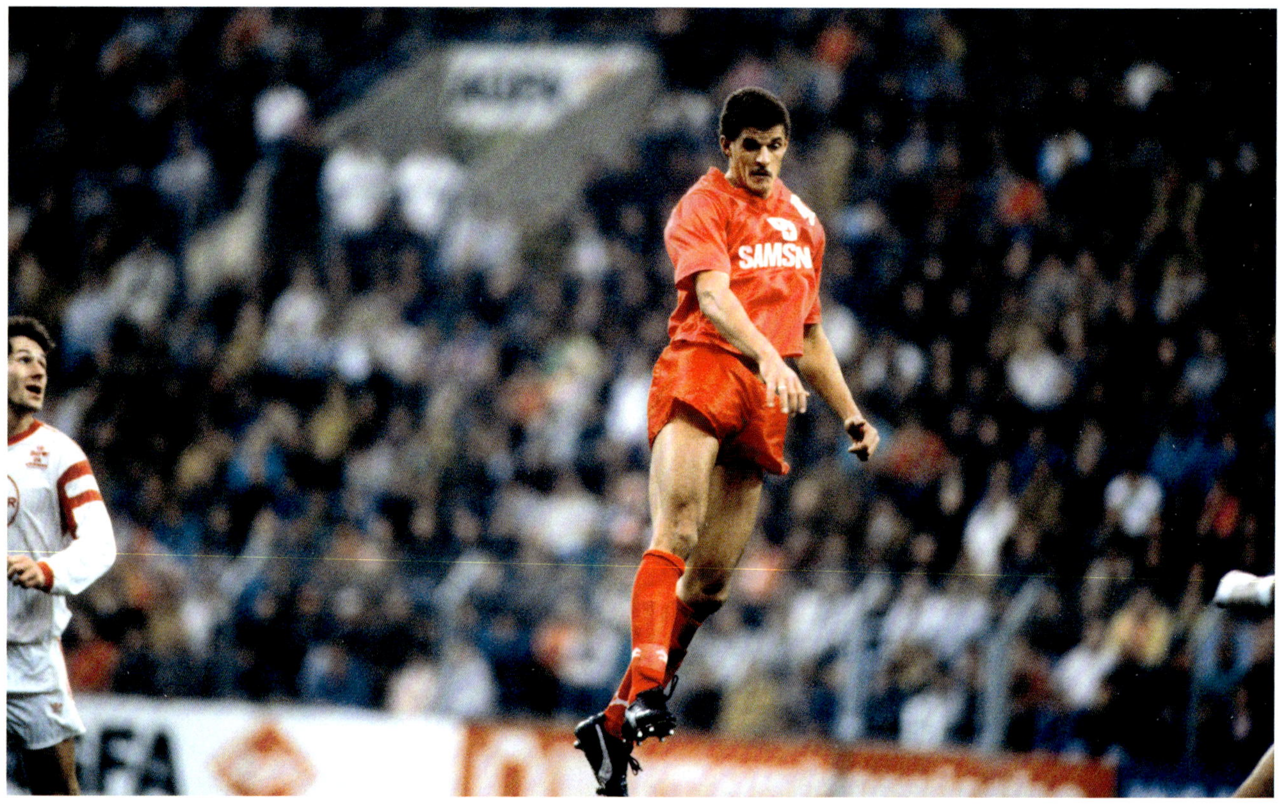

Hoch hinaus:
Banach auf dem Weg zum Torschützenkönig der Bundesliga.

Bundesliga | 7. Spieltag | 31.08.1991 | 1:1 | FC Bayern München (A) | 64. Minute | Endstand: 1:1

Erich Rutemöller war nach einer 0:4-Niederlage in Nürnberg Geschichte beim 1. FC Köln – Udo Lattek übernahm interimistisch bei den Geißböcken. Zum erwünschten Erfolg führte der Trainerwechsel zunächst nicht, aber gegen den FC Bayern fuhren die Kölner immerhin dank Maurice Banach einen Punkt ein. Nach Fuchs' akrobatischem Fallrückzieher, der an der Latte landete, staubte der FC-Torjäger ab und erzielte den Ausgleich für sein Team, das erst zwei Wochen später mit Jörg Berger einen neuen Trainer bekommen sollte.

Bundesliga | 8. Spieltag | 06.09.1991 | 1:0 | Borussia Dortmund (A) | 14. Minute | Endstand: 1:3

In Dortmund stand statt des entnervten Udo Lattek Hannes Linßen als Trainer an der Seitenlinie, Maurice Banach ließ sich von den Irrungen und Wirrungen rund um den 1. FC Köln allerdings nicht aus der Ruhe bringen. Bei seinem Ex-Verein Borussia Dortmund zeigte er erneut, welch große Klasse er als Strafraumstürmer besaß: Bei Littbarskis Flanke von der rechten Seite besetzte Banach in bester Torjägermanier den ersten Pfosten und kam vor seinem Bewacher an den Ball. Den Abschluss aus kurzer Distanz konnte BVB-Keeper Stefan Klos nicht parieren – 1:0! Brachte dem FC aber an diesem Nachmittag auch nichts, die Dortmunder siegten letztlich verdient mit 3:1.

Bundesliga | 9. Spieltag | 14.09.1991 | 1:1 | VfB Stuttgart (H) | 39. Minute | Endstand: 1:1

Aller guten Dinge sind drei: Im dritten Spiel in Folge durfte Maurice Banach über ein eigenes Tor jubeln. Beim Debüt des neuen Trainers Jörg Berger freute sich der 1. FC Köln gegen den VfB Stuttgart allerdings nur über einen Punkt. Nach einem Patzer der Gäste-Defensive war Mucki sechs Minuten vor dem Seitenwechsel einmal mehr zur richtigen Zeit am richtigen Ort, nutzte den Fehler zu einem unhaltbaren Flachschuss aus zehn Metern zum 1:1-Ausgleich, der in dieser Partie auch den Endstand darstellte. Ein Treffer im Übrigen gegen einen Interessenten an einer Verpflichtung des Angreifers: VfB-Trainer Christoph Daum wollte Banach, dessen Vertrag in Köln 1992 auslief, nach Stuttgart holen!

Bundesliga | 10. Spieltag | 20.09.1991 | 0:1 | Borussia Mönchengladbach (A) | 17. Minute | Endstand: 2:2

Der Lauf hielt an: Auch in der vierten Partie hintereinander sorgte Maurice Banach für Glücksgefühle beim arg gebeutelten 1. FC Köln, der in der Bundesliga immer noch keinen Sieg eingefahren hatte. Im Derby beim rheinischen Rivalen Borussia Mönchengladbach ließ Mucki die Fans der Geißböcke zumindest kurz vom Befreiungsschlag träumen: Nach einem Traumpass von Pierre Littbarski schob Banach in der 17. Minute den Ball am herauseilenden Kamps vorbei zur frühen Kölner Führung ein. Das Spiel allerdings konnte der FC abermals nicht gewinnen, gegen ebenfalls kriselnden „Fohlen" hieß es am Bökelberg letztlich 2:2.

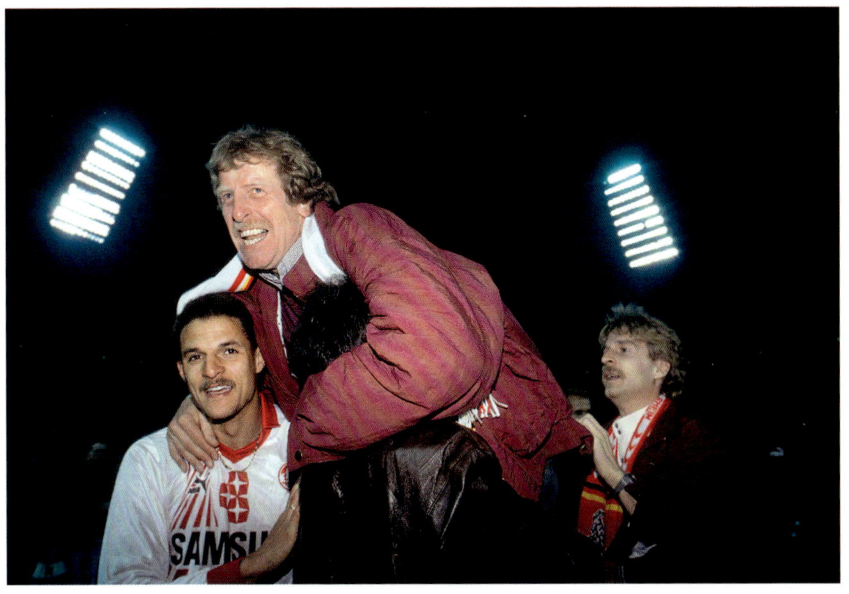

Gemeinsamer Jubel:
Trainer Rutemöller hellauf begeistert.

Bundesliga | 13. Spieltag | 12.10.1991 | 1:1 | MSV Duisburg (H) | 86. Minute | Endstand: 1:1

Fünftes Spiel unter Jörg Berger, fünftes Remis für den 1. FC Köln. Und dafür durften sich die Geißböcke bei ihrem Top-Torjäger bedanken: In der 86. Minute sicherte Maurice Banach den lange in Überzahl spielenden Kölnern gegen den MSV Duisburg immerhin einen Punkt. Horst Heldt setzte den Angreifer nach Ballgewinn gut in Szene, der nahm die Kugel am Strafraum mit rechts an und schloss wuchtig mit links ab. Der Abschluss von der Sechzehnerkante schlug unter der Latte ein – 1:1 FC! Berger zeigte sich nach dem Spiel dennoch frustriert: „Ich weiß nicht, ob ich lachen oder weinen soll. Unter meiner Regie hat der FC bis jetzt immer nur Unentschieden gespielt. Eigentlich hatte ich nicht vor, durch eine solche Serie ins Guinness-Buch der Rekord einzugehen.“

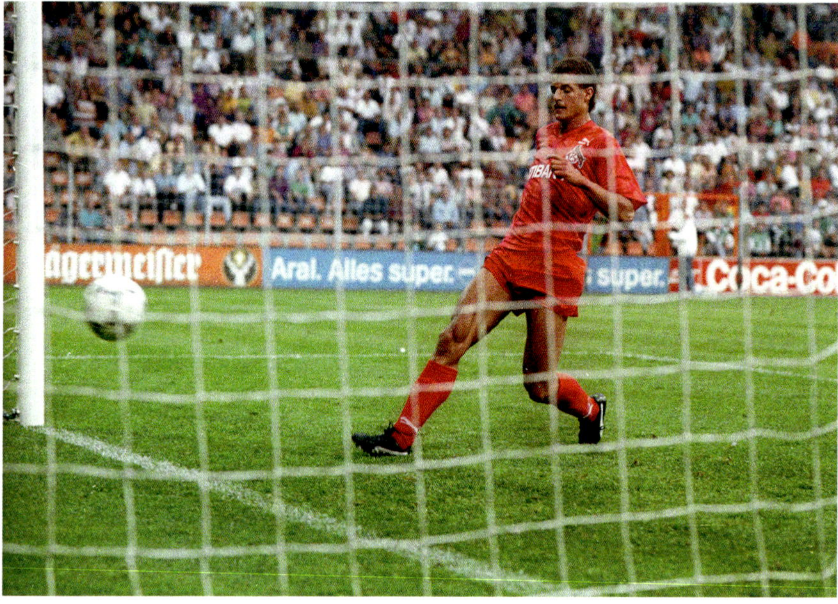

… und wieder ist er drin:
Banach trifft und trifft und trifft!

Bundesliga | 15. Spieltag | 26.10.1991 | 3:0 | SV Werder Bremen (H) | 43. Minute | Endstand: 5:0

Der Knoten war geplatzt beim 1. FC Köln: Nach dem ersten Bundesliga-Saisonerfolg in Karlsruhe legten die Geißböcke mit einer Torgala gegen Werder Bremen nach. Am Kantersieg der Kölner in der Neuauflage des Pokalfinales hatte Maurice Banach entscheidenden Anteil: Die frühe FC-Führung durch Henri Fuchs legte Mucki per Kopf mustergültig auf, kurz vor dem Pausenpfiff erhöhte der Torjäger mit einem trockenen Rechtsschuss unter die Latte auf 3:0. Trotz des achten Saisontreffers beim 5:0-Heimsieg ärgerte sich Banach nach dem Abpfiff, hatte ihm Teamkollege Horst Heldt doch ein weiteres Erfolgserlebnis stibitzt. Beim vierten Kölner Tor wäre der Ball wohl auch ohne die Hilfe seines Mitspielers über die Linie gerollt. „Ich will doch Torschützenkönig werden“, beschwerte sich Mucki im Anschluss über den „Torklau“ von Müngersdorf.

Bundesliga | 17. Spieltag | 09.11.1991 | 2:1 | Fortuna Düsseldorf (H) | 43. Minute | Endstand: 4:1

Zwei Tage vor dem „Elften im Elften“ war bereits Karnevalsstimmung in Köln: Der FC schoss Fortuna Düsseldorf im Rheinderby nach allen Regeln der Kunst ab. Im Fokus im Müngersdorfer Stadion dabei einmal mehr: Maurice Banach, der kurz vor dem Halbzeitpfiff die Weichen Richtung Heimsieg stellte. Und wie er das tat: Littbarskis Freistoßflanke von der rechten Seiten feuerte der FC-Torjäger am zweiten Pfosten mit einer Direktabnahme unter die Latte und ins von Jörg Schmadtke gehütete Düsseldorfer Tor. Was für ein wundervoller Treffer, vermutlich der schönste in Muckis Kölner Karriere!

Bundesliga | 17. Spieltag | 09.11.1991 | 3:1 | Fortuna Düsseldorf (H) | 56. Minute | Endstand: 4:1

Nach dem Seitenwechsel zeigte sich Banach weiter torhungrig. Von Rico Steinmann in die Gasse geschickt ließ sich der FC-Star nicht zweimal bitten und netzte allein vor Schmadtke souverän zum 3:1 ein – da störte beim Abschluss auch ein fieser Tritt eines Düsseldorfer Verteidigers auf Muckis Achillesferse zunächst einmal nicht. Die Geißböcke gewannen das Duell gegen den rheinischen Rivalen aus der Landeshauptstadt am Ende deutlich mit 4:1, Mukki-Doppelpack inklusive. Dem Gegner blieb nur Staunen: „ Ein wahnsinnig gefährlicher Mann, im Strafraum einer der besten Stürmer der Liga“, schwärmte Fortunas Coach Rolf Schafstall. Unter Beweis stellen konnte Maurice „Mucki“ Banach das nicht mehr – acht Tage später war er tot.

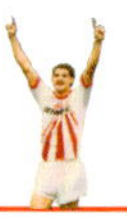

Der tragische Tod des Torjägers:
Ein Unfall schockt den 1. FC Köln

Es ist 8.27 Uhr an diesem verhängnisvollen 17. November, da geht bei der Polizei ein Notruf ein. Schrecklicher Unfall auf der A1 zwischen Dortmund und Köln. Ganz in der Nähe von Remscheid, an der Ausfahrt Schloß Burg/Wermelskirchen. Kilometer 374. Ein blauer Opel-Omega-Combi ist schwer verunglückt. Erst unkontrolliert in der linken Leitplanke eingeschlagen, dann nach rechts quer über beide Fahrbahnen in eine Pannenbucht geschleudert und von dort aus gegen den Mittelpfeiler der mittlerweile abgerissenen Autobahnbrücke geprallt. Das Auto geht sofort in Flammen auf, brennt vollständig aus. „Wie ein Feuerball“, schildert später ein Augenzeuge, sei das Fahrzeug über die Fahrbahn geschleudert. „Wie ein Geschoss“, teilt die Polizei zum Geschehen mit, sei der Opel Omega „mit hohem Tempo“ in die Leitplanke geprallt, an einem Brückenpfeiler zerschellt, explodiert und in Brand geraten. Vor Ort bietet sich den heraneilenden Rettungskräften ein Bild des Grauens: Das Auto ist ein Raub der Flammen geworden, bei den Löscharbeiten entdeckt die Feuerwehr den verbrannten Leichnam des verunglückten Fahrers zwischen Rückbank und Ladefläche, neben dem Wrack finden sie das Gehirn des Unfallopfers. „So etwas habe ich noch nie gesehen“, gibt ein Polizist danach zu Protokoll. Es wird knapp fünf Stunden dauern, bis die Leiche identifiziert sein wird. Für knapp 90 Minuten wird die A1 gesperrt, der Verkehr staut sich hinter der Unfallstelle auf mehreren Kilometern.

Der tödlich verunglückte Fahrer, er ist kein Unbekannter. Der tödlich verunglückte Fahrer, es ist Maurice Banach. Erfolgreicher Bundesliga-Profi beim 1. FC Köln, auf dem besten Wege in die Nationalmannschaft. Ehemann, zweifacher Vater. Am Tag zuvor hat er noch mit seinem Team auf Schalke 0:3 verloren, im „Nebel des Grauens“ im Parkstadion kassierten die „Geißböcke“ vor 61.500 Zuschauern ihre erste Niederlage unter ihrem neuen Trainer Jörg Berger. Zuvor war der FC neun Spiele ungeschlagen geblieben, hatte unter dem Rutemöller-Nachfolger 12:6 Punkte geholt. Banach reiste nach der Auswärtspleite noch mit dem Team zurück nach Köln, verabschiedete sich aber am Geißbockheim schnell Richtung Münster, Richtung Familie. Nicht nur nach Niederlagen, sondern auch bei Erfolgen zog der zurückhaltende Angreifer die Gesellschaft seiner Liebsten den ausschweifenden Siegesfeiern vor. „Ich fahre heim nach Münster zu meiner Familie. Wir sehen uns morgen beim Training“, sagt er Mitspieler Falko Götz zur Verabschiedung. Keine 15 Stunden später war Mucki Banach tot. Mit erst 24 Jahren. Mit seinem Opel-Omega-Combi in hellblau-metallic zerschellte an einem Brückenpfeiler auf der A1, im zerstörten Unfallwrack in Flammen aufgegangen. Banach stirbt einen grausamen Tod, auch wenn die Polizei davon ausgeht, dass der FC-Star bei dem schweren Erstauf-

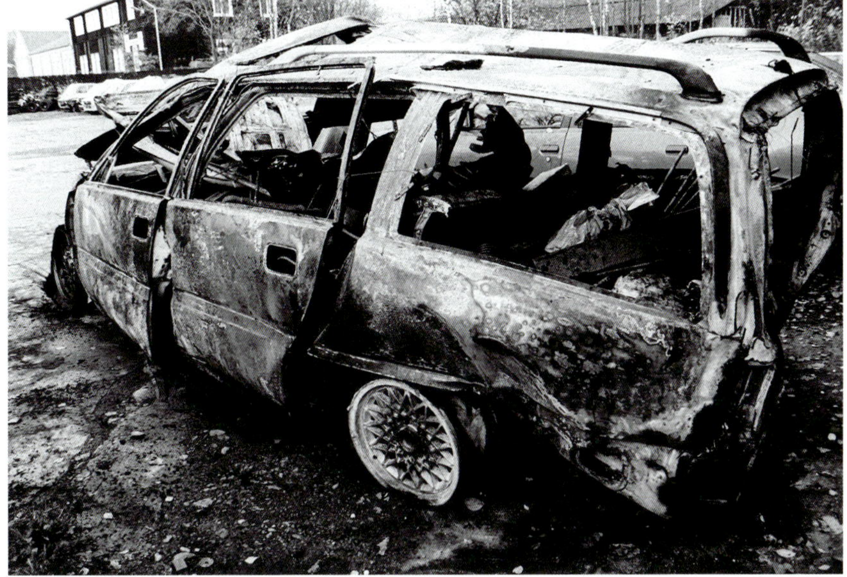

Bild des Grauens:
Banachs Unfallwagen.

prall bereits tödlich verletzt wurde. Es ist gerade nach 10 Uhr, als die Schreckensnachricht am Geißbockheim eintrifft. Die Mannschaft ist an diesem nasskalten Herbstmorgen beim Auslaufen, soll sich auf der malerisch gelegenen Trainingsanlage im Kölner Grüngürtel die Anstrengungen des Vortages aus den Beinen schütteln. Dass Maurice Banach fehlt, sorgt bei den Kollegen für keinerlei Aufsehen – der Stürmer hatte sich zuletzt mit einer Kapselreizung herumgeplagt, viele Mitspieler denken aufgrund der Abwesenheit ihres besten Torschützens an eine Verletzungspause. Ein Beamter der Kriminalpolizei tritt an FC-Trainer Jörg Berger heran und bittet um ein vertrauliches Gespräch mit dem Übungsleiter. „War Herr Banach beim Training?“, wird Berger gefragt – er muss das verneinen, der Top-Torschütze seiner Mannschaft ist nicht zur obligatorischen Übungseinheit am Sonntagvormittag erschienen. „Dann ist mit dem Schlimmsten zu rechnen“, erklärt der Polizeibeamte, „wir haben sein ausgebranntes Auto gefunden.“ Eine Nachricht, die den hartgesottenen FC-Coach tief trifft. „Ich konnte nichts mehr denken, war fassungslos, musste erstmal in die Kabine und mich sammeln“, erzählt Berger 2006 dem „Spiegel“. 20 Minuten lang ringt er mit sich, bevor er vor die Mannschaft tritt und den noch unwissenden Kollegen mitteilt: Mucki Banach ist bei einem schweren Autounfall ums Leben gekommen. „Es war schrecklich, ein absoluter Schockzustand“, berichtet Berger 15 Jahre später.

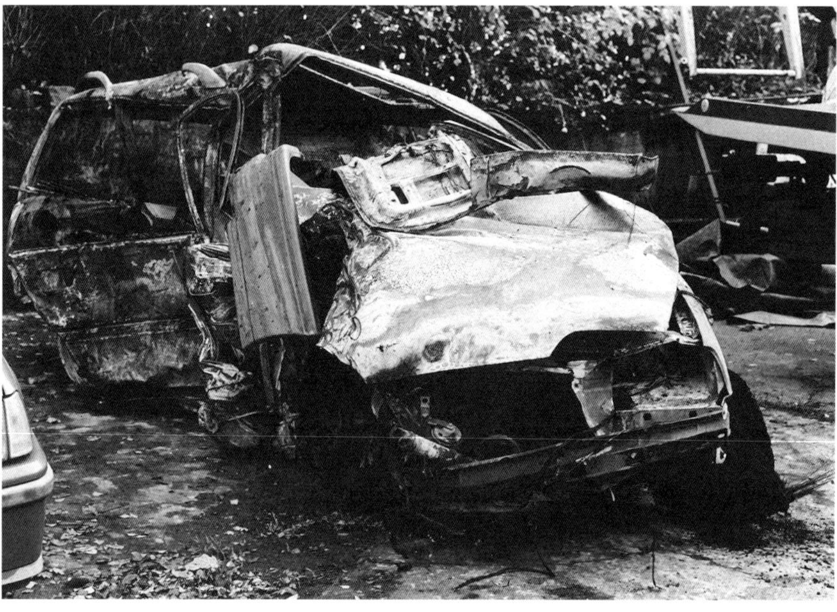

Völlig ausgebrannt:
Banachs Opel-Omega.

Die Spieler brechen ob der schrecklichen Neuigkeit in Tränen aus, es herrscht beklemmende Stille in der Kabine, alle sitzen mit gesenkten Köpfen fassungslos in den Katakomben des Geißbockheims. Ihr Mitspieler, gestern noch an ihrer Seite – tödlich verunglückt.

Kurze Zeit später heißt es dann erstmals im Radio: „Der 24 Jahre alte Kölner Mittelstürmer Maurice Banach, in dieser Saison mit zehn Treffern Zweitbester in der Torschützenliste, ist am Sonntag morgen in der Nähe von Remscheid bei einem Autounfall tödlich verunglückt. Auf der Autobahn zwischen Wuppertal-Köln an der Ausfahrt Schloss Burg/Wermelskirchen ist Banach mit seinem Pkw erst gegen die Mittelplanke geschleudert und dann gegen einen Brückenpfeiler geprallt. Danach fing der Wagen Feuer und brannte vollständig aus. Vermutlich löste ein Reifenschaden den Unfall aus“, geht die Meldung über die Nachrichtenticker. Am Geißbockheim herrscht nur allzu verständlich riesige Trauer. „Das ist Wahnsinn, eine menschliche Tragödie. Ich bin geschockt, Mukki war unser größter Hoffnungsträger. Das ist ein schwerer Schlag für den FC und für mich als Trainer. Wir waren alle wie gelähmt. Alle saßen da, die Köpfe gesenkt und weinten. Mucki hinterlässt eine Lücke, die nicht zu schließen ist“, erklärt Berger gegenüber der wartenden Presse. FC-Kapitän Pierre Littbarski trauert um seinen Kollegen und verkündet tief getroffen mit tränenerstickter Stimme gegenüber den Kamerateams der TV-Sender: „Sein Tod macht mich sehr nachdenklich und sagt mir, dass man seinen Beruf nicht über alles stellen soll. Wenn man von einem solchen tragischen Unglück hört, erkennt man, dass es andere Dimensionen als den Sport gibt“, erklärt der Weltmeister von 1990, den mit Maurice Banach eine tiefe Freundschaft verband. Auch 30 Jahre nach dessen Tod ist für „Litti“ die Erinnerung an seinen Mitspieler und Freund nicht verblasst.

Herr Littbarski, Sie haben die traurige Nachricht, dass Maurice Banach verstorben ist, am Sonntagvormittag beim Training des

1. FC Köln erfahren. Wie war die Reaktion auf dieses erschütternde Ereignis?

Wir konnten es einfach nicht fassen, so nach dem Motto: Das kann doch eigentlich nicht sein. Vollkommen unvorstellbar. Wir waren zwar im ersten Moment geschockt und bestürzt, aber wir hatten im Hinterkopf immer noch einen Funken Resthoffnung, dass sich diese Nachricht nicht bewahrheitet.

Wie waren die nächsten Tage, die nächsten Wochen? Spielt Fußball überhaupt eine Rolle?

In den ersten Tagen war der Gedanke natürlich sehr präsent. Wir haben Mucki als Spieler auf dem Feld vermisst, wir haben Mucki als Menschen neben dem Platz vermisst. Als Freund und als Fußballer fehlte er uns. Aber das Harte in diesem Fußballgeschäft bedeutet auch: Das Leben geht trotzdem weiter. Wir sind als Profis in einem Job, da können wir uns nicht einfach sechs Wochen Urlaub nehmen. Das ist zur Bewältigung solcher Situationen schon extrem schwierig.

Als FC-Kapitän hatten Sie damals eine besondere Position – wie geht man damit um, als Sportler und als Mensch?

Man versucht sich natürlich abzulenken. Wir haben zwei Wochen später wieder gespielt (1:0 gegen den VfL Bochum, Anm. d. Red.) – das ist schon ein komisches Gefühl gewesen, so ganz ohne Mucki auf dem Platz und in der Kabine. Das Leben muss aber leider auch irgendwie weitergehen. Im Endeffekt hilft es in solchen Momenten meines Erachtens nicht, in die Vergangenheit zurückzublicken. Es ändert nichts an der Situation, wir mussten damit irgendwie umgehen.

Maurice Banach hatte Sie als Vorbild gesehen, Sie waren sogar ein gewichtiger Grund für seinen Wechsel nach Köln. Wie war ihr Verhältnis zu Mucki?

Wir waren sehr eng befreundet - Mucki war mit Frank Ordenewitz und mir auf einer Wellenlänge. Wir drei waren alle noch richtige Straßenfußballer, für die nicht nur wichtig war, ein Tor zu erzielen, sondern auch mit Spaß zu spielen. Wir hatten wirklich den Schalk im Nacken, hatten eine große Liebe zum Fußball. Das passte einfach sehr gut.

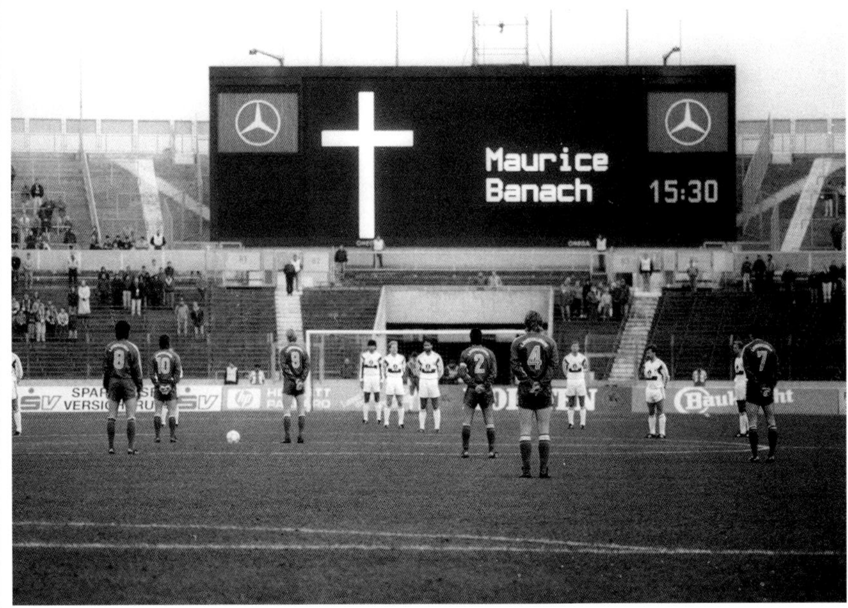

Trauer auf allen Bundesliga-Plätzen:
Schweigeminute in Stuttgart.

Ein richtiger Straßenfußballer auf dem Platz, sagen Sie. Wie würden Sie Maurice Banach als Spielertyp beschreiben?

Er hatte früh bei uns eine riesige Akzeptanz, weil wir alle schnell gesehen haben: Das ist nicht einfach ein kleiner Kicker, der aus Wattenscheid kommt, sondern ein richtig guter Fußballer. Sportlich hat er sich schnell in unsere Herzen gespielt. Man muss wissen: Mucki war ein spezieller Spielertyp, nicht der Einheitsbrei als Mittelstürmer. Er war kein reiner Mittelstürmer, das würde ihm nicht gerecht werden. Mucki vereinte viele Qualitäten, er ließ sich ins Mittelfeld fallen, war enorm torgefährlich, technisch stark und körperlich präsent. Diese Kombination habe ich selten gesehen, quasi Thomas Müller und Robert Lewandowski in einer Person. Mukki würde als kompletter Mittelstürmer moderner Prägung heute noch herausstechen, vielleicht sogar noch mehr als damals schon.

Mucki klopfte dem Vernehmen nach durch seine herausragenden Leistungen an die Tür zur Nationalmannschaft. Hatte er das Zeug für eine steile Karriere in der DFB-Elf?

Sportlich auf alle Fälle. Mir war bei all seinen Qualitäten eigentlich klar: Das wird eine Riesenkarriere.

Dass dann die Nationalmannschaft ruft, war im Grunde genommen logisch. Ich hatte mich schon darauf gefreut, einen weiteren Kölner in der Nationalmannschaft zu sehen.

Der FC schaffte es trotz dieser Tragödie am Ende der Saison 1991/92 noch in den UEFA-Cup. Waren die Geschehnisse um Muckis Tod auch ein Grund für den Erfolg, den die Spielzeit dann noch brachte?

Auf alle Fälle, das hat uns als Mannschaft zusammengeschweißt. Man weiß nie, wie ein Team eine solche Situation verarbeitet, wie es damit umgeht. Wir haben versucht, das Positive daraus zu ziehen, und haben uns geschworen, uns nicht von unserem Weg abbringen zu lassen. Wir wollten für Mucki spielen. Wir wollten, falls er uns von oben zuschaut, dass er Freude an unseren Spielen hat. Das war schon der allgemeine Tenor in der Mannschaft.

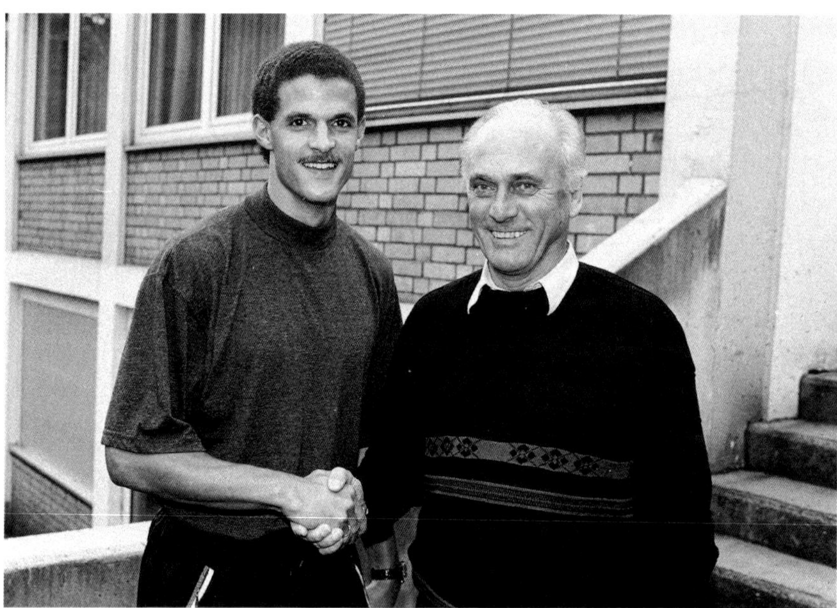

Da war die Welt noch in Ordnung:
Handschlag zwischen Banach und FC-Sportchef Lattek zur Vertragsverlängerung.

Die Mitspieler sind informiert, die Öffentlichkeit sind informiert, doch an einer Stelle ist die schreckliche Nachricht von Mucki Banachs Tod noch nicht angekommen. Seine Frau Claudia sitzt in Münster bei ihren Eltern und ist komplett unwissend. FC-Coach Jörg Berger hat in Banachs rheinischen Domizil in Pulheim-Dansweiler bereits mehrfach vergeblich probiert, dort jedoch niemanden erreicht. „Es kam zu der Zeit bereits im Radio, sogar die Nachbarn wussten schon Bescheid“, erinnert sich Banachs Witwe. Zwei Anrufer, darunter der Spielerberater des Stürmers, versuchen im Smalltalk festzustellen, ob Mucki bei ihr ist – aber der sei ja beim Training in Köln, insistiert sie, und legt auf. Sie denkt sich nichts dabei, bis plötzlich die „Bild“-Zeitung durchklingelt und ihr die bittere Botschaft überbringt. Maurice Banach, ihr Mann und der Vater ihrer beiden Kinder Danny (3) und Zico (neun Monate), ist bei einem schweren Autounfall tödlich verunglückt. „Ich bin sofort zusammengebrochen. Ich wusste nicht mehr, wie es weitergehen soll. Ich war 25, hatte zwei Kinder und mein Leben war ein Scherbenhaufen“, schildert Claudia Weigl-Banach die damalige Situation. „Ich wollte das einfach nicht glauben. Um 13.30 Uhr kam dann auch die Polizei und hat mir die Nachricht offiziell überbracht.“

Keine 50 Minuten vor seinem tödlichen Unfall hatte Banach die anderthalbstündige Fahrt nach Köln angetreten, war der Bundesliga-Profi bei seiner Familie in Münster Richtung Training losgefahren. „Dort bin ich geboren, dort habe ich meine Frau kennengelernt, dort wohnen unsere Freunde, dort kann ich beim Angeln an den Seen und Teichen im Münsterland am besten abschalten“, begründete der äußerst heimatverbundene Angreifer einst seine häufigen Fahrten in seine Geburtsstadt, wo er mit Claudia und den beiden Kindern die Zeit gern bei seinen Schwiegereltern verbringt. An diesem schicksalhaften Morgen bricht er allerdings allein auf Richtung Köln, will nur die Einheit absolvieren und dann wieder schnellstmöglich zu seiner Familie zurückkehren: „Ich fahre allein zum Training, bleibt ihr ruhig hier. Bin heute Mittag wieder hier“, sagt er zu seiner Frau und den zwei kleinen Söhnen vor dem Abschied. Es sollten seine letzten Worte an seine Familie sein. „Meistens bin ich sonntags mitgefahren zum Geißbockheim, wir haben uns dann mit den Frauen zusammengesetzt“, erzählt seine Witwe. Am Abend zuvor waren beide ausgegangen – ungewöhnlich für Maurice Banach nach schlechten Spielen. „Wir gingen ins CS, eine

Münsteraner Disco. Mucki wollte unbedingt noch tanzen gehen. Das hatte mich schon gewundert, denn eigentlich hat ihn das genervt, wenn er nach Niederlagen auf das Spiel angesprochen wurde", schildert Claudia Weigl-Banach, die in der Discothek einen nachdenklichen Ehemann erlebte. „Beim Tanzen sagte er zu mir: ‚Was würdest du machen, wenn ich nicht mehr da bin? Würdest du dich dann neu verlieben und nochmals heiraten?' Ich habe ihm direkt gesagt, dass ich darüber gar nicht nachdenken möchte. Aber das sind Sätze, die sitzen tief in mir drin."

Der Schock sitzt tief – vor allem bei Familie Banach, aber auch beim 1. FC Köln. Das Entsetzen am Geißbockheim ist groß, die ungläubige Fassungslosigkeit noch größer. „Ich habe meinen besten Freund verloren. Mucki war ein echter Kumpel – einer, wie es ihn selten in dieser knallharten Branche gibt", weint Alfons Higl um seinen Mitspieler, der in der gemeinsamen Zeit zu mehr als nur einem Kollegen geworden war. „Es war ein großer Schock. Ich habe auf der Heimfahrt nur geheult", sagt ein emotionaler Frank Greiner: „Noch vor dem Spiel in Schalke haben wir in der Kabine Witze gemacht. Er war der liebste Kollege, den ich kenne. Ich werde ihn sehr vermissen", so der Abwehrspieler „Wir waren alle wie benommen, betäubt; wir saßen wie gelähmt auf den Kabinenbänken. Und keiner hat sich seiner Tränen geschämt. Es ist eine menschliche Tragödie, unser Mitgefühl ist in diesen Stunden bei seiner Familie", beschreibt Mitspieler Falko Götz einen Tag nach dem tragischen Unfall im „Kölner Stadt-Anzeiger" die Szenerie am Geißbockheim. Der Verlust des Mitspielers – er wiegt doppelt schwer. Als Torjäger ist Maurice Banach für den 1. FC Köln kaum zu ersetzen, als Mensch mit seiner ganz besonderen Art erst recht nicht. „Er war unsere Stimmungskanone, unser Spaßvogel – wenn es mal nicht so lief, hat er alle aufgemuntert. Aber er war auch unser wertvollster Spieler; Mucki stand ja erst am Anfang einer ganz großen Karriere", so Götz, der am Abend zuvor als letzter Kölner Profi mit Banach gesprochen hatte.

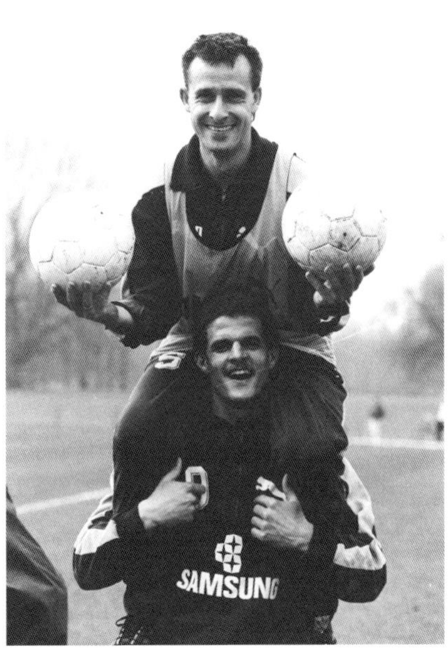

Kumpels Banach/Littbarski:
Gemeinsamer Spaß beim Training wenige Wochen vor dem Tod.

Maurice Banach stand 1991 wirklich erst am Anfang einer ganz großen Karriere – mit seinen zehn Treffern bringt der Angreifer den zu Saisonbeginn strauchelnden FC auf Kurs. Beflügelt von der Rückendeckung seines Trainers hat Banach große Ziele im Sinn. „Dich mache ich zum Torschützenkönig, zum Nationalspieler. Das verspreche ich dir!", schwört Jörg Berger seinem besten Stürmer. Später unterstreicht der 2010 verstorbene Trainer die Wertschätzung, die er dem 1,85 Meter großen Musterprofi entgegenbrachte, noch einmal: „Unser großer Hoffnungsträger war nicht Pierre Littbarski, nicht Horst Heldt, es war Mucki", so Berger, der im Herbst 1991 gemeinsam mit FC-Sportdirektor Udo Lattek um den Verbleib des umworbenen und umschwärmten Torjägers kämpft. Trotz anderer Offerten, beispielsweise vom damaligen Daum-Club oder aus Italien, verlängert Banach seinen Kontrakt am Geißbockheim bis 1995. Vorangegangen war ein öffentlich geführter Vertragspoker zwischen Verein und Spieler („Entweder werden meine finanziellen Vorstellungen erfüllt oder ich bin weg"), der am Ende aber ein glückliches Ende für alle Seiten mit sich bringt. Der FC behält seinen wohl wertvollsten Akteur, seinen Hoffnungsträger. Und Maurice Banach bleibt dort, wo er nun auch finanziell wertgeschätzt wird und sich nach einigen Anlaufschwierigkeiten wohlfühlt: In Köln, wo ihm Liebe entgegenschlägt. Bei den Fans ist er der umschwärmte Publikumsliebling. Im Team anerkannt als unumstrittener Leistungsträger und als humorvoller Charakterkopf. Mukki Banach gilt, ganz egal wo, als „Sympathieträger der Extraklasse, als vorbildlicher Profi", wie es die „Neue Rheinische Zeitung" nach seinem Tod schreibt. Wenig verwunderlich also, dass sich auch im Nachhinein wohl niemand findet, der nur ein einziges schlechtes Wort über Mucki verliert. „Kaum jemand hat je ein lautes Wort von Maurice Banach gehört. Er war ein leiser und er war ein angenehmer Mensch. Kein Großmaul. Kein Angeber. Eigentlich ein Vorzeige-Profi. Fleißig, ehrgeizig und erfolgreich. ‚Mucki' nannten ihn

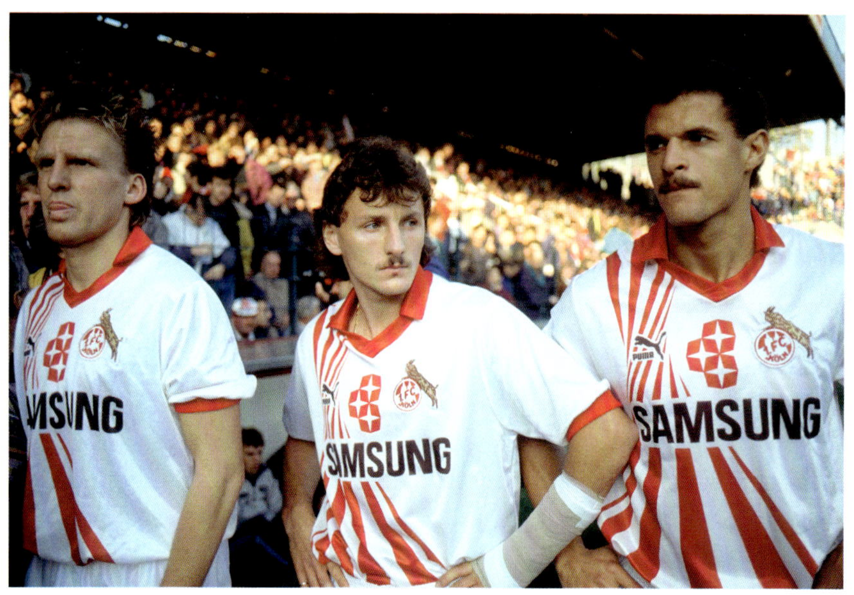

Alfons Higl (links):
Tief betroffen.

alle nur. Kein Spitzname, ein Kosename eher. Denn alle haben ihn gemocht“, stellt beispielsweise der Kölner Stadt-Anzeiger in seinem Nachruf am Tag nach dem tödlichen Unfall fest. Allseits beliebt, das war Maurice Banach – auch weil für ihn Fußball mehr Berufung denn Beruf war.

Herr Higl, Maurice Banach wechselte 1990 zum 1. FC Köln, bei dem Sie schon seit einem Jahr spielten. Haben Sie direkt erkannt, welche Rakete der FC da an Land gezogen hat?

Ich kannte Mucki schon aus Wattenscheid, hatte mit dem SC Freiburg mehrfach gegen ihn gespielt. Da hat man schon gesehen, dass er ein absoluter Topstürmer ist. Mucki hat sich anfangs in Köln etwas schwer getan, ist dann aber richtig aufgetaut. Da hat man früh gesehen, dass er auf einem richtig, richtig guten Wege war, Nationalspieler zu werden.

Sie haben als Abwehrspieler im Training oft gegen ihn verteidigen müssen: Was für ein Stürmer war Maurice Banach, wo lagen seine Qualitäten?

Mucki war sehr schnell, sehr athletisch und dazu gut im Abschluss. Wenn man ihn mit heutigen Spielern vergleichen würde, hatte er etwas von Serge Gnabry oder auch Leroy Sané.

Ein sehr geradliniger, beweglicher Stürmer, der den Abschluss sucht, aber auch mit dem Kopf stark war.

Mucki war technisch gut, konnte gut kombinieren und andere einsetzen: Kein egoistischer Stürmer, sondern ein Mannschaftsspieler. Das komplette Paket quasi!

Mucki hat den FC 1991 praktisch ins Pokalfinale geschossen, kurz vor seinem Tod seinen Vertrag in Köln langfristig verlängert: War er trotz Bodo Illgner und Pierre Littbarski der Star der Mannschaft?

Bodo war Weltmeister, Pierre eine absolute Legende im Verein. Mucki war der Newcomer, der Jungstar. Der Hoffnungsträger, der dem FC dabei helfen sollte, wieder dorthin zu kommen, wo er vorher war. 1990 waren wir Vizemeister und standen im Halbfinale des UEFA-Cups. Da hätte er den FC wieder hinführen können. Mucki war das Versprechen auf bessere Zeiten.

Sie waren eng mit Mucki befreundet. Wie ist diese Verbindung entstanden? Und wie war Mucki abseits des Rasens?

Er war ein liebenswerter Kerl, hatte absolut keine Allüren. Immer offen und ehrlich, überhaupt nicht hinterlistig. Als Familienvater war Mucki ein ruhiger Typ – nicht introvertiert, aber auch kein Lautsprecher. Er war ein sozialer, geselliger Mensch, der mit allen gut klar kam und sehr beliebt war. Auch bei mir, wir hatten große Sympathien füreinander, waren auch keine Konkurrenten auf dem Platz. Dazu haben sich unsere Frauen sehr gut verstanden. So ist über die Familien eine enge Freundschaft entstanden.

Nach dem tödlichen Unfall im November musste der FC schnell wieder in den Alltag finden, nur zwei Wochen später stand wieder ein Spiel auf dem Programm. Wie schwierig war die Zeit nach Muckis Tod? Wie kommt man da zurück in den „Normalbetrieb“, wenn man das überhaupt so nennen kann?

Das war für uns ein Riesenschock, der auch richtig tief saß. Aber das mag sich jetzt hart anhören: Das Leben muss irgendwie weitergehen. Es war trotzdem eine gedrückte Stimmung, die in der Situation einfach angebracht war. Wir hatten einen Mitspieler auf tragische Art und Weise verloren. Unsere Gedanken waren daher über die Saison hinaus immer noch bei Mucki, das ist doch klar.

Sportlich konnte der FC danach überzeugen, qualifizierte sich noch für den UEFA-Cup. Hat dieser tragische Verlust die Mannschaft derart zusammengeschweißt, dass man quasi für Mucki spielte?

Das denke ich schon. Wir sind ein richtiges Team geworden und haben im Saisonendspurt Vollgas gegeben.
Vielleicht war Muckis Tod also wirklich ein Grund, weshalb wir eine erfolgreiche Runde gespielt haben. Aber traurig war es nichtsdestotrotz.

Sehr emotional verlief auch die Beerdigung, bei der Sie als einer von sechs FC-Spielern den Sarg getragen haben. War das ihnen als guter Freund ein Bedürfnis, Mucki so das letzte Geleit zu geben?

Auf jeden Fall. Ich wurde vorher gefragt, ob ich das machen wollen würde, ich habe mich nicht vordrängeln wollen oder so was. Es war mir wirklich ein Bedürfnis, mich hat Muckis Tod sehr getroffen. Es war bis jetzt das einzige Mal, dass ich das machen musste – und ich hoffe, dass es dabei auch bleibt.

Sie waren gemeinsam mit ihrer Frau direkt nach dem tragischen Unglück für Muckis Witwe Claudia da. Blieb der Kontakt darüber hinaus noch bestehen?

Das haben wir damals gern gemacht, das war für uns selbstverständlich. Ich musste später noch vor Gericht aussagen, ob sein Unfall ein Arbeitsunfall gewesen sei. Claudia und meine Frau Corinna sind in Kontakt geblieben, so gut das angesichts der Entfernung ging. Wir haben uns letztens noch in Münster getroffen, das war nach langer Zeit schön, sich wiederzusehen. Wir freuen uns immer, voneinander zu hören.

30 Jahre ist der tödliche Unfall nun her. Wenn Sie heute an Maurice Banach denken: Was sind ihre Erinnerungen an Mucki?
Was für ein guter Typ er gewesen ist, wie viel Spaß wir miteinander gehabt haben. Es war mit ihm eine tolle Zeit – viele haben die Gesellschaft mit ihm genossen. Das bleibt für mich in Erinnerung. Mucki war ein toller Kicker, er wäre sicherlich Nationalspieler geworden. Schade, dass sein Leben so früh zu Ende war. Viel, viel zu früh. Das ist einfach nur traurig.

Der 1. FC Köln schrieb in der Traueranzeige für seinen verstorbenen Spieler: „Maurice genoss durch seine ruhige, besonnene, zurückhaltende, aber zugleich fröhliche Art allgemeine Wertschätzung“. Auch deshalb war das Echo in der Bundesliga riesig, die Anteilnahme an Banachs Tod groß. „Ich kann das alles nicht begreifen. Ich habe mit Maurice noch in Dortmund zusammengespielt, er war ein so positiver Mensch“, zeigt sich beispielsweise Nationalspieler Andreas Möller angesichts der Todesnachricht schockiert. Banachs ehemaliger Trainer Reinhard Saftig erlebte die Nachwirkungen des Unfalls sogar als Augenzeuge mit: „Ich stand im Stau und sah – ungefähr vierhundert Meter entfernt – das brennende Wrack, die hohen Flammen und die schwarzen Wolken, die in den Himmel stiegen“, schilderte der damalige Coach von Bayer 04 Leverkusen gegenüber dem „Kölner Stadt-Anzeiger“ kurz nach dem Unglück das Geschehen in unmittelbarer Nähe des Unfallorts: „Dass es sich dabei um Maurice Banach handelte, das wusste ich nicht. Erst nach dem Training hat mir Franco Foda vom Unfall berichtet. Ich

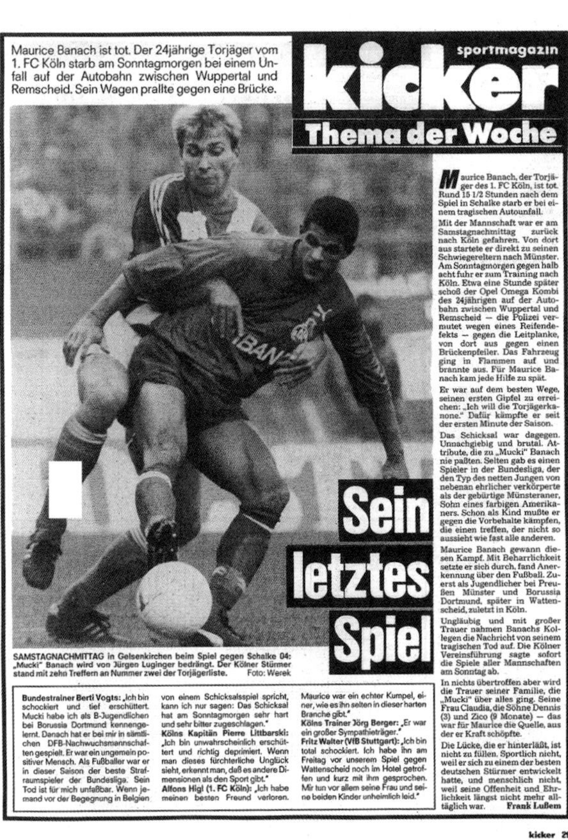

sportmagazin kicker

Thema der Woche

Maurice Banach ist tot. Der 24jährige Torjäger vom 1. FC Köln starb am Sonntagmorgen bei einem Unfall auf der Autobahn zwischen Wuppertal und Remscheid. Sein Wagen prallte gegen eine Brücke.

Sein letztes Spiel

SAMSTAGNACHMITTAG in Gelsenkirchen beim Spiel gegen Schalke 04: „Mucki“ Banach wird von Jürgen Luginger bedrängt. Der Kölner Stürmer stand mit zehn Treffern an Nummer zwei der Torjägerliste. Foto: Werek

Maurice Banach, der Torjäger des 1. FC Köln, ist tot. Rund 15 1/2 Stunden nach dem Spiel in Schalke starb er bei einem tragischen Autounfall.

Mit der Mannschaft war er am Samstagnachmittag zurück nach Köln gefahren. Von dort aus startete er direkt zu seinen Schwiegereltern nach Münster. Am Sonntagmorgen gegen halb acht fuhr er zum Training nach Köln. Etwa eine Stunde später schoß der Opel Omega Kombi des 24jährigen auf der Autobahn zwischen Wuppertal und Remscheid – die Polizei vermutet wegen eines Reifendefekts – gegen die Leitplanke, von dort aus gegen einen Brückenpfeiler. Das Fahrzeug ging in Flammen auf und brannte aus. Für Maurice Banach kam jede Hilfe zu spät.

Er war auf dem besten Wege, seinen ersten Gipfel zu erreichen: „Ich will die Torjägerkanone.“ Dafür kämpfte er seit der ersten Minute der Saison.

Das Schicksal war dagegen. Unnachgiebig und brutal. Attribute, die zu „Mucki“ Banach nie paßten. Selten gab es einen Spieler in der Bundesliga, der den Typ des netten Jungen von nebenan ehrlicher verkörperte als der gebürtige Münsteraner, Sohn eines farbigen Amerikaners. Schon als Kind mußte er gegen die Vorbehalte kämpfen, die einen treffen, der nicht so aussieht wie fast alle anderen.

Maurice Banach gewann diesen Kampf. Mit Beharrlichkeit setzte er sich durch, fand Anerkennung über den Fußball. Zuerst als Jugendlicher bei Preußen Münster und Borussia Dortmund, später in Wattenscheid, zuletzt in Köln.

Ungläubig und mit großer Trauer nahmen Banachs Kollegen die Nachricht von seinem tragischen Tod auf. Die Kölner Vereinsführung sagte sofort die Spiele aller Mannschaften am Sonntag ab.

In nichts übertroffen aber wird die Trauer seiner Familie, die „Mucki“ über alles ging. Seine Frau Claudia, die Söhne Dennis (3) und Zico (9 Monate) – das war für Maurice die Quelle, aus der er Kraft schöpfte.

Die Lücke, die er hinterläßt, ist nicht zu füllen. Sportlich nicht, weil er sich zu einem der besten deutschen Stürmer entwickelt hatte, und menschlich nicht, weil seine Offenheit und Ehrlichkeit längst nicht mehr alltäglich war. **Frank Lußem**

Bundestrainer Berti Vogts: „Ich bin schockiert und tief erschüttert. Mucki habe ich als B-Jugendlichen bei Borussia Dortmund kennengelernt. Danach hat er bei mir in sämtlichen DFB-Nachwuchsmannschaften gespielt. Er war ein ungemein positiver Mensch. Als Fußballer war er in dieser Saison der beste Strafraumspieler der Bundesliga. Sein Tod ist für mich unfaßbar. Wenn jemand vor der Begegnung in Belgien von einem Schicksalsspiel spricht, kann ich nur sagen: Das Schicksal hat am Sonntagmorgen sehr hart und sehr bitter zugeschlagen.“
Kölns Kapitän Pierre Littbarski: „Ich bin unwahrscheinlich erschüttert und richtig deprimiert. Wenn man dieses fürchterliche Unglück sieht, erkennt man, daß es andere Dimensionen als den Sport gibt.“
Alfons Higl (1. FC Köln): „Ich habe meinen besten Freund verloren. Maurice war ein echter Kumpel, einer, wie es ihn selten in dieser harten Branche gibt.“
Kölns Trainer Jörg Berger: „Er war ein großer Sympathieträger.“
Fritz Walter (VfB Stuttgart): „Ich bin total schockiert. Ich habe ihn am Freitag vor unserem Spiel gegen Wattenscheid noch im Hotel getroffen und kurz mit ihm gesprochen. Mir tun vor allem seine Frau und seine beiden Kinder unheimlich leid.“

kicker 29

Kicker-Aufmacher zu Banachs letztem Spiel.

war völlig verwirrt und musste erst einmal Luft holen, denn Maurice war ein überaus netter Bursche, ein Riesentalent, ein Mann, der das Zeug zum Nationalspieler hatte. Ich bin zutiefst erschüttert", so Saftig, der Banach von 1986 bis 1988 bei Borussia Dortmund unter seinen Fittichen hatte. Die Bundesliga reagierte geschockt und voller Anteilnahmen: Bei allen Partien am Wochenende gab es in den Stadien Gedenkminuten für den verstorbenen Angreifer.

Erschüttert war selbstverständlich auch der 1. FC Köln, dessen nächste Partie gegen Dynamo Dresden erst einmal verschoben wurde. „Nach unserer Ansicht ist es den Spielern nicht zuzumuten, am Samstag zu spielen", erklärte der Verein in seinem Verlegungsantrag, dem der DFB ungewohnt unbürokratisch sofort zustimmte. Den schwersten Gang hatten die Spieler zu diesem Zeitpunkt allerdings noch vor sich: Eine Woche nach seinem Unfalltod wurde Maurice Banach auf dem Zentralfriedhof in Münster beigesetzt – und die Mannschaft begleitete am Montagvormittag ihren Mucki auf seinem letzten Weg. Eine zutiefst emotionale Angelegenheit, auf dem Kranz der Mannschaft stand „Ein letzter Gruß – Mucki, wir werden dich nie vergessen!" Etwa 1.500 Menschen, darunter neben Bundestrainer Berti Vogts auch Banachs ehemalige Kollegen aus Wattenscheid sowie Abordnungen anderer Bundesliga-Clubs, gaben dem einstigen Bundesliga-Torjäger das letzte Geleit. FC-Pfarrer Heinz Baumann zelebrierte die Trauermesse, den Sarg ihres Mitspielers trugen die FC-Profis Alfons Higl, Jann Jensen, Karsten Baumann, Ralf Sturm, Anders Giske und Alexander Bade zu Grabe. Dort spielten sich herzzerreißende Szenen ab. Banachs Witwe Claudia brach von Weinkrämpfen geschüttelt zusammen, schrie unter Tränen: „Ich liebe dich, Mucki – geh nicht von uns. Du kannst uns doch nicht hier alleine lassen. Nein, Mucki, ich glaube nicht, dass du tot bist." Die FC-Spieler hielten am Grab inne, vergossen noch einmal Tränen ob des schmerzhaften Verlustes ihres Mitspielers. Auch viele andere Trauergäste weinten, Bundestrainer Vogts, der zuvor schon an der Trauermesse teilgenommen hatte, machte in Gedenken an seinen Zögling vor dem Grab einen Diener. Die überwältigende Trauer hatte der traurigen Gewissheit Platz gemacht: Maurice Banach, dessen Name bereits fett unterstrichen im Notizbuch des DFB-Coaches stand, der beim 1. FC Köln in die großen Fußstapfen eines Hannes Löhr, Dieter Müller oder Klaus Allofs treten sollte, der als eine der größten deutschen Sturmhoffnungen galt, war tot. Zwei Wochen zuvor hatte Mucki sein Team noch zu einem 4:1-Sieg im rheinischen Derby gegen Fortuna Düsseldorf geschossen. „Diesmal kann ich Torschützenkönig werden. Ich fühle mich stark, alles läuft wie geschmiert", verkündete Banach danach selbstbewusst. Es sollten seine letzten Tore gewesen sein. Für den 1. FC Köln. Für immer.

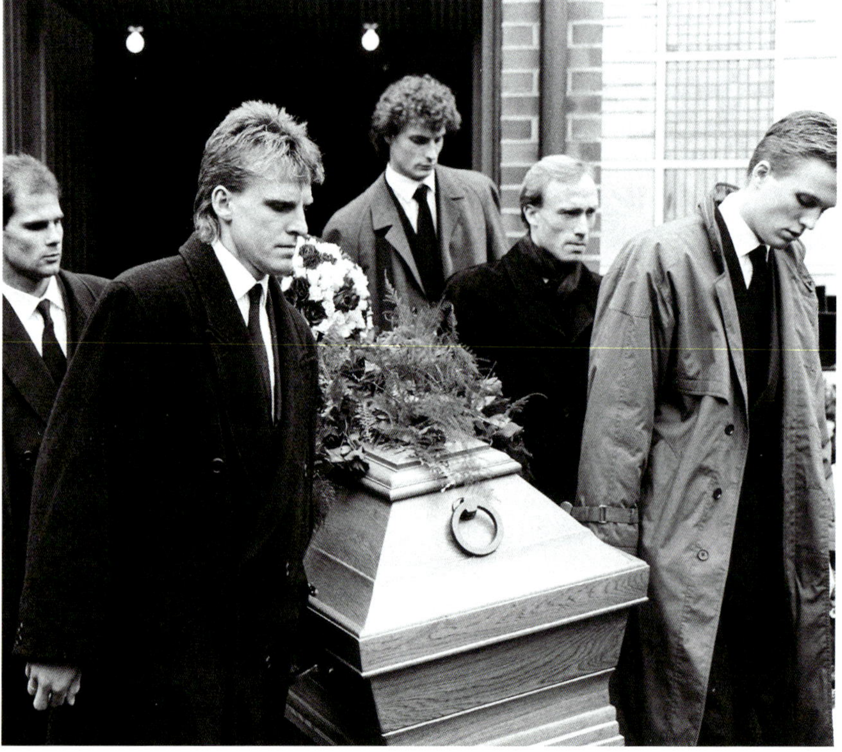

Das letzte Geleit:
vordere Reihe v.l.n.r. Karsten Baumann, Jann Jensen, Alfons Higl.
Hintere Reihe v.l.n.r. Ralf Sturm, Anders Giske, Alexander Bade.

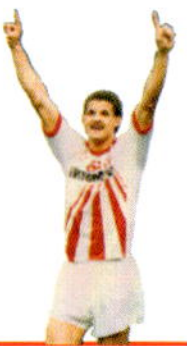

Die Zeit nach dem tragischen Tod:
Aus den Augen, aus dem Sinn?

Der 17. November 1991 war eine Zäsur in der Geschichte des 1. FC Köln, einer der traurigsten Tage der Vereinshistorie. Maurice Banach, der Hoffnungsträger der Verantwortlichen, der Hoffnungsträger der Fans, er war bei einem schweren Autounfall tödlich verunglückt. Doch so grausam dieses Schicksal für seine Teamkollegen auch gewesen sein mag: Der Bundesliga-Alltag wartete nicht allzu lange auf die Mannschaft der Geißböcke. Schnell kehrten die Schützlingen von Trainer Jörg Berger auf die Rasenplätze im Kölner Grüngürtel zurück, auch wenn sich ein geregelter Trainingsbetrieb noch schwierig gestaltete, wie auch der FC-Coach eingestehen musste: „Die Jungs sind noch so deprimiert, dass es besser ist, sie in Ruhe zu lassen. Zum anderen kann ich mich in der jetzigen Situation nicht auf den Platz stellen und herumkommandieren", erklärte Berger, der vor diesem tragischen Unglück den Verein sportlich wieder auf Kurs gebracht hatte, wenige Tage nach Banachs Tod. Ins Spielgeschehen musste der FC erst einmal nicht eingreifen: Das Meisterschaftsspiel gegen Dynamo Dresden in der Folgewoche wurde auf Antrag der Kölner verlegt, sowohl die Sachsen als auch der DFB signalisierten schnell ein entsprechendes Entgegenkommen. So sollte das Heimspiel gegen den VfL Bochum knapp zwei Wochen nach dem schrecklichen Schicksalsschlag ein erster Schritt in Richtung Normalität werden.

Schon früher musste eine Kölner Galionsfigur wieder funktionieren: Quasi direkt nach der Hiobsbotschaft ging es für FC-Torwart Bodo Illgner zur deutschen Nationalmannschaft, die in der EM-Qualifikation ein enorm wichtiges Auswärtsspiel in Belgien vor der Brust hatte. Das DFB-Team erfuhr bei der Zusammenkunft in der Sportschule Hennef von Banachs Tod, Bundestrainer Berti Vogts, der den Kölner Stürmer in vielen Junioren-Nationalmannschaften trainiert hatte, zeigte sich schokkiert und tief bestürzt: „Wenn jemand vor der Begegnung in Belgien von einem Schicksalsspiel spricht, dem kann ich nur sagen: das Schicksal hat am Sonntag morgen sehr hart und sehr bitter zugeschlagen", äußerte sich der Weltmeister von 1974 und regte für das Spiel in Brüssel eine Schweigeminute in Gedenken an den verstorbenen FC-Spieler an, der auf dem Sprung in den Kader der Nationalmannschaft gewesen war. „Das hätte Mucki Banach verdient", betonte Vogts, der sich besonders Gedanken um seinen Torhüter machte. Bodo Illgner solle bei der schwierigen Partie im Nachbarland der Rückhalt der Mannschaft sein, gegen die „Roten Teufel" mit seinen Qualitäten den wichtigen Sieg festhalten. „Wir müssen mit ihm reden, aber Bodo ist eine gestandene Persönlichkeit, die weiß, dass wir Banach mehr helfen, wenn wir uns für die EM qualifizieren", gab sich der Bundestrainer bedingt mitfühlend für die Situation seines Schlussmanns. Der Tod seines Mannschaftskameraden hatte den Weltmeister-Torwart, der im Vorfeld der Partie jegliche Interview-

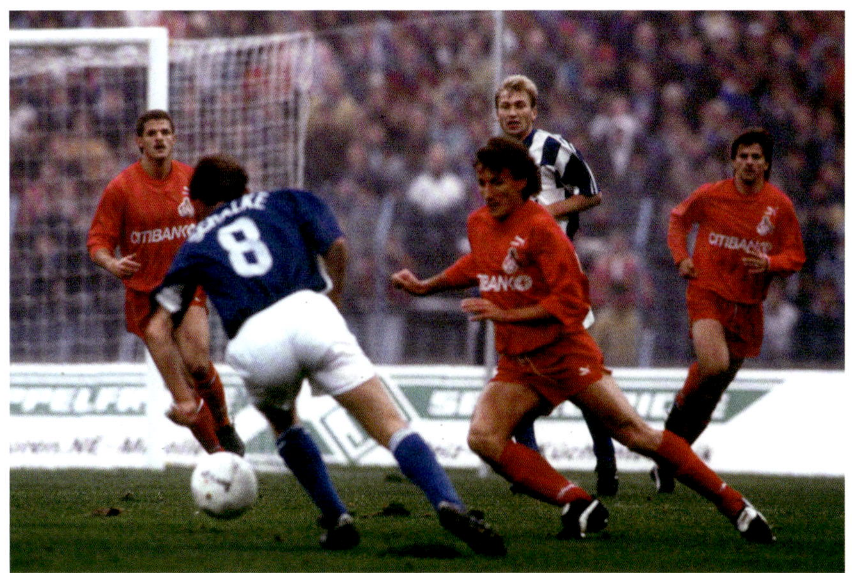

Szene aus dem letzten Bundesligaspiel auf Schalke:
v.l.n.r. Banach, Greiner, Götz.

anfragen ablehnte, sichtlich mitgenommen. „Ich kenne den Langen, er ist physisch ein bärenstarker Kerl, aber das hat ihn unheimlich getroffen“, sagte Illgners ehemalige FC-Kollege Thomas Häßler einen Tag vor dem wichtigen Spiel zu dessen Gemütszustand.

Die Entscheidung, ob er letztlich in Brüssel zwischen den Pfosten stehen wolle, überließ Vogts seinem Kölner Keeper, der sich nach außen wenig anmerken ließ. „Ich werde mich von allem abschotten und versuchen, mit diesem Thema alleine fertig zu werden“, beschrieb Illgner seine Gefühlswelt. Der FC-Torwart spielte – und wie er spielte. „Phasenweise Weltklasse“ hieß es nach der Begegnung. Dass Illgner noch während der Schweigeminute für Maurice Banach emotional angeschlagen wirkte, war ihm während der Partie nicht anzumerken. Mit zahlreichen Glanzparaden führte er das DFB-Team zu einem 1:0-Auswärtssieg in Belgien, die Qualifikation für die Europameisterschaft 1992 in Schweden war zum Greifen nah für die deutsche Nationalmannschaft. Nur 90 Stunden nach Muckis tragischem Tod hatte der Fußball ein Stückchen Alltag zurück gewonnen. Diesen Schritt wagte der FC erst nach Banachs Beerdigung – einen Tag nach der emotionalen Veranstaltung in der Münsteraner Heimat des verstorbenen Angreifers ging es für die Geißböcke in die Vorbereitung auf das Spiel gegen den VfL Bochum, in dessen Vorlauf sich die Gedanken und Diskussionen aller Ablenkungsmanöver zum Trotz natürlich nahezu ausschließlich um den ehemaligen Kollegen drehten. Wer ersetzt Top-Torschütze Banach im FC-Sturm? Wer trägt die Rückennummer 9, die bis dahin Muckis Trikot zierte? Und wie reagieren die Fans im Müngersdorfer Stadion? Kein leichter Gang, den das FC-Team zu absolvieren hatte. Doch wie schon Bodo Illgner in Brüssel, gelang auch den restlichen Geißböcken ein erfolgreicher erster Schritt zurück in den Fußball-Alltag. Ausgerechnet Ralf Sturm, dem Banach-Ersatz in vorderster Front, schoss die Kölner zum knappen 1:0-Heimsieg gegen Bochum. Geschichten, die angeblich nur der Fußball schreibt. Jörg Berger sprach danach leise von „den Dingen der letzten Tage, die die Mannschaft weggesteckt“ habe. The show must go on – auch für den 1. FC Köln.

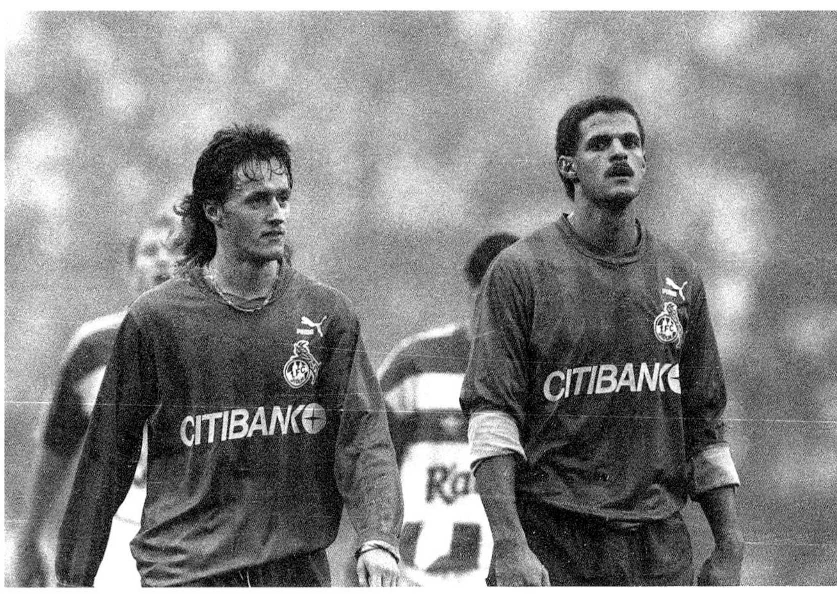

Frust pur:
Fuchs und Banach verlassen auf Schalke das Spielfeld.

Während der FC um Punkte kämpfte, kämpften Maurice Banachs Hinterbliebene um ganz andere Dinge. Muckis trauernde Witwe Claudia – tief getroffen, bestürzt, verzweifelt ob des tragischen Todes des geliebten Ehemanns und Vaters ihrer beiden Kinder Danny (drei Jahre) und Zico (neun Monate). Schon bald musste die junge Familie nicht nur mit dem Verarbeiten des Verlustes ringen, sondern auch um das Andenken des Verstorbenen kämpfen. Galt direkt nach dem tödlichen Unfall noch ein geplatzter Vorderreifen als wahrscheinlichster Unfallgrund, so änderte sich der Tenor in der Berichterstattung im Anschluss an das Unglück schnell. Überhöhte Geschwindigkeit und fehlerhafte Fahrweise Banachs könnten nicht als Ursache außer Betracht bleiben, verkündete die Polizei, die das komplett ausgebrannte Wrack des Opel Omega Combis geborgen und untersucht hatte. Aggressiv gefahren sei der gebürtige Münsteraner auf dem Weg zum Training, schilderten vermeintliche Zeugen, Banach hätte mehrfach die Lichthupe betätigt und sei mit überhöhter Geschwindigkeit unterwegs gewesen. Angebliche Beobachtungen, die letztlich kaum überprüfbar waren. Vorwürfe, die auch nicht zur Situation und zum Charakter des Angreifers passten, wie die „Neue Rheinische Zeitung“ damals treffend schilderte: „Die von den Zeugen geschilderte Fahrweise des Fußballers passt so gar nicht zur Charakteristik, die Freunde und Sportkameraden von dem Verunglückten zeichnen. Privat und im Kreis des Teams sei Banach eher zurückhaltend gewesen. Vom Stress in den Spielen erholte er sich gern auch als stiller Angler. [...] Zu seinem Fahrverhalten hatte der Fußballer keinen Grund. Er war frühzeitig von Münster Richtung Köln gestartet. Der Tod ereilte ihn um 8.27 Uhr. Zum Training, so eine Sprecherin des 1. FC Köln, werden die Spieler eine halbe Stunde vor Beginn erwartet. Banach hatte also noch gut eine Stunde Zeit bis 9.30 Uhr. Die restliche Fahrstrekke betrug lediglich noch 35 Kilometer. Sie wäre bei gemäßigtem Tempo in weniger als einer halben Stunde zu schaffen gewesen.“

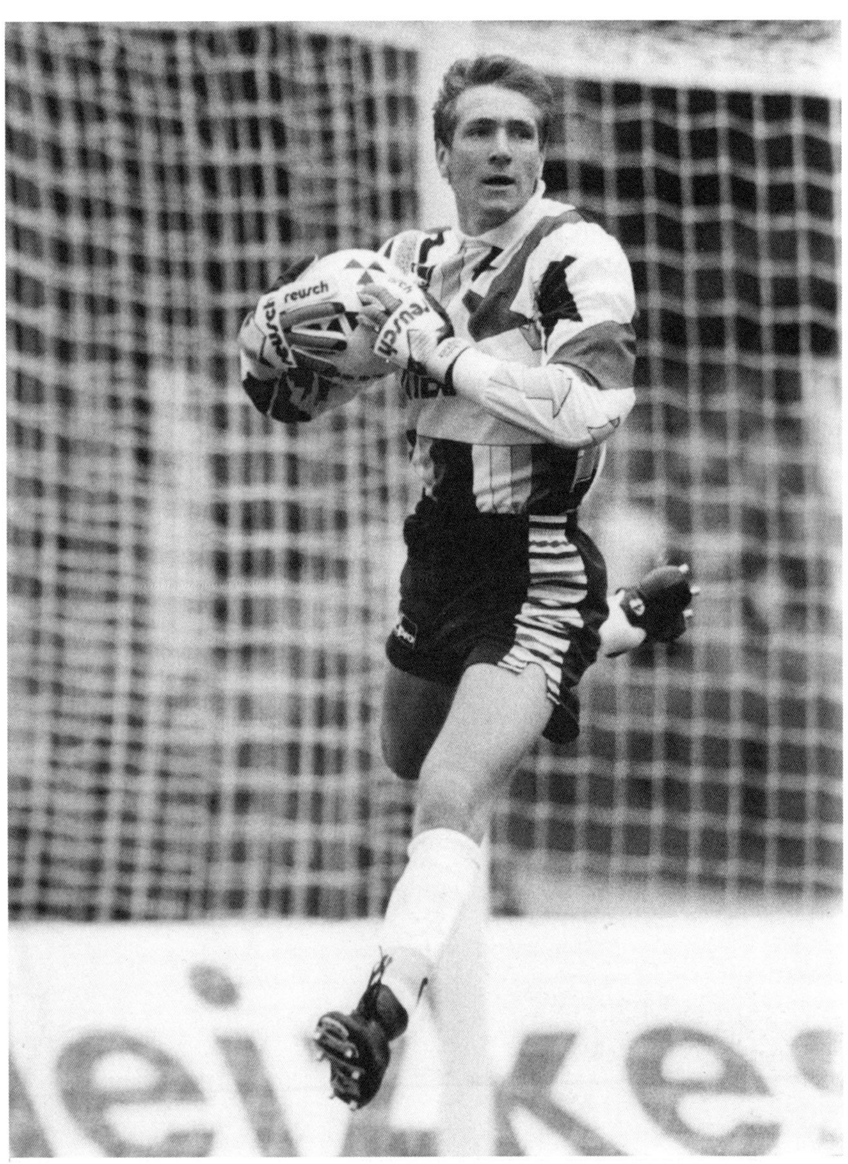

Weltmeister Bodo Illgner:
Psychostress vor dem Länderspiel.

Doch eine aggressive Fahrweise und überhöhte Geschwindigkeit sollten nicht der schlimmste Verdacht sein, der gegen Maurice Banach nach dem tödlichen Unfall auf der A1 im Raum stand. Untersuchungen seines Leichnams zeigten zunächst: Der 24-Jährige soll unter Alkoholeinfluss gefahren sein. Eine erste Blutprobe, die von der Polizei noch am Unfallort genommen wurde, ergab einen Blutalkoholwert von 1,07 Promille. Die Obduktion im Rechtsmedizinischen Institut der Universität Düsseldorf kam auf exakt 1,00 Promille. Ein Schock, vor allem für die Hinterbliebenen. „Ich kann mir das beim besten Willen nicht vorstellen. Mucki war ein grundsolider Mensch, in geselligem Kreis hat er fast immer nur Wasser getrunken. Ich zweifle die Blutproben an“, zeigte sich Banachs Berater Heinz Slupek ob der Ergebnisse erschüttert – und wollte sich, genau wie Muckis Familie, gegen die Vorwürfe zur Wehr setzen. Das gelang den Hinterbliebenen auch mit Erfolg, wie Banachs Witwe später erklärte: „Es gab drei verschiedene Ergebnisse. Dass wir diese Werte erfolgreich angezweifelt haben, wurde nirgendwo richtig gestellt“, so Claudia Weigl-Banach. Ein Gutachten habe ergeben, dass beim Verbrennen eines Körpers Abbauprodukte entstehen können, die die Untersuchung auf den Blutalkoholwert verfälschen können.“ Gerade im Hinblick auf die Gerüchte rund um den Abend vor Banachs Tod zeigte sie sich immer noch tief getroffen: „Natürlich hat Mucki bei Feierlichkeiten auch mal Alkohol getrunken. Aber er hatte genug Verantwortungsbewusstsein und wir waren am Abend zuvor nur tanzen. Es wurde viel erzählt, was nicht stimmt: Wir wären angeblich auf einer Karnevalsveranstaltung gewesen und all so was“, betonte Muckis Witwe.

Der Kampf um das Andenken war auch ein Kampf um die finanzielle Versorgung der Familie nach Muckis Tod: Banach hatte zwar erst kurz zuvor seinen Vertrag in Köln um drei weitere Jahre verlängert, doch die Einkünfte eines Fußballprofis waren damals noch weit entfernt von den heutigen Millionengehältern, die selbst einem durchschnittlichen Bundesliga-Spieler eine sorgenfreie Zukunft ermöglichen. Ausgesorgt hatte Mucki Banach zum Unfallzeitpunkt noch keinesfalls, die Auszahlung der Lebensversicherung sowie Zahlungen der Berufsgenossenschaft waren daher ein wichtiger Baustein, um seine Witwe und vor allem seine Söhne finanziell über Wasser halten zu können.

Dieser Kampf würde die Familie noch lange beschäftigen – und auch kein gutes Licht auf den 1. FC Köln werfen, der im Nachgang der Beerdigung schon für Unmut sorgte. Statt auf der Trauerfeier in einer normalen Gaststätte zu erscheinen zog sich die Vereinsdelegation in ein Fünf-Sterne-Hotel zurück. „Die waren sich zu fein dafür“, erklärte Claudia Weigl-Banach später. Der Tiefpunkt folgte aber noch, denn der FC zeigte sich gegenüber der Ehefrau von seiner hässlichen Seite: Der Verein überrumpelte die trauernde Witwe und sicherte sich einen großen Anteil an der abgeschlossenen Lebensversicherung, forderte überdies später noch drei zunächst kulant ausgezahlte Monatsgehälter sowie Prämie und Geld für vom Verein versprochene Möbel zurück.

FC-Geschäftsführer Wolfgang Schänzler „glänzte“ mit der nie dementierten Aussage gegenüber Banachs Frau: „Sie müssen sich keinen neuen Mann kaufen, der FC aber einen neuen Spieler“, soll der damalige Vereinsfunktionär gesagt haben. Das Tischtuch zwischen Familie und Verein war erst mal zerschnitten.

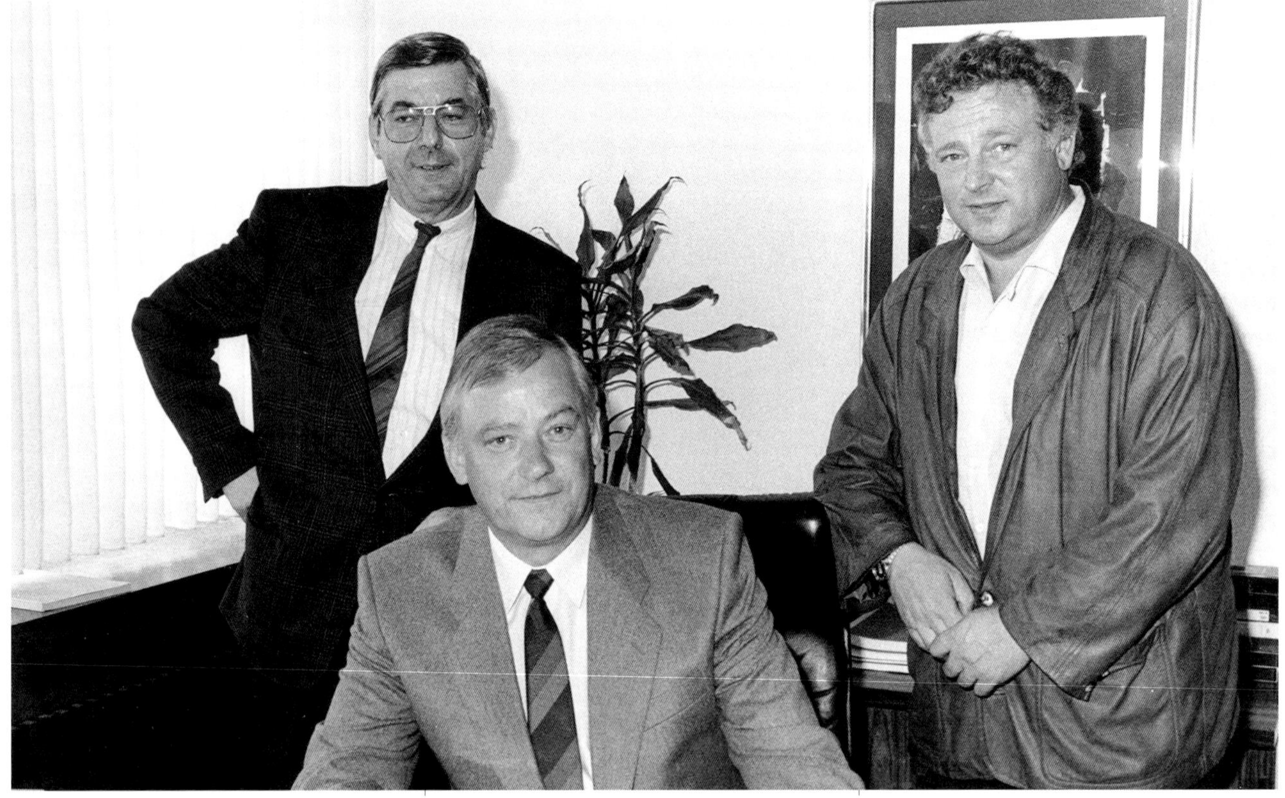

Hinten links Vizepräsident Neukirch, hinten rechts Vizepräsident Jupp Söller, vorne Geschäftsführer Wolfgang Schänzler.

Die Witwe war ob des Verlustes derweil am Boden zerstört, kam mit ihrem Schicksal nicht zurecht. „Ich wurde am Anfang damit einfach nicht fertig. Man sieht keinen Sinn mehr im Leben, man fällt in ein richtig tiefes Loch“, erzählt Claudia Weigl-Banach heute. Und das Loch wurde noch tiefer: Söhnchen Zico fiel aufgrund einer seltenen Kehldeckelentzündung ins Koma, die Überlebenschancen waren gering. Die Ärzte sprachen von einem „medizinischen Wunder“, als Zico selbstständig wieder zu atmen begann, befürchteten allerdings bleibende Schäden beim jüngsten Banach-Spross. Doch Zico entwickelte sich nach seiner Rückkehr aus dem Krankenhaus zu einem ganz normalen Kind. „Der Kampf um ihn hat mich aus dem Loch zurück ins Leben geholt, das hat mir neue Kraft gegeben. Ich wollte unbedingt für meine Kinder da sein“, betont Muckis Witwe. Den Verlust ihres Ehemanns bewältigte sie derweil nur äußerst problematisch: „Ich habe so getan, als hätte Mucki uns für eine andere verlassen. Damit ich sauer sein kann. Ich konnte vorher mein eigenes Leben nicht mehr leben, dadurch konnte ich das Ganze zumindest etwas verarbeiten“, so Claudia Weigl-Banach, die in der Zeit nach dem Unglück öfters die Unfallstelle aufsuchte. „Ich habe dort eine Zeitlang nach ihm geschaut, habe geguckt, ob ich irgendwas von ihm finde“, erzählt die damals 25-Jährige mit 30 Jahren Abstand: „Seine Kette wurde oben auf dem Autobahnwall gefunden. Dadurch habe ich mir meine eigene Welt zusammengebaut, mir eingeredet: Mucki sei hinter dem Wall über das Feld zu einem nahegelegenen Bauernhof und dort untergekommen. So spinnt man sich als Abwehrmechanismus eine Parallelwelt zusammen. Selbst wenn mich irgendjemand auf Muckis Tod angesprochen hat, habe ich innerlich immer gedacht: Ja, wenn die wüssten! Ich habe gedacht, irgendwann steht er wieder vor der Tür. Ich konnte mich darauf einfach nicht einlassen, ich wollte mich damit nicht beschäftigen.“

Doch die bittere Wahrheit ist: Mucki stand nie wieder vor Claudias Tür. Und sie musste allein für den Unterhalt der beiden Kinder sorgen. Für fünf Mark die Stunde arbeitete sie in der Münsteraner Taxizentrale, nahm Wochenend- und Feiertagsdienste dankend an, um die Familie über Wasser zu halten. Nebenbei ging die Banach-Witwe noch in einer Zahnarztpraxis putzen – eine harte Zeit für die junge Familie, die keinerlei Unterstützung durch den 1. FC Köln erfuhr. „Da kam gar nichts. Es war wie aus den Augen, aus dem Sinn“, sagt Claudia Weigl-Banach heute – und die Enttäuschung darüber ist ihr auch 30 Jahre danach immer noch anzumerken. Direkt nach dem Tod des Angreifers hatten sich die Hilfsangebote noch gestapelt: Die Stuttgarter Kickers richteten eine Ausbildungsversicherung für Danny und Zico ein, Lothar Matthäus brachte öffentlich ein Benefizspiel der deutschen Nationalmannschaft ins Gespräch. „Die Spieler stehen bereit. Ich kann mir gut vorstellen, dass wir im Frühjahr mit der kompletten Weltmeisterelf im Müngersdorfer Stadion antreten werden“, erklärte der Kapitän der DFB-Auswahl und ergänzte: „Die Familie Banach braucht jetzt Hilfe von allen Seiten.“ Davon war allerdings kurze Zeit später nicht mehr viel zu spüren: Aus dem Benefizspiel im Müngersdorfer Stadion wurde ebenso wenig etwas wie aus dem vielen anderen Versprechen zur Unterstützung der Hinterbliebenen. Aus den Augen, aus dem Sinn? Es schien für den Großteil der Öffentlichkeit so zu sein, auch wenn im Hintergrund zumindest Muckis ehemalige Kollegen wie Uwe Tschiskale oder Pierre Littbarski für die Familie da waren. Das galt auch für Udo Lattek, der sich rührend um Banachs Kinder kümmerte. An Heiligabend 1991 stand der Meistertrainer, der beim FC zum Zeitpunkt des Unglücks Sportdirektor war, plötzlich vor der Tür und brachte Danny und Zico Geschenke vorbei. Schon zuvor hatte Lattek, dessen Sohn Dirk

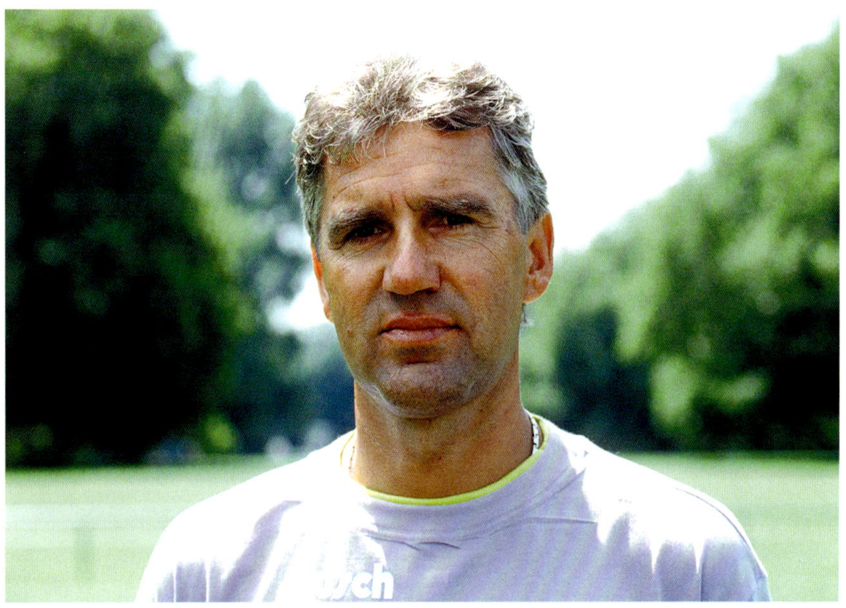

Musste kühlen Kopf bewahren:
FC-Trainer Jörg Berger.

mit 15 Jahren an Krebs verstorben war, mit dem Gedanken gespielt, die Vormundschaft für die Banach-Kinder zu übernehmen. „Das Angebot habe ich nicht angenommen“, erzählt Claudia Weigl-Banach, „aber Udo Lattek war der einzige FC-Verantwortliche, der nach Muckis Tod an unserer Seite stand. Er hatte sich schon zuvor sehr um ihn gekümmert, das war ein besonderes Verhältnis. Herr Lattek hatte ein großes Herz, auch seine Frau Hildegard war eine tolle Frau“, schwärmt Banachs Witwe vom ehemaligen Meistertrainer, der 2015 im Alter von 80 Jahren in Köln verstarb.

Unterdessen herrschte beim 1. FC Köln bald wieder Business as usual, der Bundesliga-Alltag hatte die Geißböcke schnell nach dem Tod ihres Top-Torschützen fest im Griff. Diskussionen kamen auf, ob und wie die Verantwortlichen Mucki Banach ersetzen wollen – schließlich hatte die Mannschaft einen absoluten Leistungsträger auf tragische Art und Weise verloren. Transfergerüchte ploppten alsbald auf, der Österreicher Gerhard Rodax, bei Atletico Madrid unter Vertrag, brachte sich via Presse ins Gespräch. Der FC blieb jedoch entspannt, setzte zunächst auf interne Lösungen – besonders Ralf Sturm, der nach einigen Verletzungsprobleme wieder in Form gekommen war, sollte im Angriff der Kölner für die entsprechende Tore sorgen. Ein Plan, der aufzugehen schien, denn die schwach in die Saison gestarteten Geißböcke waren unter Jörg Berger auf dem Vormarsch in der Bundesliga-Tabelle. Das Unglück, es hatte die Mannschaft zusammengeschweißt. Aus der Winterpause startete der FC furios und kletterte durch ein torloses Remis beim FC Bayern erstmals in der Saison auf einen UEFA-Cup-Platz. Es folgte ein wechselhaftes Frühjahr, das um ein Haar die Europapokal-Ambitionen der Kölner zunichte gemacht hätte. Doch ein furioser Endspurt mit 9:1 Punkten aus den abschließenden fünf Spielen beförderte die Berger-Truppe noch auf Platz vier der Abschlusstabelle. Der 1. FC Köln, er hatte sich für den UEFA-Cup qualifiziert. Es war das letzte sportliche Hurra der Geißböcke für sehr lange Zeit.

„Tatsächlich war das Erreichen des UEFA-Cup-Platzes glücklicher als ein Sechser im Lotto“, analysierte Bodo Illgner später in der „So ein Tag“-Buchreihe angesichts der vereinsinternen Querelen und Turbulenzen, die sich durch die Saison gezogen hatten. „Das war alles Gift für eine solide sportliche Entwicklung. Trotz all dieser Turbulenzen standen wir am Ende auf einem UEFA-Cup-Platz. Das hatte zur Folge, dass sich der Gedanke breit machte, wir hätten besser gestanden, wenn wir all diese Probleme nicht gehabt hätten. Das war ein riesiger Trugschluss. Realistisch gesehen war die Mannschaft zusammengewürfelt, es gab keine klare Linie und niemanden, der konzeptionell dachte. Eine Reihe guter Spieler gurkten unter ihrem eigentlichen Leistungslevel, weil sie nicht wussten, inwieweit mit ihnen geplant wird“, so der damalige FC-Torwart. Von Maurice Banach war rund um den Verein damals schon fast keine Rede mehr – der Topstürmer, der Hoffnungsträger, der Publikumsliebling: Er schien beim 1. FC Köln in Vergessenheit zu geraten. Bei seinen Hinterbliebenen selbstverständlich nicht – Banachs Witwe Claudia kämpfte jahrelang um die Anerkennung ihrer Ansprüche, erst Anfang des neuen Jahrtausends waren die letzten Prozesse geführt. An ihrer Seite ein neuer Mann: Mit dem Österreicher Rudi Weigl, den sie 1993 kennenlernt, der ihr beisteht und den sie 2008 schließlich heiratet, fand Claudia Banach ein neues Glück und wird Mutter einer Tochter.

„Ich hatte mit Fußball nicht so viel zu tun. Als ich Claudia kennengelernt habe, hat sie mir ihren Mädchenname genannt. Erst als wir zusammen waren, habe ich ihren richtigen Namen kennengelernt. Mir sagte der Name Banach nichts“, erinnert sich der passionierte Drachenflieger, der einst Götz George in dessen letzten Schimanski-Tatort doubelte, an das Kennenlernen. Die Patchwork-Familie der Weigl-Banachs wirkt harmonisch: Danny und Zico haben den neuen Mann an der Seite ihrer Mutter schnell ins Herz geschlossen, Rudi ist zur Vaterfigur für beide geworden. „Die Jungs haben ihn sofort akzeptiert, alle drei verstehen sich super. Zico hat Rudi sogar als Tattoo auf dem Körper“, erzählt Muckis Witwe Claudia. Vor seinem Heiratsantrag 2008 hatte der Tiroler sogar angefragt, ob er um die Hand ihrer Mutter anhalten darf – letztlich stimmen alle zu, Danny wird sogar bei der Hochzeit zum Trauzeugen. Die Erinnerung an Maurice Banach beeinträchtigt das neue Glück jedoch nicht, zu groß sind die optischen und charakterlichen Ähnlichkeiten beider Söhne zum verstorbenen Fußballer. „Wenn ich beide zusammenstecke, dann habe ich wieder meinen Mucki“, sagt Claudia Weigl-Banach voller Stolz über Danny und Zico. Mucki Banach bleibt eben unvergessen!

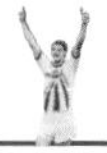

Der Tag X und die Folgen:
30 lange Jahre bis zur Gerechtigkeit

Maurice Banach hat in meinen Leben eine wichtige Rolle gespielt, dabei bin ich ihm nie abseits des Stadions begegnet. Ich habe ihn oft gesehen, allerdings nur aus der Perspektive des Zuschauers auf den Rängen. Lediglich ein guter Freund von mir hat ihn einmal in einem Kölner Opel-Autohaus getroffen und ein paar lose Worte mit ihm gewechselt. Warum ich das hier erwähne? Das Unfallfahrzeug am 17. November 1991 war ein metallic-hellblauer Opel Omega – ob er diesen dort damals gekauft hat, weiß ich jedoch nicht. Ich weiß allerdings noch ganz genau, was an jenem schicksalsträchtigen 17. November passierte – ich kann mich an die Geschehnisse an diesem Tag immer noch sehr gut erinnern. Damals war ich 27 Jahre jung und noch in der IT-Branche tätig. Dass ich einmal mehrere FC-Bücher schreiben würde oder gar über 200 Ausgaben des „FC-Stammtisch Talk" sowie für das Lokalfernsehen Hunderte weitere Fußball-Talk Sendungen moderieren würde, war noch verdammt weit weg. Als ganz normaler Fan verfolgte ich mit Spannung den Weg meines 1. FC Köln.

Es war Sonntag. Und was war das für ein besch...eidener Tag! Es regnete, es war grau, es herrschte ein Wetter, an dem man seinen Hund nicht auf die Strasse lässt. Ich hatte keinen, aber das hätte ich ihm definitiv erspart. Hätte es Wikipedia schon gegeben, man hätte unter dem Begriff „grauer Novembertag" ein Bild von diesem Tag nehmen können. Am besten eines mit dem Motiv „blattloser Baumbestand am Decksteiner Weiher", direkt am Rande zum Geißbockheim, dort im Äußeren Grüngürtel, wo der 1. FC Köln trainiert. Apropos FC: Dieser hatte am Vortag bei ähnlichen Wetterbedingungen glatt auf Schalke verloren. Ein Mistspiel, wie es eben mal vorkommen kann. Eine Woche zuvor hatten die Geißböcke die Düsseldorfer Fortunen noch mit 4:1 aus dem Stadion geschossen, unter anderem mit zwei Volltreffern von Maurice Banach.

Nun dieser Sonntag: Eigentlich ein Tag zum Im-Bett-bleiben, aber zum Glück gab es Ablenkung, denn mein Freund Michael hatte mich als Gastspieler zu einem Turnier der „Böller Boys" aus Hennef eingeladen. Ein paar Mal hatte ich bei dieser wilden Spaß- und Thekentruppe bereits mitgespielt, jedes Mal hatten wir viel zu lachen, auch wenn wir sportlich eher mittelprächtig agierten. Ein wenig musste ich mich ob der äußeren Umstände aber dennoch überwinden, die etwa 50 Kilometer Richtung Hennef zu fahren. Auf der Autobahn und den Zubringerstraßen merkte ich rasch, dass ich vorsichtiger fahren musste. Es war nasskalt, teilweise lag Laub auf den Straßen, da war Vorsicht angesagt. Das Turnier lief gut, zum Glück spielten wir in einer ordentlich ausgeleuchteten und trockenen Halle. Mir gelangen ein paar gute

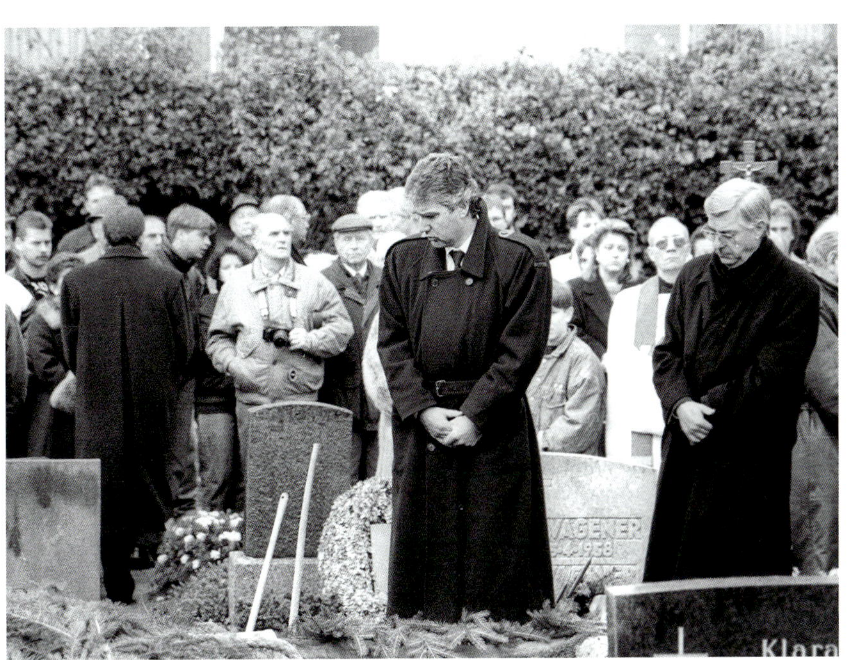

Zentralfriedhof Münster:
FC-Trainer Jörg Berger und Vizepräsident Hans Neukirch nehmen Abschied von Maurice Banach.

Aktionen. Zwar gewannen wir das Turnier nicht – da waren schließlich auch „richtige" Fußballer dabei –, aber wir verkauften uns ordentlich und landen irgendwo im vorderen Mittelfeld.

Es wurde wie üblich viel geflachst und gelacht, der typische Fußballerjargon machte die Runde. Alle waren gut drauf und froh, an diesem tristen Tag etwas so Erhellendes zu erleben. Leider konnte ich nicht, wie einige andere, ein paar Bier mittrinken, denn im Gegensatz zu den meisten Akteuren, war ich ja mit dem Auto angereist. Also machte ich mich bald nach Turnierende auf den Rückweg. Es war letztlich doch recht anstrengend und die müden Glieder freuten sich auf ein heißes Bad in der Wanne und auf die Couch, wo ich den restlichen Sonntag „abhängen" wollte. Es war mittlerweile späterer Nachmittag und es regnete immer noch. „Hell wird es heute wohl nicht mehr", murmelte ich leise vor mich hin. Im Auto merkte ich die Müdigkeit schnell, deshalb fuhr ich noch ein wenig vorsichtiger. Kaum war ich zu Hause angekommen, klingelte das Telefon. Festnetz, nun ja, 1991 eben. Soll ich rangehen? Ich entschied mich dafür und was dann kam, haute mir den Boden unter den Füßen weg. „Hallo Michael, habe ich was in Hennef in der Halle liegen gelassen ? Ach .... Bitte was? WAAAS" ... ?

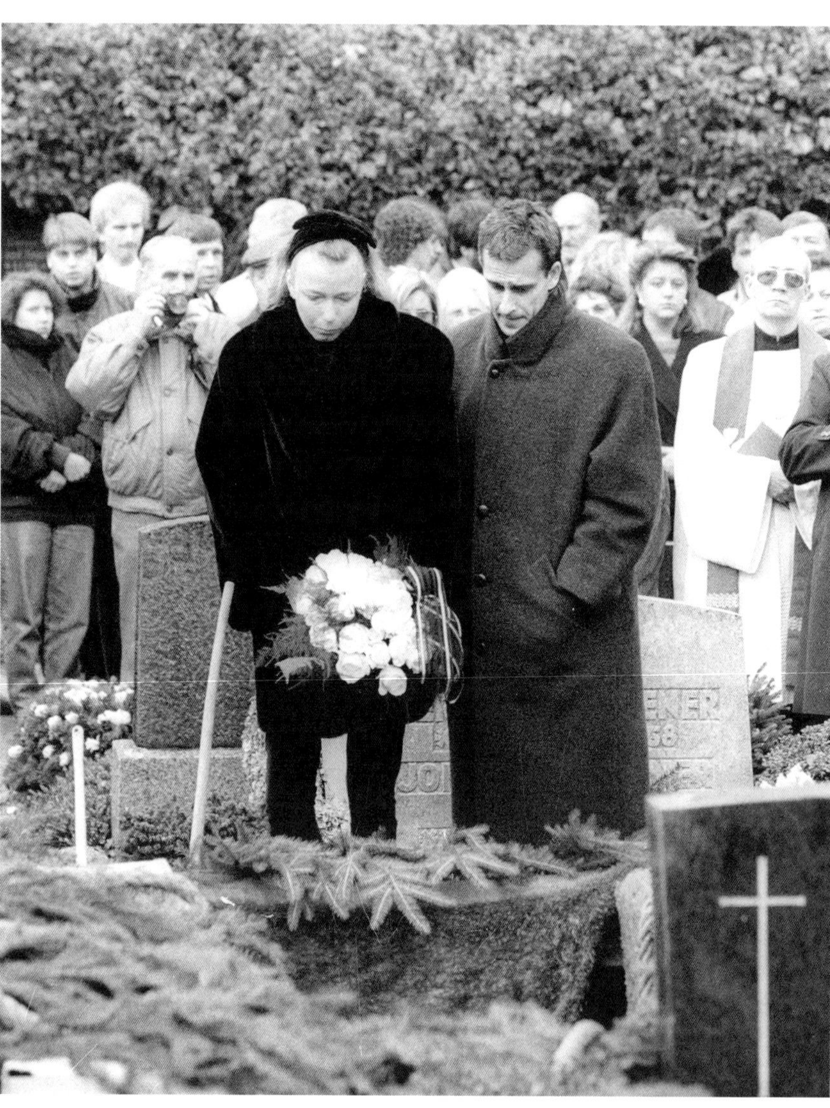

Zentralfriedhof Münster:
Pierre und Monika Littbarski am Grab.

Mein Freund Michael, mit dem ich eben noch im Hennef herumgescherzt hatte, überbrachte mir die Nachricht vom Unfalltod Maurice „Mucki" Banachs. Die Schreckensnachricht hatte er auf dem Rückweg nach Hause im Radio gehört. Ich selbst hatte das Autoradio auf dem Weg von Hennef nach Hürth bei Köln nicht an und hörte stattdessen Kassette. Daher verpasste ich diese schockierende Meldung. Es haute mich um, ich wusste gar nicht, was ich sagen sollte. Klar, es handelte sich nicht um einen Menschen aus meinem familiären oder sozialen Umfeld, aber genauso kam es mir vor. Der 1. FC Köln, und das wird sicher vielen Fans so gehen, war und ist schließlich eine Konstante in meinem Leben. Die Lebensumstände im privaten, beruflichen oder gesamtgesellschaftlichen Umfeld können sich noch so oft verändern, der „eigene Verein" ist immer da. Ein Freund von mir umschrieb das bezogen auf Beziehungsprobleme so: „Frauen und Männer kommen und gehen, der Verein bleibt." Das ist wohl auch der Grund, warum einem eine solche Nachricht so nahe geht, wie sonst bei einem Familienmitglied.

Für mich persönlich war Maurice Banach ohne jegliche Übertreibung DIE Zukunft des 1. FC Köln. Er war mir bereits bei Borussia Dortmund aufgefallen und erst recht natürlich in Wattenscheid, die er mit seinen 22 Zweitliga-Toren in die Bundesliga geschossen hatte. Seine Abschlusssicherheit war total überzeugend, also hegte ich leise Hoffnungen darauf, dass der FC sich dieses Talent sichern würde. Zu meiner großen Freude passierte tatsächlich genau das. Es passierte selten, dass der Verein sich tatsächlich den Spieler holte, den ich mir gewünscht hatte. Der FC schnappte sich dieses Juwel, dummerweise aber wurde Christoph Daum während der WM 1990 entlassen. Dieser hatte sich in besonderer Weise für Muckis Verpflichtung nicht nur stark gemacht, sondern in seiner Funktion als Trainer UND Manager den Transfer tatsächlich durchgezogen. Doch auch ohne seinen Förderer setzte sich Banach schnell beim FC durch. Der Torjäger der neunziger Jahre schien gefunden und er hieß eben Maurice Banach. Ich habe ihn oft im Stadion erlebt und war von seiner Spielweise beeindruckt. Er fackelte nicht lange, suchte den schnellen Abschluss und war dabei sehr zielsicher. Mucki war das Gegenteil von einem Chancentod, ein Instinktstürmer par excellence, der antizipierte, wo der Ball landen würde.

Vierzehn Treffer in seiner Debütsaison sprachen bereits eine deutliche Sprache. Und da er in der Folgesaison mit zehn Treffern noch vor Ende der Hinserie auf dem besten Wege war diese Ausbeute noch deutlich zu übertreffen, war natürlich auch die Nationalelf nicht mehr fern. Klar, er war zu diesem Zeitpunkt der beste deutsche Schütze, lediglich der Schweizer Stephane Chapuisat hatte noch einmal mehr getroffen. Manch einer wunderte sich, warum Bundestrainer Berti Vogts ihn nicht bereits für das wichtige EM-Qualifikationsspiel gegen Belgien am 23. November 1991 nominiert hatte. Dass Mucki aber bei Vogts eine hohe Wertschätzung genoss, war bekannt – dazu hatte der Bundestrainer die Knipserqualitäten Banachs in aller Öffentlichkeit gelobt. Es hätte ganz sicher nicht mehr lange gedauert, bis der FC-Stürmer im Nationalmannschaftstrikot auflaufen würde.

Aber das Schicksal schlug an diesem 17.11.1991 erbarmungslos zu. Und so stand ich da, mit dem Telefonhörer in der Hand, und musste mehrfach schlucken, als die Nachricht kam. Mir ist der Moment immer noch unfassbar präsent und so ergeht es wohl jedem FC-Fan, der dieses tragische Ereignis als Zeitzeuge erlebt hat.

Eine Mischung aus Trauer, Fassungslosigkeit und Mitleid mit der jungen Familie machte sich breit.

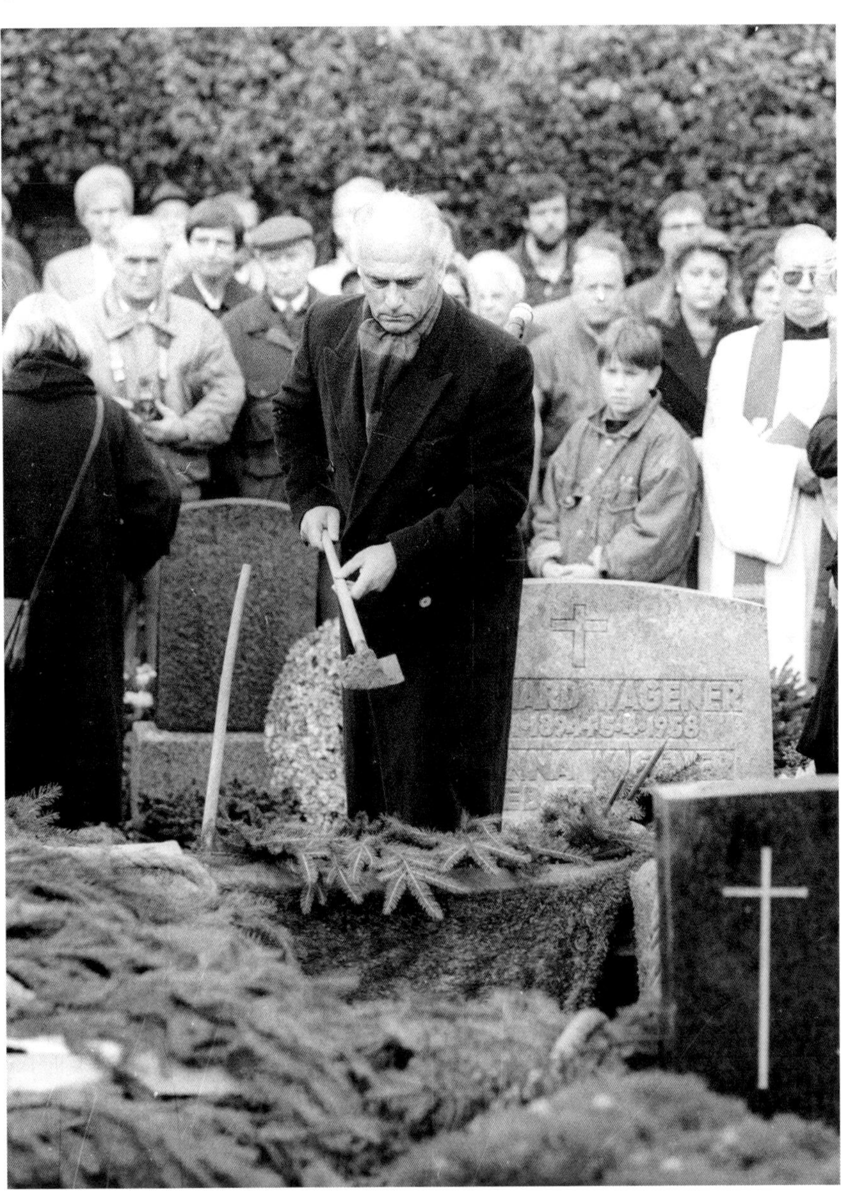

Zentralfriedhof Münster:
Ein sichtlich mitgenommener Udo Lattek.

Als FC-Fan sieht vermutlich jeder zunächst den Spieler. Doch mir war natürlich auch bewusst, dass der junge Mensch Maurice Banach viel zu früh sein Leben lassen musste und damit auch die Familie erhebliches Leid zu ertragen hatte. Aber da verließ ich mich auf den Verein.

Wie sehr ich mich damit irren sollte, erfuhr ich erst viele Jahre später, denn die Familie Banach würde in der Zukunft, die damals noch gänzlich offen war, eine Rolle in meinem Leben spielen. In diesem Moment war das alles noch Zukunftsmusik, denn ich trauerte um einen Spieler, der seine Zukunft noch vor sich hatte und der von seinen Anlagen her ein internationaler Star-Spieler hätte werden können. Man kann sich ausmalen, was er für den FC hätte erreichen können.

Aber nun, an jedem vermaledeiten 17. November war da nur diese kaum zu ertragende Leere im Abendgrau eines schrecklichen Tages. Und ich denke, jeder hat seine eigene Story, wie und wann sie oder er diese Hiobsbotschaft entgegen nehmen musste. Die Geschichten sind sicher verschieden, die Trauer wird aber überall ähnlich gewesen sein. Es vergingen 18 Jahre, bis das Thema für mich wieder präsent wurde. Es ist normal, dass nach großer Trauer und Anteilnahme nach dem Tod einer Person irgendwann der normale Alltag wieder einkehrt. Gewiss dauert dies für die direkt betroffenen Familienmitglieder immer am längsten, aber für die Fans des 1. FC Köln trat irgendwann diese Normalität wieder ein. Dennoch blieb Mucki immer in den Herzen der Fans, das spürte man fortwährend und zu jedem Zeitpunkt. Nicht nur, aber insbesondere war dies an Jahrestagen zu spüren. Sei es an Muckis Geburtstag oder eben am jeweiligen 17. November, der zu einer Art Gedenktag unter FC-Fans wurde. Gerade in diesen Tagen war immer wieder die ganz besondere Anteilnahme der Anhänger zu spüren.

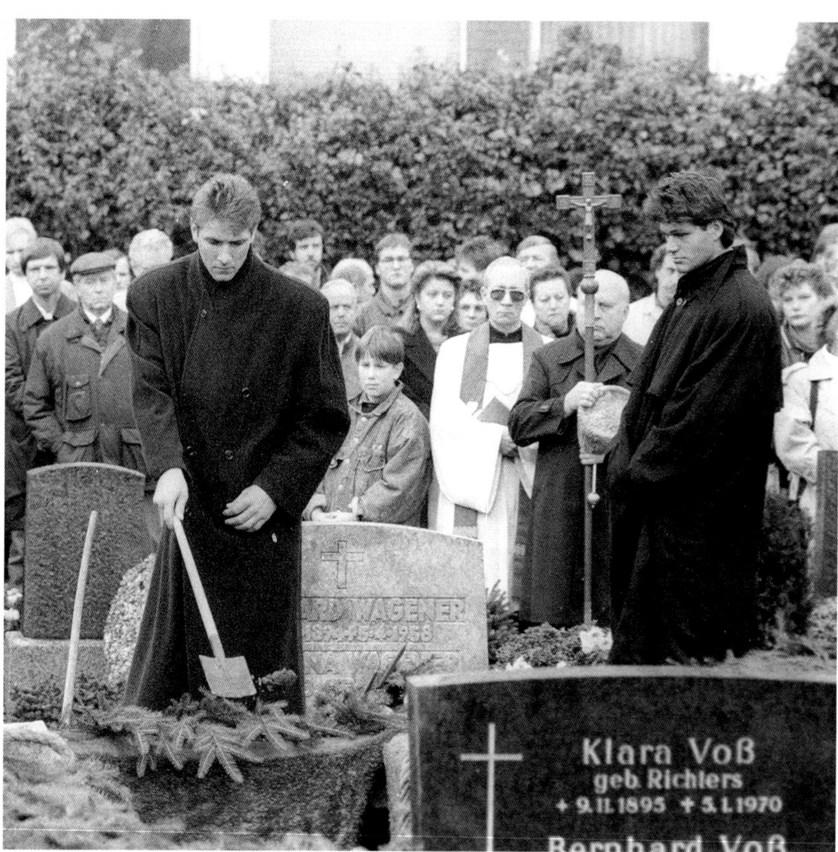

Zentralfriedhof Münster:
Bodo Illgner und Uwe Fuchs.

Seit März 2009 veranstaltete ich mittlerweile den „FC-Stammtisch Talk“, jene erste fan-orientierte Talkveranstaltung vor einer Kamera. Die neuen Medien hatten es ermöglicht, dass man auch ohne eigenen TV-Sender sich medial mitteilen kann – und so wurde der „Stammtisch“ schnell zur Institution rund um den 1. FC Köln und eine Vorlage für viele weitere, ähnliche Formate. Seinerzeit wurde diese Talkrunde – im „Gaffel am Dom“ - sogar noch nach jedem einzelnen Spieltag des Vereins abgehalten. Nachdem ich bereits einige Hochkaräter als Gäste empfangen durfte, wurde es langsam immer enger, was die Taktrate an Gästen angeht, daher beschloss ich, einen Themenabend rund um den „Mythos Maurice Banach“ zu organisieren. Über einen Kontaktmann hatte ich die Telefonnummer von Danny Banach bekommen, den älteren Sohn von Mukki. Also rief ich ihn an und erklärte am Telefon, wie unvergessen sein Vater in der Fanszene nach wie vor sei und wie schön es doch wäre, wenn er an so einem Abend teilnehmen würde. Die Fans würde es sicher brennend interessieren, wie es der Familie zwischenzeitlich ergangen war. Ich ahnte ja nicht, was da noch folgen würde. Schließlich war ich der unbedingten Meinung, dass sich der FC um die Familie seinerzeit gekümmert hatte und dass es natürlich ein gutes Verhältnis gibt. An etwas anderes konnte ich gar nicht denken, es war für mich eine Selbstverständlichkeit.

Danny war bei diesem Telefonat sehr freundlich, aber durchaus auch etwas reserviert. Er machte dementsprechend keine direkte Zusage, versprach aber, dieses Angebot im Familienkreis zu besprechen, um sich dann zu melden. Es dauerte nicht lange, da kam der Vorschlag seitens der Familie, dass auch Muckis Witwe Claudia sich im Talk zu Wort melden könnte. In diesem Zusammenhang sprach ich auch mit Claudia Weigl-Banach selbst und erzählte ihr am Telefon ähnliches, was ich auch Danny bereits mitgeteilt hatte. Dabei muss ich wohl versehentlich den Eindruck erweckt haben, als solle die Familie die Gelegenheit nutzen, um den Fans für ihre Zuneigung zu danken. Das lag aber keineswegs in meiner Absicht. Wie auch immer: Muckis Witwe sagte zu und sie sprach auch davon, dass sie einiges zu erzählen habe, was weder dem Verein noch den Fans gefallen würde, aber nun endlich mal raus müsse. Sie deutete bereits da an, dass der FC keine gute Rolle im Jahr 1991 und danach gespielt habe. Am Ende einigten wir uns darauf, dass die beiden Söhne – Danny und Zico – hauptsächlich den sportlichen Part übernehmen, denn es galt auch das letzte FC-Spiel zu analysieren. Sie hingegen sollte in einem Extra-Part hinzustoßen, um ihre Sicht der Dinge bezüglich des Verhaltens des Vereins darzustellen. Die Ausgabe des Talks wurde auf den 15.Dezember 2009 datiert, 18 Jahre und fast einen Monat nach Maurice Banachs tragischem Unfalltod.

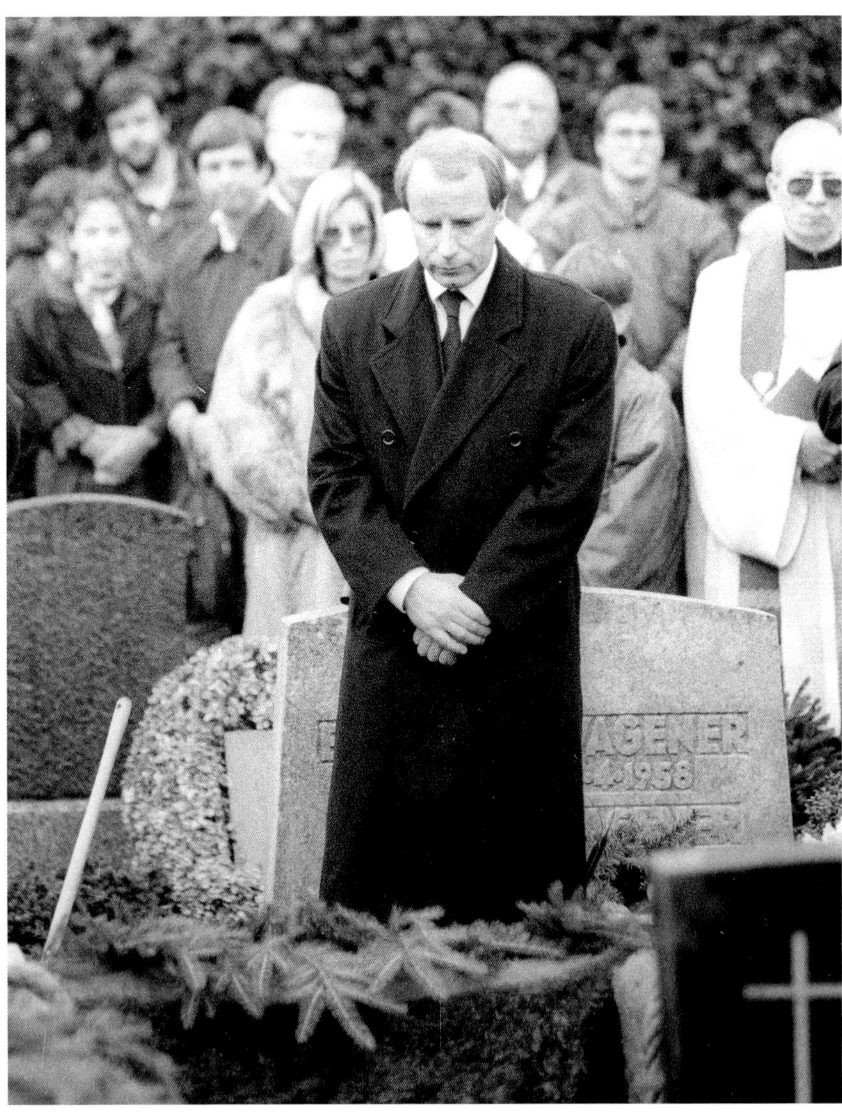

Zentralfriedhof Münster:
Bundestrainer Berti Vogts in tiefer Trauer.

Der Talk begann – es lief einigermaßen normal ab, wenn man bedenkt, wie merkwürdig es anmutete, mit den beiden Söhnen von Mucki am Tisch zu sitzen, die über eine große Ähnlichkeit mit ihrem Vater verfügen. Nach dem sportlichen Part und einer kleinen Pause im proppenvollen Saal – der Name Banach zog nach wie vor – war die Spannung groß, als Claudia Weigl-Banach sich schließlich zur Talkrunde hinzugesellte. Und sie brachte gleich schwere Anschuldigungen gegen den 1. FC Köln vor. Nach dem Unfalltod ihres Mannes habe sie keinerlei Unterstützung vom Verein erhalten. Nur wenige Geißböcke hätten sich damals um sie gekümmert, unter anderem der damalige Sportdirektor Udo Lattek oder Frank Ordenewitz. Selbst vom FC Bayern München und Borussia Dortmund hätte sie mehr Zuspruch als vom 1. FC Köln erfahren, so Mucki Banachs Witwe. Die Reaktionen waren gewaltig, nicht nur in den Fanforen - soziale Medien wie Facebook spielten noch nicht die ganz große Rolle - fielen die Kölner Fans aus allen Wolken und waren empört. Die gesamte deutsche Fußball-Szene nahm im Anschluss Anteil, die Medien berichteten im ganzen Land, der Aufschrei war gewaltig.

Die mediale Reaktion verwunderte nicht, denn der umtriebige „Express"-Journalist Alexander Haubrichs hatte mit in der Diskussionsrunde gesessen und das Ausmaß der Story gleich erkannt. Auf die Schnelle wurde im Nachgang des Talks ein Express-Fotograf herbeizitiert, ein umfangreicher Artikel folgte tags darauf auf der Titelseite und der ersten Sportseite des Boulevard-Blatts. Kurzum: Die Sache wurde richtig groß. Andere Redaktionen nahmen die Nachricht auf, die Story ging wie ein Lauffeuer durch die Republik. Für mich war diese Situation - welche sich später noch mit einigen anderen Storys ähnlich wiederholen sollte - noch neu, wir standen ja erst am Anfang des Formats. Es war gerade mal die 28. Ausgabe des Stammtischs, ich hatte zwar schon ein wenig Erfahrung, aber bei weitem nicht in dem Maße, wie es heute der Fall ist. Bereits in der laufenden Gesprächsrunde merkte ich: Hier entwickelt sich gerade was. Es war plötzlich eine ganz eigene und beklemmende Atmosphäre, die ich in der Form nie mehr erlebt habe. Obwohl es im Hintergrund sehr laut zuging - an einigen entfernten Tischen saßen Gäste, die mit dem Talk nichts zu tun hatten und ihre Weihnachtsfeier genossen –, wurde es rund um uns herum sehr, sehr leise.

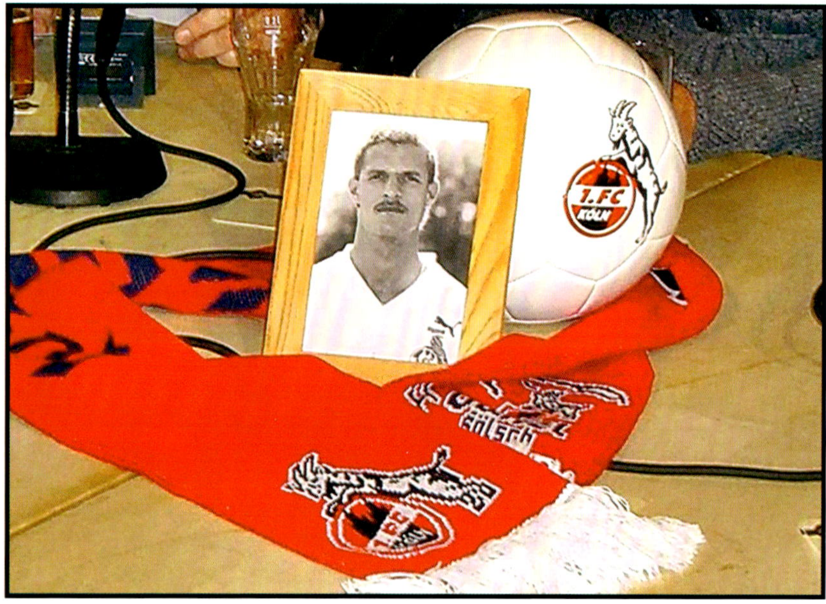

Dezember 2009:
Die Dekoration des FC-Stammtisch-Talks zu Maurice Banach.

Wenn ich versuche, die Situation zu beschreiben, dann am besten so: Alle, die am Tisch saßen bekamen das Gefühl, dass man hinten über kippt. Wir waren alle schlicht fassungslos, ob dieser Aussagen, die man noch einmal auflisten sollte: „Sie waren sich schon zu fein, um auf die Trauerfeier zu kommen", sagte Claudia Weigl-Banach. Während in einer Gaststätte Kaffee und Kuchen kredenzt wurde, „ging die FC-Delegation in ein nahegelegenes Fünf-Sterne-Hotel. Es war ihnen offenbar nicht fein genug". In der Zeit danach fühlte sie sich dann komplett im Stich gelassen. „Ich habe nichts mehr vom FC gehört. Mein Sohn Zico fiel drei Monate später bei einem Besuch bei Frank Ordenewitz krankheitsbedingt ins Koma. Er drohte, behindert zu bleiben. Vom FC kam wieder nichts – obwohl sie alles gewusst haben müssen", warf die Witwe des verstorbenen Kölner Stürmers ein. Schnell habe es Streit bezüglich einer Versicherung gegeben, die der FC für sich und die Familie abgeschlossen hatte. „Der Geschäftsführer Wolfgang Schänzler zahlte mir nur einen kleinen Teil aus. Die Begründung: Ich müsste mir ja keinen neuen Mann kaufen, der FC aber einen neuen Spieler", so Weigl-Banach. Drei Jahre danach flatterte eine Rechnung ins Haus, die sie als Talkgast dabei hatte und dem „Express" vorlegte. Da wurden die restlichen Ansprüche der Witwe an den Verein gegen gerechnet gegen Miete und Möbelkosten. Insgesamt 40.336,60 DM (20.623 Euro) stellte der FC in Rechnung. „Dabei hatten sie uns das Haus und die Möbel vor Muckis Wechsel versprochen. Aber wir hatten keinen Beleg."

Das alles wurde an diesem Abend erstmals publik. Man kann sich vorstellen, dass danach die anderen Gesprächsthemen unwichtig wurde, der eigentlich erfrischende Auftritt der beiden Söhne Danny und Zico geriet völlig in den Hintergrund. Auch die anderen Talkteilnehmer wie etwa der leider mittlerweile verstorbene FC-

Kultfan Stefan Siebrasse und eben „Express"-Journalist Alexander Haubrichs, konnten nur ihre Fassungslosigkeit beitragen. Für mich als Moderator lief es, wenn man es in dem Zusammenhang überhaupt sagen kann, recht gut, denn ich konnte diese Situation ganz ordentlich lösen, blieb gefasst und versuchte die Fakten einzuordnen. Die Herausforderung war, dabei weitestgehend emotionsfrei zu bleiben, auch wenn ich mich um Einfühlsamkeit bemühte. Ich wusste in dem Moment ganz genau, dass ich jetzt verdammt viel falsch machen kann. Heute weiß ich, dass dies meine wirkliche Bewährungsprobe, meine Feuertaufe war und das diese gelang. Die Reaktionen danach bestätigten das glücklicherweise unisono.

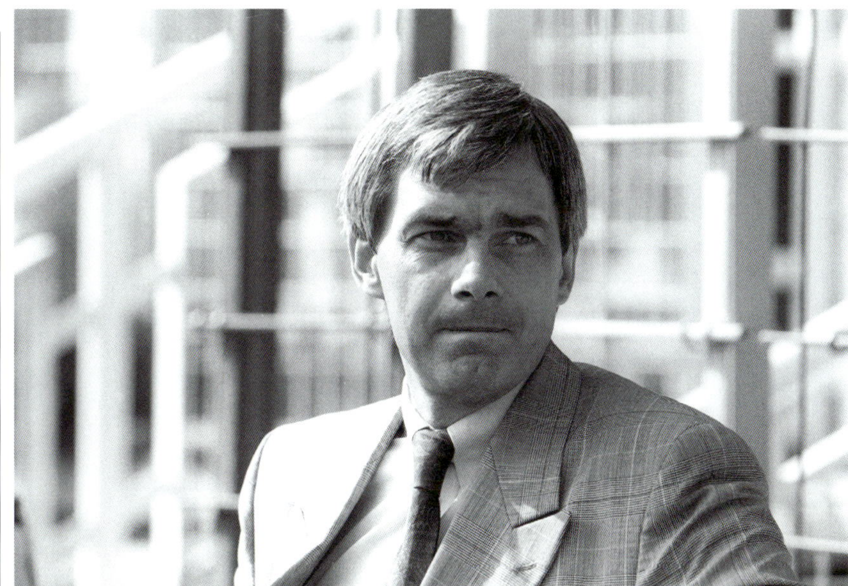

Michael Meier:
Um Schadensbegrenzung intensiv bemüht.

Und natürlich kam mir am Ende des Abends wieder der 17. November 1991 in den Sinn und was danach nicht alles falsch gelaufen war. Vor allem das Verhalten des Vereins war offensichtlich fragwürdig. Obwohl mit dem ehemaligen Geschäftsführer Wolfgang Schänzler eine Einzelperson genannt wurde, war der gesamte Verein anscheinend nicht in der Lage, das Thema auch im Nachgang richtig einzuordnen. Vermutlich hat sich da eine Person auf die andere verlassen. In diesem Zusammenhang ist der Wechsel in der kompletten Führung des Vereins – was sicher zu einigen Reibungsverlusten führte - zum Zeitpunkt des Unfalls sicher eine Erklärung, wohl aber keine Entschuldigung. Es wurde ja seinerzeit sogar die lange geplante Mitgliederversammlung am 21. November 1991 durchgeführt, obwohl Mucki nicht einmal beerdigt war. Der 1. FC Köln muss mehr sein als Punkte in einer Tabelle, er muss sich um seine Spieler – und im Falle des Todes eines Spielers – um die Familie des Spielers kümmern. Sie müssen das Gefühl haben, dass man im Verein ein sicheres Nest hat. Dazu gehört in meinen Augen, Banachs Witwe und Muckis Kinder zu diversen Veranstaltungen oder zum einen oder anderen Spiel einzuladen. Und natürlich die finanziellen Dinge aus der Welt zu schaffen. Aber nichts davon geschah, 18 lange Jahre lang. Ein Ding der Unmöglichkeit!

So sahen das auch 99 Prozent der Fans im Nachgang des Talks, der wie bereits erwähnt, eine deutsch-

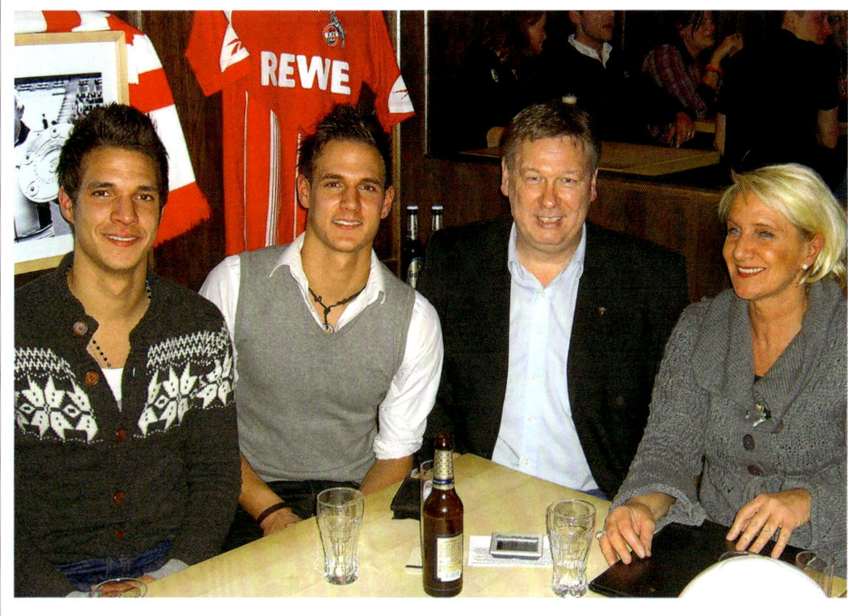

15. Dezember 2009:
FC-Stammtisch-Talk mit Zico Banach, Danny Banach Moderator Ralf Friedrichs und Claudia Weigl-Banach (v.l.n.r.).

landweite Berichterstattung nach sich zog, die auch in der Deutständen geschafft, die Söhne groß zu ziehen, war sich für keinen Job

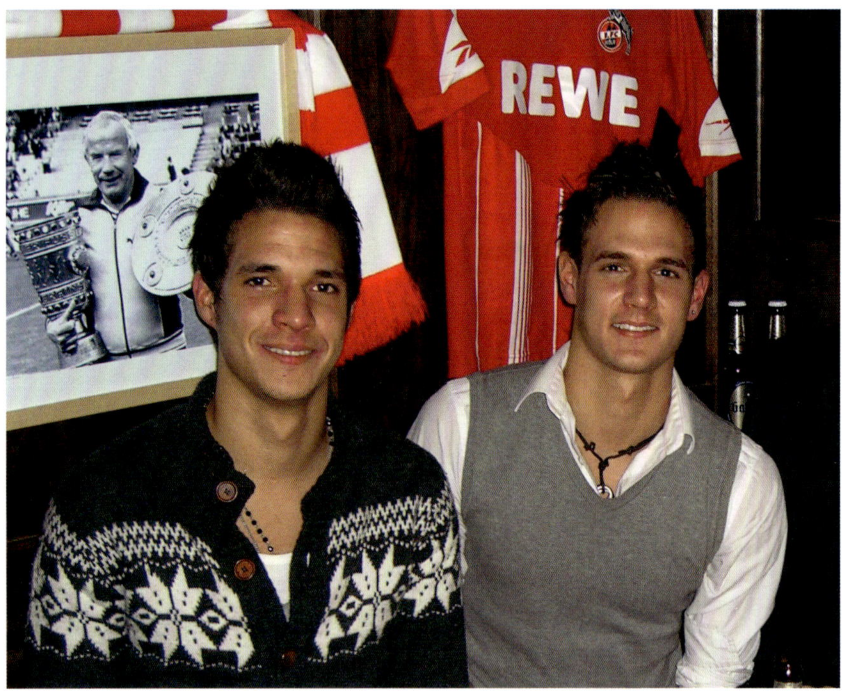

Gäste beim FC-Stammtisch-Talk:
Zico Banach (links) und Danny Banach (rechts).

lichkeit der kommentierenden Positionierung eindeutig ausfiel. Die Fanszene zeigte sich geschockt und sogar angewidert vom eigenen Verein, den eigentlich zu dem Zeitpunkt ganz andere Sorgen plagten. Der FC, vom einst stolzen Titelanwärter und Bayern-Jäger längst zum Fahrstuhlclub mutiert, kämpfte einmal mehr mit den Folgen fehlerhafter Vereinspolitik und dem daraus folgenden sportlichen Unvermögen. Da kam die Banach-Debatte völlig unerwartet noch erschwerend hinzu. Claudia Weigl-Banach aber hatte ihrem Herzen Luft gemacht – das ist ihr nicht leicht gefallen, wie ich an dem Dezemberabend 2009 spürte. Die Familie stand nach dem Tod Muckis weitestgehend alleine da, das Millionenbusiness Fußball ließ sie komplett im Regen stehen. Sie hatte es unter widrigsten Um- zu schade, hatte Nacht- und Feiertagsschichten in der Taxizentrale geschoben, war nebenbei putzen gegangen. Jetzt hatte sie nach so langen Jahren der Nichtbeachtung den Verantwortlichen die moralische Rechnung präsentiert und ihnen gleichzeitig in aller Öffentlichkeit den Spiegel vorgehalten.

Wie ging es nun weiter? Nach den Schockwellen, die die Diskussion und Offenlegung der Umstände rund um den Umgang des Vereins mit der Familie Banach auslöste, war man beim 1. FC Köln des Dezembers 2009 völlig vor den Kopf geschlagen. Es dauerte etwas, aber letztlich war es der damalige FC-Geschäftsführer Michael Meier, der sich der Sache annahm und zunächst die Familie zu einem der nächsten Spiele einlud. Wichtiger war aber, dass er Claudia Weigl-Banach durch einen seiner Kontakte einen sicheren Job vermitteln konnte, den sie bis heute noch ausübt. Eine Sache, die man positiv herausstellen sollte. Dazu gehörte auch ein Praktikum, das Zico Banach beim 1. FC Köln absolvieren konnte. „Als dann diese Geschichte von Frau Banach nach meiner Rückkehr zum FC später publik wurde, habe ich versucht, da etwas zu klären", erläutert der damalige FC-Manager Michael Meier zur Situation im Anschluss an den Talk: „Der ‚Express' hatte im Nachgang zum ‚FC-Stammtisch Talk' eine etwas unfreundliche Schlagzeile gegenüber dem FC gemacht, dass der Verein sich nicht gekümmert hätte. Ich wollte nicht, dass dies so am 1. FC Köln hängen bleibt", so Meier, der alsbald das Gespräch mit Claudia Weigl-Banach suchte. „Natürlich habe ich mich auch erkundigt, was die Aufgabe des FC war, als das Unglück passierte und hatte eigentlich den Eindruck, dass man sich da ordnungsgemäß gekümmert hatte. Aber es waren eben Dinge hängen geblieben", erklärt der langjährige FC-Funktionär. „Allerdings kannte das 2009 aktive Führungspersonal Maurice Banach überhaupt nicht. Sie kannten natürlich den Fall an sich, aber eben nicht näher. Da ist mir einfach die Idee gekommen, wenn man da überhaupt etwas machen kann, dann ist es sicherlich hilfreich, Frau Banach dementsprechend eine andere berufliche Position zu besorgen. Eine, die sie absichert und auch zufriedenstellt. Und wie ich höre, hat sie diesen Posten ja heute noch. Es sollte ja so sein und das wäre dann schön, wenn am Ende beide zufrieden sind," ergänzt Michael Meier aus heutiger Sicht.

Auch in der Fanszene war man nach dem Talk und den nachfolgenden Medienberichten wie vom Donner gerührt. Die Tatsache, dass der eigene Verein die Familie eines Spielers, der durch seine Leistungen sehr viele Hoffnungen geweckt hatte, alleine gelassen hatte, löste Gefühle der Scham aus. So gab es in der Folge Initiativen gleich zweier Fanclubs, um das Andenken Muckis durch Maurice-Banach-Turniere in den Vordergrund zu stellen. Jedoch muss man feststellen, dass nach einer gewissen Zeit das öffentliche Interesse am „Fall Banach" wieder abebbte. Die Nachricht, dass der FC selbst, aber auch einige Fanclubs sich nun kümmerten, war durch die Kölner Medien gegangen. Man fühlte sich dadurch beruhigt und hoffte, dass auch langfristig die Wunde geschlossen werden würde, die Claudia Banach beim „FC-Stammtisch Talk" öffentlich gemacht hatte. Man verließ sich schlicht auf den 1. FC Köln, dass er auch die finanziellen Dinge regeln würde. Weiterhin wurde man ja eh vom eigentlich immer hektischen Treiben rund um das Geißbockheim abgelenkt. Sportlich durchlebte der FC weitere Krisen, doch auch vereinspolitisch war eigentlich immer was los. Der damalige Präsident, die FC-Spielerikone Wolfgang Overath, legte sich mit einem Teil der FC-Mitglieder an, die den Verein reformieren wollten. Eine unruhige Zeit war es, die 2010 begann und mit dem erneuten Abstieg im Sommer 2012 ihren vorläufigen negativen Höhepunkt fand. Das neue Präsidium unter Werner Spinner, Toni Schumacher und Markus Ritterbach konnte den Verein mittelfristig befrieden, war damit aber wohl voll ausgelastet. Umso unschöner, dass gegenüber Claudia Weigl-Banach und ihrem heutigen Ehemann von „Altlasten" gesprochen wurde, als das Thema auf das Gedenken an den verstorbenen FC-Stürmer Maurice Banach aufkam.

Immerhin schaffte es die FC-Führung den Verein für einen gewissen Zeitraum zu befrieden zuletzt zum Einzug in diesen europäischen Wettbewerb verholfen hatte. Mit der Ruhe in Köln war es dann aber auch schnell wieder vorbei, denn einmal mehr verspielte der 1. FC Köln – wie seinerzeit im Sommer 1990 – seine eigentliche

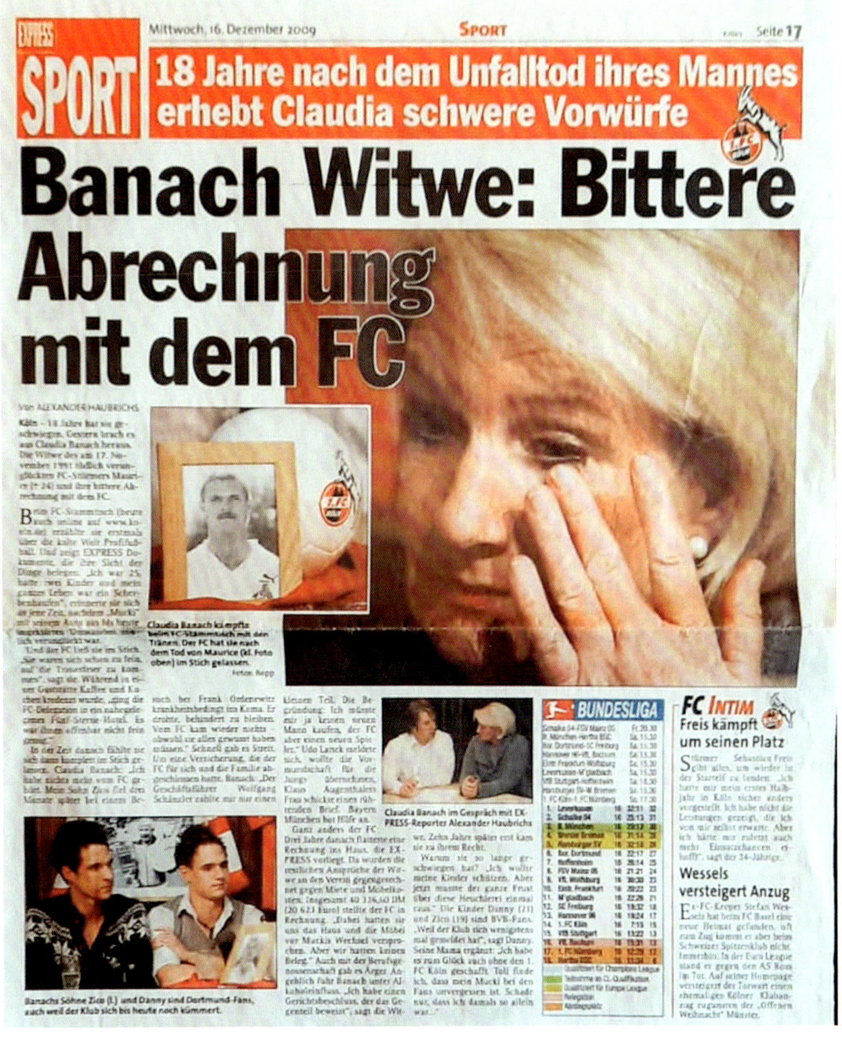

EXPRESS SPORT Mittwoch, 16. Dezember 2009 Seite 17

18 Jahre nach dem Unfalltod ihres Mannes erhebt Claudia schwere Vorwürfe

Banach Witwe: Bittere Abrechnung mit dem FC

Von ALEXANDER HAUBRICHS

Claudia Banach kämpfte beim FC-Stammtisch mit den Tränen. Der FC hat sie nach dem Tod von Maurice (kl. Foto oben) im Stich gelassen.

Claudia Banach im Gespräch mit EXPRESS-Reporter Alexander Haubrichs

Banachs Söhne Zico (l.) und Danny sind Dortmund-Fans, auch weil der Klub sich bis heute noch kümmert.

BUNDESLIGA

FC INTIM

Freis kämpft um seinen Platz

Wessels versteigert Anzug

Es rauscht gewaltig im Blätterwald:
Express-Story zum FC-Stammtisch-Talk.

und sogar Erfolge zu erzielen. Am Ende stieg man unter dem neuen Langzeit-Trainer Peter Stöger nicht nur wieder auf, sondern erreichte 2017 mit etwas Glück sogar nach 25 Jahren wieder den Europapokal. Also 25 Jahre nachdem Maurice Banach dem FC mit seinen zehn Toren in der Saison 1991/92 Top-Chance für die Zukunft durch eine Unmenge an Fehlentscheidungen im Managementbereich sowie durch persönlichen Eitelkeiten und Befindlichkeiten. Somit stiegen die Geißböcke in der Folgesaison hochverdient sang- und klanglos wieder ab. Immer noch ungeklärt waren aber nach wie vor die finanziellen Aspekte rund um die Äußerungen von Claudia Banach aus dem Jahre 2009. Öffentlich galt die Angelegenheit als geklärt, aber das war sie nicht.

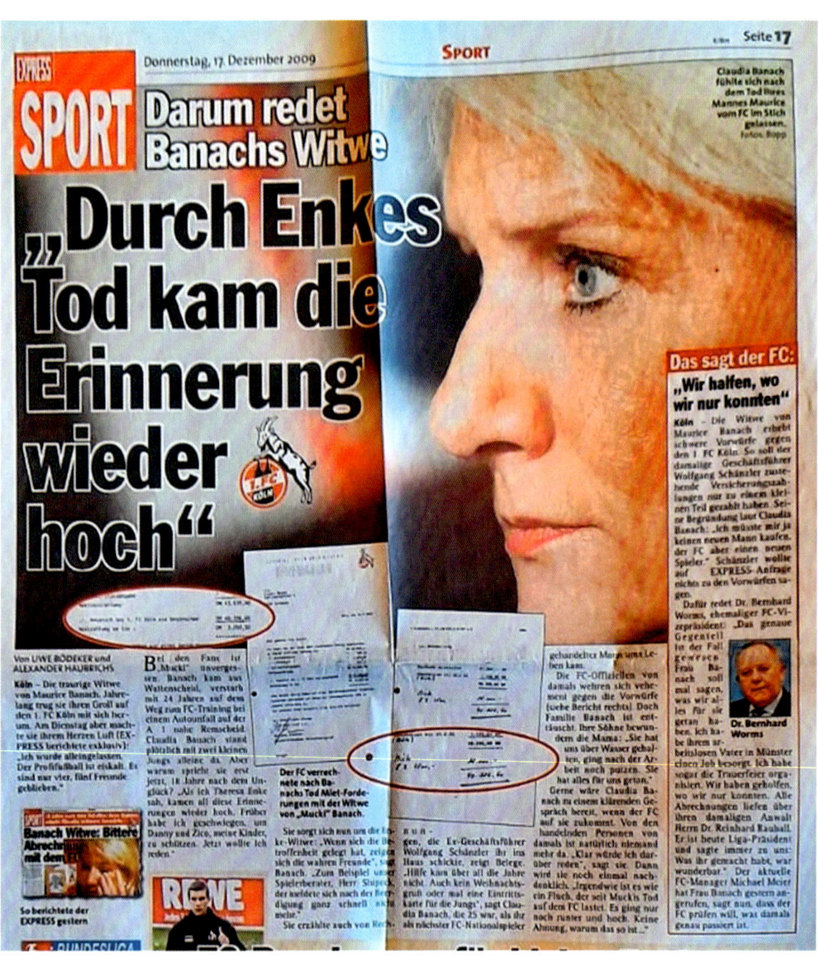

EXPRESS SPORT

Donnerstag, 17. Dezember 2009

Darum redet Banachs Witwe

„Durch Enkes Tod kam die Erinnerung wieder hoch“

Von UWE BÖDEKER und ALEXANDER HAUBRICHS

Köln – Die traurige Witwe von Maurice Banach. Jahrelang trug sie ihren Groll auf den 1. FC Köln mit sich herum. Am Dienstag aber machte sie ihrem Herzen Luft (EXPRESS berichtete exklusiv): „Ich wurde alleingelassen. Der Profifußball ist eiskalt. Es sind nur vier, fünf Freunde geblieben.“

Banach Witwe: Bittere Abrechnung mit dem FC

So berichtete der EXPRESS gestern

Bei den Fans ist „Mucki“ unvergessen. Banach kam aus Wattenscheid, verstarb mit 24 Jahren auf dem Weg zum FC-Training bei einem Autounfall auf der A 1 nahe Remscheid. Claudia Banach stand plötzlich mit zwei kleinen Jungs alleine da. Aber warum spricht sie erst jetzt, 18 Jahre nach dem Unglück? „Als ich Theresa Enke sah, kamen all diese Erinnerungen wieder hoch. Früher habe ich geschwiegen, um Danny und Zico, meine Kinder, zu schützen. Jetzt wollte ich reden.“

Der FC verrechnete nach Banachs Tod Miet-Forderungen mit der Witwe von „Mucki“ Banach.

Sie sorgt sich nun um die Enke-Witwe: „Wenn sich die Betroffenheit gelegt hat, zeigen sich die wahren Freunde“, sagt Banach. „Zum Beispiel unser Spielerberater, Herr Stupeck, der meldete sich nach der Beerdigung ganz schnell nicht mehr.“

Sie erzählte auch von Rechnungen, die Ex-Geschäftsführer Wolfgang Schänzler ihr ins Haus schickte, zeigt Belege. „Hilfe kam über all die Jahre nicht. Auch kein Weihnachtsgruß oder mal eine Eintrittskarte für die Jungs“, sagt Claudia Banach, die 25 war, als ihr als nächster FC-Nationalspieler gehandelter Mann ums Leben kam.

Die FC-Offiziellen von damals wehren sich vehement gegen die Vorwürfe (siehe Bericht rechts). Doch Familie Banach ist enttäuscht. Ihre Söhne bewundern die Mama: „Sie hat uns über Wasser gehalten, ging nach der Arbeit noch putzen. Sie hat alles für uns getan.“

Gerne wäre Claudia Banach zu einem klärenden Gespräch bereit, wenn der FC auf sie zukommt. Von den handelnden Personen von damals ist natürlich niemand mehr da. „Klar würde ich darüber reden“, sagt sie. Dann wird sie noch einmal nachdenklich. „Irgendwie ist es wie ein Fluch, der seit Muckis Tod auf dem FC lastet. Es ging nur noch runter und hoch. Keine Ahnung, warum das so ist ...“

SPORT Seite 17

Claudia Banach fühlte sich nach dem Tod ihres Mannes Maurice vom FC im Stich gelassen. Fotos: Bopp

Das sagt der FC:

„Wir halfen, wo wir nur konnten“

Köln – Die Witwe von Maurice Banach erhebt schwere Vorwürfe gegen den 1. FC Köln. So soll der damalige Geschäftsführer Wolfgang Schänzler zustehende Versicherungszahlungen nur zu einem kleinen Teil gezahlt haben. Seine Begründung laut Claudia Banach: „Ich müsste mir ja keinen neuen Mann kaufen, der FC aber einen neuen Spieler.“ Schänzler wollte auf EXPRESS-Anfrage nichts zu den Vorwürfen sagen.

Dafür redet Dr. Bernhard Worms, ehemaliger FC-Vizepräsident: „Das genaue Gegenteil ist der Fall gewesen. Frau Banach soll mal sagen, was wir alles für sie getan haben. Ich habe ihrem arbeitslosen Vater in Münster einen Job besorgt. Ich habe sogar die Trauerfeier organisiert. Wir haben geholfen, wo wir nur konnten. Alle Abrechnungen liefen über ihren damaligen Anwalt Herrn Dr. Reinhard Rauball. Er ist heute Liga-Präsident und sagte immer zu uns: Was ihr gemacht habt, war wunderbar.“ Der aktuelle FC-Manager Michael Meier hat Frau Banach gestern angerufen, sagt nun, dass der FC prüfen will, was damals genau passiert ist.

Dr. Bernhard Worms

Tags drauf:
Die nächste Express-Story zum spektakulären FC-Stammtisch-Talk.

Einer, der davon Wind bekam, war Muckis ehemaliger Mitspieler bis zum Pokalfinale 1991 beim 1. FC Köln: Andreas Gielchen, der als solider Abwehrspieler 131 Bundesligaeinsätze für die Geißböcke absolvierte und dabei die letzten großen FC-Tage auf höchster Ebene als Akteur mit erlebte. 1986 stand er bei beiden Endspielen gegen Real Madrid mit auf dem Rasen, ebenso im Pokalfinale 1991, seinem letzten Spiel für den FC. Dazu hatte er die beiden Vize-Meisterschaften unter Christoph Daum 1989 und 1990 miterlebt. Mit Maurice Banach spielte er ein Jahr lang zusammen, war mit dem Angreifer gut befreundet. Zur Beerdigung war er seinerzeit als Spieler des MSV Duisburg angereist und hatte die erschütternden Szenen am Grab des einstigen Mitspielers schockiert miterlebt. Am 9. Oktober 2020, Muckis 53. Geburtstag, war Gielchen zu Claudia Weigl-Banach gereist, um mit ihr am Friedhof Mucki zu ehren. Danach verfasste er einen Beitrag auf seinem Facebook-Profil, der sofort viral ging und den man in seiner Eindeutigkeit als Gesamtdokument auf seiner Facebookseite nachlesen kann.

Der Facebook-Post traf den Nerv der Fans erneut bis tief ins Mark und sorgte dafür, dass der Fall ein weiteres Mal die Öffentlichkeit erregte. Im Kölner „Express“ vom 12. Oktober 2020 wiederholte Gielchen seine Vorwürfe: „Ex-Geschäftsführer Schänzler ist link und ein Heuchler. Die genauen Details, was alles mit der Familie Banach passiert ist, habe ich erst jetzt erfahren. Von der Prämien-Summe blieben nur 3.000 Mark übrig. Das ist ein Skandal. Ich habe mir geschworen, das alles aufzudecken.“

Auch Christoph Daum äußerte sich zu den Erkenntnissen, die nun bekannt geworden waren: „Ich muss da sehr vorsichtig sein, denn die meisten Informationen habe ich ja auch nur aus den Medien. Das was man liest, hat mir aber gezeigt, wie sehr der Profifußball ein Geschäft ist, wie wenig menschliche Werte in gewissen Situationen eine Rolle spielen.
Okay, das kann ich ja locker und leicht sagen. Also mit mir hätte es so was nie gegeben. Aber wie gesagt: Das lässt sich heute leicht sagen. Das war schon sehr enttäuschend, die Rolle, die der 1. FC Köln, gerade in so einer tragischen Situation, für die Familie gespielt hat. Mucki war ja noch nicht so lange im Profifußball, sodass er sich Rücklagen hätte anlegen können, die erst einmal die Zukunft der Familie auf relativ einfache und solide Füße stellt. Aber die sind ja fast ins Bodenlose gefallen und in so einer Situation hat der Verein auch eine moralische Verantwortung, die aber bei den handelnden Personen damals nicht so zum Tragen gekommen ist.“

Der Verein reagierte und setzte sich mit der Familie Banach sowie mit Andreas Gielchen zusammen. Es galt nun, endgültig die Wunden zu schließen und alles aus der Welt zu schaffen. Man fand im Dialog folgende Lösung, welche der 1. FC Köln im März 2021 dann publik machte:

Im November jährt sich der tragische Tod von Maurice „Mucki" Banach zum 30. Mal. Zu diesem Anlass wird der 1. FC Köln ein Freundschaftsspiel in Gedenken an den bei einem Autounfall verunglückten Stürmer austragen. Die Erlöse kommen Banachs Familie zugute.
Es ist einer der traurigsten Tage in der Geschichte des 1. FC Köln: Am 17. November 1991 kam der damalige FC-Profi Maurice Banach auf dem Weg zum Training bei trübem Wetter auf der A1 bei Remscheid von der Fahrbahn ab. Er prallte mit seinem Wagen gegen einen Brückenpfeiler. Banach, den alle nur „Mucki" nannten, war sofort tot. Er wurde nur 24 Jahre alt. Anlässlich des 30. Todestages von Mucki Banach wird der 1. FC Köln ein Freundschaftsspiel im RheinEnergieSTADION austragen. Die Einnahmen gehen an Banachs Familie. „Unser Trainer Jörg Berger hat uns die schreckliche Nachricht von Muckis Tod überbracht", erinnert sich FC-Geschäftsführer Horst Heldt, damals Banachs Mannschaftskamerad. „Das hat uns alle bis ins Mark getroffen. Wir haben mit Mucki einen allseits beliebten und hochveranlagten Mitspieler verloren – vor allem aber haben seine Frau Claudia und seine beiden Söhne ihren Ehemann und Vater verloren. Dieser Verlust begleitet sie ein Leben lang. Uns ist wichtig, mit dem Gedenkspiel zu Ehren von Mucki ein weiteres Zeichen der Unterstützung an seine Familie zu senden. Wir hoffen auf ein ausverkauftes RheinEnergieSTADION und möglichst hohe Erlöse zu Gunsten von Muckis Familie. Deshalb werden wir das Spiel erst terminieren, wenn wieder 50.000 Menschen ins Stadion kommen können."

Claudia Weigl-Banach sagt: „Mucki fehlt uns nach wie vor unendlich. Dass der 1. FC Köln ihm zu Ehren ein Spiel austrägt, ist eine ganz besondere Geste, über die wir uns als Familie sehr freuen. Ich möchte mich von ganzem Herzen beim FC-Vorstand und bei Horst Heldt und Alexander Wehrle für die große Unterstützung bedanken. Sie stehen uns zur Seite, auch über dieses Spiel hinaus. Der FC ist eine Familie, die zusammenhält und in der wir uns gut aufgehoben und aufgefangen fühlen."

Mit diesen Worten, die nun sicher auch in die Tat umgesetzt werden, widerfährt der Familie Banach nun Gerechtigkeit. Es ist einerseits ein Trauerspiel, dass es überhaupt so lange dauerte, andererseits aber auch ein gutes Zeichen, das sich auf Dauer dann doch die Redlichkeit durchsetzt und das auch der 1. FC Köln nun diesses Zeichen setzt. Er wird seiner Verantwortung nun tatsächlich gerecht.

DIE VERSÖHNUNG MIT MUCKI BANACHS FAMILIE WAR DER GESCHÄFTSFÜHRUNG UND UNS EIN GANZ WICHTIGES ANLIEGEN - GENAUSO WIE VIELEN MITGLIEDERN UND FANS.

Dieses Jahr zeigt uns noch auf andere Weise, dass es größere Themen gibt als den Tabellenplatz. Im Herbst ist es 30 Jahre her, dass die FC-Familie ein besonderes Mitglied verloren hat. Deswegen war der Geschäftsführung und uns – genau wie vielen FC-Fans – die **Versöhnung mit der Familie von Mucki Banach** sehr wichtig. Kurz nach Muckis schrecklichem Unfall hat dessen Frau Claudia, die als sehr jung plötzlich ganz alleine mit zwei kleinen Kindern dastand, vom FC offenbar nicht die Unterstützung erfahren, die sie sich gewünscht hätte. Wir wollen alles geben, um diese offene Wunde endlich zu schließen. Zusätzlich zu den jetzt schon laufenden Hilfen werden wir zu Ehren von Mucki Banach ein **Gedenkspiel im RheinEnergieSTADION** veranstalten, dessen Erlös seiner Familie zugutekommt. Wir freuen uns, dass auch von Fanseite Aktionen für dieses Spiel gestartet worden sind.

Um Mucki Banach so zu würdigen, wie er es verdient, und möglichst viel Geld zu sammeln, wird das Spiel erst stattfinden, **wenn wieder 50.000 Menschen ins Stadion kommen können**. Wann das sein wird, wissen wir noch nicht, aber der Tag wird kommen – und wir können es kaum erwarten.

Dein FC-Vorstand

Dr. Werner Wolf Präsident	Eckhard Sauren Vizepräsident	Dr. Carsten Wettich Vizepräsident

Der Friedensschluss:
Die offizielle Verlautbarung des 1. FC Köln.

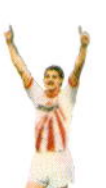

Was wäre, wenn...?

Der Mythos Mucki

Der Tod eines jungen Menschen ist schrecklich, am schlimmsten ist es selbstredend für seine Familie und sein gesamtes näheres Umfeld. Die Familie leidet am allermeisten und im Fall Banach begannen schwierige Jahre für die Angehörigen. Daher steht es dem Fußball eigentlich nicht zu, den Ausfall spieltechnisch zu bewerten. Aber dennoch wollen wir hier in diesem Buch einmal eine Aussicht wagen, was eventuell passiert wäre, hätte es jenen tragischen Sonntag im November des Jahres 1991 nicht gegeben. Schließlich war Maurice Banach als Fußballprofi eine öffentliche Person, über dessen Schicksal man bis heute redet. Da gehört die „Was wäre, wenn ...“-Frage einfach dazu. Mucki war schlicht zu gut, um diese Frage zu übergehen.

Als erstes steht der wohl logischste Gedanke im Vordergrund: Maurice Banach wäre mit ganz hoher Wahrscheinlichkeit deutscher Nationalspieler geworden. Alle Experten, die ihm persönlich kannten, sahen das als selbstverständliche Entwicklung seiner Karriere an – mit zehn Saisontreffern, die für ihn eigentlich elf waren, stand er zum Zeitpunkt seines Todes ganz vorne in der Torschützenliste der Bundesliga.

Nur Dortmunds Stephane Chapuisat konnte es mit dem Kölner Stoßstürmer aufnehmen, doch der Schweizer war aus verständlichen Gründen kein Thema für den damaligen Bundestrainer Berti Vogts. Der ehemalige Mönchengladbacher Abwehrspezialist, der nach der WM 1990 in die schwierige Fußstapfen von „Kaiser“ Franz Beckenbauer trat, kannte Banach aus den Nachwuchsmannschaften des DFB und galt als Förderer des jungen Angreifers, den er schon früh während seiner Dortmunder Zeit für die Auswahlteams mit dem Adler auf der Brust nominierte.

Auch Christoph Daum hatte Muckis Talent frühzeitig erkannt und sah ihn bereits vor der Verpflichtung beim FC als Kandidaten für die Nationalmannschaft: „Ich habe neben den sportlichen Qualitäten auch sehr auf die charakterlichen Eigenschaften geachtet, das war für mich ebenfalls sehr wichtig. Hochtalentierte Spieler habe ich in meinen Mannschaften viele gesehen, die aber dann nicht über das entsprechende Durchhaltevermögen und die notwendige Willensstärke verfügten. Es war aber in den Gesprächen mit Mucki zu erkennen, dass er dies alles über seine sportlichen Qualitäten hinaus auch noch hatte“, erläutert der einstige FC-Trainer seine damaligen Gedanken beim Wechsel des Angreifers, der sich aus Münster kommend bis nach Müngersdorf hochgespielt und durchgekämpft hatte. Banachs Qualitäten hatten es Daum schnell angetan, noch heute schwärmt der ehemalige Kölner Coach von seiner Verpflichtung, die er letztlich aufgrund seiner viel diskutierten Entlassung im WM-Sommer 1990 nicht trainieren sollte. „Mucki war sehr vielseitig veranlagt, hatte eine gute Grundtechnik, dazu eine überdurchschnittliche Aktion- und Handlungsschnelligkeit. Es geht mir oftmals gar nicht darum, das

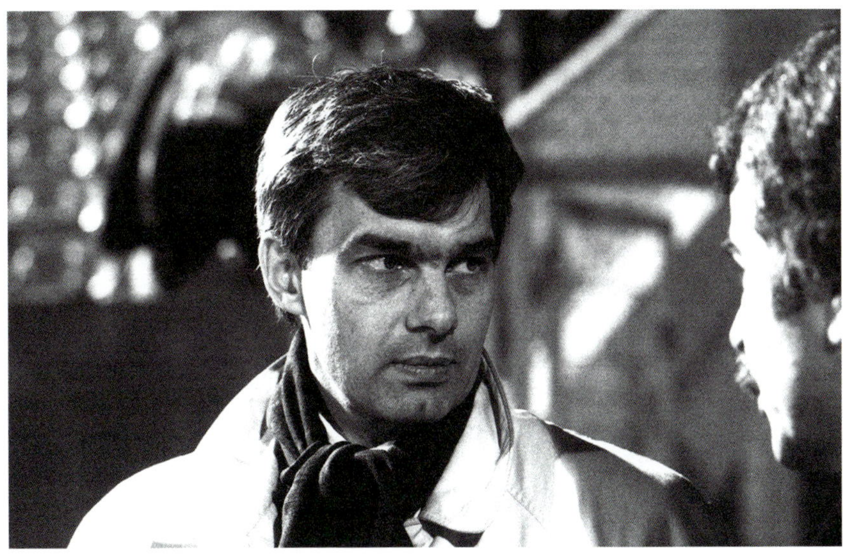

Michael Meier als BVB-Manager: Banach nie aus den Augen verloren.

er als Boxspieler so eine lineare Geschwindigkeit hat, sondern wie schnell er eine Situation erkennt, wo gleich die gefährlichste Position sein wird. Da hat sich Mucki dann Doch auch darüber hinaus sah Daum im Vollblutstürmer das entsprechende Leistungsvermögen, um eine große Karriere zu starten. „Versprochen habe ihm natürlich in die DFB-Elf zu schaffen, das sah ich bei ihm auch", konstatiert Daum. Eine Einschätzung die auch Michael Meier, ehemals Manager bei Borussia Dortmund,

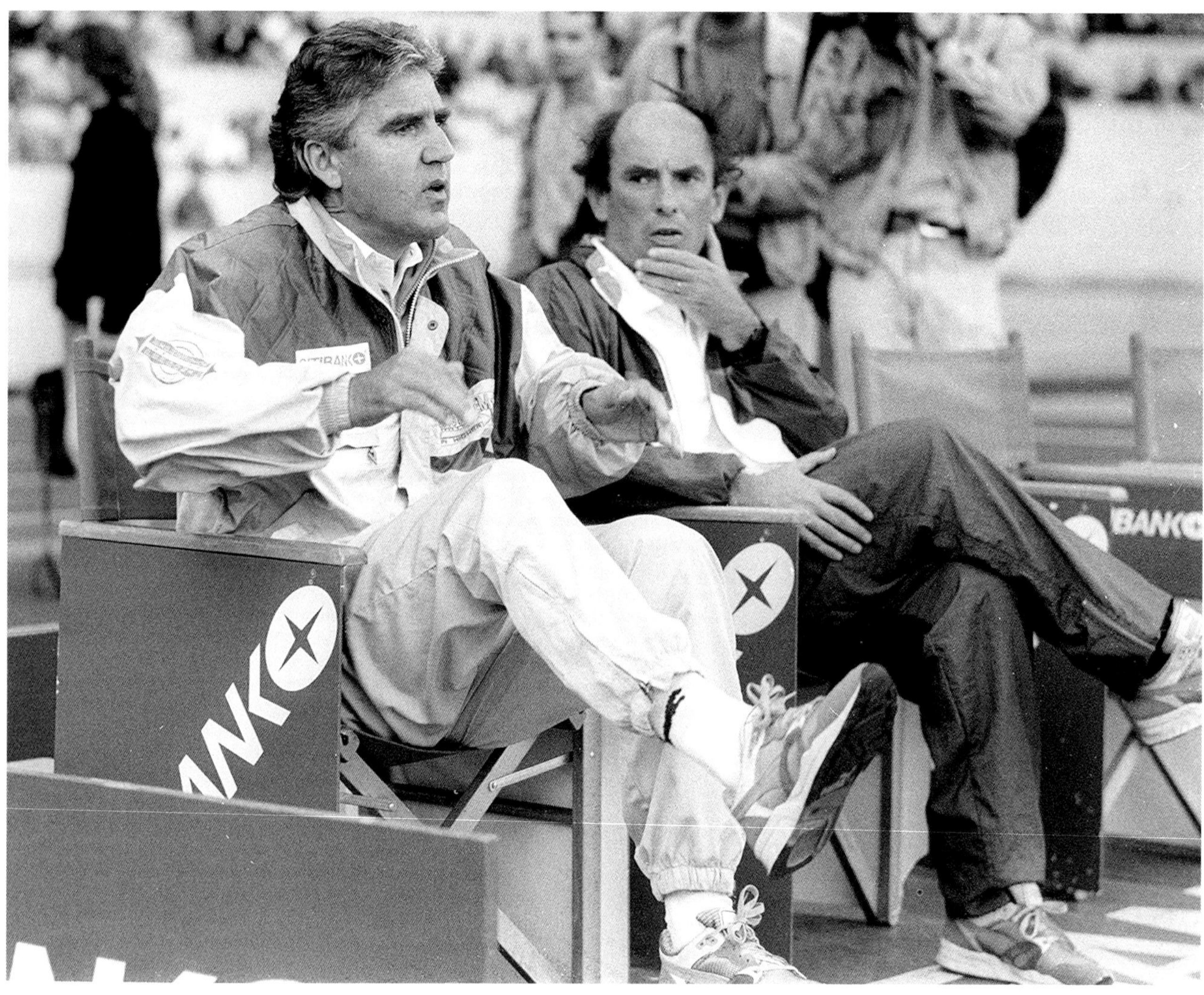

FC-Cheftrainer Jörg Berger und Assistenztrainer Hannes Linßen:
Krisenmanagement mit Happy End.

rechtzeitig hinbegeben. Wir sprechen davon, dass er über eine unheimlich hohe Handlungsschnelligkeit verfügte und demnach Situationen vorausschauend erkennen konnte. Das alles, verbunden mit seinen technischen Qualitäten, zeigte mir das Potenzial auf, die mich davon überzeugten, dass Mucki Banach Stammspieler beim 1. FC Köln wird."

keinen Stammplatz, das habe ich bei keinem Spieler gemacht, den ich geholt habe. Erhofft habe ich mir das aber schon und auch in den Gesprächen mit ihm durchblicken lassen. Im Hinterkopf war noch etwas anderes: Ich hatte ja einige junge Spieler, die es über die Jugend bis in die deutsche Nationalmannschaft geschafft haben. Dieses Potenzial, den Sprung

Bayer Leverkusen und beim 1. FC Köln, teilt: „Mucki war auf jeden Fall auf den Weg in die Nationalmannschaft, also das war ganz eindeutig. Und er war ja als Spieler auch noch nicht fertig, das hat mir Reinhard Saftig immer erzählt, der ihn in der Jugend beim BVB hatte. Er hat ihn immer als hundertprozentig kommenden Nationalspieler gesehen", erzählt der einstige

FC-Macher. Wäre die Berufung zur DFB-Elf gekommen, hätte sich Maurice Banach allerdings zunächst hintanstellen müssen. Immerhin spielten zu diesem Zeitraum mit Rudi Völler, Karl-Heinz Riedle und Jürgen Klinsmann drei prominente Schwergewichte im Sturm. Doch gerade die Andersartigkeit seines Spiels im Zentrum machte Maurice Banach interessant für Vogts. Andeutungen dieser Art äußerte der Bundestrainer auf den Kölner Angreifer angesprochen mehr als nur einmal. Echte Strafraumstürmer, noch dazu mit durchaus guten technischen Fähigkeiten und einer sehr gut ausgeprägten Antizipationsgabe, galten mittlerweile als selten – dazu war der Shootingstar in der Bundesliga ein mitspielender Angreifer, der sich gern zurückfallen ließ, um am Angriffsaufbau seiner Mannschaft teilzunehmen.

Spätestens nach der EM 1992 hätte Maurice Banach sehr wahrscheinlich seine Chancen in der Nationalmannschaft bekommen. Ein Debüt im Adlertrikot galt unter der Hand eh schon als beschlossene Sache, sobald die DFB-Auswahl die Qualifikation für das Turnier in Schweden in trockene Tücher gebracht hat. Im Sport im Allgemeinen und im Fußball im Besonderen sind Prognosen immer schwierig, aber bei ähnlichen Leistungen wie im Herbst 1991 hätte in der Nationalmannschaft auf Strecke kein Weg am Kölner Stürmer, der seinen Vertrag bei den Geißböcken langfristig verlängert hatte, vorbeigegangen. Besonders ab 1994, nach dem Karriere-Ende von Rudi Völler in der Nationalmannschaft, wäre eine wichtige Rolle im deutschen Team für ihn sehr gut denkbar gewesen. Auch die Chancen, die Turniere 1996 und 1998 als Stammspieler zu absolvieren, stünden nicht schlecht für einen technisch starken und zugleich treffsicheren Mittelstürmer wie Maurice Banach. Vor allem dann, wenn im Verein sein bereits eingeschlagener Weg, abgesehen von ein paar normalen Schwankungen, denen Stürmer immer mal unterliegen, weiter gegangen wäre.

Zugegeben: Wir bewegen uns hier im Raum der Spekulationen, aber es ist sicher nicht unseriös, darauf hinzuweisen, dass mit einer halbwegs normalen Entwicklung – mit allen Höhen und Tiefen – einige Erfolge und vielleicht auch Titel die Folge gewesen wären. Dies gilt sowohl für die Nationalmannschaft als auch für den Verein. Auch die Torjägerliste wäre auf einige Jahre mit den Namen Maurice Banach als Stammgast bereichert worden, in einigen Spielzeiten eventuell sogar auf Platz eins. Das Potenzial dazu wird von keinem Experten, der den Spieler persönlich in Augenschein genommen hat, bestritten. Naturgemäß wären bei einem weiteren sportlich ansteigenden Verlauf auch andere Vereine auf den Kölner Angreifer aufmerksam geworden, der bereits vor seiner Vertragsverlängerung von anderen Clubs in aller Öffentlichkeit umworben wurde. Auch in Muckis alter Heimat gab es bei Borussia Dortmund Pläne, den „verlorenen Sohn“ an den Borsigplatz zurückzuholen. Für den heimatverbundenen Münsteraner wohl eine denkbare Option, war der BVB doch in der Zwischenzeit wieder zu einem echtes Schwergewicht im deutschen Fußball aufgestiegen. Waren die Schwarzgelben in den achtziger Jahren fast zu einer grauen Maus runtergedampft, so erfolgte die Wende zu einem erfolgreichen Verein unter Banachs Mithilfe 1987. Sein Treffer gegen Bochum stieß das Tor zum UEFA-Cup für die Borussia sperrangelweit auf, das Erreichen des Euro-

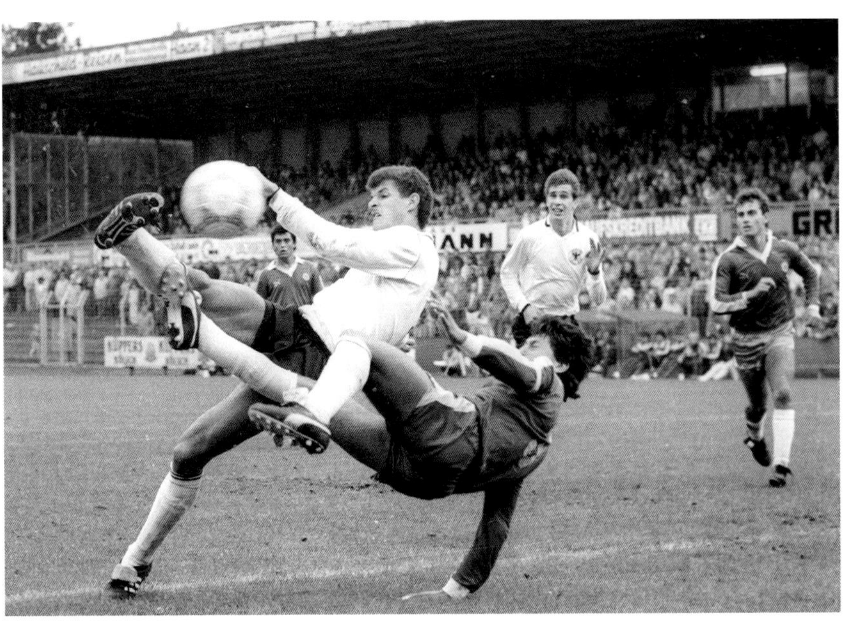

Banach international:
Der Schritt von der U-21 zur A-Nationalmannschaft stand bevor.

papokals gab am Westfalenstadion den Startschuss für eine rasante Entwicklung zum Spitzenclub.

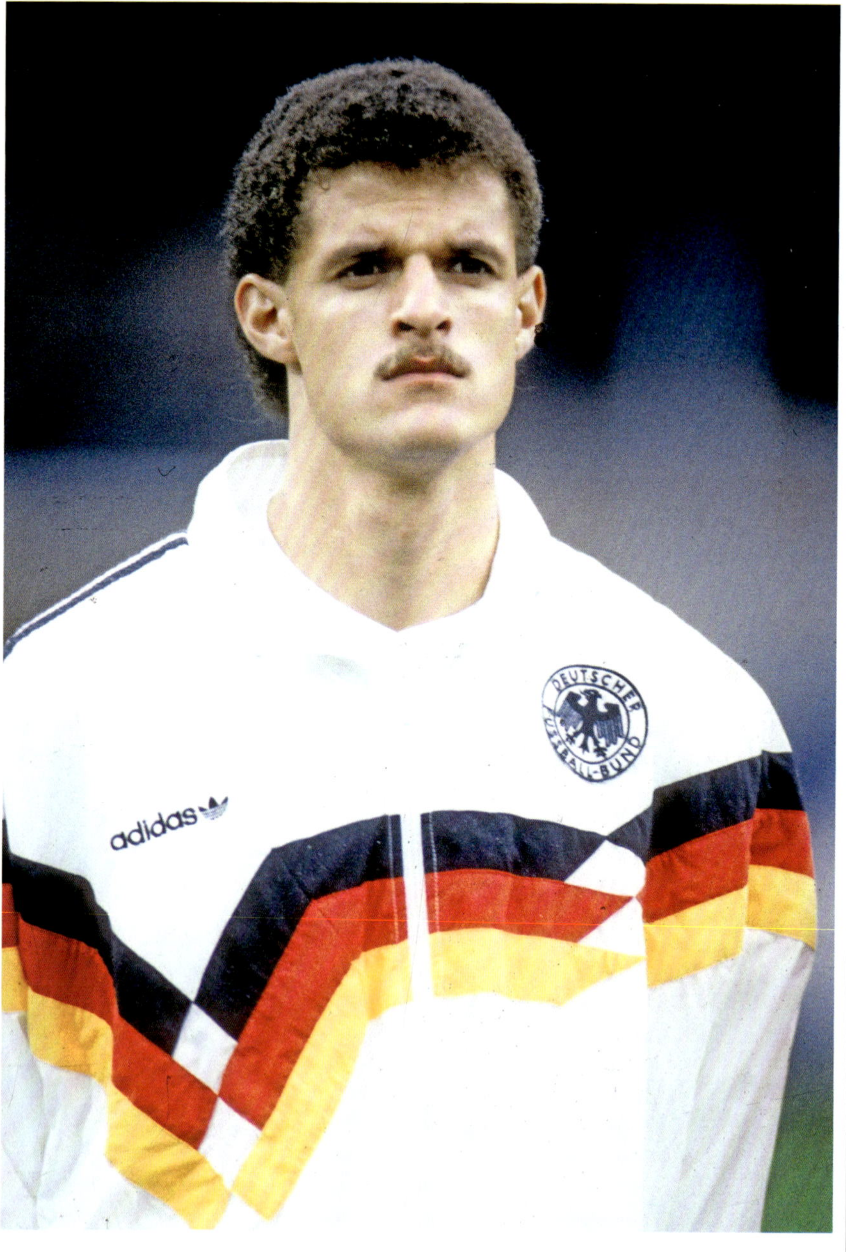

Kleiderprobe:
Banach im Trikot der A-Nationalmannschaft.

1989, als Mucki bereits aus Dortmund zur SG Wattenscheid 09 gewechselt war und in der 2. Bundesliga sein enormes Talent unter Beweis stellte, holten die Schwarzgelben aus dem Kohlenpott mit dem Gewinn des DFB-Pokals ihren ersten Titel nach 23 Jahren. Für viele war dieser Erfolg in Berlin, herausgeschossen von einem überragenden Norbert Dickel, endgültig der Beginn einer Entwicklung zum erfolgreichen Verein, der in den neunziger Jahren zwei Meisterschaften und einen Champions-League-Triumph feiern durfte. Dass der BVB diesen Weg gehen würde, dafür sprach allerdings wenig, als Maurice Banach 1988 den Club Richtung Wattenscheid verließ. Dass Mucki jedoch die Entwicklung machte, die ihn letztlich zum besten deutschen Stürmer in der Bundesliga werden ließ, dafür sprach viel – nicht umsonst wollte ihn die Borussia damals in Dortmund halten. Aus dem Auge verloren die Macher vom Borsigplatz den Torjäger nie, eine Rückholaktion war immer wieder einmal Thema für die Schwarzgelben. 1991 starteten die Westfalen einen mehr als ernsthaften Versuch, wie auch der damalige BVB-Manager Michael Meier bestätigt: „Seinen wirklich außergewöhnlichen Weg haben wir verfolgt und beschlossen, mit ihm Kontakt aufzunehmen. Wir wollten ausloten, ob es möglich ist, ihn wieder nach Dortmund zu holen“, erinnert sich Meier, der mit Banach eine neue Ära im BVB-Sturm einläuten wollte. Neben Chapuisat sollte das einstige Dortmunder Talent in der Mannschaft von Trainer Ottmar Hitzfeld für die nötigen Tore sorgen, um die hochfliegenden Ambitionen der Schwarzgelben zu untermauern. Doch aus einer Verpflichtung wurde nichts, Banach verlängerte seinen Vertrag beim FC nach öffentlichem Ballyhoo langfristig bis 1994. Der kölsche Hoffnungs- und Leistungsträger: Er sah seine Zukunft am Geißbockheim. „Das Angebot des 1. FC Köln war so gut, dass es für uns dann schwierig wurde. Damals war ja noch Udo Lattek auf der anderen Seite. Er war einer meiner Nachfolger beim FC, den ich sogar noch eingearbeitet habe. Die Kölner haben Mucki letztlich überzeugt, dort zu bleiben“, schildert Meier den vergeblichen Versuch, den „verlorenen Sohn“ zurück ins Westfalenstadion zu holen: „Es war etwas problematisch, an Banach heranzukommen. Zunächst habe ich das Gespräch ohne Muckis

Berater geführt, das war aber strategisch nicht ganz richtig", erinnert sich der einstige Kölner und Dortmunder Manager. „Banach hatte Heinz Slupek als Berater, den ich immer – bei allem Respekt – etwas kritisch sah, weil er beim BVB vier oder fünf Spieler unter Vertrag hatte. Das ist immer etwas ungesund für eine Mannschaft."

In Köln hatte Meier Erfahrungen mit diesem Thema gemacht, hatte doch Spielerberater-Pionier Rüdiger Schmitz, der unter anderem Heinz Flohe, Toni Schumacher und Pierre Littbarski beriet, mehrere Spieler beim FC unter seinen Fittichen. „Das war schon fast eine ganze Achse. Das ist für die diversen Verhandlungen nicht so gut, wenn die dann anklingen lassen, das sie am Ende vielleicht alle weg sind", so der routinierte Bundesliga-Funktionär: „Meine Vorgehensweise hat Slupek natürlich nicht gefreut. Als er es erfuhr, deutete er an, dass Mucki dann eben nicht zum BVB kommt. Udo Lattek aber hat das ganze Spiel von FC-Seite dann sofort erkannt und ist dann auch vom Angebot hoch rangegangen", erklärt Meier, der vor allem an Banachs Charakter nur positive Erinnerungen hatte: „Als Mensch war er sehr authentisch, wie die Leute hier im Ruhrgebiet eben sind.

Er war aber auch etwas scheu, daher konnte ihn vielleicht ein Udo Lattek auch gut überzeugen. Nach dem Motto: Wenn du jetzt nicht unterschreibst, dann lernst du mich kennen", erzählt er mit einem Schmunzeln: „Ich erkannte, dass Lattek solche Argumente gebracht hat, das ist auf Mucki eingeströmt und ein klein wenig wird es ihn auch beeinflusst haben. Eine gewisse Ehrfurcht vor Autoritäten hatte er schon."

Doch nicht nur Borussia Dortmund war an den Diensten des treffsicheren Angreifers interessiert, auch der VfB Stuttgart mit Banachs Traumtrainer Christoph Daum machte Mucki Avancen. Interessenten aus Italien gab es ebenso, doch an einen Wechsel in die finanzkräftige Serie A verschwendete der Kölner Angreifer keinen Gedanken. „Er wollte bleiben – und ich bin zu heimatverbunden, zu sehr Familienmensch, um ins Ausland zu ziehen. Mucki war das auch. Und er hatte sich gerade in Köln eingelebt, das wollte er dann behalten", erinnert sich Banachs Witwe Claudia. Die Wohlfühlatmosphäre am Geißbockheim inklusive des Familienlebens in Münster: Der Stürmer war zufrieden in der Domstadt, aber längst noch nicht zufrieden mit seiner sportlichen Situation. In den Verhandlungen ließ Banach durchblicken, dass er mit dem FC international spielen wolle. Das Verpassen des Europapokals war auch im Vertragspoker zum Thema geworden. In welche Richtung die Entwicklung des 1. FC Köln mit Maurice Banach gegangen wäre? Wie sich Mucki auf dem Platz entwickelt hätte? Alles spekulativ, aber angesichts der gezeigten Leistungen hätte auch ein Interesse des strauchelnden Serienmeisters FC Bayern München nicht verwundert. Und auch wenn Muckis bereits angedeutete Heimatverbundenheit für einen weiteren Verbleib gesprochen hätte: Den ehrgeizigen Banach dürfte der Wechsel zu besseren Teams als den

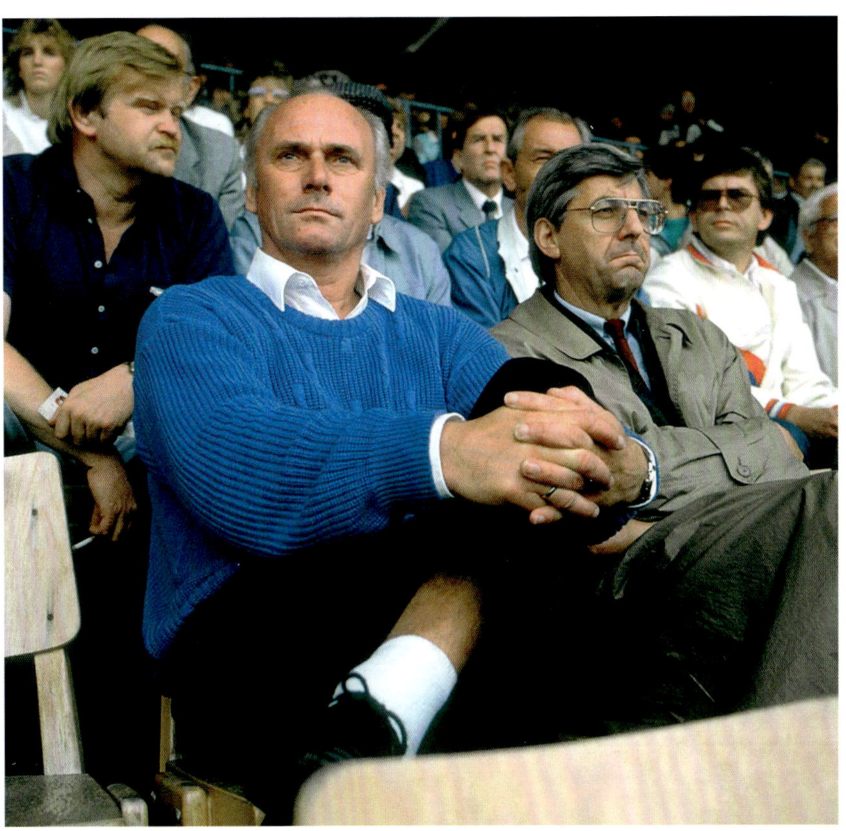

Comeback als Manager:
Udo Lattek wieder im blauen Pullover auf der Tribüne.

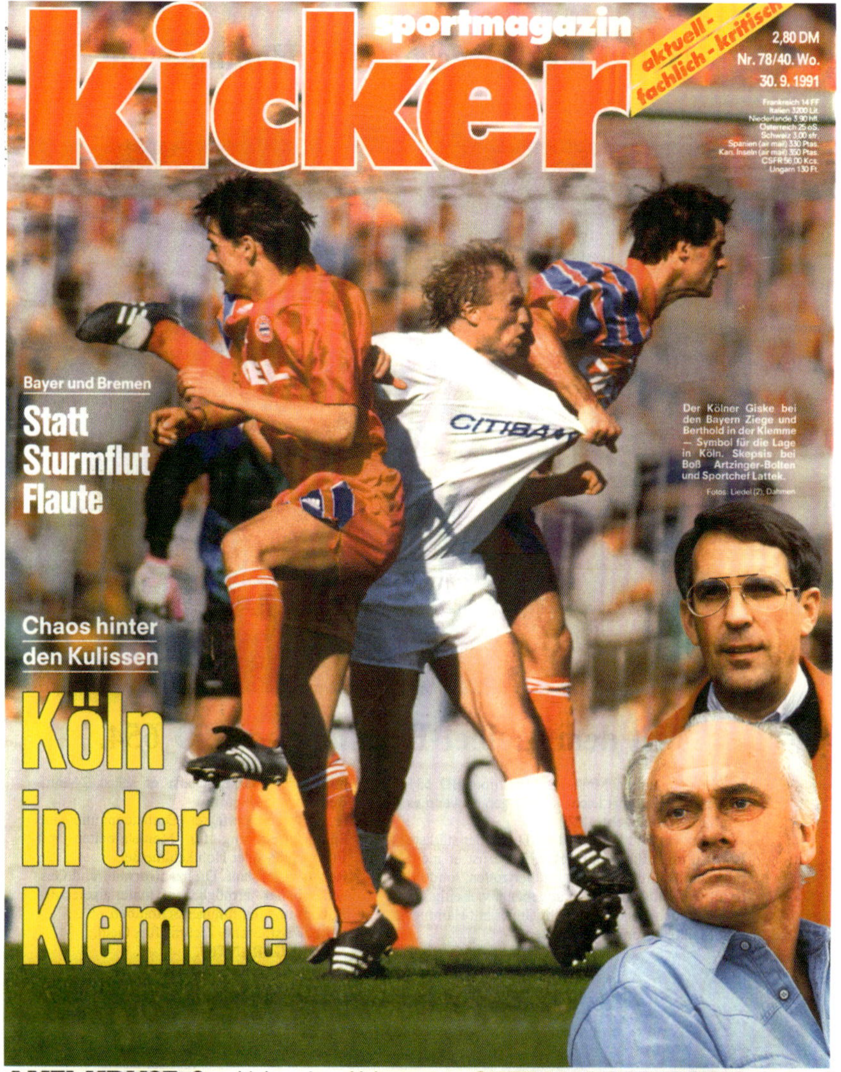

Kicker Titelseite -
FC in der Klemme

FC zu Beginn der neunziger Jahre sicherlich gereizt haben. Schon vor seinem Weggang aus Wattenscheid Richtung Geißbockheim hatte er Tipps und Erfahrungen seines Sturmpartners Uwe Tschiskale eingeholt – der Angreifer hatte in München 1987 sportlich keine gute Zeit, kam nur zu zwei Einsätzen und kehrte alsbald zu den Nullneunern zurück.

Die Chancen, dass Banach langfristig beim 1. FC Köln geblieben wäre, waren daher definitiv auch nicht klein. Der Weg in die Heimat war überschaubar, nach anfänglichen Problemen mit dem im Vergleich zu Wattenscheid 09 nicht ganz so familiär geprägten Verein mit seiner gelebten elitären Arroganz, hatte Mucki mehr und mehr seinen Weg gefunden. Zu den emotionalen Fans in der Domstadt hatte der Sturmtank einen guten Draht, im Anschluss an eine schwierige Phase im ersten Kölner Herbst hatte sich Banach mit seinen Toren in die Herzen des Publikums geschossen. Seinen Vertrag hatte er zwischenzeitlich bereits verlängert und hätte seine persönlich positive sportliche Entwicklung angedauert, hätte er auch dem schwankenden Riesen 1. FC Köln helfen können. Hätte er sich nicht schwer verletzt, wäre unwiderruflich eine glanzvolle Karriere im Fußball Profibereich möglich gewesen. Das wäre bei seinen Qualitäten gar nicht zu verhindern gewesen, denn Qualität setzt sich letztlich zumeist durch. Enorme fußballerische Fähigkeiten und ohne Zweifel die Qualität für eine sehr große und erfolgreiche Profikarriere: Maurice Banach hatte eine goldene Zukunft vor sich. Dazu hatte er notwendige Charaktereigenschaften, um im Moloch Bundesliga erfolgreich mitzuschwimmen – diese hätten die sportlichen Voraussetzungen noch komplettiert. Somit wären auch die ganz großen Weihen, bis hin zu Titeln auf Europa- und Weltniveau, für ihn nicht außer Reichweite gewesen.

Und wenn es eine Erkenntnis im Umfeld des 1. FC Köln gibt, wenn man den Tod des Torjägers Maurice Banach mit Zeitzeugen aus dem Umfeld des Vereins bespricht, dann die, das mit seinem Tod der endgültige Abstieg des 1. FC Köln begonnen hat. Ja, nicht wenige sehen darin auch den „Fluch der bösen Tat". Damit wird auf das später bekannt gewordene Verhalten des Vereins nach dem Unfalltod angespielt. Dabei schien der Club die schreckliche Zeit nach dem tragischen Unfall, den großen Schock und die Beerdigung zunächst sogar noch ordentlich verdaut zu haben. Die Saison 1991/92 war nämlich zunächst keine sonderlich gute, obwohl Maurice Banach bis zum schicksalsträchtigen 17. November gleich zehn Mal einnetzte. In den 18 Spielen hatte dies aber nur zu drei Siegen gereicht, gleich zwölf Unentschieden sammelte der FC zum Saisonstart ein. Die drei Niederlagen eingerechnet rangierten der Geißbockclub zum Zeitpunkt des Unfalls mit 18:18 Punkten auf Platz elf der Tabelle. Die Saison stand noch unter dem besonderen Vorzeichen, dass aufgrund der Wiedervereinigung mit dem ostdeutschen Fußball gleich 20 Mannschaften in der Bundesliga aktiv und somit insgesamt 38 Spieltage zu absolvieren waren. Gemessen an dem, was der Verein noch zu nicht lange zurückliegenden Zeiten eines Christoph Daum erreichte, war das bis dahin Geschaffte viel zu wenig – der FC drohte endgültig ins Mittelmaß der Bundesliga abzurutschen.

Erst nachdem Jörg Berger den Trainerposten von Erich Rutemöller übernommen hatte, war es in Köln zunächst langsam, aber dennoch stetig bergauf gegangen. Bis zum 0:3 auf Schalke, einen Tag vor Banachs Tod, waren die Geißböcke unter ihrem neuen Übungsleiter ohne Niederlage geblieben, hatte sich durch 7:1 Punkte aus den vier Partien zuvor in die obere Tabellenhälfte vorgearbeitet. Im Mittelfeld war Weltmeister Pierre Littbarski nach wie vor Dreh- und Angelpunkt der Kölner Truppe, Nationaltorwart Bodo Illgner spielte im Vorfeld der EM in Schweden eine sehr starke Saison. Vorne teilten sich Frank Ordenewitz, Ralf Sturm und Henri Fuchs das Erbe des Maurice Banach. „Otze“ war es schließlich, der sich am Ende mit gerade mal einem Tor (11) vor Mucki (!) und dem ebenfalls zehnmal erfolgreichen Henri Fuchs zum vereinsinternen Torschützenkönig krönte. Beide benötigten dazu jedoch fast die doppelte Anzahl an Spielen. Weitere Säulen der Mannschaft waren Anders Giske und Karsten Baumann, die in der Abwehr weitestgehend überzeugen konnten. Auch Henrik Andersen, der im Sommer 1992 sogar noch Europameister mit Dänemark wurde, zeigte sich stark, musste jedoch öfter mit Verletzungen pausieren. Alfons Higl und Frank Greiner spielten ihre Parts zudem ausgesprochen solide.

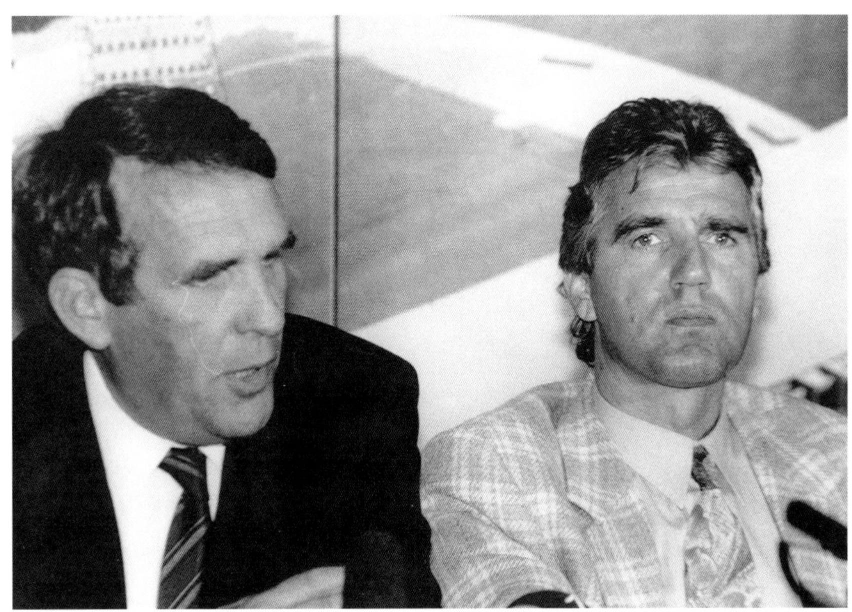

September 1991
Jörg Berger übernimmt den Trainerposten beim 1. FC Köln.

Enttäuschend verlief die Saison für Rico Steinmann, der die Erwartungen nur ansatzweise erfüllen konnte. Das Jugendidol von Michael Ballack schaffte es nicht, seinen Status als ehemaliger DDR-Starspieler beim FC einzusetzen. Auch Hansi Flick spielte aufgrund von Verletzungsproblemen eine eher durchwachsene Saison. Der heutige Bundestrainer enttäuschte zwar nicht, aber die Verantwortlichen am Geißbockheim hatten sich vom ehemaligen Mittelfeldspieler des FC Bayern mehr versprochen. Insgesamt zeigte sich das Kölner Team nach dem großen Schock und mit der Dauer der Saison gefestigter. Man konnte sich des Eindrucks nicht erwehren, dass nach dem Unglück tatsächlich ein Ruck durch die Mannschaft gegangen war, die Ansammlung von Einzelspielern zu einer verschworenen Schicksalsgemeinschaft zusammengeschweißt wurde. Die Geißböcke, sie spielten unter „Feuerwehrmann“ Berger keinen Traumfußball, aber es schien so, als seien die Kölner konzentrierter und zielgerichteter unterwegs. So erzielte der FC mehr und mehr die Ergebnisse, die den Verein immer weiter nach oben in die Nähe der Europapokal-Plätze brachte.

In den zwanzig Spielen nach dem Unglück gelangen dem FC zehn Siege, dabei war auch ein Erfolg beim Titelkandidaten Eintracht Frankfurt, die am 38. Spieltag in Rostock die Meisterschaft verspielten. Wichtig war vor allem der Endspurt, denn von den letzten neun Spielen gewannen die Geißböcke gleich sechs, zwei weitere Unentschieden brachten weitere Punkte und nur ein Heimspiel gegen den Karlsruher SC ging unglücklich 2:3 verloren. Es reichte für den 1. FC Köln tatsächlich noch zum vierten Platz in der Endabrechnung der Tabelle und damit zur Teilnahme am UEFA-Cup. Was damals aber niemand ahnen konnte: Es war für 25 lange Jahre die letzte Teilnahme am für den FC eigentlich gewohnten europäischen Wettbewerb. Was drin gewesen wäre, wenn Maurice Banach dabei geblieben wäre, ist ebenso reine Spekulation. Man lehnt sich aber sicher nicht zu weit aus dem Fenster, wenn man konstatiert, es hätte der weiteren sportlichen Entwicklung enorm genutzt.

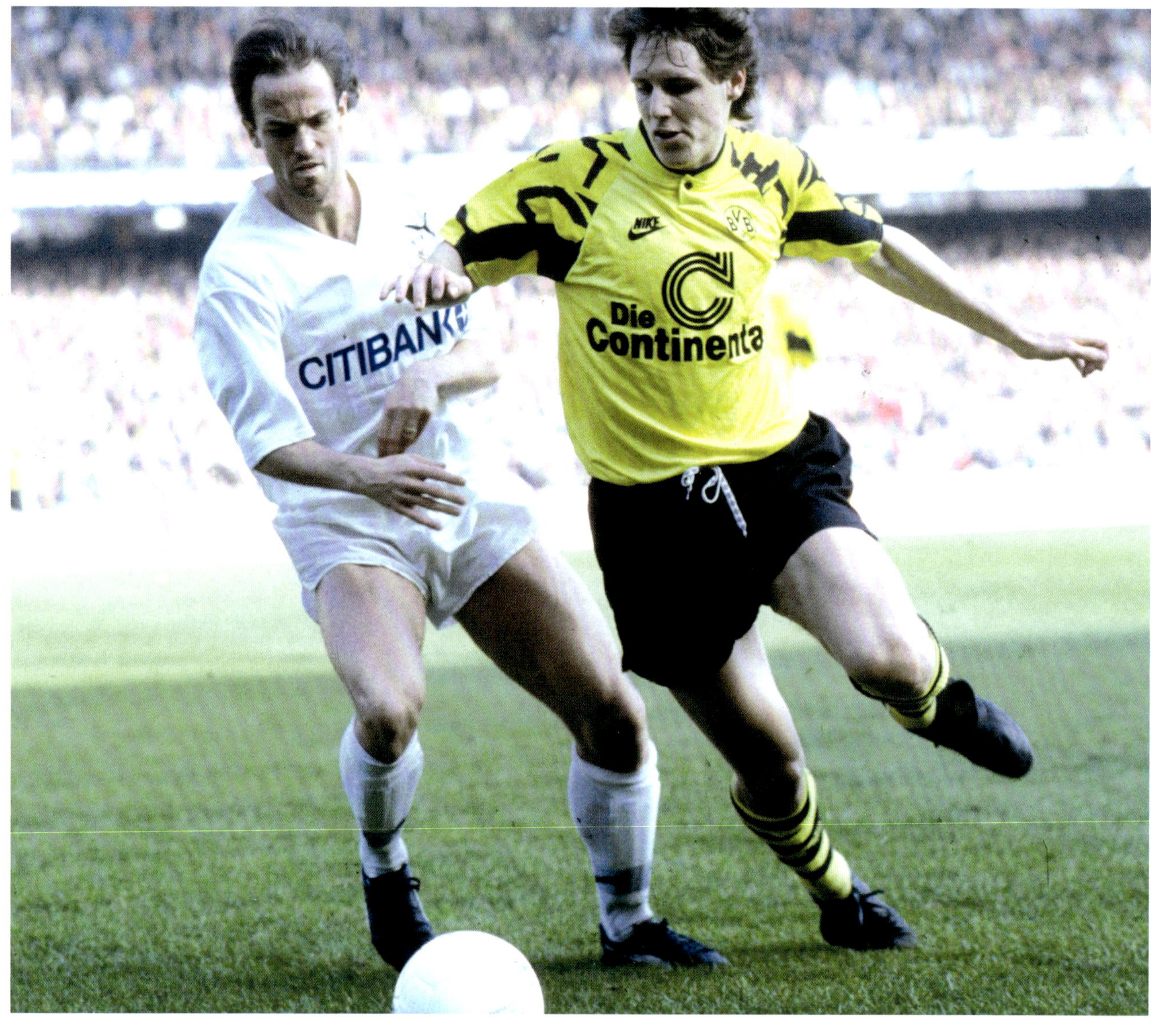

Saison 1991/92:
Alle FC-Spieler kämpften für Mucki bis zum Umfallen.

In diesem Zusammenhang muss die weitere Entwicklung des Vereins betrachtet werden, denn der kurzfristige Aufwärtstrend in Köln entpuppte sich als Strohfeuer. Bereits in der Folgesaison war die Entwicklung unter Jörg Berger bereits wieder Geschichte, der einstige Erfolgstrainer wurde im Februar 1993 nach einer Niederlage gegen Eintracht Frankfurt entlassen. Finanzielle Probleme hatten den FC nur zwei Jahre nach dem millionenschweren Häßler-Verkauf fest im Griff. Durch finanzielle Verwerfungen waren die Geißböcke gezwungen, Leistungsträger wie Falko Götz oder auch Anders Giske zu verkaufen. Das Problem:

Es kam nur wenig Substanz nach. Dies war auch der Zeitpunkt zum Beginn der Suche nach den sagenumwobenen „Häßler-Millionen“. Im Umfeld des 1. FC Köln konnte kaum jemand verstehen, wie es sein konnte, dass der Verein in eine durchaus dramatische, wirtschaftliche Schieflage geraten konnte, obwohl die Rheinländer doch 1990 noch im Europapokal-Halbfinale standen und für den Abgang von Thomas Häßler von Köln zu Juventus Turin eine Rekordtransfersumme von 15,5 Millionen Mark kassierten. Letztlich ist schlicht zu viel Geld in Transfers für durchschnittliche Spieler geflossen – ein Umstand, der aber erst mit der Zeit auffiel. In der Saison 1992/93 kämpfte der FC bis zum Schluss gegen den Abstieg und konnte den erstmaligen Gang in die 2. Bundesliga letztlich nur knapp verhindern. Doch mit dieser Saison war das Abgleiten ins Mittelfeld der Liga fürs Erste zementiert. Die nächsten Jahre waren geprägt von Mittelmaß, zumeist war man dem Abstieg näher als dem europäischen Wettbewerb. Der FC entwickelte sich innerhalb kürzester Zeit zur grauen Bundesliga-Maus.

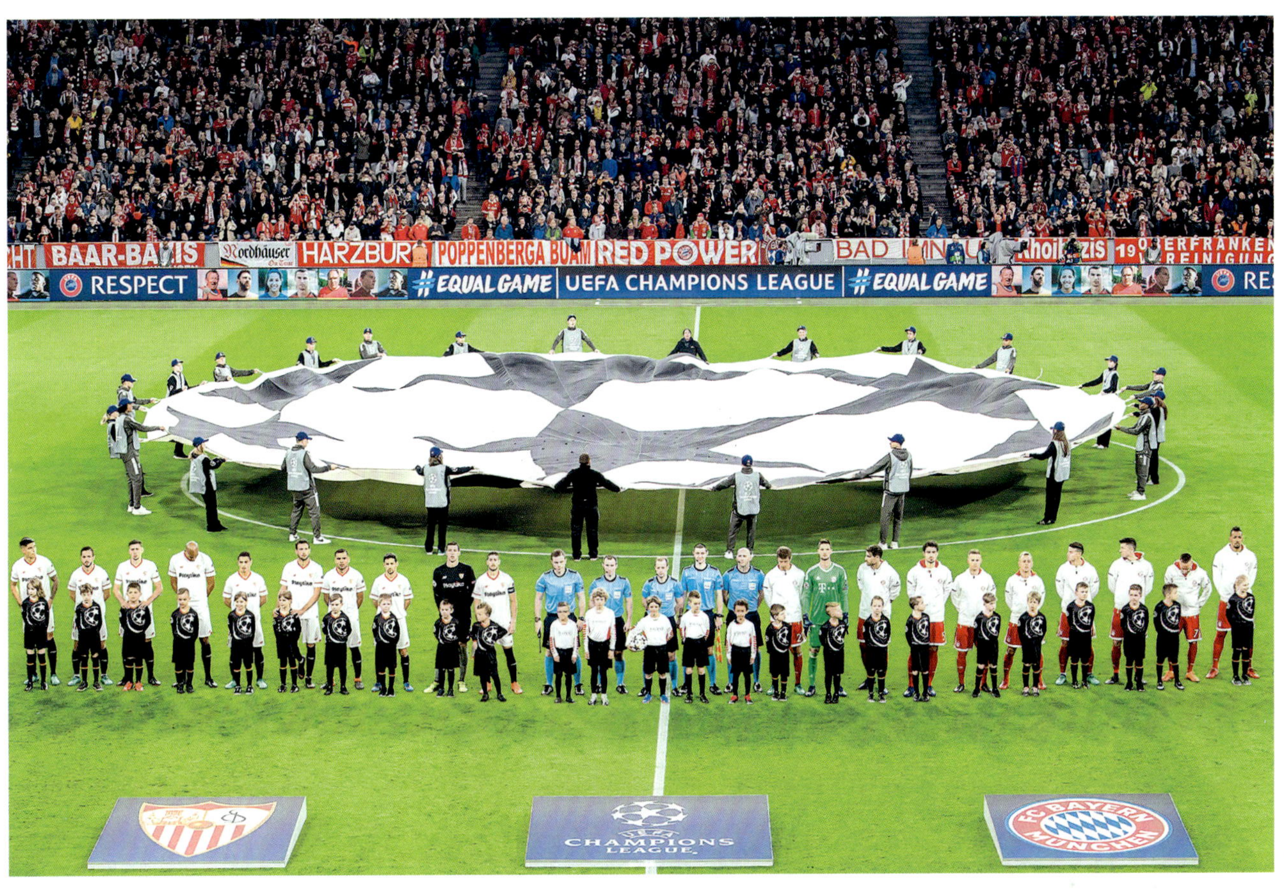

Gelddruckmaschine:
Die neu eingeführte Champions League.

Es sind eben genau diese Jahre, in denen ein überdurchschnittlicher Stürmer wie Maurice Banach einen Verein hätte tragen und ihn auch wieder nach vorne bringen können. Der FC bekam erst in der Saison 1993/94 mit Toni Polster wieder einen echten Knipser, doch der Österreicher war bereits in seinem 30. Lebensjahr angekommen, eine langfristige Ära konnte er kaum noch prägen. Zwar traf das Wiener Schlitzohr oft, aber im Nachgang weiß man, dass Polster den Super-GAU namens Abstieg nur noch verzögern, letztlich aber nicht verhindern konnte. Ein weiterer Umstand war für den 1. FC Köln extrem nachteilig. Zur Saison 1992/93 hatte die UEFA Champions League ihren Betrieb aufgenommen. Der alte Europapokal der Landesmeister wurde nach der Neustrukturierung zu DER Gelddruckmaschine der europäischen Top-Vereine. Für den 1. FC Köln – durchaus ein ehemaliger Topverein in Europa - kam dieser finanziell extrem lukrative Wettbewerbs zu spät. Hätte es die Champions League schon in den siebziger und achtziger Jahren gegeben, der 1. FC Köln hätte bei seinen vielen guten Platzierungen einen Stammplatz sicher gehabt und sehr viel Geld generieren können.

Doch genau zur Einführung dieses neuen Wettbewerbs verabschiedete sich der Verein aus Europa. Auch hier kann man konstatieren: Mit Maurice Banach wäre vielleicht die Chance, auch in der Champions League einmal Fuß zu fassen, durchaus gegeben gewesen. Doch stattdessen kam es in der Saison 1997/98 dann tatsächlich zum ersten Abstieg. Die Tür zum Fahrstuhl war geöffnet, seitdem bewegt sich der 1. FC Köln gewissermaßen in einer Dauerschleife zwischen Bundesliga und 2. Bundesliga.

Je mehr Jahre vergingen, umso bewusster wurde vielen FC-Fans, dass es in einer extrem kritischen und wichtigen Zeitspanne einen Spieler gab, der genau das alles hätte verhindern können. Einen Spieler, den das Schicksal aber genau in dem Augenblick so schrecklich traf, in dem der Fußballverein 1. FC Köln diesen Spieler so dringend gebraucht hätte. Dieser Spieler heißt für viele Zeitzeugen: Maurice Banach! Damit war der Mythos geboren – der Mythos, dass der Absturz der Geißböcke eng verknüpft ist mit dem tragischen Tod des Torjägers.

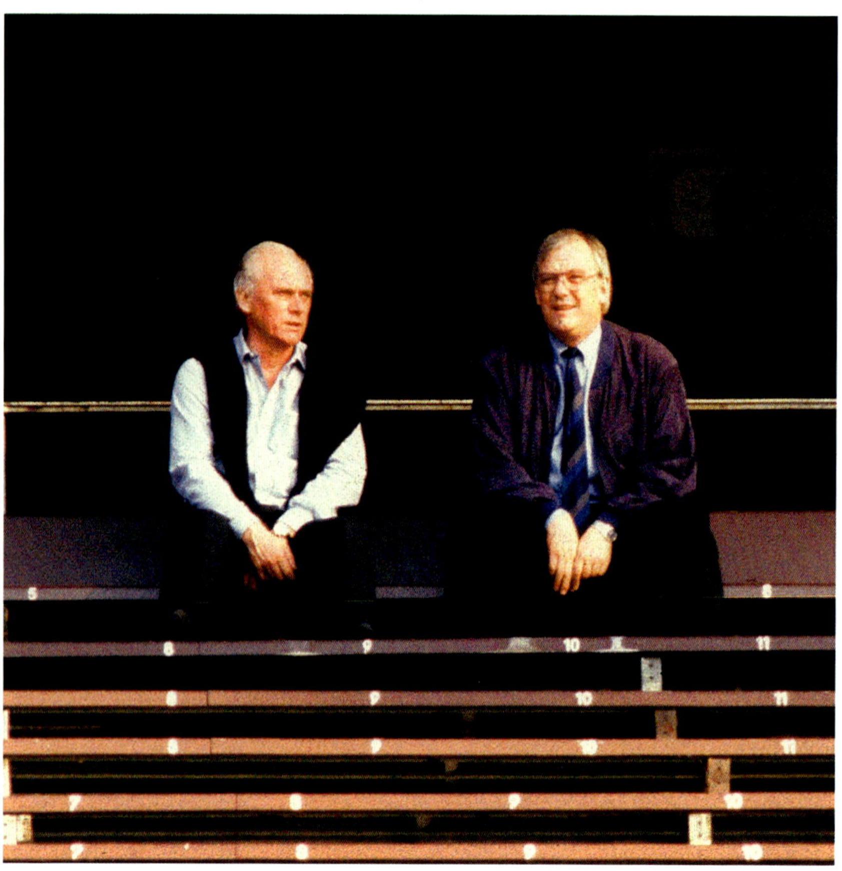

Konnten den Abwärtstrend nicht aufhalten:
Sportchef Udo Lattek (links), Geschäftsführer Wolfgang Schänzler (rechts).

All das kann man annehmen und vermuten, aber eben niemals beweisen. Zumal es auch umgekehrt hätte laufen können. Es hätte nämlich auch sein können, das der FC eine Art Karrierebremse für ihn gewesen, dass er im Mittelmaß mit untergegangen wäre. Es ist von daher dann doch eher ein Mythos, dass Banach den FC vor dem Absturz hätte retten können. Aber die Wahrscheinlichkeit ist hoch, das Maurice „Mucki" Banach eben durch diese ganz besonderen Umstände eine noch größere Legende geworden ist. Wobei: Niemand ist größer als der Verein. Ein Spruch, der immer wieder gerne angebracht wird. Nicht nur in Köln, sondern in allen Städten, in allen Ländern, in allen Vereinen. Aber eines ist auch klar: Einzelne Spieler oder auch einzelne Trainer geben einem Verein Größe. Sie verändern den Verein. Belege? Der kürzlich verstorbene Gerd Müller! Was wäre aus Bayern München ohne diesen genialen Torjäger geworden? Nicht wenige Experten, vor allem viele Ex-Größen der Bayern selbst, sagen dass der FC Bayern München ohne den „Bomber der Nation" niemals der Verein geworden wäre, der er heute ist. Hätte Müller bei Eintracht Frankfurt oder dem 1. FC Köln gespielt, die deutsche Fußballhistorie wäre sicher eine anderen geworden.

Oder schauen wir nur mal nach Dortmund. Wäre der Verein ohne einen Jürgen Klopp derart durch die Decke gegangen? Dieser eine Mann hatte das Potenzial einer Stadt und eines Vereins gesehen und diesen Club durch seine Art förmlich angezündet. Powerfussball a la Klopp wurde zum Markenzeichen des BVB. Noch heute, viele Trainer später, schwärmt man in Dortmund von dieser Ära und versucht, das Erbe weiter zu leben. Jürgen Klopp hingegen hat die Art seines Wirkens in Liverpool weiter fortgesetzt und wurde noch erfolgreicher. Das ist nur EIN Beispiel, wie ein einzelner Mensch einen ganzen Verein auf Jahre prägen kann. Man kann auch in die tiefere Historie blicken und stellt fest, dass die Wirkungskraft eines Einzelnen sogar über viele Jahrzehnte andauern kann. In Mönchengladbach versuchen die Verantwortlichen bis heute, das Erbe des großen Hennes Weisweiler mit Leben zu füllen. Er war es, der diesen Verein am Niederrhein erst auf die Landkarte brachte. Fußballerisch orientiert man sich bis zum heutigen Tage am wilden Konterspiel der Weisweiler-Fohlenelf. Somit hat auch die Legende, der Mythos um Maurice Banach, ein Stück weit eben doch seine Berechtigung. Ja, er hatte das Potenzial, diesen Verein zu prägen und gewisse Dinge hätten anders laufen können. Zum Beispiel 1995, als der FC im Halbfinale des DFB-Pokals im Heimspiel gegen das damals zweitklassige Team des VfL Wolfsburg einfach das Tor nicht traf. Ein Pokalfinale gegen Mönchengladbach, eventuell mit einem Siegtorschützen Maurice Banach, wäre durchaus denkbar gewesen.

Es sind auch diese Überlegungen, die Mucki zum Mythos machen. Zu guter letzt: Hätte der Verein anschließend eine halbwegs normale Entwicklung genommen, dann würden diese Gedanken einerseits nicht aufkommen, andererseits stellt sich trotzdem eben immer wieder diese eine Frage: Was wäre gewesen, wenn ...? Diese Frage, welchen Einfluss die Geschehnisse von damals hatten, stellte sich auch Christoph Daum, der Maurice Banach nach Köln holte, aber kurz vor Muckis Dienstantritt beim FC entlassen wurde. „Wir versuchen ja immer wieder, nachvollziehbare und begreifbare Ursachen plakativ zu erklären. Dass für den 1. FC Köln gewesen, um weiter im Spitzenbereich mitzumischen. Von Stürmern dieser Güteklasse gab es nun mal nicht viele. Maurice war ein Ausnahmestürmer, er hätte den 1. FC Köln im

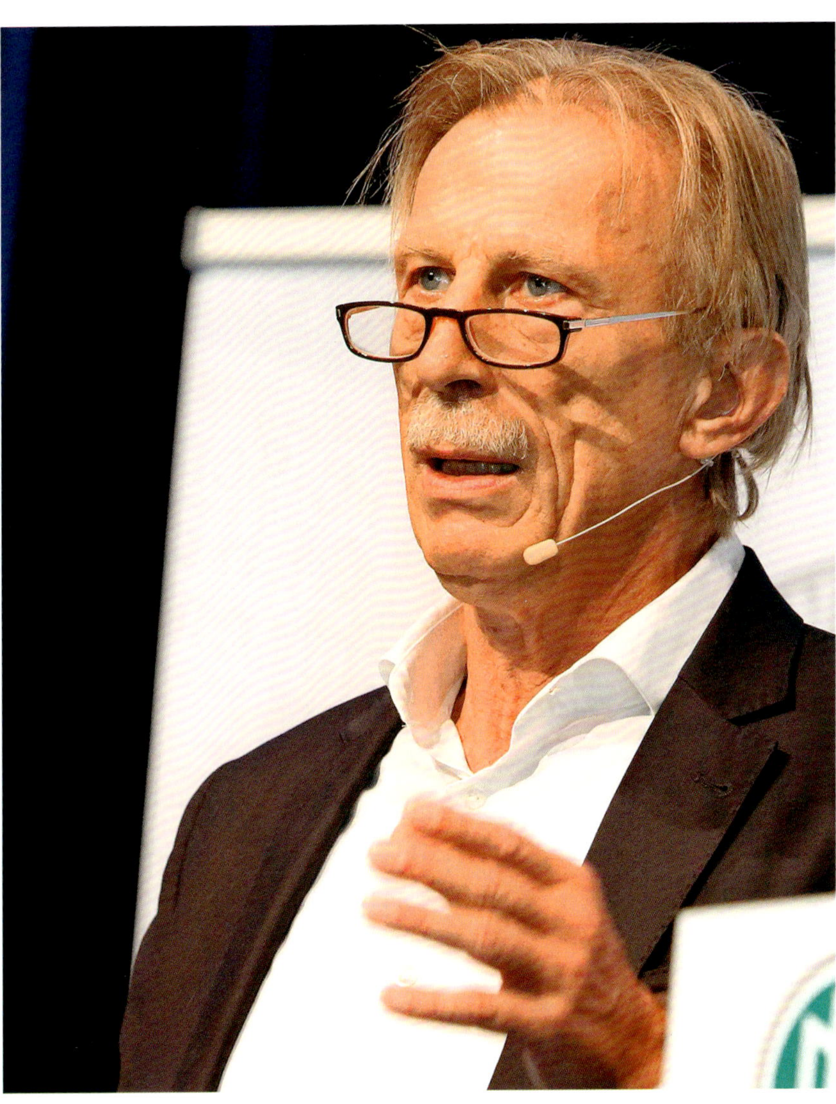

Christoph Daum 2021:
Nachbetrachtungen zu Maurice Banach.

man diesen Abschwung auch mit Maurice Banach in Verbindung bringt, das kann ich sehr gut nachvollziehen. Er war eines der hoffnungsvollsten Talente, die wir damals im deutschen Fußball hatten. Das wäre auf Jahre - wenn nicht Bayern München mit einem horrenden Angebot gekommen wäre – ein unheimliches Faustpfand Spitzenbereich mit seinen Qualitäten, mit seinen Toren und seinen charakterlichen Qualitäten halten können. Insofern war sein Tod ein weiteres Kriterium für die Ursache des Niedergangs des 1. FC Köln zu Beginn der neunziger Jahre."

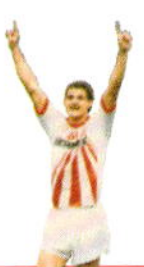

„Mucki unvergessen“ II: Die Fans und Maurice Banach

Wenn es noch eines Beweises bedurft hätte, wie beliebt Maurice Banach auch 30 Jahre nach seinem Ableben bei den Fans des 1. FC Köln noch ist, wie präsent er für alle Beteiligten, die es mit dem Geißbock-Club halten, immer noch ist, wie sehr er in den Herzen seiner Anhänger verankert ist, der würde ihn definitiv in den Sozialen Netzwerken finden. Wie im Müngersdorfer Stadion, wie an den Tresen dieser Stadt, so auch auf Twitter, Facebook, Instagram oder den Diskussionsforen: Mucki Banach ist in Köln unvergessen und wird verehrt wie kaum ein anderer Spieler. Ein Beispiel gefällig: Am 9. September suchte der 1. FC Köln auf seinen Social-Media-Kanälen angesichts des Datums die beste Nummer 9 in der Geschichte der Geißböcke. Es ist ein illustrer Kreis großartiger Torjäger, den der Verein auf einer Collage zur Auswahl stellte: Hannes Löhr beispielsweise. Mit 166 Treffern Bundesliga-Rekordschütze des 1. FC Köln. Nach der aktiven Karriere Manager und Trainer seines Clubs.

Dieter Müller. Sechs Treffer in einem Bundesliga-Spiel, insgesamt weit über 200 Pflichtspieltore für den 1. FC Köln. Einer der Double-Helden der Geißböcke, einer der großen Torjäger der deutschen Fußballgeschichte, eng verknüpft mit dem 1. FC Köln. Toni Polster, Toni Doppelpack. Der Österreicher, 1993 von Rayo Vallecano an den Rhein gekommen, war über Jahre die offensive Lebensversicherung des Vereins. Dank seines Wiener Schmähs und seiner 79 Tore Publikumsliebling, fast schon eine

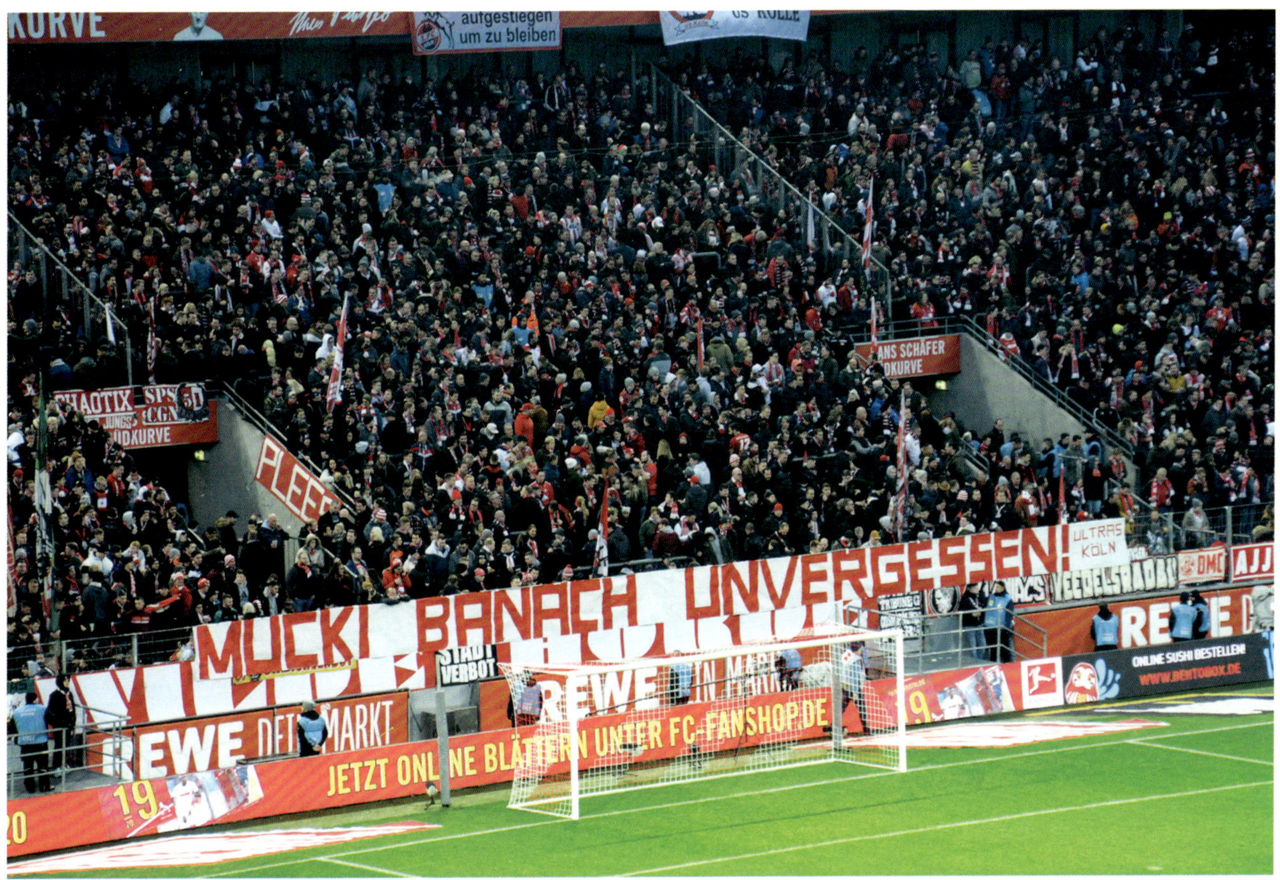

RheinEnergie Stadion:
Fan-Aktion zum Andenken an „Mucki“ Banach.

Art Maskottchen beim FC – bis zu seinem Wechsel zum rheinischen Rivalen Borussia Mönchengladbach. Patrick Helmes. Vielversprechendes Talent, das knipste und knipste, dann Richtung Leverkusen verschwand und später nochmals wiederkam, bis eine schwere Hüftverletzung seiner Karriere ein Ende setzte. Simon Terodde, der in der 2. Bundesliga alles auseinander schoss und in der jüngeren Vergangenheit der Geißböcke der wohl imposanteste Torjäger mit der 9 auf dem Rücken war.

Und mittendrin in diesem Best-of der kölschen Goalgetter: Maurice „Mucki" Banach. 1991 tödlich verunglückt, zuvor 23 Tore in der Bundesliga für den FC. Und weiterhin einer der absoluten Fanfavoriten, wie die zum Teil doch recht überraschenden Antworten zeigen. Immer wieder fällt trotz der beeindruckenden Konkurrenz, die ja nur eine Auswahl der erfolgreichsten Kölner Torjäger mit der 9 auf dem Rucken zeigt, der Name Banach. „Mucki. Unvergessen. Damals war ich selbst noch mitten im Jugendfußball und habe in einer Saison auch getroffen und getroffen (eigentlich NUR in dieser einen Saison). Mucki war mein Vorbild", antwortete beispielsweise ein Nutzer auf Twitter. Immer wieder gab es „Mucki R.I.P"-Antworten. Auch auf Facebook ist viel Zuneigung zum legendären Angreifer zu spüren. „Was für eine Frage? Mucki. Er wird immer unvergessen bleiben", heißt es dort. Oder in den Worten eines anderen Nutzers: „Banach ist leider viel zu früh gestorben, er war ja auf dem Sprung in die Nationalmannschaft. Er hätte mit Sicherheit dem FC und den Fans noch viel Freude bereitet!" Ein anderer Fan meint auf Instagram: „Er wäre Deutschlands Bester geworden."

Vergessen haben die FC-Fans „ihren" Mucki scheinbar nie – das wird nicht nur zu solchen eher beiläufigen Anlässen klar. Vor allem, wenn sich am 17. November sein Todestag jährt, dann kommt man in den Sozialen Netzwerken nicht an Maurice Banach vorbei. Anhänger schildern ihre schönsten Erinnerungen an den Torjäger, schwelgen in nostalgischen Gefühlen aus anderen Zeiten. Fans, die „Mucki" nie haben spielen sehen können, gedenken dem verstorbenen Angreifer mit Bildern oder Videos. „Immer am 17. November werde ich daran erinnert", schreibt beispielsweise der User „WOC" 2020 zum Todestag im fanbetriebenen Diskussionsforum effzeh-forum.koeln: „Das Spiel gegen Dresden wurde abgesagt und auch das nächste Heimspiel gegen Bochum werde ich nie vergessen. Meine Trikots haben auch die ‚9' und den ‚Banach'-Flock. Um auch

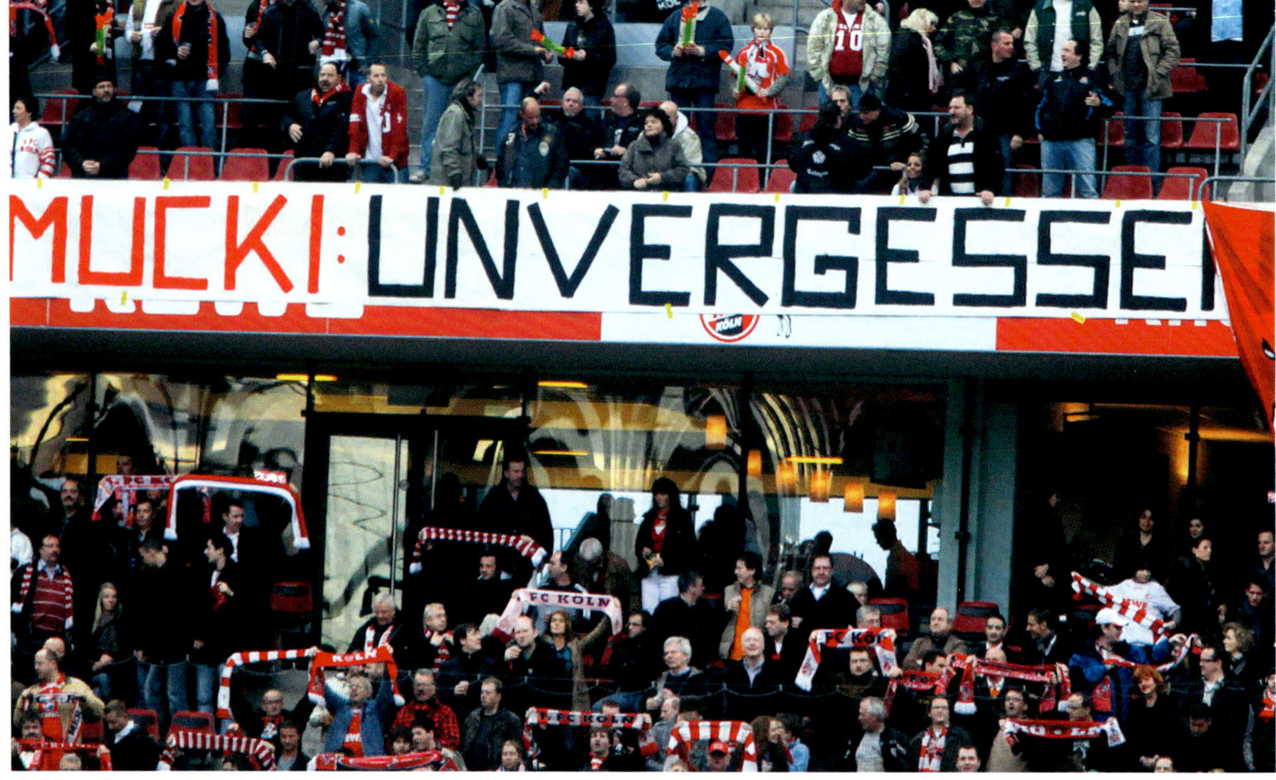

RheinEnergie Stadion die Zweite:
Banach-Banner über den Logen.

immer wieder vor Augen zu haben, dass es wirklich viel Wichtigeres gibt als das, was unten auf und neben dem Rasen passiert. Es hilft einem, die ganzen Dinge, die rund um den FC passieren, auch mal zu ignorieren und nur den Kopf zu schütteln."

gische Schicksal, das den Angreifer im Alter von lediglich 24 Jahren ereilte, dabei eine große Rolle. Aber auch, dass er schon damals ein Publikumsliebling war, der nicht nur aufgrund seiner Treffsicherheit seinen Platz in den Herzen der kölschen Anhängerschaft hatte. Maurice Banach galt als Musterprofi,

Das zeigt auch eine Anekdote, die Banachs Witwe Claudia mit einem Lächeln auf den Lippen erzählt. „Als ich mit Danny im Kreißsaal war, ist sogar ein Fan hochgekommen. Ich habe nur gedacht: Das darf doch jetzt nicht wahr sein. Für Mucki war das kein Problem", schildert Claudia Weigl-Banach

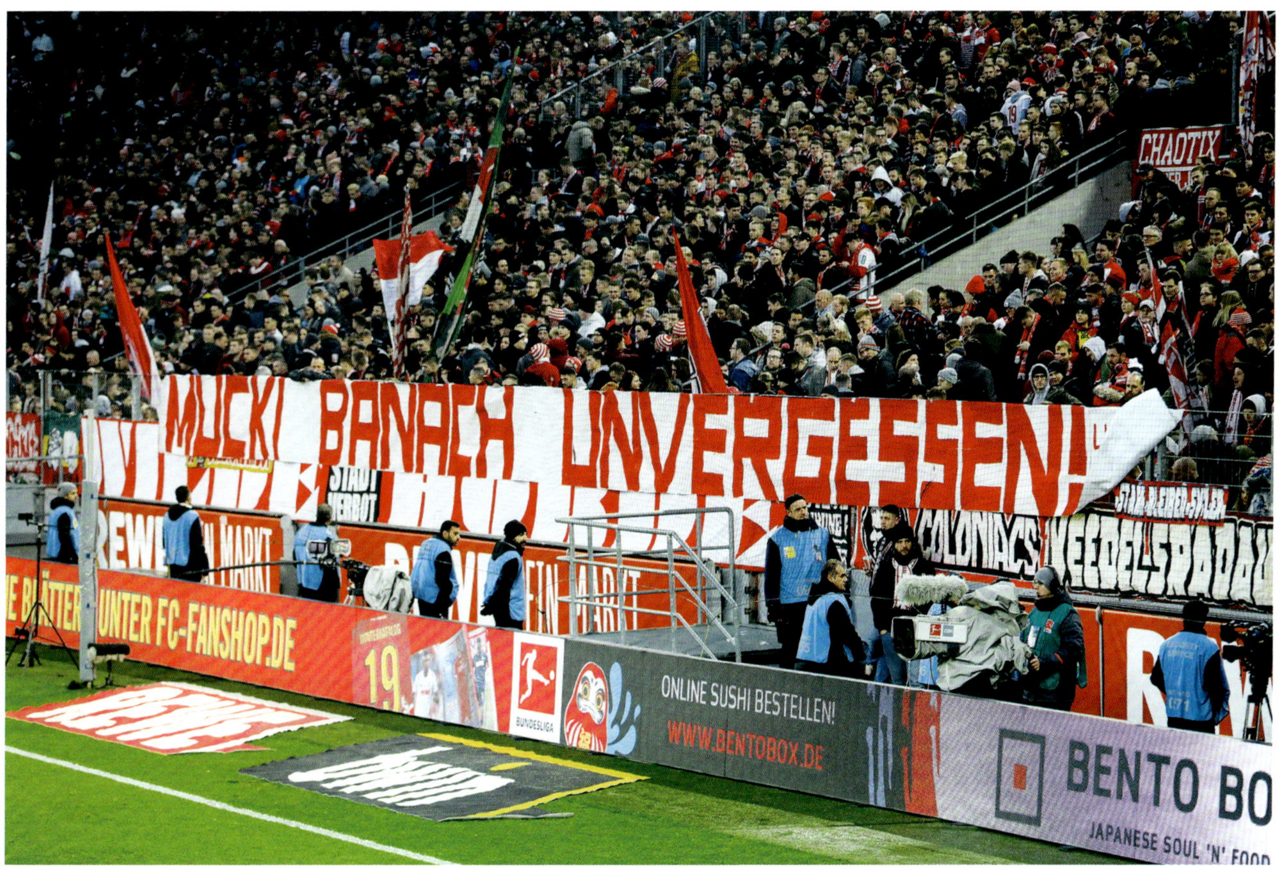

RheinEnergie Stadion die Dritte:
Immer wieder Banach-Gedenkaktionen.

Der Kölner – er steht offenbar wie ein treuer Husar zum 1. FC Köln. Er steht aber auch anscheinend wie ein treuer Husar zu den Legenden dieses Vereins, die sich in die Herzen der Fans gespielt, gekämpft, gedribbelt oder geschossen haben. Und das gilt besonders für Maurice Banach. „Mucki – unvergessen", das bedeutet auch und vor allem: Mucki – du bist für immer einer von uns. Natürlich spielt das tra-

der für Fans immer ein offenes Ohr hatte, der Fanpost gern beantwortete, der Autogrammwünsche wie selbstverständlich erfüllte. Die Verbindung zwischen den Spielern auf der einen und den Anhängern auf der anderen Seite: Sie war Anfang der neunziger Jahre noch eine andere als heutzutage. Enger, familiärer, weniger auf der professionellen Ebene.

Fannähe einmal anders. „Doch so war Mucki einfach", zuckt Banachs Witwe mit den Schultern – im Privatleben wie als Fußballprofi. Wie schon in Wattenscheid freute er sich auch in Köln über den Kontakt mit den Anhängern, für ihn war der Umgang auf Augenhöhe mit den Fans ganz selbstverständlich. In einem Nachruf des „11Freunde"-Magazins heißt es: „Es gibt ein Video, das ihn drei

Monate vor dem Unfall nach einer Trainingseinheit zeigt. Er schlendert vom Platz, die Kinder recken ihm Stifte und Zettel entgegen, er unterschreibt artig, doch irgendwie abwesend. Er heuchelt kein übersteigertes Interesse, aber wirkt auch nicht arrogant. Er scheint schlicht wie der Junge von nebenan, der Fußball spielt und der es gar nicht so richtig versteht, dass Leute seinen Namen rufen.“ Kein Schaumschläger, kein Hochwohlgeborener, sondern einer zum Anfassen. Auf dem Platz ein Schlitzohr, das wusste, wie er sich in Szene setzen kann. Neben dem Rasen ein ruhiger, zurückhaltender, angenehmer Zeitgenosse, der sich nicht in den Mittelpunkt stellen wollte. Irgendwie eben einer von uns, wie auch Monika Sänger, Hardcore-Anhängerin der Geißböcke seit über drei Jahrzehnten, zu berichten weiß. Sie war damals am Geißbockheim vor Ort, als die schreckliche Nachricht von Muckis Tod die Runde machte.

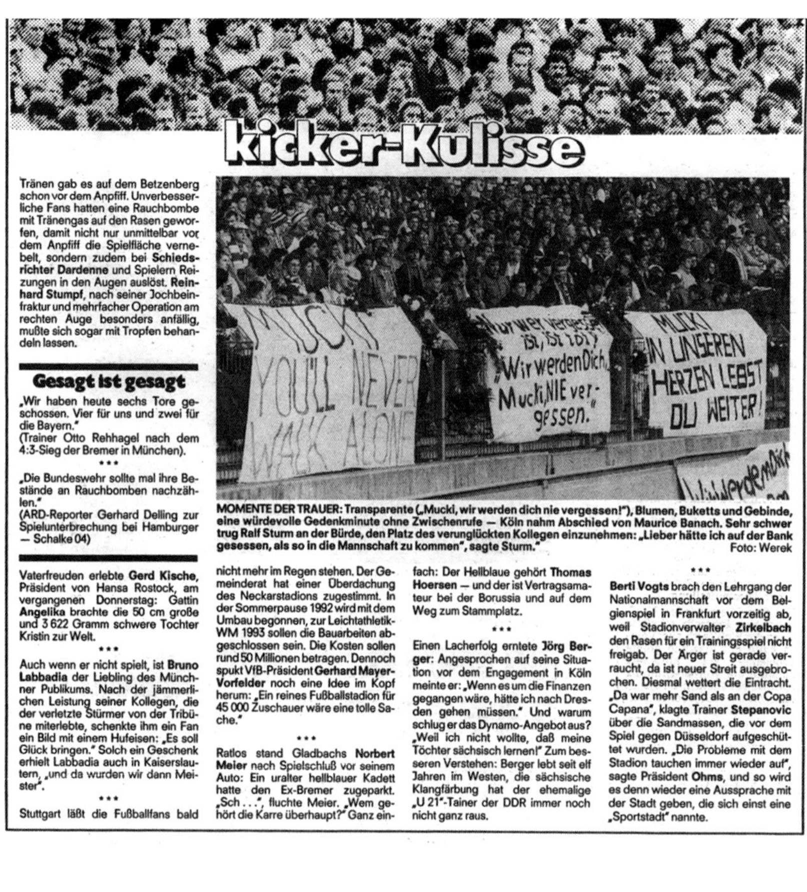

kicker-Kulisse

Tränen gab es auf dem Betzenberg schon vor dem Anpfiff. Unverbesserliche Fans hatten eine Rauchbombe mit Tränengas auf den Rasen geworfen, damit nicht nur unmittelbar vor dem Anpfiff die Spielfläche vernebelt, sondern zudem bei **Schiedsrichter Dardenne** und Spielern Reizungen in den Augen auslöst. **Reinhard Stumpf**, nach seiner Jochbeinfraktur und mehrfacher Operation am rechten Auge besonders anfällig, mußte sich sogar mit Tropfen behandeln lassen.

Gesagt ist gesagt

„Wir haben heute sechs Tore geschossen. Vier für uns und zwei für die Bayern.“
(Trainer Otto Rehhagel nach dem 4:3-Sieg der Bremer in München).

* * *

„Die Bundeswehr sollte mal ihre Bestände an Rauchbomben nachzählen.“
(ARD-Reporter Gerhard Delling zur Spielunterbrechung bei Hamburger — Schalke 04)

MOMENTE DER TRAUER: Transparente („Mucki, wir werden dich nie vergessen!“), Blumen, Buketts und Gebinde, eine würdevolle Gedenkminute ohne Zwischenrufe — Köln nahm Abschied von Maurice Banach. Sehr schwer trug Ralf Sturm an der Bürde, den Platz des verunglückten Kollegen einzunehmen: „Lieber hätte ich auf der Bank gesessen, als so in die Mannschaft zu kommen“, sagte Sturm.“ Foto: Werek

Vaterfreuden erlebte **Gerd Kische**, Präsident von Hansa Rostock, am vergangenen Donnerstag: Gattin **Angelika** brachte die 50 cm große und 3 622 Gramm schwere Tochter Kristin zur Welt.

* * *

Auch wenn er nicht spielt, ist **Bruno Labbadia** der Liebling des Münchner Publikums. Nach der jämmerlichen Leistung seiner Kollegen, die der verletzte Stürmer von der Tribüne miterlebte, schenkte ihm ein Fan ein Bild mit einem Hufeisen: „Es soll Glück bringen.“ Solch ein Geschenk erhielt Labbadia auch in Kaiserslautern, „und da wurden wir dann Meister“.

* * *

Stuttgart läßt die Fußballfans bald nicht mehr im Regen stehen. Der Gemeinderat hat einer Überdachung des Neckarstadions zugestimmt. In der Sommerpause 1992 wird mit dem Umbau begonnen, zur Leichtathletik-WM 1993 sollen die Bauarbeiten abgeschlossen sein. Die Kosten sollen rund 50 Millionen betragen. Dennoch spukt VfB-Präsident **Gerhard Mayer-Vorfelder** noch eine Idee im Kopf herum: „Ein reines Fußballstadion für 45 000 Zuschauer wäre eine tolle Sache.“

* * *

Ratlos stand Gladbachs **Norbert Meier** nach Spielschluß vor seinem Auto: Ein uralter hellblauer Kadett hatte den Ex-Bremer zugeparkt. „Sch ...“, fluchte Meier. „Wem gehört die Karre überhaupt?“ Ganz einfach: Der Hellblaue gehört **Thomas Hoersen** — und der ist Vertragsamateur bei der Borussia und auf dem Weg zum Stammplatz.

* * *

Einen Lacherfolg erntete **Jörg Berger**: Angesprochen auf seine Situation vor dem Engagement in Köln meinte er: „Wenn es um die Finanzen gegangen wäre, hätte ich nach Dresden gehen müssen.“ Und warum schlug er das Dynamo-Angebot aus? „Weil ich nicht wollte, daß meine Töchter sächsisch lernen!“ Zum besseren Verstehen: Berger lebt seit elf Jahren im Westen, die sächsische Klangfärbung hat der ehemalige „U 21“-Tainer der DDR immer noch nicht ganz raus.

* * *

Berti Vogts brach den Lehrgang der Nationalmannschaft vor dem Belgienspiel in Frankfurt vorzeitig ab, weil Stadionverwalter **Zirkelbach** den Rasen für ein Trainingsspiel nicht freigab. Der Ärger ist gerade verraucht, da ist neuer Streit ausgebrochen. Diesmal wettert die Eintracht. „Da war mehr Sand als an der Copa Capana“, klagte Trainer **Stepanovic** über die Sandmassen, die vor dem Spiel gegen Düsseldorf aufgeschüttet wurden. „Die Probleme mit dem Stadion tauchen immer wieder auf“, sagte Präsident **Ohms**, und so wird es denn wieder eine Aussprache mit der Stadt geben, die sich einst eine „Sportstadt“ nannte.

Kicker-Bericht 1991:
Fantrauer beim ersten Heimspiel nach dem Unglück.

Frau Sänger, Sie waren an besagtem Sonntag am Geißbockheim, um eigentlich dem Training der Mannschaft zuzuschauen. Stattdessen waren sie mehr oder minder live vor Ort, als die Nachricht durchsickerte, dass Mucki Banach tödlich verunglückt sei. Wie haben Sie diese Situation erlebt?

Ich war eigentlich wie immer mit meiner besten Freundin am Geißbockheim, wir haben in der Zeit praktisch dort gewohnt. Die Spieler kannten uns, haben uns teilweise per Handschlag begrüßt. Am Tag zuvor waren wir auch beim desaströsen Spiel auf Schalke, dass der FC in einer dichten Nebelsuppe mit 0:3 verloren hatte. Und Sonntag wurde es für uns dann ganz komisch: Die Spieler kamen mit Tränen in den Augen aus der Kabine, sie gingen wortlos an uns vorbei. Ich weiß noch, wie ich dachte: Naja, man kann auf Schalke 0:3 verlieren, aber ein solches Drama ist das doch auch wieder nicht.

Stattdessen war das Drama keine Auswärtsniederlage auf Schalke, sondern Maurice Banachs tödlicher Autounfall.

Das hat uns der damalige Zeugwart Willi Rechmann dann irgendwann gesagt. Er kam zu uns und meinte: Mädels, fahrt lieber nach Hause, wir haben heute kein Training – der Mucki Banach ist tödlich verunglückt. Da war die Nachricht noch nicht öffentlich. Wir saßen dann völlig geschockt am Geißbockheim und dachten: Das kann doch nicht sein, wir haben das einfach nicht geglaubt. Wir sind dann zu einem Spiel unserer Fanclubkollegen bei Blau-Weiß Gebäudereiniger in der Nähe gegangen und haben denen die schreckliche Nachricht überbracht. Wir haben richtig gestritten, weil die uns nicht geglaubt haben. Eine Stunde später kam dann die bittere Gewissheit im Radio.

Sie waren oft am Geißbockheim, kannten die Spieler ganz gut. Wie war Mucki im Umgang mit normalen Fans so?

Das war damals eine andere Zeit, es war alles viel entspannter. Man konnte in der Nähe der Kabine herumhängen, man hat sich mit Handschlag begrüßt. Alle Spieler waren eigentlich immer offen und fannah. Ich habe ihn sehr positiv in Erinnerung, er war in meinen Augen ein netter, sehr sympathischer Mensch. Ich mochte Mucki wirklich sehr.

Wie war die Zeit nach dem Schock für Sie als Fan? Wie waren die Wochen nach dem tödlichen Unfall?

An das Heimspiel gegen Bochum kann ich mich noch sehr gut erinnern. Bei der Gedenkminute zu Beginn des Spiels haben wir alle viel geweint, das ist uns echt nahe gegangen. Als wäre jemand aus der eigenen Familie gestorben. Ich habe aber auch das Drumherum noch im Kopf: Damals war es noch so, dass die Spieler mit Rückennummern von 1 bis 11 auflaufen mussten. Und es gab vorher Diskussionen, weil niemand Muckis 9 tragen wollte. Ralf Sturm hatte dann diese Bürde – und ausgerechnet er hat den einzigen Treffer der Partie erzielt. Ich weiß aber auch noch, dass ich mich sehr über die Bochumer Fans aufgeregt habe, die nach der Gedenkminute Muckis Tod hämisch besungen haben.

Gab es denn nach den ersten Wochen noch Aktionen oder ging es dann relativ schnell zurück in den Alltag?

Für uns war er immer noch sehr präsent. Mucki war der Mann für die entscheidenden Tore, er hat uns einfach gefehlt. Und immer, wenn dann doch ein Tor gefallen ist, haben wir gesagt: Da war Muckis Fuß im Rasen, der nimmt immer noch Einfluss auf das Spiel. Irgendwann ging es dann aber wieder zum Alltag über, das Leben ging trotz dieser traurigen Nachricht weiter.

Das Gedenken an Maurice Banach ist vor allem rund um den Todestag sehr präsent in Köln – auch 30 Jahre danach. Wie schätzen Sie das Ansehen des verstorbenen Stürmers bei den FC-Fans ein?

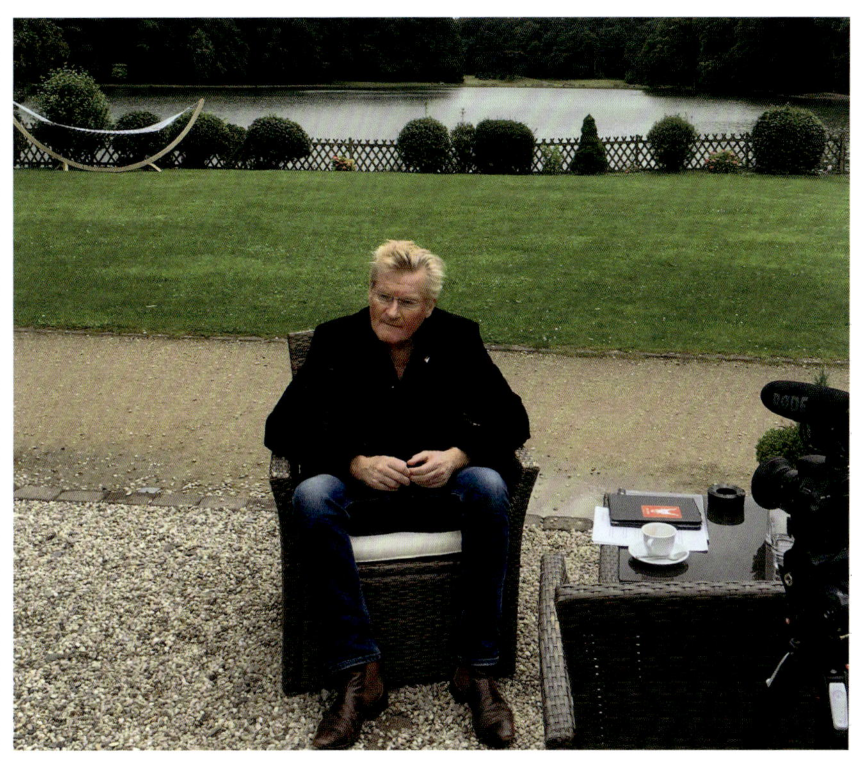

Michael Trippel:
1992 Fanbeauftragter des 1. FC Köln

Es ist total beeindruckend, dass sich so was über eine derart lange Zeit hält. Das ist nicht üblich. Es sind viele Menschen, die an ihn denken, aber damals noch gar nicht auf der Welt oder noch sehr jung waren. Und trotzdem ist Mukki etwas Besonderes für die Leute. Ich finde es gut, dass das auch über die Generationen hinweg getragen wird. Schade, dass es offensichtlich vonseiten des Vereins nicht immer so war. Aber ich möchte mir da kein Urteil erlauben, dafür weiß ich nicht, was hinter den Kulissen lief. Dass die Fans aber das Andenken hochhalten, das finde ich toll. Zu jedem Todestag sind die sozialen Netzwerke voll mit Mucki-Bildern.

Wie erklären Sie sich diese gewachsene Zuneigung zu einem Spieler?

Das hat in meinen Augen mehrere Gründe. Zum einen sind wir FC-Fans so, diese Treue zum Verein und zu Spielern ist einfach da. Das ist ein Mentalitätsding. Und Mukki war einfach etwas Besonderes für uns, als wichtiger Spieler für die Mannschaft und als sympathischer Mensch sowieso. Es war eine gute Zeit, die ich gern mit ihm verbinde. Noch heute denke ich bei jeder Fahrt über die A1 an ihn, da ist er für mich stets präsent. Dass das Kreuz entfernt wurde, als sie die Autobahn neu gemacht haben, regt mich immer wieder auf.

Das Andenken an Maurice Banach: Es ist schon kurz nach der Schocknachricht den FC-Fans ein wichtiges Anliegen. Einige pilgern noch am Nachmittag des Todestages zum Geißbockheim, legen Blumen, Beileidsbekundungen und Fanutensilien ab. Der heutige Stadionsprecher Michael Trippel, damals Fanbeauftragter des 1. FC Köln, sammelte alles ein und fuhr damit zur Unfallstelle. Die A1 zwischen Wuppertal und Köln, an der Ausfahrt Schloß Burg/Wermelskirchen, ist schon einen Tag nach dem Unglück eine einzige rot-weiße Trauermeile. Der Schock über den Tod des Torjägers saß tief beim 1. FC Köln, die Trauer um Mucki Banach ist nicht nur rund um den Verein riesig. Das galt selbstverständlich auch für die Anhängerschaft der Geißböcke, die den Verlust verkraften musste. Der Bundesliga-Alltag rückte dabei für alle Beteiligten in den Hintergrund. „Im Moment haben wir keine Lust auf Fußball“, äußerte Trippel damals angesichts der Debatte um eine mögliche Verlegung des wenige Tage später angesetzten Spiels gegen Dynamo Dresden. Diese Verschiebung genehmigte der DFB ungewohnt unkompliziert nur kurz nach Eingang des Kölner Antrags.

So fand das erste FC-Spiel zwei Wochen nach Muckis Tod statt. 30. November 1991, Müngersdorfer Stadion, VfL Bochum. Schon im Vorfeld der Partie gab es Diskussionen um den richtigen Umgang mit dem schockierenden Ereignis. Sollten die Fans in Gedenken an Banach das Spiel über würdevoll schweigen oder doch die ebenfalls tief getroffene Mannschaft lautstark bei dieser schweren Aufgabe lautstark unterstützen? Viele tendierten zu ersterem, was Trainer Jörg Berger auf den Plan rief: „Das wird ein schwerer Gang“, betonte der FC-Coach im Vorfeld der Partie gegenüber dem „Express“: „So positiv es gemeint ist, aber eine solche Aktion sollte sich auf kurze

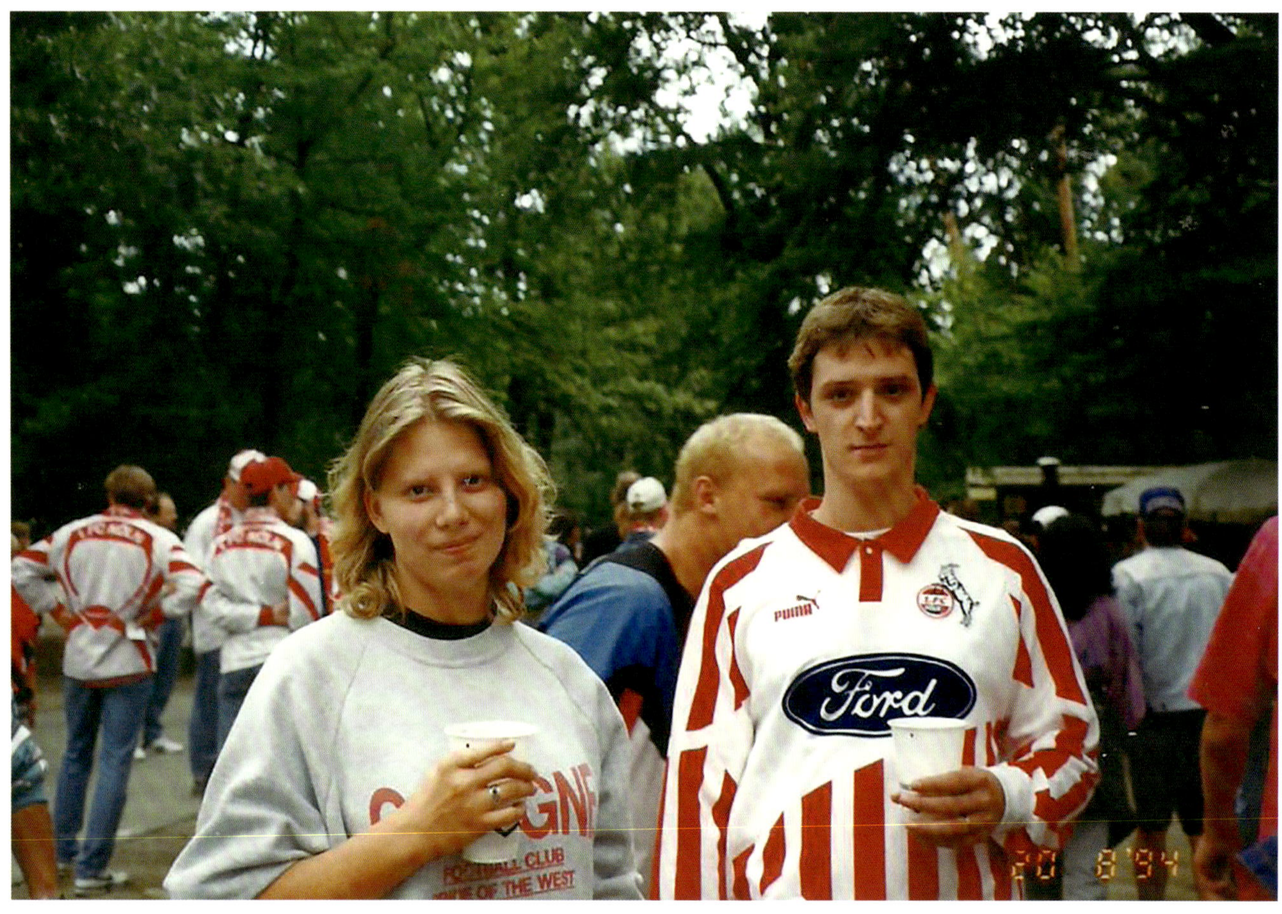

Mega-Fan Monika Sänger:
1993 bei der Saisoneröffnung

Zeit beschränken. Das Spiel wird schwer genug. Wir brauchen die Unterstützung der Fans besonders dringend – und keine zusätzliche Belastung", so Berger, dessen Worte Gehör fanden. Zehn Minuten Schweigen, in Anlehnung an die Anzahl an Saisontoren, die Mukki Banach bis dahin erzielt hatte, kündigten die Fans an – danach sollte die Mannschaft wieder angefeuert werden. Berger: „Es ist das gute Recht der Fans, von Mucki Abschied zu nehmen. Toll, dass sie uns dann umso lauter unterstützen wollen."

Ein schwerer Gang wurde das Heimspiel gegen Bochum trotzdem. Nur 13.000 Zuschauer fanden den Weg ins weite Rund nach Müngersdorf – weniger für die Partie der Geißböcke, sondern um vor allem Abschied von Maurice Banach zu nehmen. Die Tartanbahn vor der Südkurve – dort, wo auch schon damals die Hardcore-Anhänger des 1. FC Köln standen – war in ein Blumenmeer verwandelt worden. Auf riesigen Transparenten versprachen die Fans „Mukki, in unseren Herzen lebst Du weiter", „Nur die Besten sterben jung", „Wir vergessen dich nie" und „Mucki, you'll never walk alone". Es herrschte eine gespenstische Atmosphäre in der nur spärlich gefüllten Kölner Schüssel. „Es war wie eine Beerdigung, mitten im Stadion", schrieb der „Spiegel" 15 Jahre nach Banachs Tod. Während der obligatorischen Schweigeminute brachen viele Fans in Tränen aus, auch Spieler wie Ralf Sturm mussten im Gedenken an ihren Mitspieler weinen. Nach den ersten zehn Minuten kehrte ein Hauch von Normalität ein: „Der Bundesliga-Alltag hatten den 1. FC Köln und seine Anhänger wieder", hieß es in der Presse.

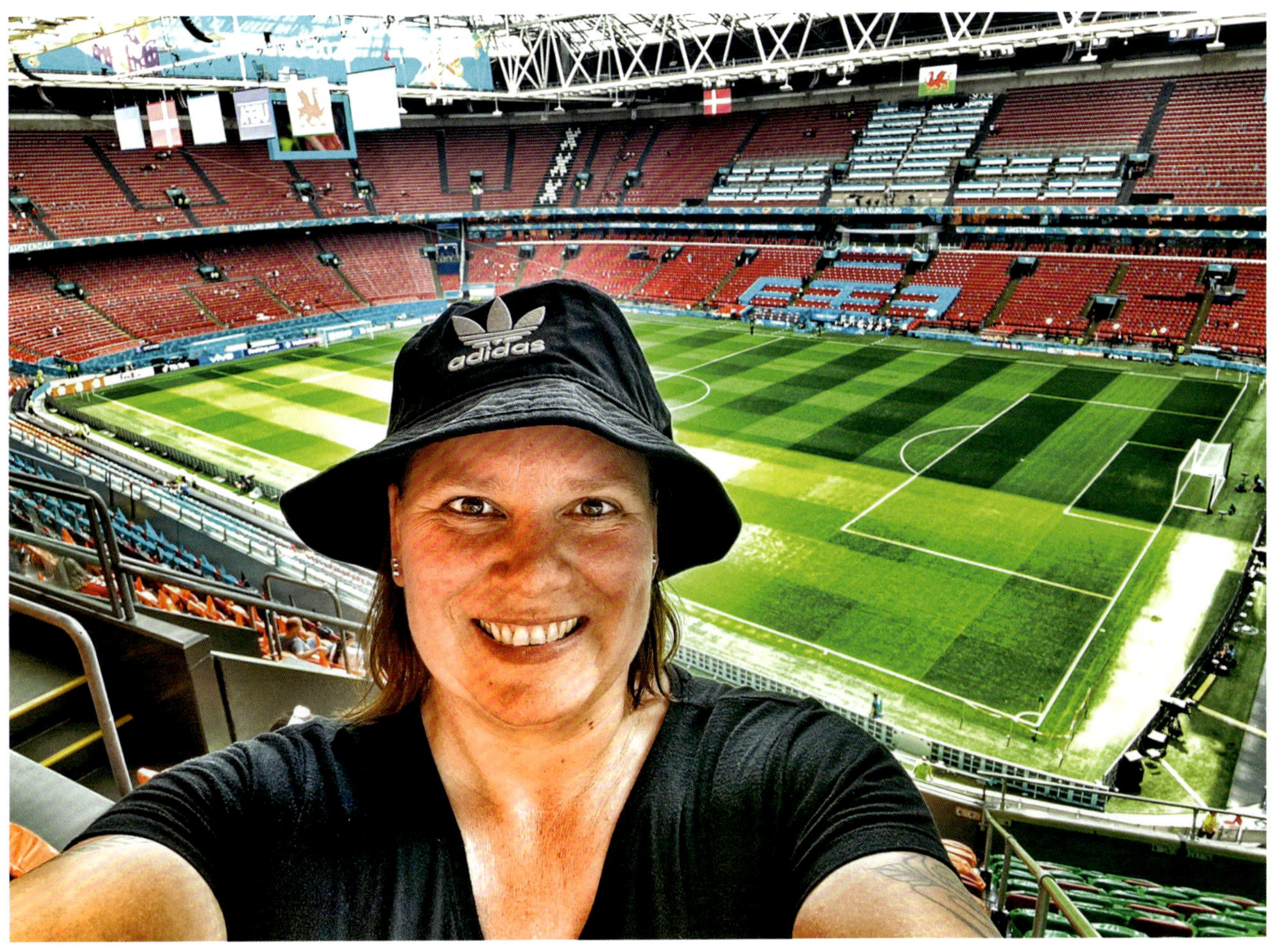

Zeitzeugin Sänger:
Bis heute in den Stadien der Welt aktiv.

Am Ende gewannen die um ihren Mitspieler trauernden Geißböcke die Partie gegen den VfL Bochum mit 1:0. Ausgerechnet durch ein Sturm-Tor, der für diese Begegnung Banachs Nummer 9 nur mit Widerwillen übernommen hatte. Zum Jubeln war in Müngersdorf aber niemandem zumute. Eine Randnotiz beim ersten Spiel nach dem Tod des Torjägers: ARD-Reporter Wilfried Luchtenberg meldete sich aus Müngersdorf vom Kölner Spiel und sprach in seinem Bericht über die Partie von „einer Flanke von Maurice Banach“. Ein peinlicher Versprecher, der für Ärger bei den FC-Fans sorgte. „Ein dummer Fehler, aber es ist in der Hektik passiert. Vielleicht liegt es daran, dass ich Banach selbst gut gekannt habe“, bat Luchtenberg später via „Express“ um Entschuldigung. Noch tiefer als der Sportschau-Reporter sank dagegen die „TAZ“, die im Nachbericht zur Bochum-Begegnung pietät- und niveaulos von der Partie als dem „wahren Trauerspiel“ schwadronierte und über das angeblich betrunken gefahrene Unfallopfer vom Leder zog, als hätte Maurice Banach ihnen früher in der Schule das Butterbrot entwendet oder noch schlimmere Schandtaten verübt.

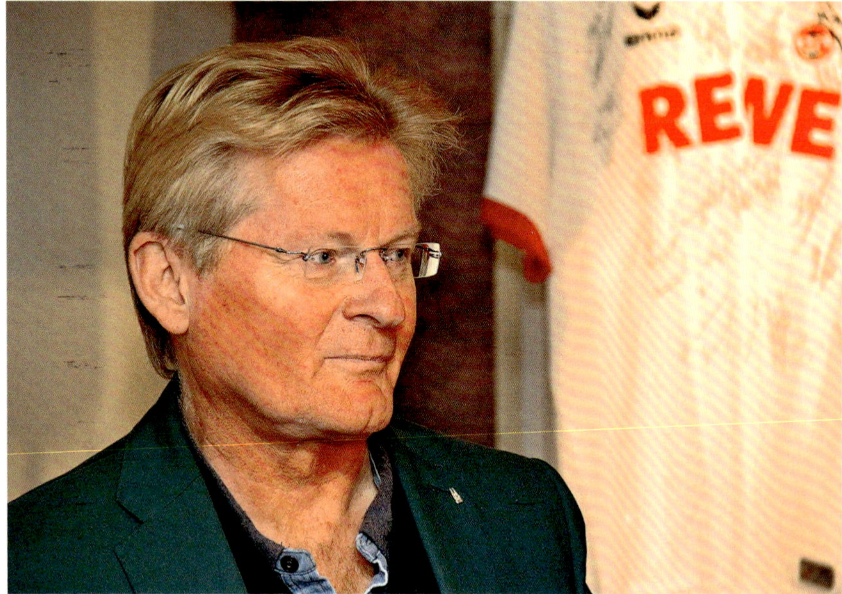

Michael Trippel:
Als Fanbeauftragter zur Unfallstelle.

Maurice Banachs Ansehen bei den FC-Fans taten solche Artikel keinen Abbruch. Schon bei der Beerdigung in der Woche vor dem Bochum-Spiel kamen busweise Kölner Anhänger, um ihre Anteilnahme zu zeigen. Insgesamt machten fast 1.500 Menschen ihre Aufwartung am Zentralfriedhof in Münster, aus ganz Deutschland bekundeten Fanclubs und Vereine mit Blumenkränzen ihr Beileid. Muckis Tod – er schockte nicht nur den 1. FC Köln, sondern ganz Fußball-Deutschland. „Maurice Banach war ein Stürmer der Extraklasse, ein fairer Sportler ohne Skandale oder Allüren. Sportlich hinterlässt er eine große Lücke beim 1. FC Köln und wäre bei entsprechender Entwicklung auch für die Nationalmannschaft interessant geworden. Doch wie makaber mutet es an, bei dieser menschlichen Tragödie an die sportliche Seite zu denken. Banachs Tod zeigt grausam auf, wie nebensächlich Fußball ist“, schrieb beispielsweise ein Fan in einem Leserbrief an das „kicker“-Magazin. „Der 1. FC Köln hat seinen besten Spieler verloren, die Bundesliga ein großes Talent – das ist schlimm. Doch der Spieler wird ersetzt werden, die Spiele werden weitergehen. Aber den Menschen Maurice Banach werden wir nicht ersetzen können“, heißt es in einer weiteren Zuschrift aus Beckum. The show must go on – das Motto bewahrheitete sich leider auch im Falle Banach. Alsbald kehrte wieder der Bundesliga-Alltag ein, das Gedenken an den verstorbenen Angreifer rückte in den Hintergrund. Doch in Vergessenheit geriet Maurice Banach bei den Kölner Fans nie – wie Michael Trippel, damals Fanbeauftragter und heute Stadionsprecher, unter anderem schildert:

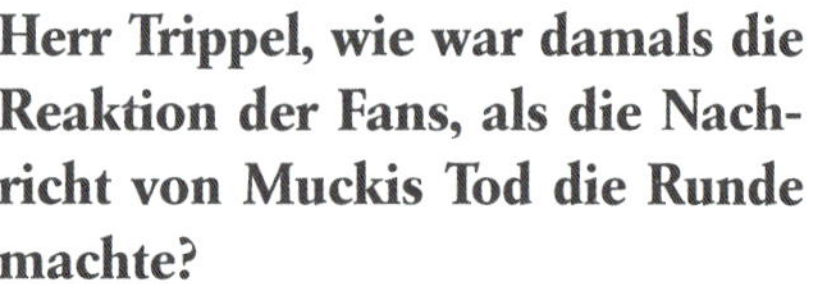

Herr Trippel, wie war damals die Reaktion der Fans, als die Nachricht von Muckis Tod die Runde machte?

Zunächst hielten das alle für eine Falschmeldung, als so langsam durchsickerte, Maurice Banach sei tödlich verunglückt. Wir konnten das alles gar nicht glauben. Ich bin an dem Sonntag dann noch zum Geißbockheim gefahren und habe mich mit vielen Fans unterhalten, die dort geschockt standen. Ich weiß noch: Einen Tag später bin ich als Fanbeauftragter an die Unfallstelle gefahren, dort haben wir Schals und Fahnen aufgehängt.

Noch heute ist Maurice Banach tief in den Herzen der FC-Anhängerschaft verankert, schon damals war Mucki ein echter Pu-

blikumsliebling. Wie war er im Umgang mit den Fans?

Mucki war extrem unkompliziert. Er war keiner, der eine große Show veranstaltet hat, er ist auf Fanwünsche eigentlich immer eingegangen. Ein wirklich nahbarer Profi, der sich aber nie in den Mittelpunkt gestellt hat.

Zwei Wochen nach diesem Schicksalsschlag gab es das erste FC-Heimspiel. Wie war die Atmosphäre im Müngersdorfer Stadion?

Viele waren schon sehr traurig, dass Mucki nicht mehr dabei war. Während der Gedenkminute für ihn flossen Tränen, Blumen lagen in Hülle und Fülle vor der Südkurve, die ersten zehn Minuten wurde ihm zu Ehren geschwiegen. Aber: Dass es die absolute Depression in Müngersdorf war, das kann ich nicht behaupten. Es war etwas Zeit vergangen, langsam kam der Alltag wieder, die Fans hatten den Schock schon etwas verarbeiten können. Auch bei der Beerdigung in der Woche zuvor hatten sich viele Anhänger verabschiedet, ein wenig Trauerarbeit war also schon geleistet worden.

Gab es damals Aktionen der Fans in Richtung der Familie, um Unterstützung zu leisten? Heute wird so was ja häufig durch Fangruppierungen in Gang gebracht.

Nein. Es hatten alle gedacht, das wird schon alles mit dem FC geregelt. Ich habe dann auch erst viel später erfahren, dass das nicht ganz so sauber ablief seitens des Vereins.

Bei den Fans ist Maurice Banach nie in Vergessenheit geraten, das sieht man gerade rund um den Todestag immer wieder. Warum ist Mucki in Köln zu solch einem Mythos, zu solch einer Legende geworden?

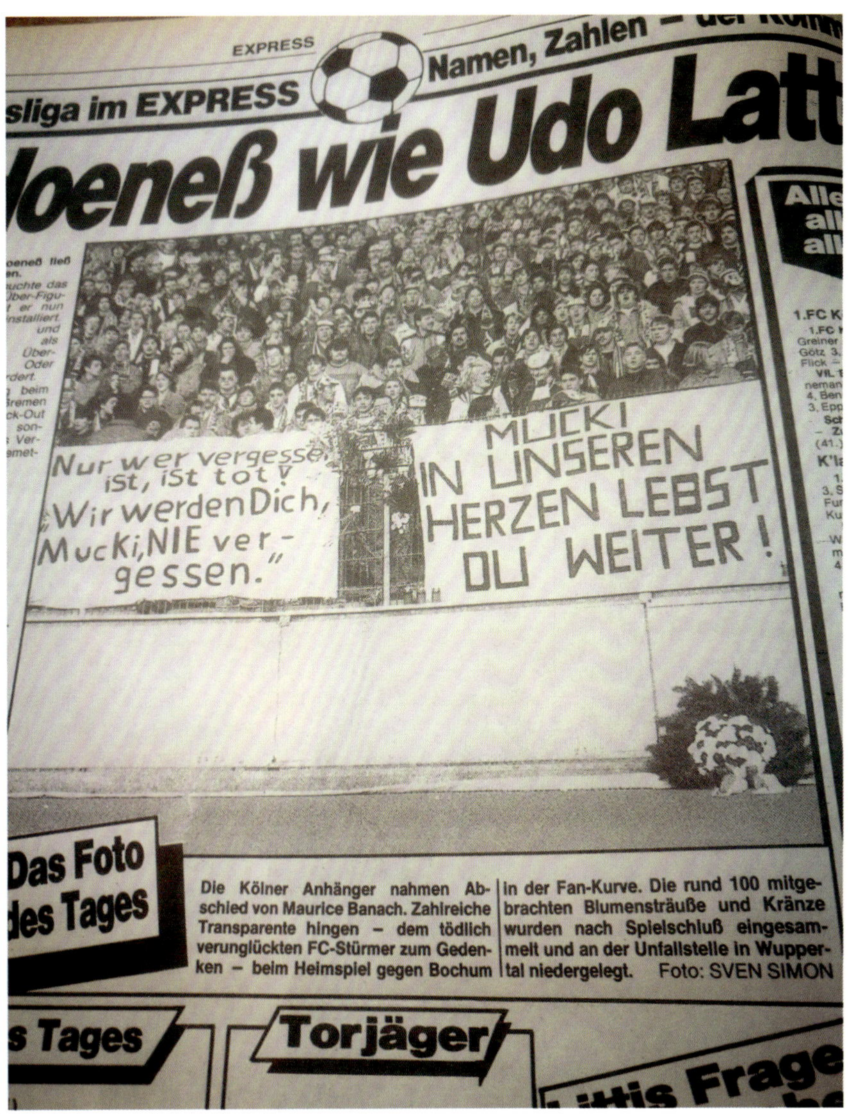

EXPRESS

Namen, Zahlen

sliga im EXPRESS

oeneß wie Udo Latt

Das Foto des Tages

Die Kölner Anhänger nahmen Abschied von Maurice Banach. Zahlreiche Transparente hingen – dem tödlich verunglückten FC-Stürmer zum Gedenken – beim Heimspiel gegen Bochum in der Fan-Kurve. Die rund 100 mitgebrachten Blumensträuße und Kränze wurden nach Spielschluß eingesammelt und an der Unfallstelle in Wuppertal niedergelegt. Foto: SVEN SIMON

s Tages

Torjäger

Das erste Heimspiel nach dem Unglück:
Express-Bericht über die Trauerarbeit der Fans.

Es ist ein wenig die Sehnsucht der FC-Fans, außergewöhnliche Spieler zu haben. Mucki war ein Hoffnungsträger, der den Verein wieder zu alten Erfolgen führen sollte. Das war jemand, bei dem alle gesagt haben: Das wird ein Großer – und das bei uns! Diese Hoffnung wurde dann leider jäh zerstört. Das nährt natürlich auch die Frage, was hätte alles sein können, wenn er nicht tödlich verunglückt wäre. Da ist schon ein gewisses Wunschdenken dabei.

Das Andenken an Mucki wurde über all die Jahre größtenteils von den Fans lebendig gehalten. War er für Sie in der Zeit auch immer präsent?

Immer nicht, da müsste ich lügen. Aber rund um den Todestag im November erinnere ich mich stets daran, wie ich es erfahren habe und dann zum Geißbockheim gefahren bin. Ich hatte Besuch, musste diesen aber dann zurücklassen, weil ich wirklich zu aufgewühlt war. Mit den anderen Fans konnte man diese Schocknachricht aber zumindest ein bisschen verarbeiten. Und: Die anderen Erinnerungen an ihn sind natürlich auch nicht verblasst.

Wenn Sie heute an Maurice Banach denken: Was schießt Ihnen dann sofort in den Kopf?

Ich denke an seine Tore, vor allem an seinen Treffer im Pokalfinale 1991 gegen Werder Bremen. Ich stand hinter dem Tor als Fanbeauftragter vor der FC-Kurve im Olympiastadion. Wenn ich Maurice Banach vor Augen habe, dann sehe ich, wie er dort zum Ausgleich trifft und jubelnd abdreht und ich natürlich vor Freude wie ein Höppemötzjer herumspringe.

Seine Tore – die sind den meisten FC-Fans wahrlich im Gedächtnis geblieben. Ob mit dem Kopf, als Abstauber oder mit einer Einzelaktion: Maurice Banach war ein kompletter Stürmer, der Eindruck machte. Und Mucki war ein besonderer Charakter, der den kölschen Anhängern, beileibe nicht als unkritisch bekannt, besonders gefiel. Das zeigt sich im Übrigen nicht nur in den Erinnerungen in den Sozialen Netzwerken, das zeigt sich auch im Gedenken an ihn im Stadion. Und daran hat auch einer der Autoren dieses Buchs seinen vermutlich ziemlich kleinen Anteil: Ein junger Thomas Reinscheid malte 2006 vor dem Heimspiel gegen den TSV 1860 München mit seinen Fanclubkollegen in einer Nacht- und Nebelaktion ein „Mucki: Unvergessen“-Banner. 15 Jahre zuvor war der Angreifer verunglückt – es war uns eine Herzensangelegenheit, an diese Vereinslegende würdig zu erinnern. Zwischen Ober- und Unterrang prangte also im Norden des Müngersdorfer Stadions ein recht ungelenk gepinseltes Spruchband zu Ehren Maurice Banachs. Ausgerechnet an dem Platz, an dem für gewöhnlich die „Südstadt Boyz“ ihre Fahne aufhängen. Ein kurzes klärendes Gespräch, was zur Hölle diese Jungspunde dort aufgehängt haben, später bekommen wir zu hören: „Für Mucki? Ernsthaft? Das Ding bleibt hängen. Über das ganze Spiel!“

Logo der Hennes Old School Army –
Einer der beteiligten Fanclubs

Es ist, auch wenn das Gedenken an Maurice Banach allzu häufig mit diesem Banner made in KÖLN-SÜD bebildert wird, bei weitem nicht das einzige Spruchband in den vergangenen Jahren. Immer wieder erinnern die Fans in den Kurven an den einstigen FC-Stürmer, halten die Erinnerung an Maurice Banach wach. Doch nicht nur im Stadion versuchen die Kölner Anhänger, den verstorbenen Angreifer auf ihre Art zu ehren. So gab es beispielsweise 2010 ein Maurice-Banach-Gedächtnisturnier, ausgerichtet vom Fanclub Kölle United. „Wir mussten bei der Benennung des Turniers nicht lange überlegen, wir waren alle in der Jugend große Mucki-Banach-Fans und wollten, dass er nicht in Vergessenheit gerät“, erklärt der Fanclubvorsitzender Michael Kilbinger die Beweggründe für die Ausrichtung. Die Einnahmen des Turniers und einer großen Tombola von knapp 2.500 Euro kamen unter anderem einem jungen FC-Fan mit Herzfehler zugute – knapp 1.200 Zuschauer waren zu Gast in Meschenich, auch Claudia Weigl-Banach sowie die Söhne Danny und Zico eilten nach Köln. „Wir werden diesen Tag nicht vergessen. Wir hätten das gerne unter dem Namen weitergemacht, aber leider konnten wir uns mit dem FC nicht auf eine Fortführung unter unserer Federführung einigen“, erzählt Kilbinger. Denn auch andere Fanclubs erinnern mit Turnieren, die nach dem in Münster geborenen Angreifer benannt wurden, an Maurice Banach – der Verein hätte das gern unter einem Dach am Geißbockheim veranstaltet. Seitdem ist das von „Kölle United“ ausgerichtet Gedächtnisturnier nach Franz Kremer, dem Gründer des 1. FC Köln, benannt. Dennoch: Ein Engagement, das nicht selbstverständlich ist, sich aber für viele FC-Anhänger so anfühlt.

Kaum verwunderlich also, dass auch das Mucki-Ehrentrikot unter Mithilfe der Kölner Fanszene entstanden ist. Auf Initiative von Banachs ehemaligen Mannschaftskameraden Andreas Gielchen meldeten sich mit Frank Wirtz vom Fanclub „Hennes Old School Army“ und bolzplatzlegenden.de-Macher Marc Kaufmann gleich mehrere Unterstützer, die bei diesem Projekt ebenso mitwirken wie der große Fanclub „Wilder Süden 91“. Auch die „Wilde Horde 96“, die größte Ultragruppierung beim 1. FC Köln, ist an Bord und hat sich der Aktion angeschlossen: “Als wir im letzten Jahr (2020, Anm. d. Red.) auf die Aktion von Andreas Gielchen aufmerksam wurden, war für uns klar: Da sind wir dabei und versuchen den guten Zweck bestmöglich zu unterstützen“, betonte ein Sprecher der Ultras gegenüber dem Online-Fanzine effzeh.com. „Neben Andreas und Marc Kaufmann als Stellvertreter des Herstellers kamen Organisatoren aus verschiedenen Fanclubs zusammen, um diese Aktion gemeinsam und uneigennützig zu unterstützen. Losgelöst von all den negativen Schlagzeilen um unseren Verein ist somit ein Projekt entstanden, welches das Faszinierende rund um den 1. FC Köln verdeutlicht: Die enorme Kraft seiner Fangemeinde, die Hand in Hand geht und als Gemeinschaft ein positives Ausrufezeichen setzt“, betont er und fügt zu den Beweggründen an: „Neben dem sportlichen Geschehen ist es insbesondere der Verein mit seinen aktuellen und auch vergangenen Geschichten, die unsere Verbundenheit mit dem 1. FC Köln prägen. Seien es die Erfolge in der Meisterschaft oder im Pokal, die Verärgerung um die anhaltende sportliche Misere oder eben auch der Verlust eines Spielers. Es sind die positiven wie negativen Erlebnisse, die eine Fangemeinde zu einer Gemeinschaft zusammenwachsen lassen. Ähnlich wie beim Tod von Maurice ‘Mucki’ Banach, der generationsübergreifend Schock und Trauer auslöste. Anlässlich dazu waren in den vergangenen Jahren Spruchbänder zu lesen, die an ihn erinnerten. Für uns bleibt er unvergessen.“

Unvergessen – das ist Maurice Banach auch nach 30 Jahren bei den Fans des 1. FC Köln. Und das wird er auch bleiben. Ein Verhalten, das Muckis Familie enorm imponiert. „Das hätte ich nie im Leben gedacht, dass Mucki noch so präsent ist bei den Fans. Ich bin einfach nur begeistert, welche Anerkennung er auch heutzutage noch in Köln genießt. Für mich bleibt Mucki unvergessen und es ist schön zu wissen, dass es vielen FC-Fans genauso geht“, schwärmt Claudia Weigl-Banach. Die Fans des 1. FC Köln und Maurice Banach – das bleibt offenkundig eine ganz besondere Beziehung.

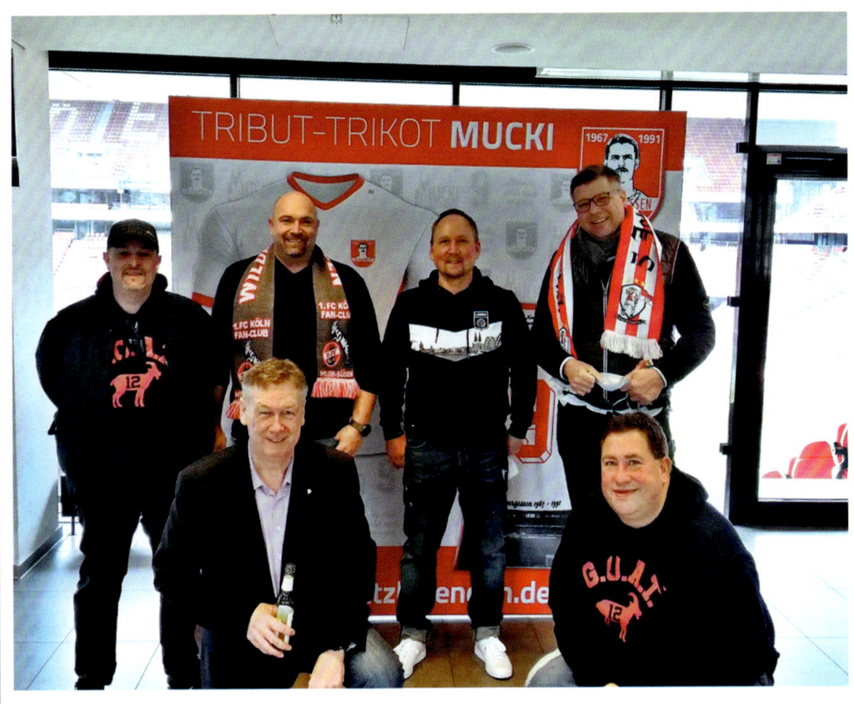

März 2021:
Die Trikot-Kommission tagt.

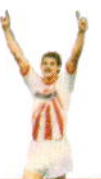

„Die offene Wunde schließen“: Der FC, das Trikot und das Benefizspiel

Münster, Zentralfriedhof: Andreas Gielchen, Maurice Banachs ehemaliger Mitspieler aus Kölner Zeiten, steht an Muckis Geburtstag am 9. Oktober 2020 an dessen Grab. Mit ihm: Claudia Weigl-Banach, die ihn dorthin begleitet hat. Die Rückkehr an die Trauerstelle ließ den einstigen Profi des 1. FC Köln noch einmal über alles nachdenken. „Da kam alles aus 1991 wieder: Es war eine unbeschreibliche Situation, als auf der Beerdigung deine ehemaligen Mannschaftskameraden, mit denen du vier Monate vorher noch das Pokalendspiel gespielt hast, den Sarg an dir vorbeitragen und Claudia dahinter schreit vor Schmerz. Davon gibt es auch Bilder. Das geht mir jetzt schon wieder total nah, wenn ich daran denke“, schildert Gielchen seine Gedanken, als er Maurice Banachs Grab im Oktober besuchte. „Ich stand jetzt also 2020 wieder dort und dachte: ‚Das kann doch nicht alles gewesen sein, nach fast 30 Jahren. Im Hinterkopf hatte ich Claudias Geschichte, die sie mir komplett erzählt hatte, wie sie da beschissen worden war. Da habe ich mir am Grab gesagt: ‚Ich sorge dafür, dass Gerechtigkeit widerfährt!‘“

In seinem Facebook-Beitrag, den er kurz darauf verfasst, lässt Gielchen die Öffentlichkeit noch einmal am Schicksal der Familie Banach teilhaben. Ganz zum Ende macht er noch einen Vorschlag zur Finanzierung diverser Wiedergutmachungszahlungen: Ein Mucki-Banach-Gedächtnistrikot zum 30. Todestag könnte helfen! Neben all den anderen Aspekten, die Gielchen in seinem Text anspricht, die letztlich dafür sorgen, dass der 1. FC Köln ein Benefizspiel für Maurice Banach zusagt, trifft auch dieser Trikot-Vorschlag den Nerv der FC-Fans. In den Reaktionen der Anhängerschaft spiegelt sich sogleich ein großer Wille, so ein Trikot besitzen zu wollen. Überhaupt: Es wäre ein extrem starkes Signal, wenn viele Trikots von Mucki Banach demnächst wieder im Müngersdorfer Stadion zu sehen wären. Es käme einer symbolischen Rückkehr des Torjägers gleich. Eine Art Denkmal auf dem Rücken der Fans, welches immer und überall zeigt, dass Mucki wirklich unvergessen ist.

In den Gesprächen mit dem Verein stellte sich schnell heraus, dass der FC dieses Trikot nicht auflegen kann. Man ist an DFL-Richtlinien gebunden, Sondertrikots sind bereits für die Karnevalssession angemeldet worden. Der Verein dachte daran, T-Shirts drucken zu lassen. Ein netter Gedanke und sicher auch für nicht wenige Fans ein interessantes Angebot. Aber ein Trikot ist dann aber doch noch einmal etwas ganz anderes, doch dies scheint in Zusammenarbeit

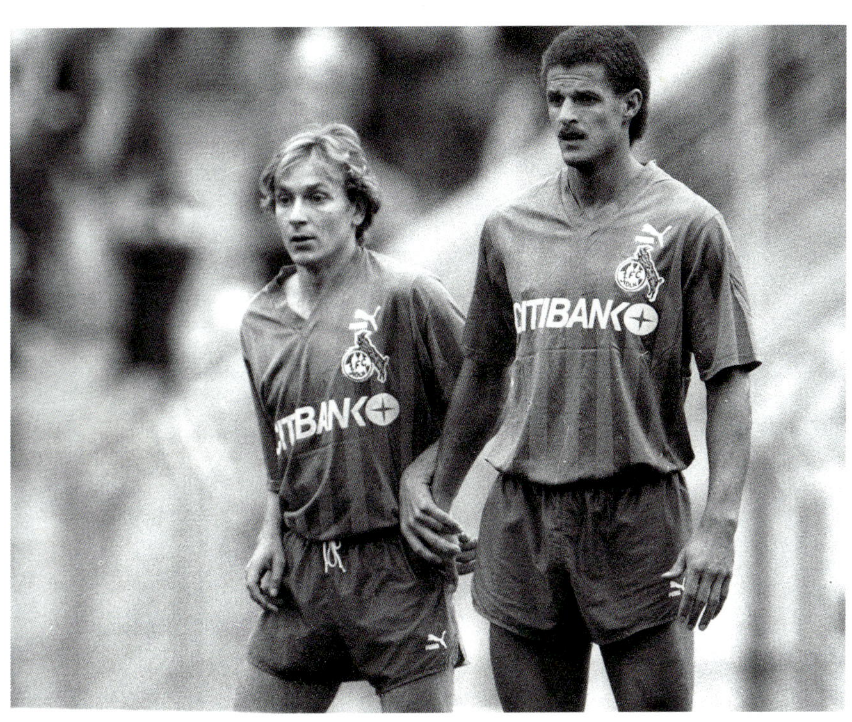

Alte Kameraden:
Horst Heldt und Maurice Banach.

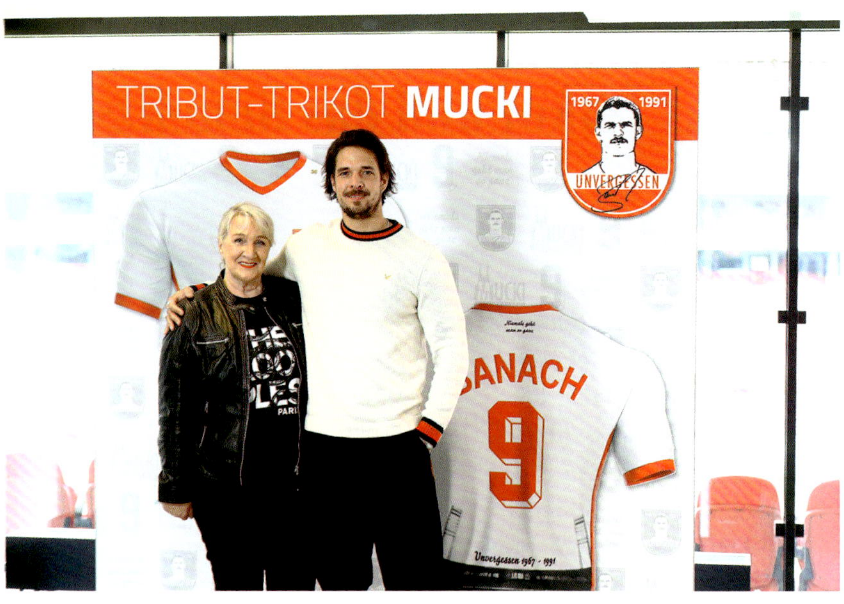

11. März 2021:
Pressekonferenz zur Trikotaktion mit Zico und Cladia Banach.

mit dem FC nicht umsetzbar zu sein. Damit gab sich der umtriebige Gielchen, schon als Spieler ein Kämpfer, allerdings nicht zufrieden. Es dauerte nicht lange und der ehemalige FC-Abwehrrecke hatte sich eine motivierte Truppe zusammengestellt, die dieses Sondertrikot letztlich doch ermöglichte. Dieses Team setzte sich zusammen aus einzelnen FC-Fans, diversen Fanclubs sowie dem Produzenten der Trikots (bolzplatzlegenden.de).

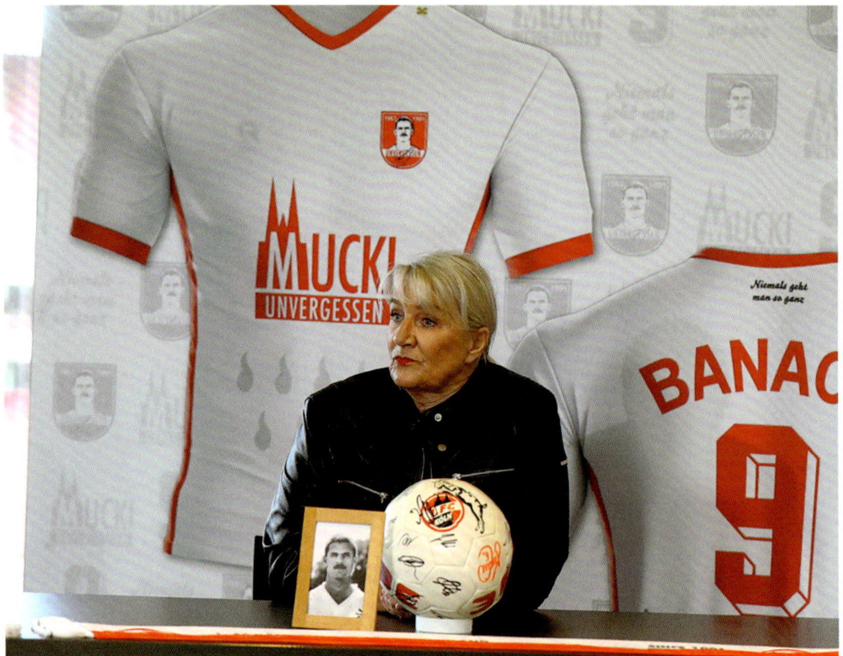

Bei der Pressekonferenz:
Claudia Weigl-Banach positiv berührt.

Auch Frank Wirtz vom Fanclub "Hennes Old School Army" ist mit dabei, er war einer der vielen hundert Fans, die Gielchens Facebook-Beitrag teilten, sodass letztlich Marc Kaufmann, der Trikots individuell herstellen kann, auf die Sache aufmerksam wurde. Bewusst ohne Sponsoren – auch um ein Zeichen gegen den steigenden Kommerz und die Übervermarktung im professionellen Fußball zu setzen. Etliche Fans wurden befragt, Ideen gesammelt und am Ende war ein gelungenes Gedenktrikot entstanden. Dieses Dress soll ebenso wie das Benefizspiel des 1. FC Köln auch eine verspätete Wiedergutmachung sein.

Am 11. März 2021 fand eigens zur Vorstellung des Sondertrikots eine Pressekonferenz im VIP-Bereich des Müngersdorfer Stadions statt. Andreas Gielchen schilderte dort noch einmal ausführlich die Idee, deren Entstehung und Umsetzung. Auch Muckis Witwe Claudia Weigl-Banach und der gemeinsame Sohn Zico waren vor Ort und freuten sich über das aus ihrer Sicht sehr gelungene Design des neuen Stoffs.

Marc Kaufmann, der das Trikot produziert, schilderte im Online-Fanzine effzeh.com seine Beweggründe, die Aktion zu unterstützen und eifrig mitzumachen: "Ich habe auf Facebook den sehr bewegenden Text von Andreas Gielchen gelesen, den er am 9. Oktober verfasst hat und der an Mucki Banach gerichtet war, der an diesem Tag 53 Jahre alt geworden wäre. In diesem ausführlichen Text geht Andi sehr ausführlich auf die unrühmlichen Geschehnisse seit Maurice Banachs Tod ein. Der Text hat mich extrem berührt und ich habe mich sofort an den tragischen Unfalltod im Jahr 1991 zurückerinnert. Einer Zeit, in der ich – damals 15 Jahre alt – noch jeden einzelnen Bundesliga-Spieler mit Vor- und Nachnamen kannte und die Bundesliga einfach das Größte war", so Kaufmann. Die Gespräche mit Gielchen und später auch mit diversen Mitstreitern liefen an, die Fans gestalteten via Facebook-Dialogen mit ihren Vorschlägen das Trikot quasi mit.

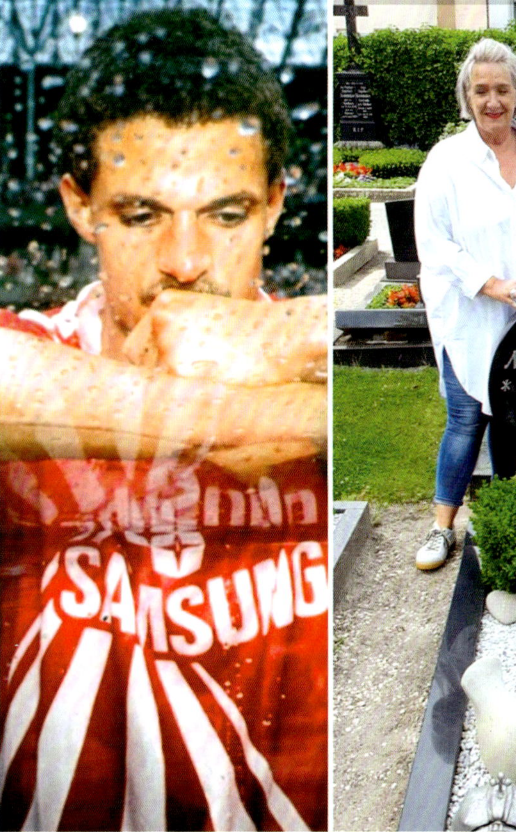

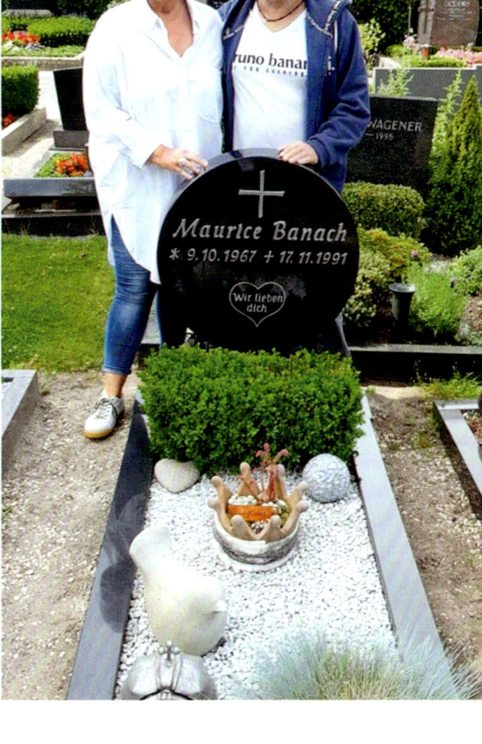

Schwur am Grab:
Andreas Gielchen mit Claudia Weigl-Banach.

Auf dem weiß-roten Dress, ganz in der Tradition des 1. FC Köln, prangt vorne „Mucki unvergessen“ auf der Brust – das große „M“ stilisiert in Weiß eingerahmt vom rot gehaltenen Dom. Dort, wo für gewöhnlich ein Vereinswappen steht, ist „Maurice Banach“ prominent in Logoform platziert: Ein Bild des Angreifers wird begleitet von seinen Lebensdaten 1967 und 1991 sowie seiner Unterschrift, dazu einmal mehr der „Unvergessen“-Schriftzug. Abgerundet wird die Vorderseite durch die elf kölschen Tränen, die auch im Stadtwappen zu sehen sind. Mit Banachs Rükkennummer 9, dem Nackenstick „Niemals geht man so ganz“ (in Anlehnung an den Trude-Herr-Song) sowie einem großen Bild des alten Müngersdorfer Stadion inklusive der markanten Flutlichter ist das Trikot auch von hinten ein echter Hingucker. „Mir gefällt das Trikot ganz toll, vor allem das Wappen und die kölschen Tränen. Die Anteilnahme ist Wahnsinn. Für mich bleibt Mucki unvergessen, aber es ist schön zu wissen, dass es vielen FC-Fans genauso geht“, freut sich Banachs Witwe Claudia über das Design des Ehrentrikots. Einen Teil der Einnahmen aus den Verkäufen kommt der Familie zu gute.

Nachdem man sich auf diesen Entwurf einigte, ging es für die Beteiligten daran, die Werbetrommel zu rühren. Es galt schließlich, eine gewisse Anzahl an Käufen sicherzustellen, um überhaupt produzieren zu können. Dabei haben die Initiatoren mit dem Umstand zu kämpfen, dass bis Ende April 2021 die Bestellungen gesammelt werden mussten, um im Anschluss die Produktion freigeben zu können. Das dauerte entsprechend lange, von der Bestellung der Fans bis zur Auslieferung vergingen Monate. Die Pandemie, aber auch das quer liegende Schiff „Ever Given“ im Suez-Kanal sorgten für reichlich Verspätung. Aber anders ging es nicht“, wie Marc Kaufmann auf effzeh.com zu Protokoll gab: “Wir wissen, dass dieses Vorgehen nicht perfekt ist, da wir dieses Projekt jedoch in einer kleinen Runde auf die Beine gestellt haben und nicht absehen können, wie groß das Interesse am Trikot sein wird, halten wir dies dennoch für das beste Vorgehen”, teilte der Hersteller mit: “Sobald wir die ersten 1.000 Trikotbestellungen erreicht haben, werden wir für diese Menge die Produktion sofort freigeben und nicht bis zum Ende des Bestellfensters mit der Produktionsfreigabe warten.”

Nachdem das Bestellfenster geöffnet wurde, dauerte es nur wenige Tage, fast nur Stunden, bis die Mindestmenge erreicht war. Ein unfassbares Ergebnis – vor allem deshalb, dass nicht der Verein über seine Kanälen für Verbreitung sorgte, sondern alles unter den Fans geregelt wurde. Auch die Medien wie der WDR oder die Kölner

Zeitungen berichteten, so dass die Dinge ihren positiven Lauf nahmen. Um dem Trikot noch mehr Aufmerksamkeit zu verschaffen, haben Marc Kaufmanns „Bolzplatzlegenden“ und Andreas Gielchen eine weitere Aktion umgesetzt, die alsbald im Netz von sich reden machte. Mit „Ein Trikot geht auf Reisen“ schickten sie ein einzelnes Trikot per Post durch Deutschland, Europa und sogar bis nach Florida. Das Ziel: Der komplette FC-Kader aus Mukkis Zeiten sollte sich mit seinen Autogrammen auf dem Trikot verewigen, als „Beweis“ zeigt sich der jeweilige Spieler mit dem Trikot. Daher auch das Reiseziel Florida: Dort lebt Bodo Illgner – der Weltmeister-Torwart war zwischen 1990 bis zu Banachs Tod Teamkollege des verstorbenen Stürmers. Alleine für die Unterschrift des einstigen FC-Heldens war das Trikot mehrere Wochen unterwegs, aber auch Dänemark (Jann Jensen) stand auf dem Reiseplan wie viele Regionen Deutschlands von Ost nach West, vom Süden in den Norden.

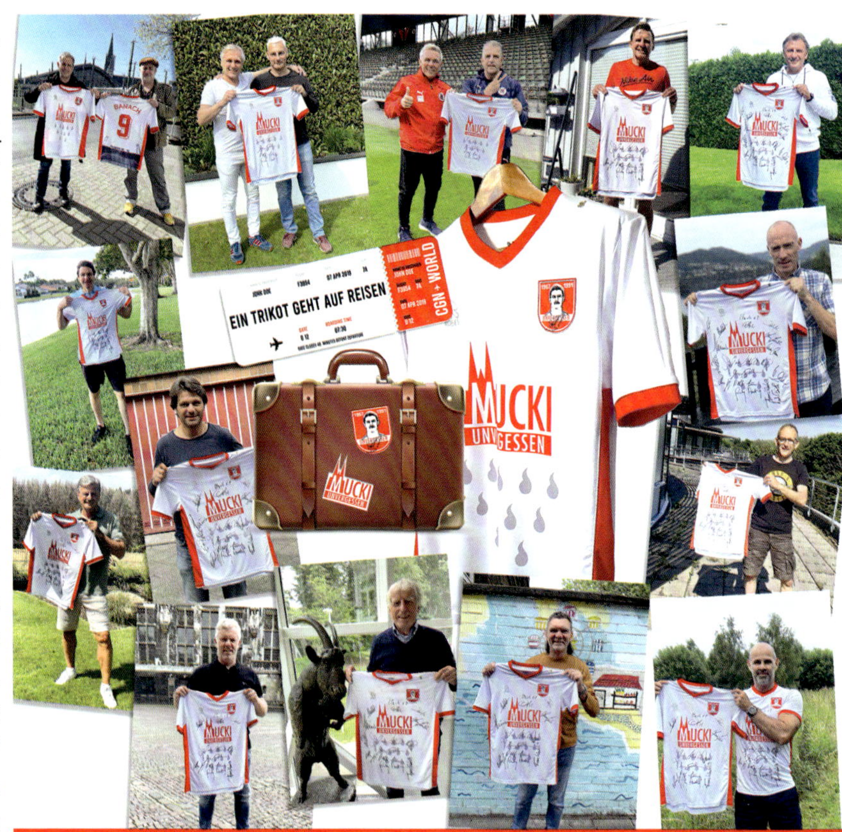

Besonders interessant für viele Fans: einzelne Spieler, die man lange nicht mehr gesehen hat und die vom öffentlichen Radar verschwunden waren, konnte man nun wiedersehen. Alle gemeinsam mit dem Trikot von Mucki, der auf diese Weise wieder mit seinen Kameraden vereint war. Als die Verantwortlichen den Kader komplett hatte (selbstverständlich haben alle) unterschrieben, hörte die Aktion aber nicht auf. Auch andere Persönlichkeiten aus dem Fußball, wie zum Beispiel die Weltmeister Lukas Podolski, Thomas Häßler oder Jürgen Kohler, unterschrieben auf dem Trikot, dazu verewigten sich beispielsweise einige Schalker Spieler, die Muckis Gegner in seinem letzten Spiel in Gelsenkirchen waren. Auch vereinzelte Prominente wie Politiker Wolfgang Bosbach ließen sich nun mit Mucki-Banach-Trikots fotografieren. Das erste Ehrentrikot ging allerdings an einen ganz besonderen Menschen: Muckis Schwiegermutter bekam das Dress von Banachs Witwe Claudia geschenkt – und brach ob des schönen Geschenks glatt vor Freunde in Tränen aus.

In der Zwischenzeit, während die Aktion „Ein Trikot geht auf Reisen“ lief, konnten auch endlich die Trikots für die Fans produziert und letztlich auch ausgeliefert werden. Und so fluteten auf einmal Bilder der Anhänger mit ihrem eigenen „Mucki“-Trikot die Social-Media Kanäle. Aber eben nicht nur da, denn mittlerweile dürfen die Fans aufgrund veränderter Pandemie-Bestimmungen wieder zurück ins Stadion. Nicht wenige dieser Rückkehrer sind dann im Stadion in diesem ganz individuell gestalteten Trikot zu sehen. Das alles hat auch Claudia Weigl-Banach mitbekommen, die sich sehr über die Entwicklung freut: “Ich bin begeistert, welche Anerkennung auch heutzutage Mucki bei den Fans genießt. Nach meiner Anwesenheit bei Ralf Friedrichs' FC-Stammtisch Talk 2009 gab es auch ein paar Hilfestellungen vom Verein. Und mit dem Benefizspiel zum 30. Todestag zeigen die Verantwortlichen ihre Wertschätzung”.

Möglich gemacht haben das Trikot nicht nur die Ultras, sondern sehr

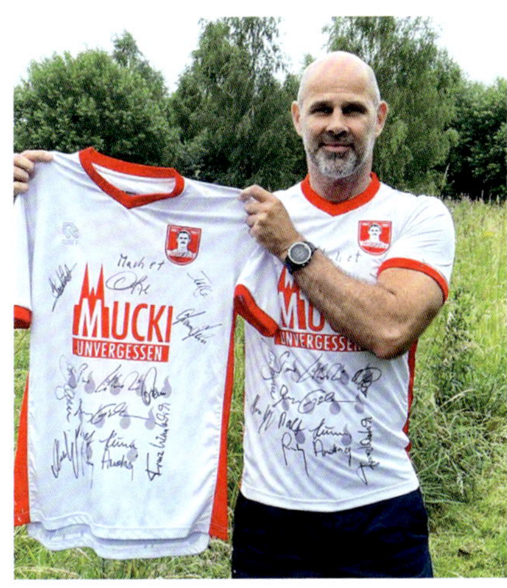

Jann Jensen

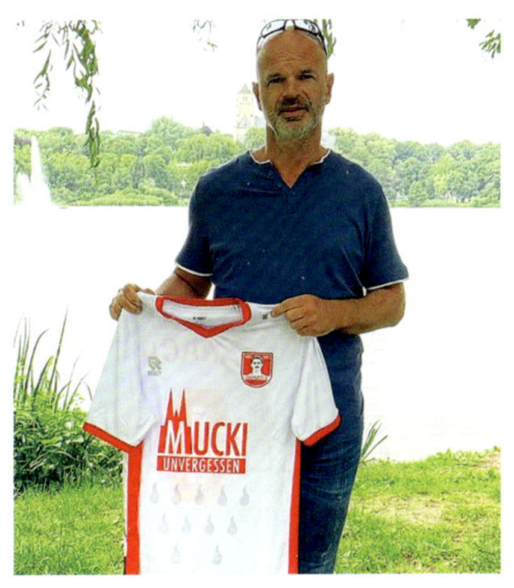

Rico Steinmann

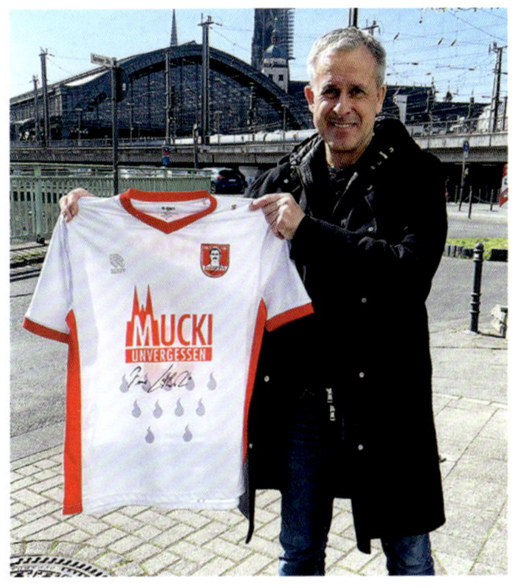

Pierre Littbarski

viele Mitstreiter und Fanclubs aus allerlei Richtungen. Aber den Anstoß gab nur einer: Kölns ehemaliger Abwehrspieler Andreas Gielchen. „Ich sorge dafür, dass da Gerechtigkeit widerfährt", hat er am Grab seines ehemaligen Mitspielers geschworen. Das hat Gielchen getan, er ging sogar deutlich darüber hinaus. Er ist nicht mehr und nicht weniger hauptverantwortlich für die symbolische Rückkehr des Maurice „Mucki" Banach ins Kölner Stadion! Diese Aktion, die er mit Hilfe von vielen Anhängern, Fanclubs sowie Marc Kaufmanns „Bolzplatzlegenden" umgesetzt hat, ist an Wertigkeit schwer zu überbieten. Sie zeigt, dass es im Spitzenfußball doch noch um andere Dinge geht als den reinen Kommerz. Die Fans haben damit auch bewiesen, dass Mucki wirklich unvergessen ist und bleibt. Ein Trikot kann so viel mehr sein als nur ein Stück bedruckter Stoff!

Dass Fußball auch mehr ist als nur ein schnödes 1:0, zeigt zudem das Engagement des 1. FC Köln für das Benefizspiel, dessen Einnahmen ebenfalls der Banach-Familie zugute kommen sollen. Das Jahr zeige, dass es noch größere Themen gäbe als den aktuellen Tabellenplatz, schreibt der FC-Vorstand im Frühjahr 2021 in seinem regelmäßig veröffentlichten Mitgliederbrief. „Im Herbst ist es 30 Jahre her, dass die FC-Familie ein besonderes Mitglied verloren hat. Deswegen war der Geschäftsführung und uns – genau wie vielen FC-Fans – die Versöhnung mit der Familie von Mucki Banach sehr wichtig. Kurz nach Muckis schrecklichem Unfall hat dessen Frau Claudia, die sehr jung plötzlich ganz alleine mit zwei kleinen Kindern dastand, vom FC offenbar nicht die Unterstützung erfahren, die sie sich gewünscht hätte",

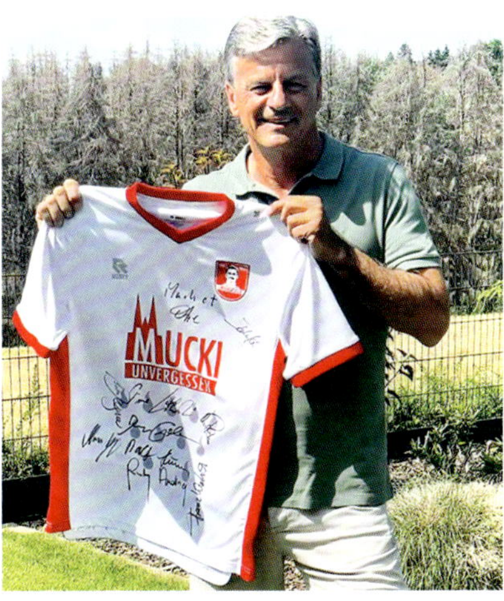

Falko Götz

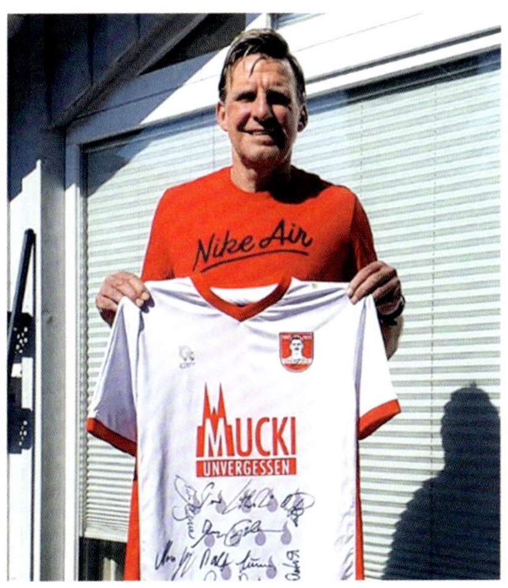

Alfons Higl

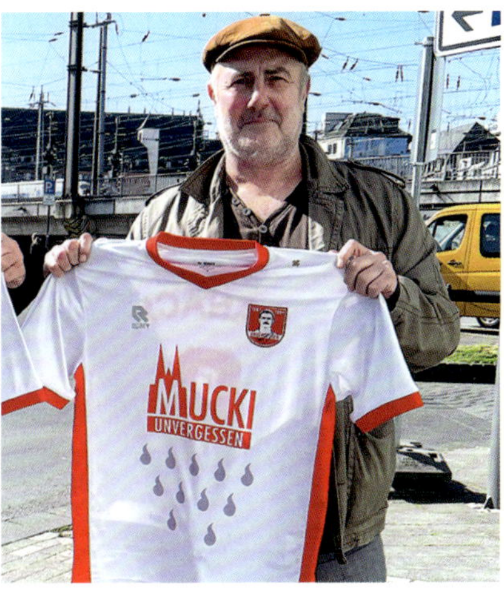

Andreas Gielchen

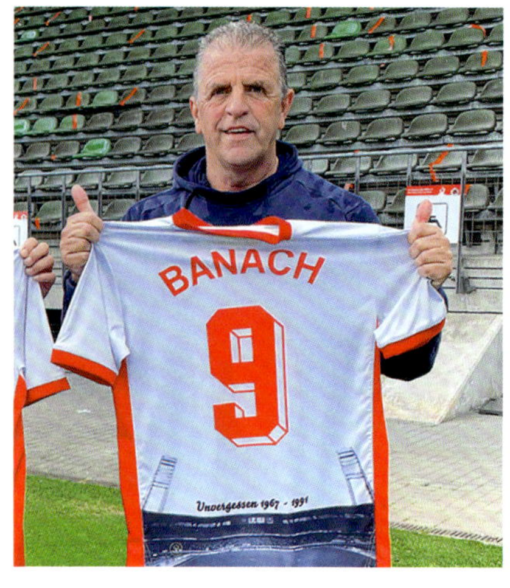

Franz Wunderlich

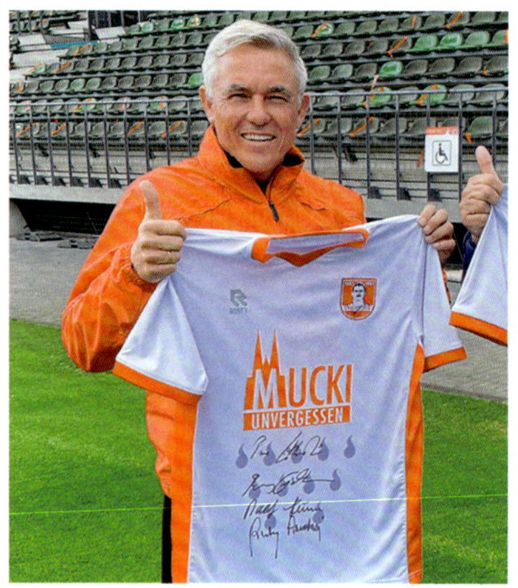

Olaf Janßen

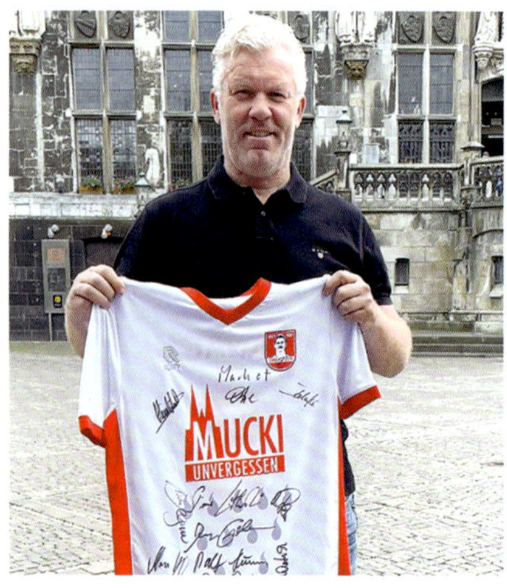

Henrik Andersen

heißt es dort: „Wir wollen alles geben, um diese offene Wunde endlich zu schließen. Zusätzlich zu den jetzt schon laufenden Hilfen werden wir zu Ehren von Mucki Banach ein Gedenkspiel im RheinEnergieStadion veranstalten, dessen Erlös seiner Familie zugute kommt", schreibt der FC-Vorstand. Man freue sich, dass auch von Fanseite Aktionen für dieses Spiel gestartet worden sind – wie beispielsweise das schon beschriebene Ehrentrikot.

„Um Mucki Banach so zu würdigen, wie er es verdient, und möglichst viel Geld zu sammeln, wird das Spiel erst stattfinden, wenn wieder 50.000 Menschen ins Stadion kommen können. Wann das sein wird, wissen wir noch nicht, aber der Tag wird kommen – und wir können es kaum erwarten", betont das Präsidium des 1. FC Köln an selbiger Stelle. „Alle Aktionen, die im Gedenken an Mucki dazu beitragen, einen der talentiertesten Stürmer der FC-Historie in schöner Erinnerung zu behalten, helfen uns dabei, das Unfassbare auch 30 Jahre später weiter zu verarbeiten. Mucki Banach wird unvergessen bleiben", erklärt FC-Präsident Dr. Werner Wolf im Gespräch mit den Autoren dieses Buches. Die Coronavirus-Pandemie hat den Planungen zunächst einmal einen Strich durch die Rechnung gemacht, doch der Verein hält an der Idee des Benefizspiels zum 30. Todestags seines Angreifers fest. „Wir möchten das Benefizspiel gerne vor 50.000 Fans im RheinEnergieStadion durchführen. Sobald absehbar ist, ab wann die pandemische Lage und die Corona-Regelungen ein ausverkauftes Stadion zulassen, werden wir mit der Planung beginnen – wir hoffen, dass das zeitnah der Fall sein wird", betont FC-

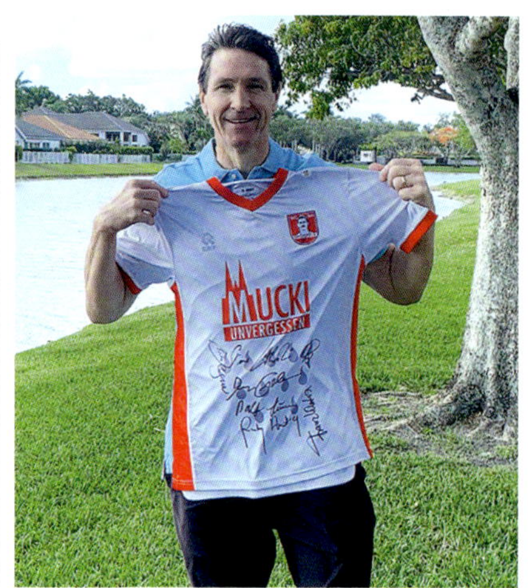

Bodo Illgner

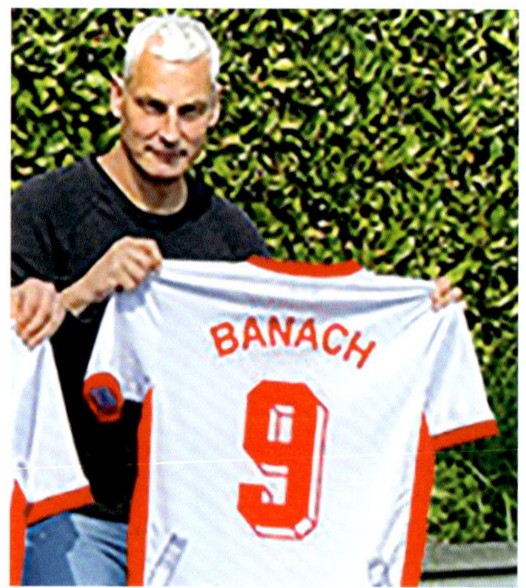

Ralf Sturm

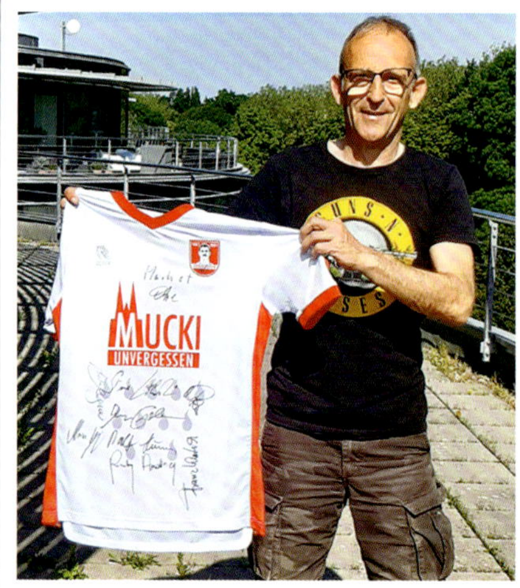

Frank Ordenewitz

Finanzgeschäftsführer Alexander Wehrle im September 2021.

So viel ist allerdings klar: Bevor weitere Schritte unternommen werden können, muss zunächst einmal Planungssicherheit herrschen. Dass es überhaupt zu einer solchen Ehre für Maurice Banach kommt, geht im Übrigen auf den ehemaligen Kölner Sportgeschäftsführer Horst Heldt, der in der FC-Zeit Muckis Mannschaftskollege war, zurück. „Maurice Banachs Tod hat uns alle bis ins Mark getroffen", betonte Heldt in der offiziellen Pressemitteilung des Vereins zur Verkündung des Freundschaftsspiel, dessen Details aufgrund der fehlenden Planungssicherheit noch nicht festgezurrt sind: „Wir haben mit Mucki einen allseits beliebten und hochveranlagten Mitspieler verloren – vor allem aber haben seine Frau Claudia und seine beiden Söhne ihren Ehemann und Vater verloren. Dieser Verlust begleitet sie ein Leben lang. Uns ist wichtig, mit dem Gedenkspiel zu Ehren von Mucki ein weiteres Zeichen der Unterstützung an seine Familie zu senden. Wir hoffen auf ein ausverkauftes RheinEnergieStadion und möglichst hohe Erlöse zu Gunsten von Muckis Familie."

Auch Dr. Werner Wolf äußerte sich zur Entstehung der Idee, Banach mit einer solchen Veranstaltung zu ehren: „Für jeden FC-Fan war der 17. November 1991 ein schmerzhafter Tag, der auf ewig mit dem tragischen Tod von Mucki Banach verbunden sein wird. Angesichts der Tatsache, dass sich dieses traurige Ereignis zum 30. Mal jährt, ist während einer Sitzung von Vorstand und Geschäftsführung die Idee eines Benefizspiels zum besonderen Gedenken an einen unver-

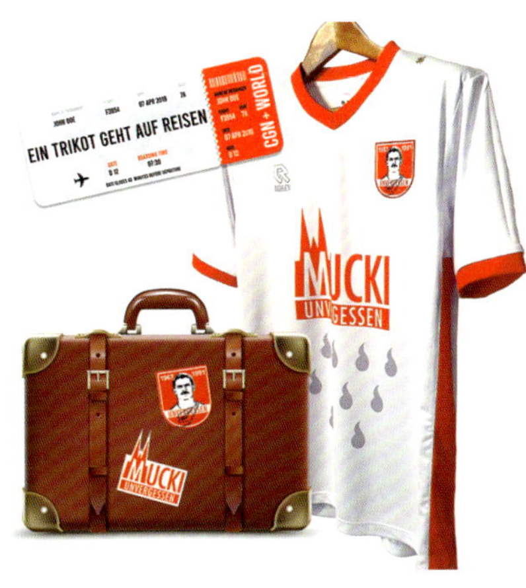

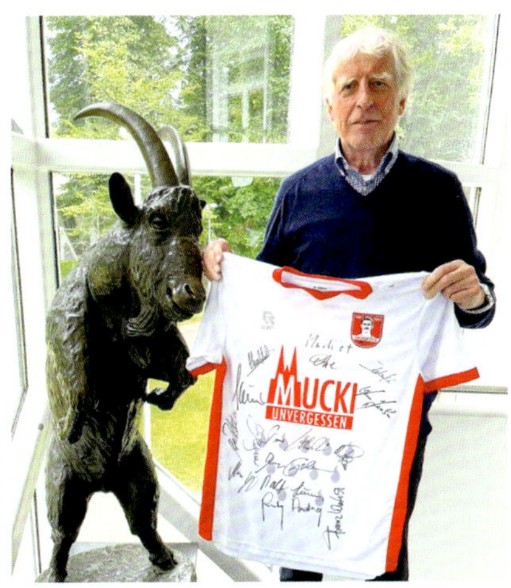

Erich Rutemöller

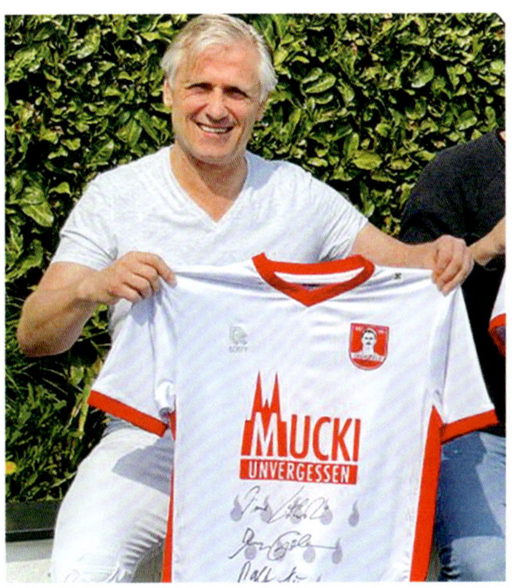

Andrzej Rudy

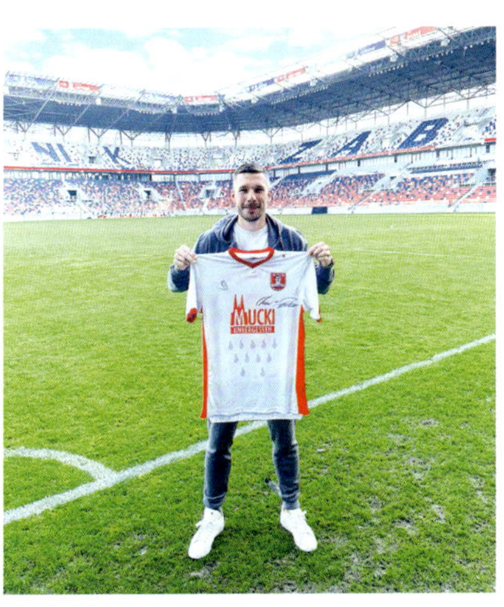

Lukas Podolski

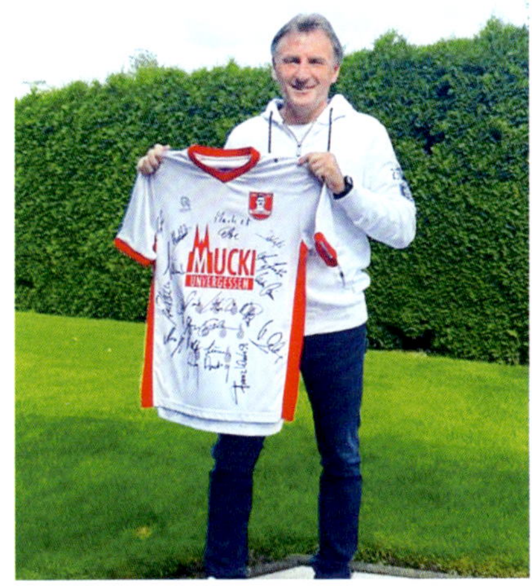

Frank Greiner

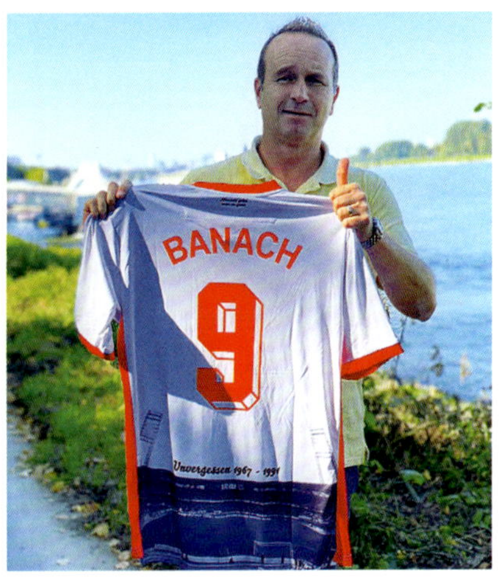

Dirk Lottner

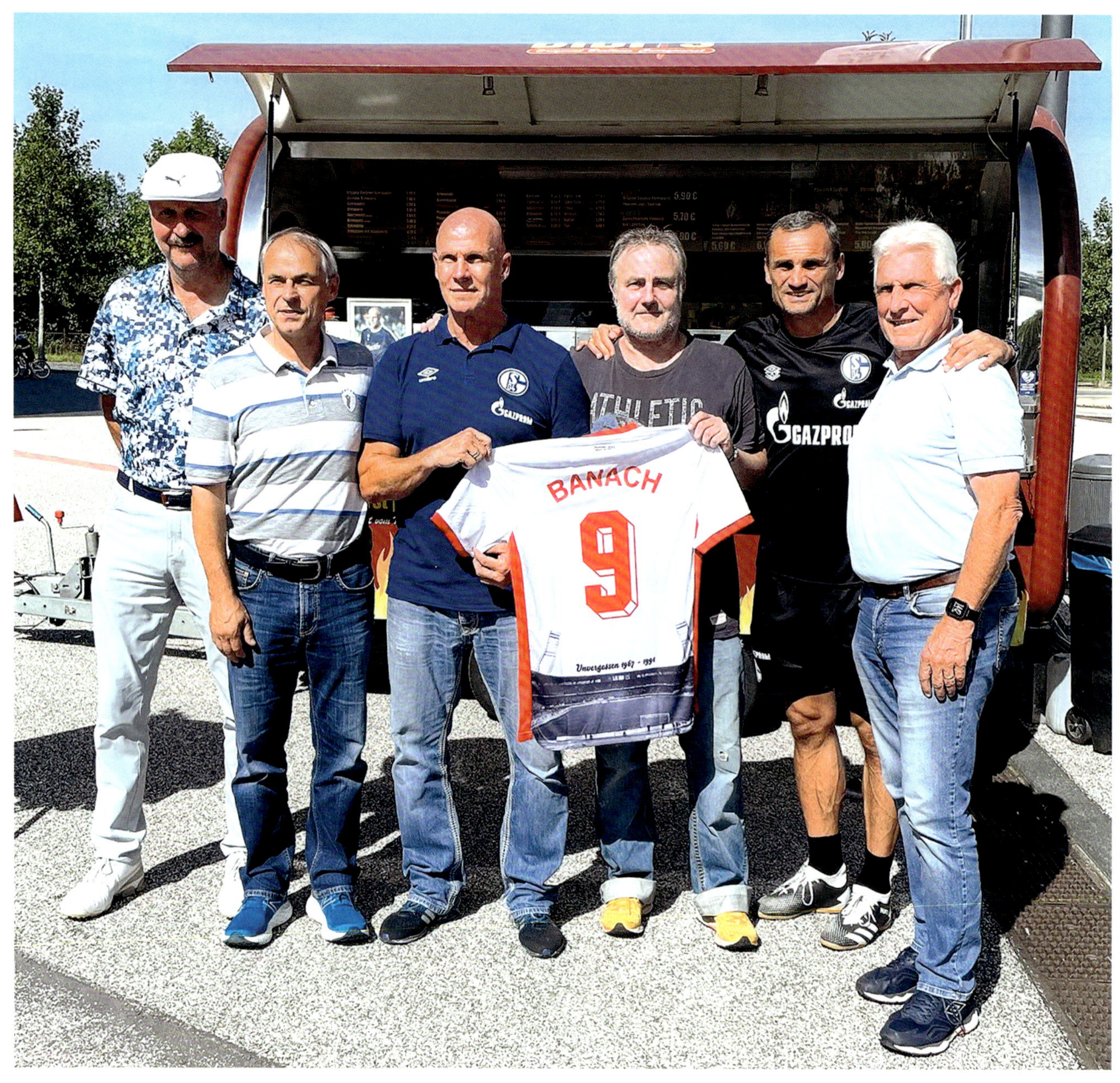

Schalker Größen ehren „Mucki“ Banach:
v.l.n.r.: Peter Neururer, Olaf Thon, Dietmar Schacht, Organisator Andreas Gielchen, Martin Max und Klaus Fischer.

gessenen FC-Stürmer entstanden“, so der FC-Präsident: „Als ehemaliger Mitspieler hat unser damaliger Sport-Geschäftsführer Horst Heldt natürlich eine besonders emotionale Verbindung zu Mucki Banach. Deshalb war Horst Heldt sehr an einer Umsetzung des Benefizspiels interessiert und hat gemeinsam mit Alexander Wehrle maßgeblich dazu beigetragen, dass es zu diesem Gedenkabend kommen wird.“

Ein Spiel, das auch dazu angedacht ist, eine „offene Wunde zu schließen“, wie es der Vereinsvorstand im Mitgliederbrief formulierte.

Nach dem Verhalten der damaligen Clubfunktionäre gegenüber Banachs Witwe, das 2009 für viele Negativschlagzeilen gesorgt hatte, wollen die jetzigen Verantwortlichen der Geißböcke die Versöhnung mit der Familie des verstorbenen Angreifers vorantreiben. „In der Vergangenheit ist in der Öffentlichkeit oft und sehr kontrovers über den Umgang des FC mit der Familie Banach nach dem Tod von Mucki diskutiert worden“, betont Wolf: „Diese offene Wunde möchten wir nun endgültig schließen. Wir möchten mit dem Benefizspiel ein deutliches Zeichen setzen, dass die FC-Familie Mukki nicht vergessen hat und an der

Seite seiner Familie steht – damals wie heute", so der FC-Präsident. „Über die Vergangenheit gibt es unterschiedliche Sichtweisen, wie wir in vielen Gesprächen mit Beteiligten beider Seiten erfahren haben. Wir möchten die Zeit der Vorwürfe beenden, gemeinsam mit seiner Familie, alten Weggefährten und den FC-Fans positiv nach vorne schauen und Mucki Banach in einem würdigen Rahmen ein besonderes Gedenken bereiten."

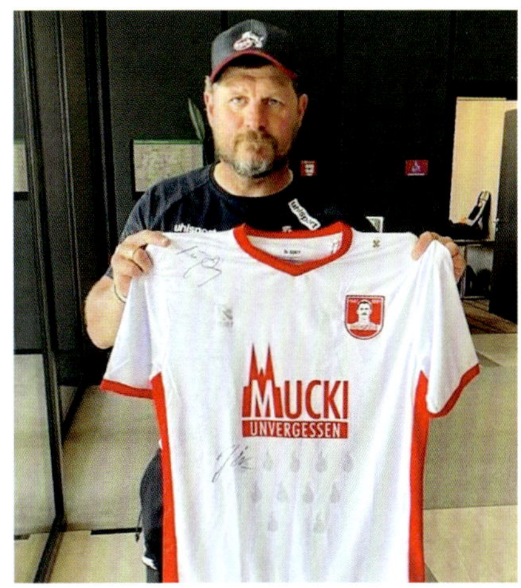

Steffen Baumgart

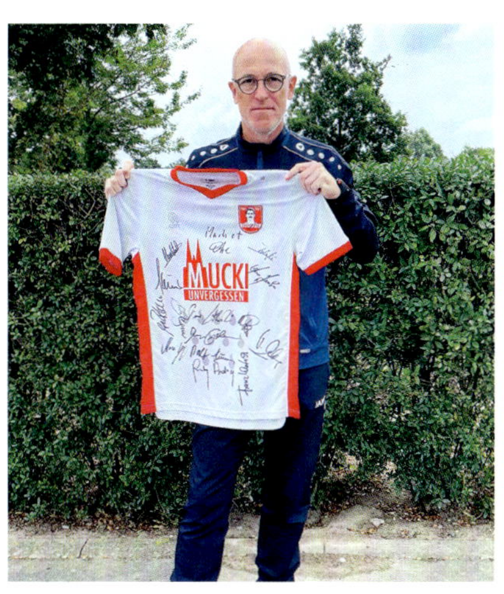

Karsten Baumann

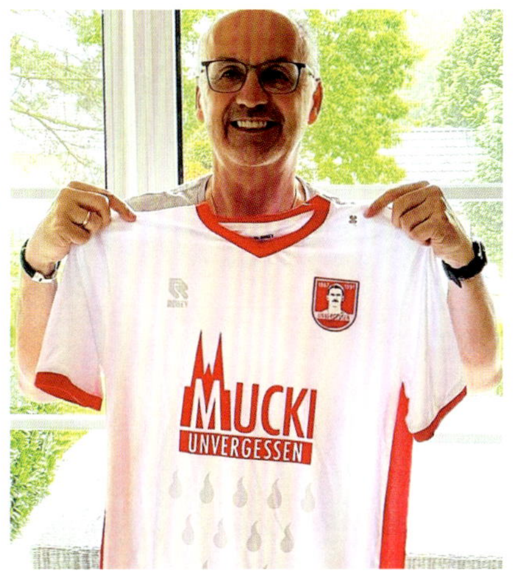

Jürgen Kohler

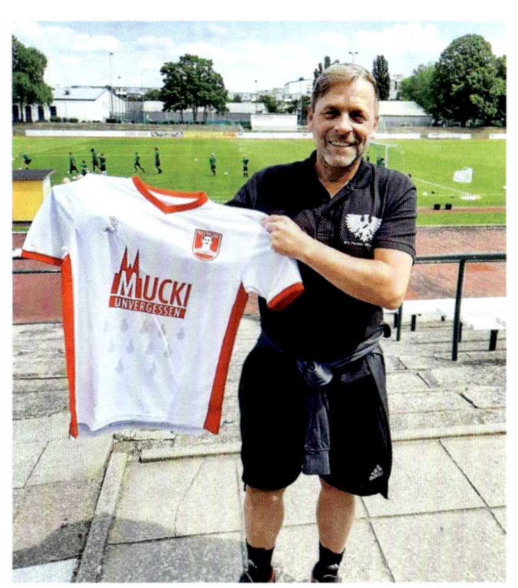

Thomas Häßler

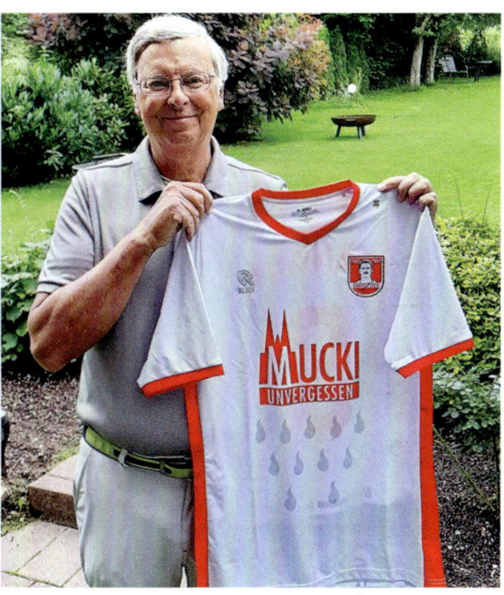

Wolfgang Bosbach

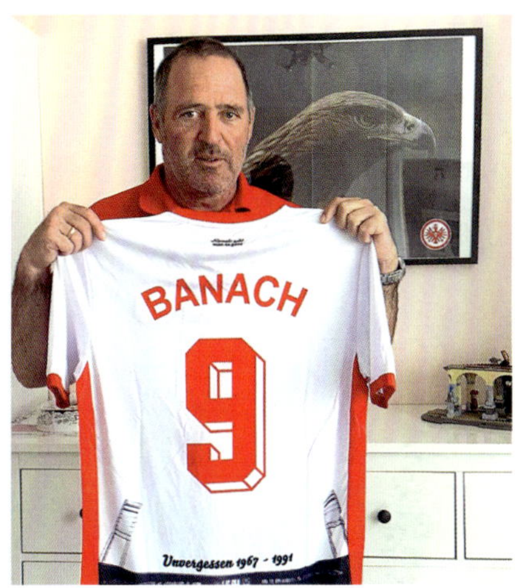

Uwe Bein

Doch nicht nur wirtschaftlich will der Verein den Hinterbliebenen zur Seite stehen: „Abseits der finanziellen Unterstützung, die wir durch die Erlöse des Benefizspiels und eine finanzielle Soforthilfe leisten, wird der FC das emotionale Band zur Familie Banach nicht wieder einreißen lassen. Der Tod von Mucki ist ein unglaublicher Verlust, der innerhalb der FC-Familie nur durch gegenseitige Unterstützung verarbeitet werden kann", betont Kölns Finanzgeschäftsführer Wehrle. Ein Engagement, das ankommt bei den Betroffenen, ihre Stellungnahmen zeigen es.

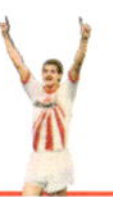

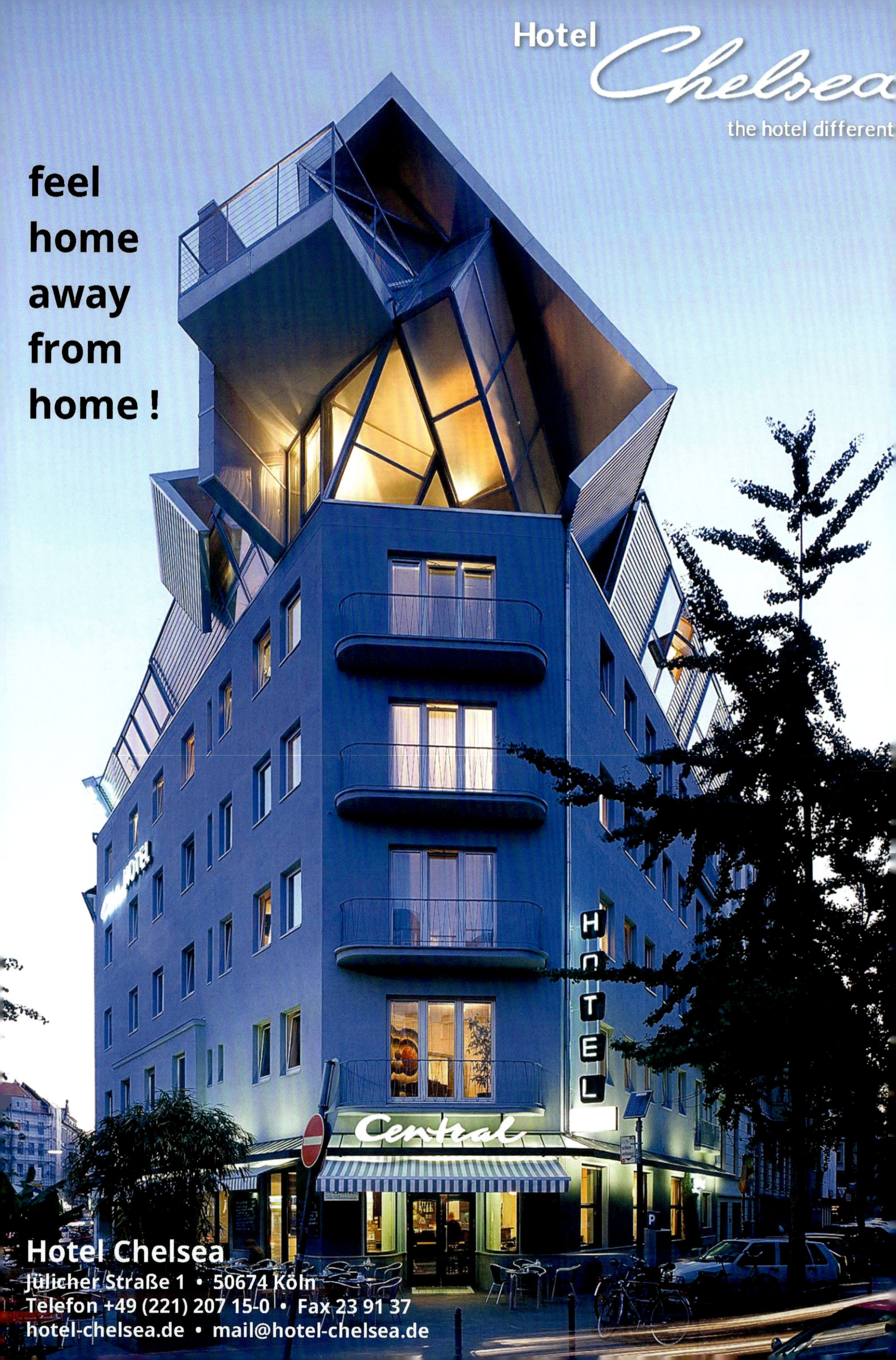
Hotel Chelsea
the hotel different
feel home away from home !
HOTEL
Central
Hotel Chelsea
Jülicher Straße 1 • 50674 Köln
Telefon +49 (221) 207 15-0 • Fax 23 91 37
hotel-chelsea.de • mail@hotel-chelsea.de

Von Münster bis Müngersdorf:
Meilensteine einer viel zu kurzen Karriere

155 Pflichtspiele, 68 Tore: Das sind die nackten Zahlen, das ist die nüchterne Bilanz einer Profikarriere, die ausgerechnet dann endete, als sie gerade im Begriff war, richtig Fahrt aufzunehmen. Ein Leben für den Fußball: Das wäre vermutlich zu kurz gesprungen, aber Banach hatte den Sprung zum Bundesliga-Star geschafft.

Der gebürtige Münsteraner stand an der Spitze der Torjägerliste, war auf dem Weg in die Nationalmannschaft, war der gefeierte Held beim 1. FC Köln. Durchgebissen habe er sich, betonte Banach damals immer wieder. Schwierige Kindheit in Berg Fidel, harte Arbeit auf und neben dem Fußballplatz. Alles, um dahin zu kommen, wo er nun war. Im Mittelpunkt der großen Show namens Bundesliga. Es fing an auf roter Asche bei Preußen Münster, es ging über das Bundesliga-Gründungsmitglied und die Westfalenauswahl zum Herzensverein Borussia Dortmund. Dem Durchbruch in der 2. Bundesliga bei der SG Wattenscheid 09 folgte der Wechsel an den Rhein zum einstmals großen 1. FC Köln. Bei den Geißböcken entwickelt sich Mucki Banach zum Leistungsträger, zum Publikumsliebling. Der Angreifer hatte es geschafft. Der Weg nach ganz oben: Er war frei für den Strafraumstürmer. Bis zu jenem verhängnisvollen 17. November 1991. So blieben es 17 Meilensteine in einer zu kurzen Karriere.

Ein Zehn-Minuten-Debüt

1986, noch in der Relegation gegen Fortuna Köln gerade soeben dem Abstieg von der Schippe gesprungen, ein Jahr später auf dem besten Weg Richtung UEFA-Cup: Borussia Dortmund erhob sich in der Saison 1986/87 wie Phönix aus der Asche. Die Schwarzgelben ließen sich angesichts der Aussicht auf das internationale Geschäft

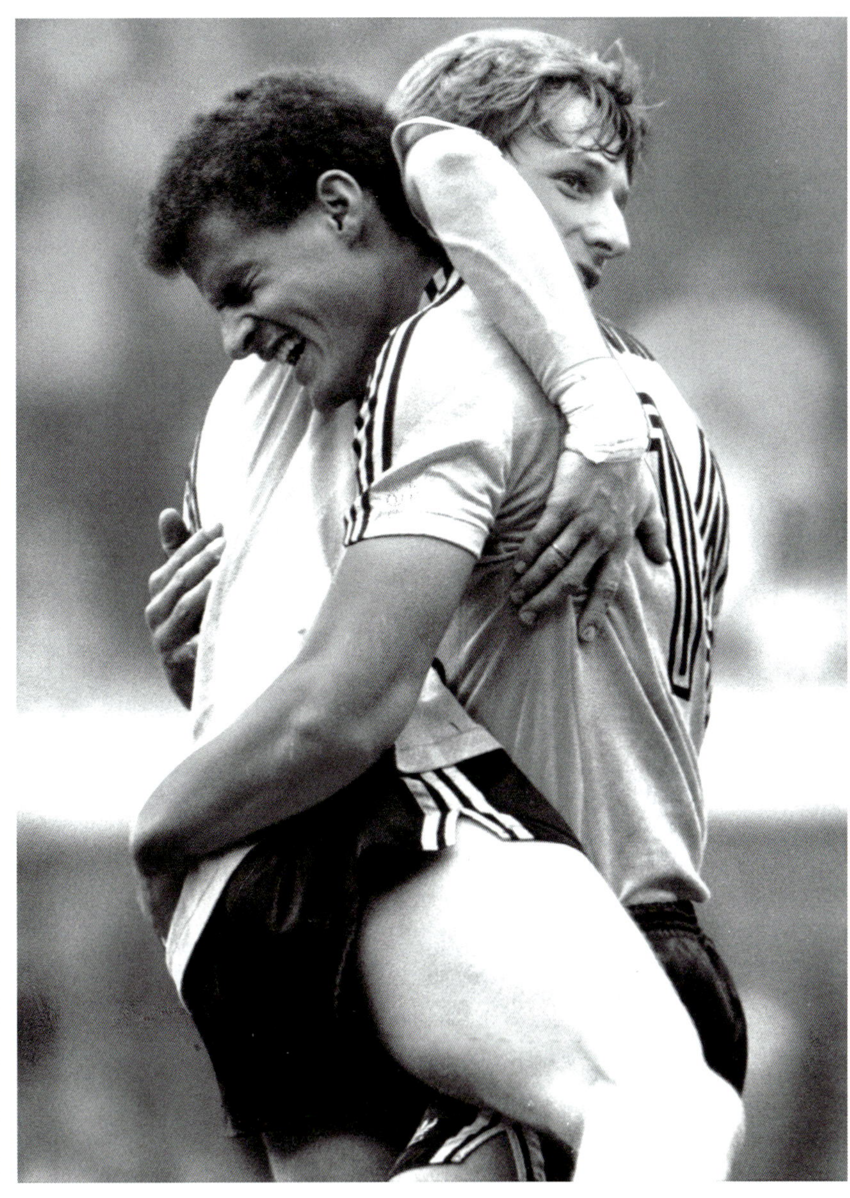

Gemeinsamer Jubel im BVB-Trikot:
Frank Mill und Maurice Banach.

Ende April auch von Fortuna Düsseldorf nicht stoppen. Angeführt von einem überragenden Frank Mill (zwei Tore und zwei Vorlagen) gewann der BVB in der Landeshauptstadt von Nordrhein-Westfalen mit 4:0. Der deutliche Vorsprung ließ genug Luft, um Maurice Banach zu seinem Debüt in der höchsten deutschen Spielklasse zu verhelfen – in der 80. Minute kam der 19 Jahre junge Angreifer für Günter Kutowski ins Spiel. Zehn Minuten lang durfte Mucki bei seiner Premiere Bundesliga-Luft schnuppern. Nicht Banachs letzter Einsatz in dieser Saison, zu deren positiven Schlusspunkt aus Dortmunder Sicht das Sturmtalent entscheidend beitrug.

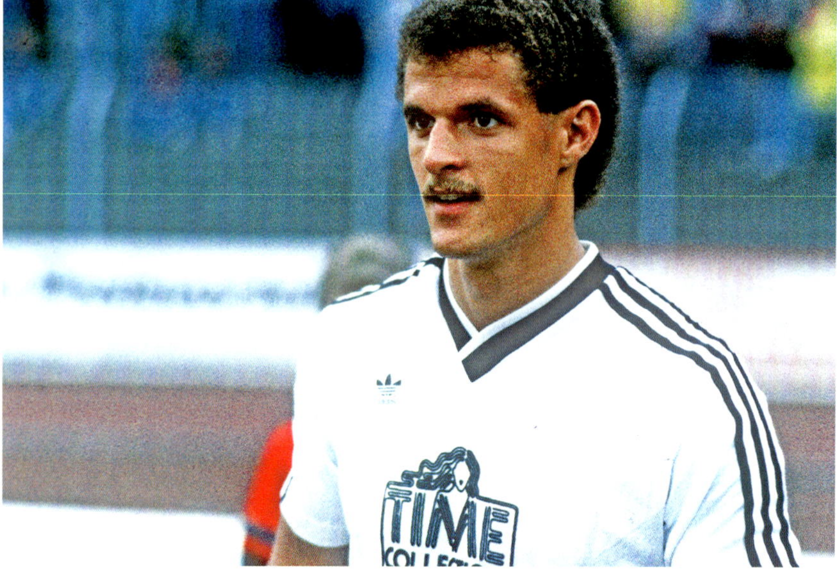

Im Wattenscheider Trikot:
Torschützenkönig in der 2. Liga.

Als Joker gegen Bochum zum umjubelten Helden

Nach und nach avancierte Maurice Banach zur vollwertigen Alternative bei Borussia Dortmund, war hinter dem gesetzten Sturmduo Frank Mill und Norbert Dickel eine realistische Einwechseloption für Trainer Reinhard Saftig. Nach einem weiteren Kurzeinsatz gegen den 1. FC Köln (19 Minuten) schlug Muckis große Stunde am 33. Spieltag im Heimspiel gegen den VfL Bochum: In der Schlussphase drängte der BVB zunächst auf den Ausgleich, dann auf den Sieg – und brachte dafür nach dem 2:2 in der 74. Minute Banach ins Spiel. Der Rest ist Geschichte: Der junge Angreifer wurde von Mill perfekt in Szene gesetzt und vollendete zum 3:2-Endstand. „Ich wollte nach dem herrlichen Pass erst flanken, dann habe ich die Lücke gesehen und sofort geschossen", schilderte Banach im Anschluss im „kicker"-Fachmagazin das Geschehen. Gerechnet hatte er mit diesem Moment nach eigenen Angaben nicht: „Ich hatte eigentlich einkalkuliert, dass der Trainer Erdal Keser bringt. Aber umso erfreuter war ich natürlich. Das ist der schönste Augenblick meiner noch jungen Profi-Laufbahn", erklärt der 19-Jährige, der beim Torjubel fast von den eigenen Mitspielern erdrückt wurde. Nach der Partie tragen ihn die Dortmunder Fans auf Händen. Gibt es einen schöneren Moment für einen ersten Bundesliga-Treffer?

Die verkorkste Startelf-Premiere

Erstklassige Joker: Mit diesem Label wurde der Jungstürmer in seine zweite Bundesliga-Saison bei Borussia Dortmund geschickt, denn weiterhin hing Maurice Banach hinter den Routiniers Mill und Dickel auf der Ersatzbank fest. Erstmals von Beginn an ran durfte der 19-Jährige im September 1987, beim Auswärtsspiel in Bremen stand Banach neben dem späteren BVB-Stadionsprecher in der Anfangsformation der Schwarzgelben. Erfolgreich verlief die Startelf-Premiere allerdings nicht. An der Weser unterlag die Borussia nach einem Doppelpack des früheren Dortmunder Angreifers Manni Burgsmüller (18., 25.) sowie Treffern von Karl-Heinz Riedle (33.) und Frank Ordenewitz (52.) mit 0:4. Die deutliche Auswärtspleite war der vorläufige Tiefpunkt einer schwierigen Spielzeit für die Schwarzgelben, die nach dem Höhenflug in der Vorsaison zwischenzeitlich sogar im Abstiegskampf steckten. Für Maurice Banach war der Trip nach Bremen erst einmal der einzige Startelfeinsatz in der Bundesliga für längere Zeit, erst im Saisonendspurt kommt Mucki wieder von Beginn an zum Zuge.

Direkt auf Betriebstemperatur

Als Einwechselspieler war der talentierte Youngster dagegen weiterhin ein guter Griff: Das stellte Maurice Banach in Leverkusen einmal mehr unter Beweis. 0:1 lag Borussia Dortmund nach einem frühen Gegentreffer von Christian Schreier (2.) zurück, dazu mussten die Schwarzgelben nach einem heftigen Einsteigen des Bayer-Verteidigers Jean-Pierre de Keyser auf den verletzten Frank Mill verzichten. Für ihn kam in der 42. Minute Mucki Banach in die Partie – und schlug nur 120 Sekunden später zu. Frank Pagelsdorfs Freistoßflanke fand ihren Weg zum BVB-Joker, der mit dem Kopf zum 1:1-Pausenstand traf (44.). Am Ende stand ein 2:2 für Borussia Dortmund bei der „Werkself" zu Buche – und ein zufriedener Maurice Banach. „Ich glaube, ich habe den Frank ganz gut ersetzt", erklärte der U20-Nationalspieler im Anschluss, weiß aber durchaus um seine Rolle im Team: „Wenn alle fit sind, sitze ich wieder auf der Bank!"

Erstmals im Europapokal: Brügge sehen und spielen

Dass Borussia Dortmund in der Saison 1987/88 im UEFA-Cup spielte, hatten die Schwarzgelben gewissermaßen auch Maurice Banach zu verdanken. Dessen Treffer gegen den VfL Bochum brachte die Qualifikation für das internationale Geschäft im Sommer 1987 in greifbare Nähe. Auf Einsätze im Europapokal musste Mucki allerdings bis Ende November warten, erst im Achtelfinal-Hinspiel gegen den FC Brügge durfte der junge BVB-Angreifer auf kontinentalem Parkett auflaufen. Im Duell mit dem belgischen Spitzenclub kam Banach in der 76. Minute auf den Platz, erlebte den Dortmunder Treffer zum 3:0-Endstand durch Ingo Anderbrügge (77.) hautnah mit und feierte einen vermeintlich zum Weiterkommen ausreichenden Heimsieg mit den Schwarzgelben. Im Rückspiel in Brügge erlebte Borussia Dortmund allerdings eine Bauchlandung, das Ausscheiden in der Verlängerung konnte auch der in 20. Minute für den verletzten Daniel Simmes eingewechselte Banach nicht verhindern.

Im Pokal wie in der Liga: Mucki schlägt schnell ein

Viel Anlaufzeit brauchte Maurice Banach nicht nach seinem Wechsel von Borussia Dortmund zur SG Wattenscheid 09. Von Beginn an bildete der Junioren-Nationalspieler bei den Nullneunern ein brandgefährliches Duo mit Lohrheide-Rückkehrer Uwe Tschiskale. Seinen ersten Treffer in einem Pflichtspiel für seine neue Mannschaft ließ nicht allzu lange auf sich warten: In der ersten Runde des DFB-Pokals brachte Banach die Wattenscheider gegen den VfL Osnabrück in Führung, das 1:0 kurz nach dem Seitenwechsel reichte dem Revierclub allerdings nicht zum Weiterkommen – nach der Verlängerung stand ein 1:1 auf der Anzeigetafel, ein Wiederholungsspiel war die Folge. Auch dort traf Banach (wie schon zwischendurch in der Liga gegen Saarbrücken), die Nullneuner unterlagen in Osnabrück knapp mit 1:2 und schieden früh aus dem DFB-Pokal aus. Dennoch: Der 20 Jahre alte Angreifer machte einen starken Eindruck – und durfte sich erstmals über eine Einladung zur U21-Nationalmannschaft freuen.

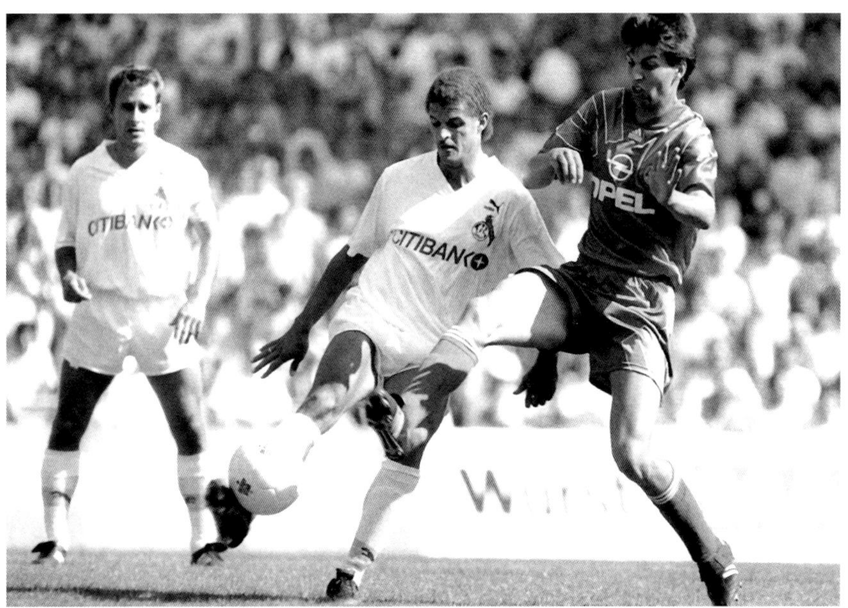

Beim 1. FC Köln:
Banach besticht durch Effizienz und Instinkt.

2 x Banach: Hertha BSC abgeschossen

Im August 1988 präsentierte sich Maurice Banach in absoluter Bestform und zeigte sich treffsicher wie zuvor noch nie in seiner jungen Karriere. Im Auswärtsspiel bei Hertha BSC folgte der erste richtige Höhepunkt im Trikot der SG Wattenscheid 09: Nach nur fünf Minuten überlistete Banach den Berliner Torwart Walter Junghans zur frühen Führung mit einem Distanzschuss aus 20 Metern, eine Viertelstunde vor Schluss stellte der Angreifer der Nullneuner den 3:2-Endstand für die Gäste sicher. Maurice Banach, der umjubelte Held. „Banach wirbelte Abwehr durcheinander", titelte der „kicker" danach und berief den „kaum zu bremsende[n]" Jungstürmer nach dessen erstem Profi-Doppelpack bereits zum zweiten Mal in die „Elf des Tages".

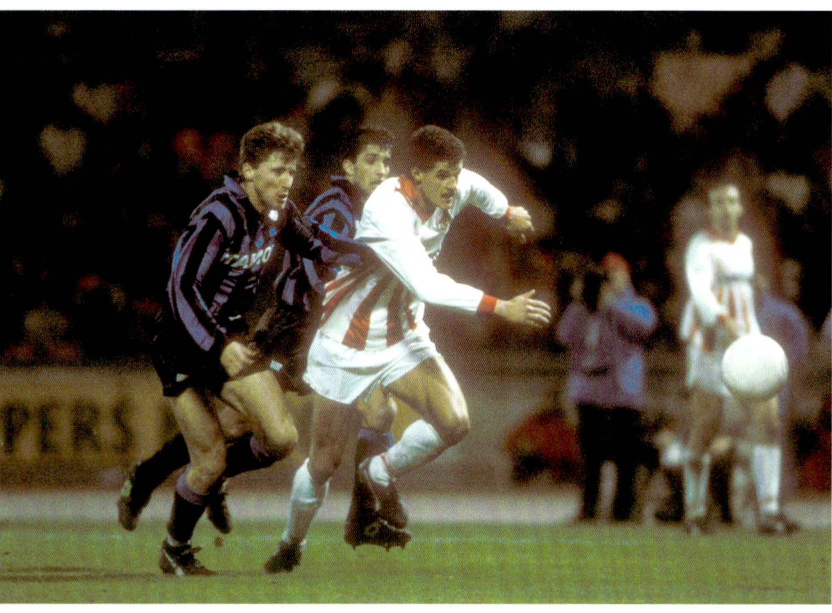

Nicht zu bremsen:
Banach startet durch.

„Wir waren uns unserer Stärke vollauf bewusst und wollten die zwei Punkte", betonte Banach angesichts der Personalprobleme, die die Wattenscheider vor dem Auswärtsspiel plagten. Durch das 3:2 in Berlin hatten die Nullneuner ihren Traumstart perfekt gemacht, mit vier Siegen aus vier Spielen thronte der Revierclub an der Tabellenspitze der 2. Bundesliga.

In den Niederlanden zum U21-Nationalspieler

Nach einigen Anläufen, die durch Verletzungsprobleme und Formdellen beeinträchtigt wurden, schaffte der Wattenscheider Jungstürmer endgültig den Sprung in die von Berti Vogts trainierte U21-Nationalmannschaft. Sein Debüt mit dem Adler auf der Brust im Seniorenbereich feierte Mucki Banach im April 1989 – mit der Empfehlung von zehn Saisontoren in der 2. Bundesliga wurde der 21-Jährige für das Prestigeduell in den Niederlanden nachnominiert. Beim EM-Qualifikationsspiel im grenznahen Venlo begann Banach in vorderster Front neben Uerdingens Marcel Witeczek. Die deutsche U21-Auswahl feierte letztlich einen knappen 1:0-Erfolg, Witeczeks Treffer aus der 32. Minute reichte der Vogts-Elf vor 6.000 Zuschauern. „Keine Schwachstelle" sah das „kicker"-Fachmagazin bei den jungen Deutschen, deren EM-Qualifikation nach dem Triumph beim Erzrivalen zum Greifen nah war. Auch Banach, bis zur 79. Minute auf dem Platz, überzeugte als hängende Spitze, sorgte als Anspiel- und Relaisstation im konterlastigen DFB-Spiel für die notwendigen Impulse. Es werden noch zwei Einsätze hinzukommen in Banachs Laufbahn, die Nationalmannschaftskarriere schien damit aber noch längst nicht beendet.

Das Spiel nach dem Mauerfall

Einem historischen Spiel wohnte Maurice Banach mit Wattenscheid 09 im Herbst 1989 bei: Das Auswärtsspiel bei Hertha BSC am 11. November war die erste Partie in Berlin nach dem Fall der Mauer. Etliche Fans aus der sich im Auflösungsprozess befindlichen DDR sahen erstmals ein Profispiel im Westen. „Wir freuen uns, diesen 11. November in Berlin miterlebt zu haben. Meine Spieler und ich waren seit der Ankunft von den Geschehnissen in dieser Stadt stark berührt", betonte Wattenscheids Coach Hannes Bongartz. „Ich habe zu meinen Spielern gesagt, lasst uns glücklich schätzen, dass wir in so eine Geschichte mit eingehen. Die Spieler waren sehr gerührt bei der Ankunft von alle dem. Es war eine rundum gelungene Sache und mich als Trainer hat es besonders gefreut, dass ich dabei sein durfte", so der einstige Bundesliga-Mittelfeldspieler. Auch Mucki Banach war mittendrin in diesen historischen Geschehnissen, spielte beim 1:1 vor knapp 50.000 Zuschauern im Berliner Olympiastadion durch. Das Ergebnis allerdings blieb nebensächlich an diesem 11. November.

Galaauftritt auf dem Weg zum Aufstieg

Zum Abschluss des Jahres glänzte die SG Wattenscheid 09 mit einer Machtdemonstration im Aufstiegsrennen: Ein 3:0 bei Hannover 96 im Dezember 1989 brachte dem Bochumer Vorortverein die Tabellenführung zu Weihnachten, überragender Mann im Auswärtsspiel bei den Niedersachsen war einmal mehr Maurice Banach. Mit seinen Saisontoren 12 und 13 schoss der 22 Jahre alte Angreifer, der schon längst von mehreren Bundesliga-Clubs umworben wurde, die Nullneuner zum klaren Sieg gegen das Team um seinen ehemaligen Mannschaftskollegen Frank Pagelsdorf. „Wenn wir so weiterspielen, bin ich davon überzeugt, dass wir aufsteigen", tönte Banachs kongenialer Sturmpartner Uwe Tschiskale nach dem Galaauftritt seines Mitspielers. An der Spitze der Torjägerliste lieferten sich beide Wattenscheider (Banach 13 Treffer, Tschiskale 14) ein spannendes Rennen mit Osnabrücks Heikko Glöde (15), das letztlich Mucki am Ende der Saison für sich entscheiden sollte.

Mit Doppelpack die Bundesliga klargemacht

Im Spitzenspiel vorzeitig den erstmaligen Aufstieg in die Bundesliga sichern? Das war der Auftrag, den die SG Wattenscheid 09 am 10. Mai 1990 ins Duell gegen Tabellenführer Hertha BSC mitnahm. 7.500 Zuschauer kamen drei Spieltage vor Ende der Saison mit großen Erwartungen zum Bochumer Vorortclub ins Lohrheidestadion. Und die Nullneuner erfüllten die in sie gesetzten Hoffnungen – und noch viel mehr. Mit einer Galavorstellung zerlegten Maurice Banach, Uwe Tschiskale und Co. die Berliner in alle Einzelteile, schossen die „Alte Dame" mit 5:1 zurück in die heutige Hauptstadt. Überragender Mann auf dem Platz: Maurice Banach, der einen Doppelpack schnürte und damit die Aufstiegsfeier perfekt machte. Es sind Muckis letzte Buden für die Nullneuner. Wattenscheids Mäzen Klaus Steilmann ließ noch vor dem Abpfiff drei Bierwagen ins Stadion rollen – Freibier für alle. „Ich war der einzige, der wusste, dass wir aufsteigen", scherzte Trainer Hannes Bongartz: „Aber ich wollte erst im nächsten Jahr aufsteigen, gewissermaßen einen Jubiläumsaufstieg, denn 1971 bin ich hierhergekommen."

Die Tor-Premiere direkt im Derby

Um den Weg in die Herzen der kölschen Fans zu finden, ist ein Tor im Derby kein schlechter Anfang: Das mag sich vielleicht auch Maurice Banach gedacht haben, als er am 4. Bundesliga-Spieltag erstmals für den 1. FC Köln erfolgreich ist. Beim rheinischen Rivalen aus Mönchengladbach feierte Mucki seine Tor-Premiere für die Geißböcke. In einem wilden Derby brachte Banach den FC nach 16 Minuten in Führung, staubte nach Sturms vergebener Torchance eiskalt zum 1:0 am Bökelberg ab. Zum Sieg im Prestigeduell, seinem ersten im Kölner Trikot, sollte der Treffer letztlich nicht reichen: Die Gladbacher drehten die Partie durch Tore von Criens und Pflipsen, doch Libero Falko Götz rettete dem Team von Trainer Erich Rutemöller durch einen erneuten Abstauber wenigstens das Remis in einem umkämpften Derby. Ein Derby, das für Mucki Banach zum Anfang einer emotionalen Achterbahnfahrt beim 1. FC Köln werden sollte.

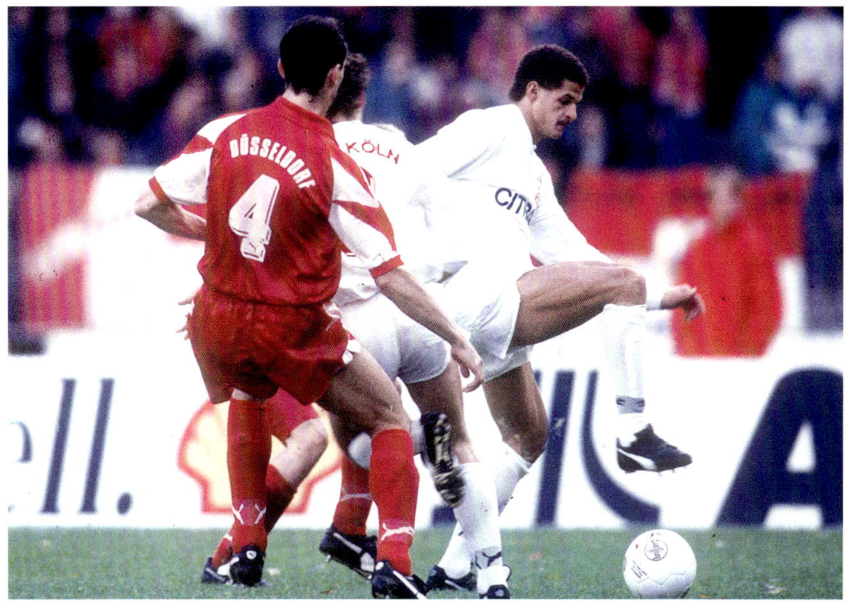

Banach in seinem letzten Heimspiel:
Kantersieg gegen Düsseldorf mit Banach-Doppelpack.

Wie aufgedreht gegen die alten Kollegen

„Ein kleiner Durchbruch" sei dieses Spiel für ihn gewesen, bekannte Maurice Banach im Anschluss an das 3:0 gegen Wattenscheid

09. Schwer getan hatte sich Mucki zunächst beim 1. FC Köln, ohne die Zuspiele des verletzten Pierre Littbarski fehlte dem Angreifer in der Anfangszeit die Bindung zum Spiel der Domstädter, die in der Vorsaison noch unter Christoph Daum Vizemeister geworden waren. Im Duell mit seinen ehemaligen Kollegen blitzte aber seine Klasse endlich auf: Banach wurde zum entscheidenden Mann beim klaren Auswärtssieg gegen den Aufsteiger, holte den Elfmeter zur FC-Führung heraus und knipste anschließend im Bochumer Ruhrstadion gleich doppelt. „Ich habe doch nur meine Arbeit gemacht", sagte Mucki nach seinen Treffern gegen den Ex-Verein beinahe entschuldigend. „Hätte ich einen Maurice Banach gehabt", war sich Wattenscheids Trainer Hannes Bongartz sicher, „dann hätten die Nullneuner den Sieg eingefahren." Die Freundschaften, die er beim kleinen Revierclub geschlossen hatte, sie ruhten für diese 90 Minuten – und Banach ballerte die Geißböcke wie aufgedreht zum glanzlosen Sieg in Bochum.

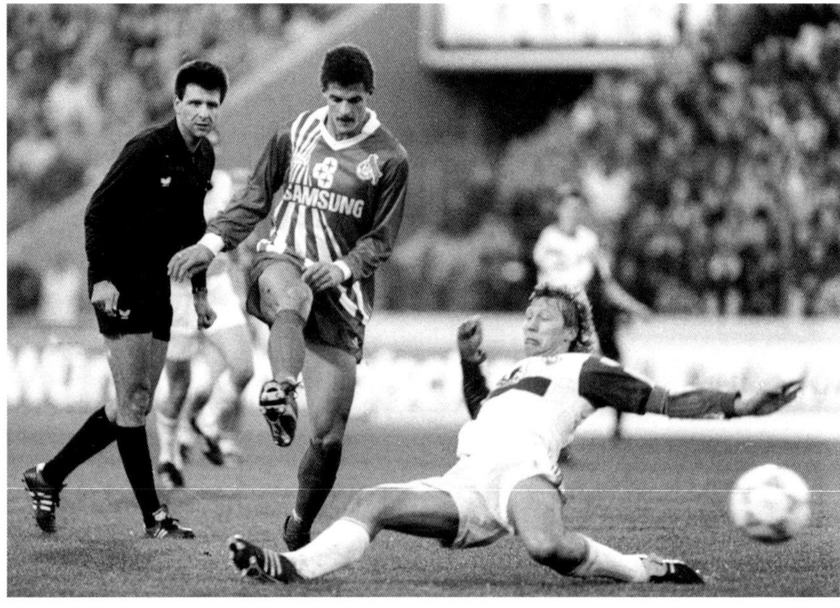

Zu spät:
Guido Buchwald kann Banachs Treffer nicht mehr verhindern.

In Littis Schatten zum Pokalhelden

Wenn über das legendäre Pokalduell gegen den VfB Stuttgart gesprochen wird, dann ist eigentlich nur ein Mann Thema: Pierre Littbarski feierte im Viertelfinale gegen die von Christoph Daum trainierten Schwaben nach Knieverletzung sein umjubeltes Comeback, das die Kölner noch ganz besonders inszenierten. Erst bei der Verkündung der Mannschaftsaufstellung leuchtete bei der Nummer 10 unter frenetischem Jubel der FC-Fans Littbarskis Name auf. Angetrieben vom 30-jährigen Kapitän rangen die Geißböcke den VfB nieder, Litti führte das Team zum umkämpften 1:0-Erfolg nach Verlängerung. Und wie sollte es auch anders sein: Die Vorlage zum Siegtreffer von Maurice Banach gab Pierre Littbarski himself. „Das war das emotionalste Spiel meine Karriere. Schönere 120 Minuten habe ich als Fußballer nie erlebt", wird der Weltmeister von 1990, der 1983 dem FC mit seinem Treffer im rein kölschen Endspiel gegen Fortuna Köln den vorerst letzten DFB-Pokaltriumph bescherte, nach seiner Karriere im „11 Freunde"-Interview noch einmal betonen. Und im Nachklang ist nicht Maurice Banach, der Siegtorschütze, der umjubelte Held dieser Pokalschlacht, es ist Torvorbereiter Pierre Littbarski. Mucki, der ungern im grellen Rampenlicht stand, störte dies jedoch nicht.

Knapp am Titel vorbei: Kein Glück in Berlin

1968, 1977, 1978, 1983 und vielleicht 1991? Der 1. FC Köln wollte im Endspiel gegen Werder Bremen zum fünften Mal den DFB-Pokal in die Domstadt holen. Der Druck war immens vor dem Duell mit den Hanseaten, die in den beiden Vorjahren das Finale in Berlin verloren hatten, denn die Geißböcke hatten zuvor auf der Zielgeraden der Saison durch jämmerliche Auftritte einen Platz im UEFA-Cup verspielt. Die einzige Chance auf internationale Abende in Müngersdorf: Ein Sieg im Endspiel des DFB-Pokals. Der war zum Greifen nahe, sind die Kölner um einen stark aufspielenden Maurice Banach an diesem Juni-Abend in Berlin doch auf Augenhöhe mit der Werder-Elf. Nach Eilts' Führungstreffer glich Banach, der im Pokal in dieser Saison der wichtigste Mann gewesen war, für den FC aus. Nach Littbarskis Kopfballvorlage wuchtete er den Ball formvollendet mit einem Seitfallzieher aus der Drehung ins Bremer Tor. Der Jubel war groß, die kölsche Hoffnung auf den Titel größer – doch die Träume zerplatzten im Elfmeterschießen. Bremen feierte, Köln weinte. Auch Maurice Banach, der noch auf dem Platz Tränen der Enttäuschung vergoss.

in Führung, nach dem Seitenwechsel nutzte er ein wundervolles Zuspiel von Rico Steinmann zum 3:1 für die Kölner. Sein zehnter Saisontreffer war zugleich sein letzter im FC-Trikot.

auf den geschassten Erich Rutemöller folgte, 12:6 Punkte geholt. Doch vor über 60.000 Zuschauern im Parkstadion erwischten die Kölner einen gebrauchten Tag, auch Maurice Banach war an diesem Samstagnachmittag im „Nebel des

„Ein wahnsinnig gefährlicher Mann“: Doppelpack im Derby gegen Düsseldorf

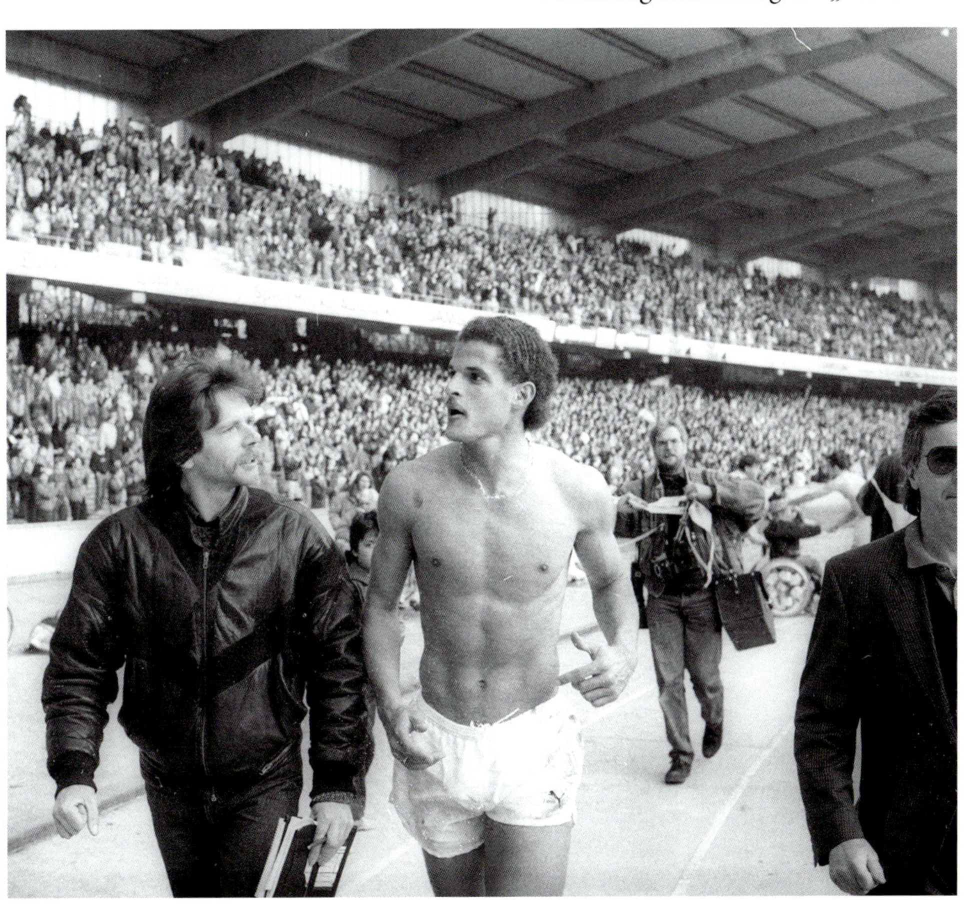

Liebling der Massen:
Banach vor der Kölner Südkurve.

Ein Duell gegen Düsseldorf: Das ist in Köln selten etwas Normales. Zwei Tage vor dem Start in die Karnevalssession hatte das Derby gegen Fortuna Düsseldorf für den 1. FC Köln selbstverständlich noch etwas mehr Brisanz. Nachdem sich die Geißböcke unter dem neuen Trainer Jörg Berger im Herbst 1991 aus der Krise gespielt hatten, wollten Bodo Illgner, Maurice Banach und Co. mit einem Sieg gegen den rheinischen Rivalen für frühzeitige Fastelovendstimmung sorgen. Das gelang dem FC auch furios: Mit 4:1 schossen die Kölner die Fortunen zurück rheinabwärts in die Landeshauptstadt. Maßgeblich beteiligt: Mucki Banach, der nach dem zwischenzeitlichen Ausgleich der Düsseldorfer mit zwei Treffern für klare Verhältnisse sorgte. „Ein wahnsinnig gefährlicher Mann, im Strafraum einer der besten Stürmer der Liga“, lobte Gästecoach Rolf Schafstall im Anschluss. Das stellte Banach im Derby auch nachdrücklich unter Beweis: Mit einer traumhaften Direktabnahme brachte der FC-Torjäger die Geißböcke noch vor der Pause wieder

Ein „Gurkenspiel“ im „Nebel des Grauens“

Die Serie, die der 1. FC Köln unter dem neuen Trainer Jörg Berger gestartet hatte, sie endete jäh. Mit 0:3 gingen die Geißböcke beim FC Schalke 04 unter, lieferten bei der Auswärtsniederlage gegen den Aufsteiger aus Gelsenkirchen ein wahres „Gurkenspiel“ ab, wie der FC-Coach formulierte. Zuvor war der FC neun Spiele ungeschlagen geblieben, hatte unter Berger, der im Oktober bei den Geißböcken

Grauens“, wie der „Express“ die Wetter-Umstände in Gelsenkirchen beschrieb, nicht auf Ballhöhe. Hatte der FC-Torjäger zuvor getroffen, wie er wollte, so blieb er auf Schalke blass. 90 unbefriedigende Minuten für den 1. FC Köln, 90 unbefriedigende Minuten für Maurice Banach. Es waren seine letzten im Trikot der Geißböcke, nicht einmal 16 Stunden später war Mucki tot.

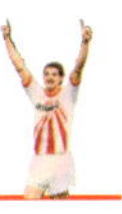

Statistik

Alle Pflichtspiele des Maurice Banach im Überblick

Saison 1986/87 – Borussia Dortmund

24.04.1987 | Bundesliga, 26. Spieltag | Fortuna Düsseldorf – Borussia Dortmund 0:4 (0:2)

Düsseldorf: Kargus - Bockenfeld - Grabotin - Koth - Dusend (21. Del'Haye) - Keim (46. Preetz) - Thomas - Weikl - Zewe - Blättel - Jensen

Dortmund: de Beer - Helmer - Hupe - Kutowski (**80. Banach**) - Pagelsdorf - Lusch - Raducanu - Zorc - Dickel - Mill - Simmes (80. Anderbrügge)

Tore: 0:1 Mill (6.), 0:2 Mill (44.), 0:3 Dickel (67.), 0:4 Dickel (70.)
Schiedsrichter: Bruch
Zuschauer: 11.700

02.05.1987 | Bundesliga, 27. Spieltag | Borussia Dortmund – 1. FC Köln 1:1 (0:0)

Dortmund: de Beer - Helmer - Kutowski - Pagelsdorf - Anderbrügge - Lusch - Raducanu (72. Keser) - Zorc - Dickel - Mill - Simmes (**71. Banach**)

Köln: Illgner - Geils - Hönerbach - Olsen (85. Gielchen) - Prestin - Steiner - Engels - Görtz - Lehnhoff (46. T. Allofs) - K. Allofs - Woodcock

Tore: 0:1 K. Allofs (52.), 1:1 Keser (89.)
Schiedsrichter: Werner
Zuschauer: 51.634

13.06.1987 | Bundesliga, 33. Spieltag | Borussia Dortmund – VfL Bochum 3:2 (1:1)

Dortmund: de Beer - Helmer (68. Anderbrügge) - Hupe - Kutowski - Pagelsdorf - Lusch - Raducanu - Zorc - Dickel (**74. Banach**) - Mill - Simmes

Bochum: Zumdick - Kempe - Reekers - Woelk - Zugcic - Benatelli (78. Wegmann) - Lameck - Schulz - Fischer - Leifeld - Nehl (66. Heinemann)

Tore: 1:0 Mill (11.), 1:1 Schulz (32.), 1:2 Leifeld (59.), 2:2 Mill (74.), **3:2 Banach** (76.)
Schiedsrichter: Ahlenfelder
Zuschauer: 34.000

Saison 1987/88 – Borussia Dortmund

21.08.1987 | Bundesliga, 4. Spieltag | 1. FC Nürnberg – Borussia Dortmund 0:0

Nürnberg: Köpke - Philipkowski - Brunner - Dittwar - Giske - Grahammer - Reuter - Schneider (72. Geyer) - Schwabl - Andersen - Eckstein (53. Stenzel)

Dortmund: de Beer - Hupe - Kutowski - Kleppinger - Lusch - MacLeod - Pagelsdorf - Raducanu - Zorc - Dickel - Mill (**75. Banach**)

Tore: -
Schiedsrichter: Gabor
Zuschauer: 37.500

26.08.1987 | Bundesliga, 5. Spieltag | Borussia Dortmund – Borussia Mönchengladbach 1:1 (0:1)

Dortmund: de Beer - Hupe - Kutowski - Kleppinger - Lusch - MacLeod - Pagelsdorf - Raducanu - Zorc - Dickel - Mill (77. **Banach**)

Mönchengladbach: Kamps - Bruns - Dreßen - Frontzeck - Herbst - Winkhold - Bakalorz (84. Budde) - Herlovsen - Hochstätter - Rahn - Willaarts (72. Criens)

Tore: 0:1 Willaarts (11.), 1:1 Zorc (49.)
Schiedsrichter: Assenmacher
Zuschauer: 54.000

29.08.1987 | DFB-Pokal, 1. Runde | Offenburger FV – Borussia Dortmund 3:3 n.V. (1:1, 2:2)

Offenburg: Müller - Ritter - Kimming - Kornetzki - Benz - Leist - Augustyn - Leberer - Wagner - Cakalic (82. Anderer) - Schwörer (95. Frädrich)

Dortmund: de Beer - Hupe - Kutowski - Kleppinger - Lusch - MacLeod - Pagelsdorf - Raducanu (102. Helmer) - Zorc - **Banach** - Dickel (71. Anderbrügge)

Tore: 0:1 Raducanu (34.), 1:1 Ritter (35.), **1:2 Banach** (49.), 2:2 Wagner (60.), 2:3 Anderbrügge (105.), 3:3 Wagner (115.)
Schiedsrichter: Schäfer
Zuschauer: 7.000

05.09.1987 | Bundesliga, 7.

Spieltag | Borussia Dortmund – 1. FC Köln 1:2 (0:0)

Dortmund: de Beer - Hupe - Kutowski - Kleppinger (68. Anderbrügge) - Lusch - MacLeod - Pagelsdorf - Raducanu - Zorc (**80. Banach**) - Dickel - Simmes

Köln: Illgner - Hönerbach - Kohler - Olsen - Steiner - Engels (73. Gielchen) - Görtz - Häßler - Allofs - Littbarski - Povlsen

Tore: 0:1 Povlsen (48.), 0:2 Allofs (73.), 1:2 Dickel (88.)
Schiedsrichter: Boos
Zuschauer: 28.679

11.09.1987 | Bundesliga, 8. Spieltag | SV Werder Bremen – Borussia Dortmund 4:0 (3:0)

Bremen: Reck - Borowka - Bratseth - Sauer - Schaaf (46. Wolter) - Hermann - Meier (80. Otten) - Votava - Burgsmüller - Ordenewitz - Riedle

Dortmund: de Beer - Hupe - Kutowski - Kleppinger - Lusch (34. Helmer) - MacLeod - Pagelsdorf - Raducanu - Zorc - **Banach** - Dickel

Tore: 1:0 Burgsmüller (18.), 2:0 Burgsmüller (25.), 3:0 Riedle (33.), 4:0 Ordenewitz (52.)
Schiedsrichter: Matheis
Zuschauer: 27.000

31.10.1987 | Bundesliga, 14. Spieltag | Bayer 05 Uerdingen – Borussia Dortmund 2:1 (1:0)

Uerdingen: Vollack - Chmielewski - Funkel - Herget - Thommessen - Bommer - Kirchhoff (61. Scholtysik) - Klinger - Prytz - Kuntz - Mathy (89. van de Loo)

Dortmund: de Beer - Helmer - Hupe (20. Storck) - Kutowski - Kleppinger - Lusch - MacLeod (**74. Banach**) - Pagelsdorf - Raducanu - Mill - Simmes

Tore: 1:0 Mathy (35.), 2:0 Pagelsdorf (51.), 2:1 Prytz (71.)
Besondere Vorkommnisse: Rote Karte für Thommessen (72.)
Schiedsrichter: Kautschor
Zuschauer: 11.000

16.11.1987 | Bundesliga, 16. Spieltag | Bayer 04 Leverkusen – Borussia Dortmund 2:2 (2:1)

Leverkusen: Vollborn - Hörster (75. Tita) - de Keyser (46. Götz) - Reinhardt - Seckler - Buncol - Reinhardt - Rolff - Cha - Schreier - Täuber

Dortmund: de Beer - Helmer - Kutowski - Kleppinger - Lusch - MacLeod - Pagelsdorf - Raducanu - Mill (**42. Banach**) - Simmes - Storck (75. Anderbrügge)

Tore: 1:0 Schreier (2.), **1:1 Banach** (44.), 2:1 Cha (45.), 2:2 MacLeod (85.)
Schiedsrichter: Dellwing
Zuschauer: 9.000

21.11.1987 | Bundesliga, 17. Spieltag | Borussia Dortmund – Hamburger SV 2:3 (2:3)

Dortmund: de Beer - Helmer - Kutowski - Kleppinger - Lusch - MacLeod - Pagelsdorf - Raducanu (37. Spyrka) - Dickel - Mill - Simmes (**72. Banach**)
Hamburg: Koitka - Beiersdorfer - Hinz - Jakobs - Kaltz - Plessers - Kroth - Möhlmann - Okonski - von Heesen - Labbadia

Tore: 0:1 Beiersdorfer (6.), 1:1 Dickel (11.), 1:2 Kaltz (34.), 2:2 Pagelsdorf (41.), 2:3 Labbadia (43.)
Besondere Vorkommnisse: Pagelsdorf verschießt Elfmeter (41.)
Schiedsrichter: Brehm
Zuschauer: 28.000

25.11.1987 | UEFA-Cup, Achtelfinale | Borussia Dortmund – FC Brügge 3:0 (1:0)

Dortmund: de Beer - Helmer - Kutowski - Anderbrügge - Kleppinger - Lusch - MacLeod - Pagelsdorf - Spyrka - Dickel (**76. Banach**) - Mill

Brügge: Beyens - Broos - Creve - Ceulemans - Kimoni - Querter (65. van Wijk) - Tew - Jensen - van der Elst - Degryse - Rosenthal (46. Brylle-Larsen)

Tore: 1:0 Mill (13.), 2:0 Mill (64.), 3:0 Anderbrügge (77.)
Schiedsrichter: Igna
Zuschauer: 52.000

05.12.1987 | Bundesliga, 19. Spieltag | Borussia Dortmund – SV Waldhof Mannheim 0:1 (0:0)

Dortmund: de Beer - Helmer - Kutowski - Anderbrügge (**75. Banach**) - Kleppinger - Lusch - MacLeod - Pagelsdorf - Spyrka (46. Dickel) - Mill - Simmes

Mannheim: Müller - Quaisser - Zimmermann - Bockenfeld - Finke - Schön - Güttler - Lux - Trieb - Bührer (90. Lippmann) - Klotz (90. Dais)
Tor: 0:1 Klotz (54.)
Schiedsrichter: Gabor
Zuschauer: 21.248

09.12.1987 | UEFA-Cup, Achtelfinale | FC Brügge – Borussia Dortmund 5:0 n.V. (1:0, 3:0)

Brügge: Beyens - Broos - Creve - Welle - Ceulemans - van der Elst - Wijk - Elst - Degryse - Rosenthal

(113. Kimoni) - Sylla

Dortmund: de Beer - Helmer - Kutowski - Kleppinger - Lusch - MacLeod - Pagelsdorf - Spyrka - Mill (73. Dickel) - Simmes (**20. Banach**) - Storck

Tore: 1:0 Ceulemans (10.), 2:0 van der Elst (49.), 3:0 van der Elst (83.), 4:0 van der Elst (100.), 5:0 van der Elst (108.)
Schiedsrichter: Bridges
Zuschauer: 32.000

13.02.1988 | DFB-Pokal, Achtelfinale | Bayer 05 Uerdingen – Borussia Dortmund 3:3 n.V. (0:1, 2:2)

Uerdingen: Kubik - Fach - W. Funkel - Herget - Thommessen - F. Funkel (110. Klinger) - Prytz - Scholtysik - Kuntz - Mathy (64. Kirchhoff) - Witeczek

Dortmund: de Beer - Helmer - Hupe - Kutowski - Kleppinger - Lusch (79. Gerl) - MacLeod - Möller - Dickel (**69. Banach**) - Mill - Storck

Tore: 0:1 Helmer (31.), 1:1 Fach (46.), 2:1 Witeczek (77.), 2:2 Hupe (87.), 3:2 Kuntz (96.), 3:3 Kutowski (119.)
Schiedsrichter: Assenmacher
Zuschauer: 13.000

23.02.1988 | DFB-Pokal, Achtelfinal-Entscheidungsspiel | Borussia Dortmund – Bayer 05 Uerdingen 1:2 (0:1)

Dortmund: de Beer - Gerl (**73. Banach**) - Storck (46. Raducanu) - Helmer - Hupe - Kutowski - Kleppinger - MacLeod - Möller - Pagelsdorf - Dickel

Uerdingen: Kubik - Fach - W. Funkel - Herget - Loo - F. Funkel - Prytz - Scholtysik - Kuntz - Mathy - Witeczek (81. Bommer)

Tore: 0:1 W. Funkel (21.), 1:1 Dickel (50.), 1:2 Kuntz (72.)
Schiedsrichter: Heitmann
Zuschauer: 12.000

03.05.1988 | Bundesliga, 31. Spieltag | Borussia Dortmund – Bayer 05 Uerdingen 4:2 (2:1)

Dortmund: de Beer - Helmer - Kutowski - Kleppinger - Lusch - MacLeod - Möller (89. Spyrka) - Pagelsdorf - Zorc - **Banach** (66. Simmes) - Mill

Uerdingen: Kubik - Chmielewski - Fach - Funkel - Herget - Bommer (72. Scholtysik) - Funkel - Klinger - Prytz - Mathy - Witeczek (46. Kuntz)

Tore: 0:1 Fach (10.), 1:1 Zorc (32.), 2:1 Zorc (37.), 2:2 Prytz (52.), 3:2 Zorc (81.), 4:2 Zorc (90.)
Schiedsrichter: Brückner
Zuschauer: 22.500

07.05.1987 | Bundesliga, 32. Spieltag | VfB Stuttgart – Borussia Dortmund 2:2 (2:1)

Stuttgart: Immel - Buchwald - Schäfer - Schröder - Strehmel (72. Schütterle) - Zietsch (72. Merkle) - Allgöwer - Gaudino - Hartmann - Klinsmann - Walter

Dortmund: de Beer - Helmer - Kutowski - Lusch - MacLeod - Möller - Pagelsdorf - Spyrka - Zorc - **Banach** (81. Hupe) - Mill (67. Anderbrügge)

Tore: 0:1 Zorc (13.), 0:2 Mill (46.), 1:2 Klinsmann (66.), 2:2 Klinsmann (90.)
Schiedsrichter: Schmidhuber
Zuschauer: 15.000

14.05.1988 | Bundesliga, 33. Spieltag | Borussia Dortmund – Bayer 04 Leverkusen 2:2 (0:0)

Dortmund: Meyer - Helmer - Kutowski - Kleppinger - MacLeod - Möller - Pagelsdorf - Raducanu (70. Storck) - Spyrka (**55. Banach**) - Zorc - Mill

Leverkusen: Vollborn - Reinhardt - Seckler - Zanter - Buncol - Falkenmayer - Götz (75. Feinbier) - Hinterberger - Reinhardt - Rolff - Waas (79. Hausmann)

Tore: 0:1 Götz (50.), 1:1 Helmer (59.), 1:2 Reinhardt (74.), 2:2 Zorc (82.)
Schiedsrichter: Strigel
Zuschauer: 25.000

Saison 1988/89 – SG Wattenscheid 09

23.07.1988 | 2. Bundesliga, 1. Spieltag | SG Wattenscheid 09 – SV Darmstadt 98 2:1 (1:0)

Wattenscheid: Kellner - Kollenberg - Reimann - Terhaar - Buckmaier (61. F. Kontny) - Frömberg - D. Kontny - Kügler - Langbein - **Banach** (76. Jankovic) - Tschiskale

Darmstadt: Berg - Bernecker - Heß - Lachmann - Posniak - Schreml - Dörr - Sanchez - Gutzler - Kuhl - Trares (76. Gu)

Tore: 1:0 Tschiskale (22.), 1:1 Trares (57.), 2:1 Tschiskale (87.)
Schiedsrichter: Barnick
Zuschauer: 2.500

30.07.1988 | 2. Bundesliga, 2. Spieltag | VfL Osnabrück – SG Wattenscheid 09 1:3 (0:2)

Osnabrück: Seiler - Gellrich - Grabotin - Helmer - Marmon - Glöde - Heskamp - Holze - Zeravica - Basten (79. Hansen) - Jaschke (52. Neidhart)

Wattenscheid: Kellner - Kollenberg - Reimann - Terhaar - Buckmaier - Frömberg (33. F. Kontny) - D. Kontny - Kügler - Lewe - **Banach** - Tschiskale

Tore: 0:1 Reimann (35.), 0:2 D. Kontny (42.), 0:3 F. Kontny (50.), 1:3 Hansen (86.)
Besondere Vorkommnisse: Gellrich verschießt Elfmeter für Osnabrück (44.)
Schiedsrichter: Wittke
Zuschauer: 4.200

05.08.1988 | DFB-Pokal, 1. Runde | SG Wattenscheid 09 – VfL Osnabrück 1:1 n.V. (0:0, 1:1)

Wattenscheid: Kellner - Kollenberg - Reimann (46. Jankovic) - Terhaar - Buckmaier - D. Kontny - F. Kontny - Kügler - Lewe (103. Langbein) - **Banach** - Tschiskale

Osnabrück: Seiler - Gellrich - Grabotin - Helmer - Marmon - Glöde - Heskamp - Holze - Zeravica (54. Brinkmann) - Basten - Jaschke (103. Wallenhorst)
Tore: 1:0 Banach (46.), 1:1 Heskamp (76.)
Schiedsrichter: Dardenne
Zuschauer: 1.993

13.08.1988 | 2. Bundesliga, 3. Spieltag | SG Wattenscheid 09 – 1. FC Saarbrücken 3:2 (2:1)

Wattenscheid: Kellner - Kollenberg - Terhaar - Buckmaier (86. van der Ven) - D. Kontny - F. Kontny - Langbein - Rautiainen (36. Jankovic) - Sobiech - **Banach** - Tschiskale

Saarbrücken: Wahlen - Geyer - Gothe - Jelev - Nushöhr - Schlegel - Steiner - Hach (40. Szesni) - Knoll - Steininger - M. Dum (58. Rohrbacher)

Tore: 0:1 Knoll (12.), 1:1 Steiner (21., Eigentor), **2:1 Banach** (27.), 3:1 Tschiskale (87.), 3:2 Rohrbacher (89.)
Schiedsrichter: Diekert
Zuschauer: 1.900

16.08.1988 | DFB-Pokal, 1. Runde, Entscheidungsspiel | VfL Osnabrück – SG Wattenscheid 09 2:1 (1:0)

Osnabrück: Seiler - Gellrich - Helmer - Marmon - Glöde - Holze - Wallenhorst - Zeravica (46. Brinkmann) - Basten - Jaschke - Jursch (88. Jursch)

Wattenscheid: Kellner - Bach - Kollenberg - Terhaar - Buckmaier - D. Kontny - F. Kontny - Langbein (84. Jankovic) - Sobiech - **Banach** - Tschiskale

Tore: 1:0 Basten (37.), **1:1 Banach** (55.), 2:1 Holze (81.)
Besondere Vorkommnisse: Rote Karte für Terhaar (45.)
Schiedsrichter: Richmann
Zuschauer: 4.500

20.08.1988 | 2. Bundesliga, 4. Spieltag | Hertha BSC – SG Wattenscheid 09 2:3 (1:2)

Hertha BSC: Junghans - Brefort - Greiser - Mischke - Niebel - Freudenstein - Gowitzke - Patzke (46. Rinke) - Täuber - Dietrich (75. Lünsmann) - Rombach

Wattenscheid: Kellner - Bach - Kollenberg - Buckmaier - F. Kontny - D. Kontny - Kügler (61. van der Ven) - Langbein - Sobiech - **Banach** - Tschiskale (88. Jankovic)

Tore: 0:1 Banach (5.), 1:1 Dietrich (25.), 1:2 Kügler (44.), 2:2 Gowitzke (67.) **2:3 Banach** (77.)
Schiedsrichter: Mierswa
Zuschauer: 10.500

27.08.1988 | 2. Bundesliga, 5. Spieltag | SG Wattenscheid 09 – Fortuna Köln 1:3 (0:1)

Wattenscheid: Kellner - Bach - Kollenberg - Buckmaier - D. Kontny - F. Kontny - Kügler (80. van der Ven) - Langbein - Sobiech - **Banach** (35. Jankovic) - Tschiskale

Köln: Agaciak - Hielscher - Hupe - Hutwelker - Niggemann - Baffoe - Gede (82. Außem) - Pförtner - Seufert (61. Rehbein) - Fuchs - Woodcock
Tore: 0:1 Niggemann (35.), 1:1 Kügler (56.), 1:2 Gede (70.), 1:3 Fuchs (77.)
Schiedsrichter: Kriegelstein
Zuschauer: 4.500

03.09.1988 | 2. Bundesliga, 6. Spieltag | 1. FC Union Solingen – SG Wattenscheid 09 0:3 (0:1)

Solingen: Schreiner - Balewski - Bittorf - Dieckmann - Jakobs - Janssen - Römer - Homberg - Korb - Klock - Kremer

Wattenscheid: Kellner - Bach - Kollenberg - Buckmaier - D. Kontny - F. Kontny - Kügler - Langbein - Sobiech - **Banach** (72. Jankovic) - Tschiskale (88. Bast)

Tore: 0:1 Banach (3.), 0:2 Tschiskale (53.), 0:3 Jankovic (86.)
Schiedsrichter: Holst
Zuschauer: 2.700

01.10.1988 | 2. Bundesliga, 11. Spieltag | SC Freiburg – SG Wattenscheid 09 1:1 (1:0)

Freiburg: Haas - Marsing - Schulz - Bernhard - Buck - Lay - Majka (73. Schweizer) - Pfahler - Weber - Hermann - Moutas

Wattenscheid: Kellner - Kollenberg - Terhaar - Buckmaier

- Frömberg - F. Kontny - Kügler - Langbein - Lewe - **Banach** (89. Jankovic) - Tschiskale

Tore: 1:0 Weber (20.), 1:1 Kügler (57.)
Schiedsrichter: Bruch
Zuschauer: 8.500

08.10.1988 | 2. Bundesliga, 12. Spieltag | SG Wattenscheid 09 – SV Meppen 0:2 (0:1)

Wattenscheid: Kellner - Bach (55. Sobiech) - Kollenberg - Terhaar - Buckmaier - D. Kontny (64. Jankovic) - Kügler - Langbein - Lewe - **Banach** - Tschiskale
Meppen: Rülander - Faltin - Klobke - Rolfes - Vorholt - Böttche - Deters - Menke - Myyry (87. Sulmann) - Rusche - Thoben (84. van der Pütten)

Tore: 0:1 Menke (26.), 0:2 Rusche (60.)
Schiedsrichter: Steinborn
Zuschauer: 2.000

22.10.1988 | 2. Bundesliga, 13. Spieltag | Blau-Weiß 90 Berlin – SG Wattenscheid 09 1:1 (1:0)

Berlin: Mager - Haller - Holzer - Levy - Schlegel - Gaedke - Gartmann - Wilbois (46. Stark) - Schmidt - Dinauer (69. Adler) - Schlumberger

Wattenscheid: Eilenberger - Kollenberg - Terhaar - Buckmaier (86. van der Ven) - F. Kontny - Kügler - Langbein - Lewe (46. D. Kontny) - Sobiech - **Banach** - Tschiskale

Tore: 1:0 Gaedke (78.)
Besondere Vorkommnisse: Rote Karte für Holzer (90.)
Schiedsrichter: Barnick
Zuschauer: 14.500

28.10.1988 | 2. Bundesliga, 14. Spieltag | SG Wattenscheid 09 – FC Schalke 04 0:1 (0:1)

Wattenscheid: Eilenberger - F. Kontny (19. Wasmuth) - Kollenberg - Terhaar - D. Kontny - Sobiech - Frömberg - Langbein - Buckmaier - Tschiskale - **Banach** (79. Jankovic)

Schalke: Lehmann - Müller - Wollitz - Klinkert - Prus - Marell (76. Edelmann) - Goldbaek (86. Kotas) - Anderbrügge - Luginger - Wassmer - Marquardt

Tor: 0:1 Marquardt (87.)
Schiedsrichter: Fuchs
Zuschauer: 15.000

05.11.1988 | 2. Bundesliga, 15. Spieltag | Fortuna Düsseldorf – SG Wattenscheid 09 1:1 (1:1)

Düsseldorf: Schmadtke - Rada - Loose - Werner - Wojtowicz - Kaiser - Krümpelmann (65. Preetz) - Schütz - Walz - Demandt - Klotz (70. Seeliger)

Wattenscheid: Eilenberger - Kollenberg - Buckmaier - Frömberg (76. Borutta) - D. Kontny - Kügler - Sobiech - Wasmuth - **Banach** (80. Bittner) - Jankovic - Ven

Tore: 1:0 Demandt (7.), 1:1 van der Ven (45.)
Schiedsrichter: Amerell
Zuschauer: 9.300

26.11.1988 | 2. Bundesliga, 18. Spieltag | SG Wattenscheid 09 – Rot-Weiss Essen 4:2 (1:0)

Wattenscheid: Eilenberger - Kollenberg - Siewert - Terhaar - Buckmaier (87. Rothe) - Kügler - Langbein - Sobiech - **Banach** - Jankovic - Tschiskale (83. Wasmuth)

Essen: Diergardt - Koch - Landgraf - Mäurer - Pusch - Griehsbach (72. Abramczik) - Helmig - Laibach - Röber - Wegmann - Dezelak (80. Koniarek)

Tore: 1:0 Kügler (17.), 1:1 Wegmann (63.), 1:2 Helmig (65.), 2:2 Kollenberg (68.), 3:2 Kügler (70.), 4:2 Tschiskale (77.)
Schiedsrichter: Theobald
Zuschauer: 3.500

03.12.1988 | 2. Bundesliga, 19. Spieltag | Viktoria Aschaffenburg – SG Wattenscheid 09 2:1 (1:1)

Aschaffenburg: Richter - Braun - Löhr - Theiss - Aulbach - Bachmann - Bommer (52. Imhof) - Schäfer - Schmitt - Haub - Lindenau (76. Höfer)

Wattenscheid: Eilenberger - Siewert - Terhaar - Buckmaier - Kügler - Langbein - Sobiech - Wasmuth - **Banach** (68. D. Kontny) - Jankovic - Tschiskale

Tore: 1:0 Haub (27.), 1:1 Buckmaier (42.), 2:1 Theiss (81.)
Schiedsrichter: Matheis
Zuschauer: 3.000

08.12.1988 | 2. Bundesliga, 16. Spieltag | SG Wattenscheid 09 – Alemannia Aachen 3:1 (1:1)

Wattenscheid: Eilenberger - Kollenberg - Siewert - Terhaar - Buckmaier (74. Wasmuth) - D. Kontny - Kügler - Langbein - Sobiech - Jankovic - Tschiskale (**78. Banach**)

Aachen: Kau - Buschlinger - Nelles - Ritter - Schacht - Brandts - Gresens (84. Wagner) - Zschau - Bunk - Sendscheid - Zimmermann (72. Krohm)

Tore: 1:0 Jankovic (7.), 1:1 Bunk

(13.), 2:1 Kollenberg (65.), 3:1 Jankovic (90.)
Schiedsrichter: Föckler
Zuschauer: 900

18.02.1989 | 2. Bundesliga, 20. Spieltag | SV Darmstadt 98 – SG Wattenscheid 09 2:4 (1:3)

Darmstadt: Huxhorn - Bernecker (80. Gu) - Heß - Kispert - Posniak - Schreml - Prinzen - Sanchez - Eichenauer - Trares - Scholz (67. Kuhl)

Wattenscheid: Eilenberger - Kollenberg - Reimann - Siewert - Terhaar - Frömberg (82. Buckmaier) - D. Kontny - Kügler - **Banach** - Jankovic - Tschiskale (82. Langbein)

Tore: 1:0 Schreml (7.), 1:1 D. Kontny (20.), **1:2 Banach** (35.), **1:3 Banach** (41.), 2:3 Eichenauer (49.), 2:4 D. Kontny (70.)
Schiedsrichter: Berg
Zuschauer: 3.000

25.02.1989 | 2. Bundesliga, 21. Spieltag | SG Wattenscheid 09 – VfL Osnabrück 5:0 (2:0)

Wattenscheid: Eilenberger - Kollenberg (43. Langbein) - Siewert - Terhaar - Buckmaier (63. Emmerling) - Frömberg - D. Kontny - Kügler - **Banach** - Jankovic - Tschiskale

Osnabrück: Seiler - Neidhart (78. Basten) - Brinkmann - Gellrich - Grabotin - Marmon (39. Twyrdy) - Glöde - Holze - Zeravica - Hansen - Jaschke

Tore: 1:0 Jankovic (17.), 2:0 Tschiskale (26.), 3:0 Tschiskale (53.), 4:0 Emmerling (67.), 5:0 Tschiskale (75.)
Schiedsrichter: Albrecht
Zuschauer: 1.000

11.03.1989 | 2. Bundesliga, 23. Spieltag | SG Wattenscheid 09 – Hertha BSC 4:2 (1:2)

Wattenscheid: Eilenberger - Kollenberg - Siewert - Terhaar - Buckmaier (78. Emmerling) - Frömberg - D. Kontny - Kügler - **Banach** - Jankovic - Tschiskale (82. Langbein)

Hertha BSC: Junghans - Brefort (78. Kretschmer) - Greiser - Jakobs - Kaminski - Mischke - Gowitzke - Gries - Patzke - Kurtenbach - Rinke (78. Freudenstein)
Tore: 0:1 Gries (6.), 1:1 Buckmaier (26.), 1:2 Gries (40.), **2:2 Banach** (59.), **3:2 Banach** (65.), 4:2 Emmerling (82.)
Schiedsrichter: Pauly
Zuschauer: 2.800

18.03.1989 | 2. Bundesliga, 24. Spieltag | Fortuna Köln – SG Wattenscheid 09 5:6 (2:3)

Köln: Jarecki - Außem (46. Hägele) - Hielscher - Hupe - Niggemann - Baffoe - Engels (77. Hutwelker) - Gede - Pförtner - Seufert - Fuchs

Wattenscheid: Eilenberger - Kollenberg (75. Langbein) - Siewert - Terhaar - Buckmaier - Frömberg - D. Kontny (64. Emmerling) - Kügler - **Banach** - Jankovic - Tschiskale

Tore: 0:1 Tschiskale (3.), 1:1 Baffoe (13.), 1:2 Buckmaier (20.), 1:3 Buckmaier (27.), 2:3 Pförtner (45.), 3:3 Niggemann (49.), 4:3 Pförtner (51.), 5:3 Niggemann (73.), 5:4 Tschiskale (79.), **5:5 Banach** (82.), 5:6 Emmerling (87.)
Schiedsrichter: Neumann
Zuschauer: 10.000

22.03.1989 | 2. Bundesliga, 22. Spieltag | 1. FC Saarbrücken – SG Wattenscheid 09 0:0

Saarbrücken: Wahlen - Geyer - Gothe - Jelev - Nushöhr (68. Ruof) - Schlegel - Fuhl - Hach - Knoll - Dum (78. Steiniger) - Yeboah

Wattenscheid: Eilenberger - Siewert - Terhaar - Buckmaier - Frömberg (53. Emmerling) - D. Kontny - Kügler - Langbein - **Banach** - Jankovic - Tschiskale

Tore: -
Schiedsrichter: Rubel
Zuschauer: 5.600

25.03.1989 | 2. Bundesliga, 25. Spieltag | SG Wattenscheid 09 – 1. FC Union Solingen 0:0

Wattenscheid: Eilenberger - Kollenberg (60. Emmerling) - Siewert - Terhaar - Buckmaier (73. Rothe) - D. Kontny - Kügler - Langbein - **Banach** - Jankovic - Tschiskale

Solingen: Schreiner - Bittorf - Jakobs - Janssen - Römer - Falkenstein - Homberg (89. Meziani) - Jeretin - Korb - Dierické - Dubovina (75. Klock)

Tore: -
Schiedsrichter: Schneider
Zuschauer: 5.100

01.04.1989 | 2. Bundesliga, 26. Spieltag | 1. FSV Mainz 05 – SG Wattenscheid 09 1:1 (1:0)

Mainz: Kuhnert - Haun - Münch - Reiss - Schuhmacher - Weiß - Becker - Häuser (80. Bell) - Jambo (66. Müller) - Hönnscheidt - Mähn

Wattenscheid: Eilenberger - Kollenberg - Siewert (46. Reimann) - Buckmaier - Emmerling - D. Kontny - Kügler - Langbein - **Banach** - Jankovic - Tschiskale

Tore: 1:0 Mähn (27.), 1:1

Emmerling (80.)
Schiedsrichter: Lehnardt
Zuschauer: 4.000

08.04.1989 | 2. Bundesliga, 27. Spieltag | SG Wattenscheid 09 – SpVgg Bayreuth 2:0 (1:0)

Wattenscheid: Eilenberger - Kollenberg - Terhaar - Buckmaier (80. Reimann) - Emmerling - D. Kontny - Kügler - Langbein - **Banach** - Jankovic - Tschiskale (80. Frömberg)

Solingen: Grüner - Aufseß - Konradi - Gebhardt - Jalocha (89. Götzer) - Schneider - Stockinger (65. Dumpert) - Veh - Sachs - Scheler - Wolff

Tore: 1:0 Banach (43.), 2:0 Emmerling (82.)
Schiedsrichter: Kentsch
Zuschauer: 3.500

15.04.1989 | 2. Bundesliga, 28. Spieltag | SG Wattenscheid 09 – FC 08 Homburg 2:2 (1:1)

Wattenscheid: Eilenberger - Kollenberg - Terhaar (70. Rautiainen) - Emmerling - Frömberg - D. Kontny - Kügler (65. Sobiech) - Langbein - **Banach** - Jankovic - Tschiskale

Homburg: Scherer - Jurgeleit - Strich - Wohlert - Wojcicki - Ellguth - Ellmerich - Essers - Hoffmann (85. Reiland) - Ockert - Baranowski (90. Kajrys)

Tore: 0:1 Baranowski (6.), 1:1 Kollenberg (16.), 1:2 Baranowski (66.), 2:2 Tschiskale (71.)
Schiedsrichter: Wittke
Zuschauer: 6.900

24.04.1989 | 2. Bundesliga, 30. Spieltag | SG Wattenscheid 09 – SC Freiburg 1:0 (0:0)

Wattenscheid: Eilenberger - Kollenberg - Terhaar (31. Sobiech) - Buckmaier (76. Emmerling) - Frömberg - D. Kontny - Kügler - Langbein - **Banach** - Jankovic - Tschiskale

Freiburg: Haas - Higl - Maier (78. Staib) - Schulz - Buck - Lay - Majka - Weber - Löw (69. Kurt) - Remark - Schweizer

Tor: 1:0 Kollenberg (50.)
Schiedsrichter: Retzmann
Zuschauer: 3.300

25.04.1989 | EM-Qualifikation | Niederlande U21 – Deutschland U21 0:1 (0:1)

Niederlande: de Goey - Broeders - Plomp - Verlaat - Scharmin - Linskens (55. Alflen) - Roelofsen - Laamers (46. F. de Boer) - Blinker - Viscaal - Vurens

Deutschland: Reck - Schmäler - Klinkert - Metz - Poschner (64. Sturm) - Spyrka - Steffen - Luginger - Reinhardt - Witeczek - **Banach** (79. Kober)

Tor: 0:1 Witeczek (31.)
Schiedsrichter: Spillane
Zuschauer: 4.832

27.04.1989 | 2. Bundesliga, 31. Spieltag | SV Meppen – SG Wattenscheid 09 1:0 (0:0)

Meppen: Rülander - Caligiuri - Faltin - Klobke - Vorholt - Deters - Heuermann - Menke - Myyry - Pütten (80. Sulmann) - Thoben (87. Böttche)

Wattenscheid: Eilenberger - Kollenberg - Terhaar - Emmerling - Frömberg - D. Kontny - Langbein (65. Ueding) - Rautiainen (65. Sobiech) - **Banach** - Jankovic - Tschiskale

Tor: 1:0 Menke (47.)
Schiedsrichter: Diekert
Zuschauer: 7.000

01.05.1989 | 2. Bundesliga, 32. Spieltag | SG Wattenscheid 09 – Blau-Weiß 90 Berlin 1:2 (0:0)
Wattenscheid: Eilenberger - Kollenberg (46. Emmerling) - Siewert - Terhaar - Buckmaier - Frömberg (46. Sobiech) - D. Kontny - Kügler - **Banach** - Jankovic - Tschiskale

Berlin: Mager - Holzer - Schlegel - Clarke - Gaedke (74. Adler) - Gartmann - Stark - Timm - Schmidt - Dinauer (62. Nietsche) - Schlumberger

Tore: 1:0 Siewert (50.), 1:1 Holzer (78.), 1:2 Holzer (85.)
Schiedsrichter: Schmidhuber
Zuschauer: 2.900

13.05.1989 | 2. Bundesliga, 33. Spieltag | FC Schalke 04 – SG Wattenscheid 09 3:2 (3:1)

Schalke: Vollack - Müller - Prus - Mielers - Luginer - Belarbi - Anderbrügge - Goldbaek (90. Nielsen) - Kotas - Marquardt (62. Wassmer) - Edelmann

Wattenscheid: Eilenberger - Terhaar (58. Emmerling) - D. Kontny - Siewert - Jankovic - Kollenberg (58. Buckmaier) - Sobiech - Langbein - Kügler - Tschiskale - **Banach**

Tore: 1:0 Edelmann (10.), 2:0 Edelmann (35.), 3:0 Kotas (44.), 3:1 Kügler (45.), 3:2 D. Kontny (80.)
Schiedsrichter: Barnick
Zuschauer: 22.000

16.05.1989 | 2. Bundesliga, 29. Spieltag | Kickers Offenbach – SG Wattenscheid 09 2:0 (1:0)

Offenbach: Fuhr - Schummer - Stumpf - Thiel - Baier - Hahn - Müller (84. Richter) - Weber - Hahn - Kloss (81. Kapetanovic) - Kroninger
Wattenscheid: Eilenberger - Siewert (41. Bach) - Buckmaier (83. Ueding) - Emmerling - Frömberg - Kügler - Langbein - Sobiech - **Banach** - Jankovic - Tschiskale

Tore: 1:0 Kloss (41.), 2:0 Hahn (79.)
Schiedsrichter: Ren
Zuschauer: 4.000

20.05.1989 | 2. Bundesliga, 34. Spieltag | SG Wattenscheid 09 – Fortuna Düsseldorf 1:3 (0:1)

Wattenscheid: Eilenberger - Kollenberg - Terhaar - Emmerling - Frömberg - D. Kontny - Kügler - Langbein (23. Rautiainen) - Sobiech - **Banach** (75. Rothe) - Tschiskale

Düsseldorf: Schmadtke - Rada - Backhaus - Loose - Werner - Kaiser - Kimmel (61. Walz) - Krümpelmann (78. Heide) - Schütz - Demandt - Preetz

Tore: 0:1 Krümpelmann (7.), 1:1 Kügler (65.), 1:2 Walz (76.), 1:3 Preetz (85.)
Schiedsrichter: Gangkofer
Zuschauer: 4.200

27.05.1989 | 2. Bundesliga, 35. Spieltag | Alemannia Aachen – SG Wattenscheid 09 0:2 (0:0)

Aachen: Korkala - Montanes - Nelles - Schacht - Weber - Brandts - Gresens - Sitek - Bunk (68. Beyel) - Delzepich - Zimmermann (54. Lipka)

Wattenscheid: Kellner - Bach - Kollenberg - Terhaar - Emmerling - Frömberg - D. Kontny - Kügler (64. Borutta) - Sobiech - **Banach** - Tschiskale (82. Rautiainen)

Tore: 0:1 Bach (48.), **0:2 Banach** (74.)
Schiedsrichter: Birlenbach
Zuschauer: 12.000

30.05.1989 | EM-Qualifikation | Island U21 – Deutschland U21 1:1 (0:0)

Island: Gottskalksson - Adolfsson - Tomasson - Kristjansson - Högnasson - Ingolfsson - Jonsson - H. Bjarnason - Gudjonsson - Sverrisson (88. Oskarsson) - B. Bjarnason (73. Einarson)

Deutschland: Reck - Schmäler (55. Bierhoff) - Klinkert - Effenberg - Poschner (77. Schneider) - Spyrka - Steffen - Luginger - Reinhardt - Witeczek - **Banach**

Tore: 0:1 Bierhoff (69.), 1:1 Sverrisson (75.)
Schiedsrichter: Nielsen
Zuschauer: 500

03.06.1989 | 2. Bundesliga, 36. Spieltag | SG Wattenscheid 09 – Eintracht Braunschweig 2:2 (2:2)

Wattenscheid: Kellner - Bach - Kollenberg - Terhaar - Emmerling (69. Lewe) - Frömberg - D. Kontny - Kügler - Sobiech - **Banach** - Tschiskale (76. Buckmaier)

Braunschweig: Hain - Gorski - Posipal - Scheil - Schmidt - Holdorf (82. Kubsda) - Löchelt - Pospich - Wilke - Buchheister - Rose (74.Naumann)

Tore: 0:1 Wilke (6.), 1:1 D. Kontny (17.), 1:2 Löchelt (35.), 2:2 Tschiskale (37.)
Schiedsrichter: Prengel
Zuschauer: 600

18.06.1989 | 2. Bundesliga, 38. Spieltag | SG Wattenscheid 09 – Viktoria Aschaffenburg 2:1 (0:0)

Wattenscheid: Kellner - Terhaar - Emmerling - Frömberg - D. Kontny - Kügler (82. Kollenberg) - Langbein (84. Buckmaier) - Lewe - Sobiech - **Banach** - Tschiskale

Aschaffenburg: Richter - Braun - Löhr - Theiss - Aulbach - Hock (60. Bommer) - Imhof (73. Höfer) - Knecht - Schäfer - Schmitt - Haub

Tore: 1:0 D. Kontny (67.), 2:0 Kügler (79.), 2:1 Haub (89.)
Schiedsrichter: Kriegelstein
Zuschauer: 3.500

Saison 1989/90 – SG Wattenscheid 09

29.07.1989 | 2. Bundesliga, 1. Spieltag | SG Wattenscheid 09 – SpVgg Bayreuth 4:1 (0:0)

Wattenscheid: Eilenberger - Neuhaus - Bach - D. Kontny - Lewe (72. Terhaar) - Sobiech - Fink - **Banach** - Kügler - Tschiskale - Ueding

Bayreuth: Grüner - Anweiler - Gerber - Konradi - Gebhardt (74. Kauper) - Jalocha - Schneider - Staudner (46. Biernat) - Sachs - Scheler - Wolff

Tore: 1:0 D. Kontny (61.), 1:1 Jalocha (62.), 2:1 D. Kontny (68.), **3:1 Banach** (75.), **4:1 Banach** (81.)
Schiedsrichter: Steinborn
Zuschauer: 1.800

06.08.1989 | 2. Bundesliga, 2. Spieltag | Stuttgarter Kickers – SG Wattenscheid 09 2:3 (1:1)

Stuttgart: Laukkanen - Schwartz

- Keim - Schön - Stadler - Wolf - Fengler (59. Starzmann) - Ossen (79. Imhof) - Schüler - Grillemeier - Vollmer

Wattenscheid: Eilenberger - Neuhaus - Bach - D. Kontny - Siewert - Sobiech - Terhaar (46. Lewe) - Fink - **Banach** (90. Buckmaier) - Kügler - Tschiskale

Tore: 1:0 Stadler (37.), 1:1 D. Kontny (43.), 1:2 Tschiskale (78.), 1:3 Kügler (88.), 2:3 Wolf (90.)
Schiedsrichter: Kasper
Zuschauer: 6.500

12.08.1989 | 2. Bundesliga, 3. Spieltag | SG Wattenscheid 09 – MSV Duisburg 2:0 (1:0)

Wattenscheid: Eilenberger - Neuhaus - Bach - D. Kontny - Siewert - Emmerling (85. Langbein) - Sobiech - Fink - **Banach** - Kügler - Tschiskale (79. Buckmaier)

Duisburg: Macherey - Kessen - Notthoff - Puszamszies - Semlits - Woelk - Kober - Steininger - Lienen - Schmidt (62. Thiele) - Tönnies

Tore: 1:0 Kügler (29.), 2:0 Tschiskale (56.)
Besondere Vorkommnisse: Rote Karte für Kessen (70.)
Schiedsrichter: Gangkofer
Zuschauer: 7.000

16.08.1989 | 2. Bundesliga, 4. Spieltag | Hannover 96 – SG Wattenscheid 09 0:3 (0:1)

Hannover: Nagel - Geils - Marmon - Surmann - Wojcicki - Groth (63. Orkas) - Köpper - Sundermann (71. Bicici) - Maaloul - Heisig - Reich

Wattenscheid: Eilenberger - Neuhaus - Bach - D. Kontny - Siewert - Emmerling - Sobiech - Fink (82. Ueding) - **Banach** - Kügler (82. Buckmaier) - Tschiskale

Tore: 0:1 Fink (38.), **0:2 Banach** (58.), 0:3 Emmerling (63.)
Schiedsrichter: Fröhlich
Zuschauer: 12.800

19.08.1989 | DFB-Pokal, 1. Runde | Rot-Weiss Essen – SG Wattenscheid 09 1:2 (0:1)

Essen: Kurth - Chmielewski (61. Serr) - Koch - Pusch - Basler (39. Biagioli) - Hayer - Helmig - Landgraf - Röber - Koniarek - Regenbogen

Wattenscheid: Eilenberger - Neuhaus - Bach - D. Kontny - Siewert - Emmerling - Sobiech - Fink - **Banach** - Kügler (46. Buckmaier) - Tschiskale (88. Kollenberg)

Tore: 0:1 Banach (26.), 1:1 Biagioli (54.), 1:2 Tschiskale (77.)
Besondere Vorkommnisse: Rote Karte für D. Kontny (82.)
Schiedsrichter: Fröhlich
Zuschauer: 12.800

23.08.1989 | 2. Bundesliga, 5. Spieltag | SG Wattenscheid 09 – FC Schalke 04 3:1 (2:0)

Wattenscheid: Eilenberger - Siewert - Neuhaus - Bach - Sobiech - Emmerling - Fink - Kügler (58. Buckmaier) - Langbein - Tschiskale - **Banach** (79. Ueding)

Schalke: Vollack - Luginger - Prus - Schacht - Belarbi (75. Ruthmann) - Kotas (44. Bieber) - Herget - Goldbaek - Anderbrügge - Sendscheid - Edelmann

Tore: 1:0 Tschiskale (20.), **2:0 Banach** (42.), **3:0 Banach** (69.), 3:1 Luginger (78.)
Schiedsrichter: Scheurer
Zuschauer: 25.000

27.08.1989 | 2. Bundesliga, 6. Spieltag | SV Meppen – SG Wattenscheid 09 1:1 (1:0)

Meppen: Rülander - Böttche - Bruns - Deters - Faltin - Heuermann - Rolfes - Menke - Rusche (70. Schulte) - Dlugajczyk (13. Thoben) - Pütten

Wattenscheid: Eilenberger - Neuhaus - Bach - Siewert - Emmerling (54. Ueding) - Langbein - Sobiech - Fink - **Banach** - Kügler (79. F. Kontny) - Tschiskale

Tore: 1:0 Heuermann (28.), 1:1 F. Kontny (90.)
Besondere Vorkommnisse: Rote Karte für Langbein (42.)
Schiedsrichter: Kraus
Zuschauer: 4.000

02.09.1989 | 2. Bundesliga, 7. Spieltag | SG Wattenscheid 09 – SpVgg Unterhaching 1:0 (1:0)

Wattenscheid: Eilenberger - Neuhaus - Bach - D. Kontny (83. Ueding) - Siewert - Emmerling - Sobiech - Fink - **Banach** - Kügler - Tschiskale

Unterhaching: Häfele - Beck - Pfluger - Pflügler - Andresen (77. M. Niklaus) - T. Niklaus - Ruthe - Schreiner (88. Glaner) - Stöhr - Wasner - Müller

Tor: 1:0 Kügler (19.)
Schiedsrichter: Dardenne
Zuschauer: 3.000

09.09.1989 | 2. Bundesliga, 8. Spieltag | Blau-Weiß 90 Berlin – SG Wattenscheid 09 1:1 (1:1)

Berlin: Gehrke - Brefort - Haller

(75. Gartmann) - Holzer - Levy - Schlegel (78. Motzke) - Kutschera - Schlumberger - Schmidt - Adler - Dinauer

Wattenscheid: Eilenberger - Neuhaus - Bach - D. Kontny - Siewert - Emmerling - Sobiech - Fink - **Banach** (86. Ueding) - Kügler - Tschiskale

Tore: 0:1 Banach (20.), 1:1 Schlumberger (21.)
Schiedsrichter: Correll
Zuschauer: 8.600

17.09.1989 | 2. Bundesliga, 9. Spieltag | SG Wattenscheid 09 – SC Freiburg 4:4 (1:0)

Wattenscheid: Eilenberger - Neuhaus - Bach - D. Kontny (86. Ueding) - Siewert - Emmerling (60. Jankovic) - Sobiech - Fink - **Banach** - Kügler - Tschiskale

Freiburg: Haas - Maier - Schulz - Bernhard (67. Janz) - Buck - Majka - Pfahler (70. Zeyer) - Schäfer - Schweizer - Zeyer - Moutas

Tore: 0:1 Moutas (6.), 1:1 Tschiskale (22.), 2:1 Tschiskale (45.), 3:1 Maier (69., Eigentor), 3:2 Majka (80.), 4:2 Tschiskale (83.), 4:3 Majka (88.), 4:4 Janz (90.)
Schiedsrichter: Föckler
Zuschauer: 4.000

20.09.1989 | 2. Bundesliga, 10. Spieltag | VfL Osnabrück – SG Wattenscheid 09 0:3 (0:1)
Osnabrück: Kellner - Neidhart - Gellrich - Braathen - Glöde (55. Brinkmann) - Heskamp - Schulz - Twyrdy - Voigt - Wollitz - Jaschke (62. Hansen)

Wattenscheid: Eilenberger - Neuhaus - Bach - D. Kontny - Siewert - Emmerling - Sobiech - Fink - **Banach** - Kügler (87. Buckmaier) - Tschiskale

Tore: 0:1 Banach (9.), 0:2 Kügler (72.), 0:3 Tschiskale (85.)
Schiedsrichter: Rubel
Zuschauer: 5.000

24.09.1989 | DFB-Pokal, 2. Runde | SG Wattenscheid 09 – VfL Osnabrück 0:2 (0:1)

Wattenscheid: Eilenberger - Neuhaus - Bach - D. Kontny (64. Jankovic) - Siewert - Emmerling (64. Ueding) - Sobiech - Fink - **Banach** - Kügler - Tschiskale

Osnabrück: Kellner - Neidhart (64. Brinkamnn) - Gellrich - Braathen - Glöde (89. Hansen) - Heskamp - Schulz - Twyrdy - Voigt - Wollitz - Jaschke

Tore: 0:1 Neidhart (21.), 0:2 Twyrdy (60.)
Schiedsrichter: Matheis
Zuschauer: 3.000

30.09.1989 | 2. Bundesliga, 11. Spieltag | SG Wattenscheid 09 – Rot-Weiss Essen 1:0 (0:0)

Wattenscheid: Eilenberger - Neuhaus - Bach - D. Kontny (37. Schmitz) - Siewert - Buckmaier (68. Jankovic) - Sobiech - Fink - **Banach** - Kügler - Tschiskale

Essen: Kurth - Chmielewski - Koch (28. Thommessen) - Pusch - Hayer (81. Ostendorf) - Helmig - Landgraf - Röber - Serr - Abramczik - Biagioli
Tor: 1:0 Schmitz (75.)
Schiedsrichter: Eli
Zuschauer: 5.100

03.10.1989 | EM-Qualifikation | Deutschland U21 – Finnland U21 2:0 (2:0)

Deutschland: Golz - Metz - Klinkert - Spyrka - Dammeier - Steffen - Luginger - Reinhardt - Sturm (57. Kober) - Witeczek (76. Bode) - **Banach**

Finnland: Viitanen - Rissanen - Saastamoinen - Riippa - Suokonautio - Ylä-Jussila - Vuoerela - Lehtinen - Suominen (80. Rantanen) - Grönholm - Rajamäki (70. Tauriainen)

Tore: 1:0 Reinhardt (12.), 2:0 Witezcek (30.)
Schiedsrichter: van den Wijngaart
Zuschauer: 6.700

07.10.1989 | 2. Bundesliga, 12. Spieltag | Eintracht Braunschweig – SG Wattenscheid 09 1:0 (1:0)

Braunschweig: Hain - Gorski - Lellek - Scheike - Scheil - Schmidt - Holze - Löchelt - Pospich - Seeliger - Buchheister

Wattenscheid: Eilenberger - Neuhaus - Bach - Kollenberg (60. Buckmaier) - Siewert - Emmerling - Sobiech - Fink - **Banach** (85. Jankovic) - Kügler - Tschiskale

Tore: 1:0 Lellek (23.)
Schiedsrichter: Amerell
Zuschauer: 17.000

14.10.1989 | 2. Bundesliga, 13. Spieltag | SG Wattenscheid 09 – Alemannia Aachen 1:2 (1:1)
Wattenscheid: Eilenberger - Neuhaus - Bach - D. Kontny (75. Schmitz) - Siewert - Sobiech - Fink - **Banach** - Jankovic - Kügler - Tschiskale
Aachen: Kau - Buschlinger - Dämgen - Krisp - Beyel (61. Bunk) - Goss - Gresens (72. Delzepich) - Lipka - Zschau - Zimmermann - Trares

Tore: 1:0 Banach (4.), 1:1 Zschau (12.), 1:2 Zimmermann (90.)

Besondere Vorkommnisse: Rote Karte für Zschau (29.)
Schiedsrichter: Osmers
Zuschauer: 5.000

22.10.1989 | 2. Bundesliga, 14. Spieltag | 1. FC Saarbrücken – SG Wattenscheid 09 2:0 (2:0)

Saarbrücken: Wahlen - Gothe - Jelev - Spyrka - Hach - Knoll - Nushöhr - Pförtner (77. Geyer) - Schlegel - Krätzer (88. Eichmann) - Yeboah

Wattenscheid: Eilenberger - Neuhaus - Bach - D. Kontny - Siewert (46. Buckmaier) - Emmerling - Sobiech - Fink - **Banach** (82. Langbein) - Kügler - Tschiskale

Tore: 1:0 Yeboah (7.), 2:0 Pförtner (18.)
Schiedsrichter: Schmidhuber
Zuschauer: 28.000

28.10.1989 | 2. Bundesliga, 15. Spieltag | Hessen Kassel – SG Wattenscheid 09 0:3 (0:0)

Kassel: Kneuer - Eymold - Heidenreich - Müller - Schmidt - Schnell - Drube - Hecking - Mohr - Schmidt - Ruof (46. Schmeling)

Wattenscheid: Eilenberger - Neuhaus - Bach - D. Kontny - F. Kontny (**58. Banach**) - Emmerling - Langbein - Sobiech - Fink - Kügler (82. Buckmaier) - Tschiskale

Tore: 0:1 D. Kontny (65.), 0:2 Tschiskale (74.), 0:3 D. Kontny (87.)
Schiedsrichter: Feistner
Zuschauer: 4.500

04.11.1989 | 2. Bundesliga, 16. Spieltag | SG Wattenscheid 09 – Fortuna Köln 2:0 (2:0)

Wattenscheid: Eilenberger - Neuhaus - Bach - D. Kontny - Emmerling - Langbein - Sobiech - Fink - **Banach** (68. F. Kontny) - Kügler (79. Buckmaier) - Tschiskale

Köln: Agaciak - Außem - Hielscher - Hupe - Niggemann - Ritter - Gede - Lopes - Rehbein (46. Hutwelker) - Bolzek - Hamann (78. Brandts)

Tore: 1:0 Tschiskale (1.), 2:0 Tschiskale (26.)
Schiedsrichter: Birlenbach
Zuschauer: 3.500

11.11.1989 | 2. Bundesliga, 17. Spieltag | Hertha BSC – SG Wattenscheid 09 1:1 (0:1)

Berlin: Junghans - Jakobs - Aaltonen - Gowitzke - Gries - Mischke - Zernicke (46. Kretschmer) - Halvorsen - Klaus - Kurtenbach (78. Täuber) - Lünsmann

Wattenscheid: Eilenberger - Neuhaus - Bach - F. Kontny - Emmerling - Langbein - Sobiech - Fink - **Banach** - Kügler - Tschiskale

Tore: 0:1 Bach (43.), 1:1 Kretschmer (64.)
Schiedsrichter: Matheis
Zuschauer: 44.200

14.11.1989 | 2. Bundesliga, 18. Spieltag | SG Wattenscheid 09 – Preußen Münster 4:0 (1:0)

Wattenscheid: Eilenberger - Neuhaus - Bach (80. Kollenberg) - D. Kontny - Emmerling - Langbein (86. F. Kontny) - Sobiech - Fink - **Banach** - Kügler - Tschiskale
Münster: Winter - Knauer - Ptok - Römer - Gäher - Posipal - Riechmann - Silberbach (46. Gräbener) - Terhaar - Dezelak - Fleige (74. Westermann)

Tore: 1:0 Kügler (19.), 2:0 Tschiskale (50.), 3:0 Bach (70.), 4:0 D. Kontny (88.)
Schiedsrichter: Mölm
Zuschauer: 5.000

18.11.1989 | 2. Bundesliga, 19. Spieltag | Darmstadt 98 – SG Wattenscheid 09 4:1 (1:1)

Darmstadt: Huxhorn - Heß - Kispert - Kowalewski - Lachmann - Baier - Blättel (87. Kriz) - Prinzen - Sittardt - Gu (68. Kloss) - Gutzler

Wattenscheid: Eilenberger - Neuhaus - Kollenberg - D. Kontny - Buckmaier - Emmerling - Langbein - Sobiech - Fink (74. Jankovic) - **Banach** - Tschiskale

Tore: 0:1 Neuhaus (25.), 1:1 Sobiech (42., Eigentor), 2:1 Baier (60.), 3:1 Kloss (70.), 4:1 Blättel (81.)
Schiedsrichter: Diekert
Zuschauer: 3.500

25.11.1989 | 2. Bundesliga, 20. Spieltag | SpVgg Bayreuth – SG Wattenscheid 09 0:2 (0:1)
Bayreuth: Grüner - Aufseß - Konradi - Jalocha - Schneider - Staudner (70. Staudinger) - Veh - Wiest - Dumpert (67. Kaupert) - Sachs - Wolff

Wattenscheid: Eilenberger - Neuhaus - Bach - D. Kontny - Siewert - Langbein - Sobiech - Fink - **Banach** - Kügler - Tschiskale

Tore: 0:1 Tschiskale (45.), **0:2 Banach** (62.)
Schiedsrichter: Mierswa
Zuschauer: 1.700
02.12.1989 | 2. Bundesliga, 21. Spieltag | SG Wattenscheid 09 – Stuttgarter Kickers 3:0 (2:0)

Wattenscheid: Eilenberger - Neuhaus - Bach - D. Kontny - Emmerling - Langbein - Sobiech - Fink - **Banach** - Kügler - Tschiskale

Stuttgart: Laukkanen - Schwartz - Keim - Schön (84. Imhof) - Wolf - Grabosch - Ossen (56. Fengler) - Schüler - Tattermusch - Grillemeier - Hjelm

Tore: 1:0 Banach (30.), 2:0 Schön (33., Eigentor), 3:0 Tschiskale (90.)
Schiedsrichter: Werner
Zuschauer: 2.800

09.12.1989 | 2. Bundesliga, 22. Spieltag | MSV Duisburg – SG Wattenscheid 09 3:2 (1:0)

Duisburg: Macherey - Kessen - Notthoff - Puszamszies - Semlits - Woelk - Alispahic - Kober - Lienen - Schmidt - Tönnies

Wattenscheid: Eilenberger - Neuhaus - Bach - D. Kontny - Emmerling - Langbein - Sobiech - Fink (57. Hartmann) - **Banach** - Kügler - Tschiskale

Tore: 1:0 Kober (18.), 2:0 Kober (58.), 2:1 Tschiskale (60.), 3:1 Alispahic (75.), **3:2 Banach** (78.)
Schiedsrichter: Boos
Zuschauer: 22.000

16.12.1989 | 2. Bundesliga, 23. Spieltag | SG Wattenscheid 09 – Hannover 96 3:0 (1:0)

Wattenscheid: Eilenberger - Neuhaus - Bach - D. Kontny - Emmerling - Hartmann - Langbein - Sobiech - **Banach** - Kügler (76. Fink) - Tschiskale

Hannover: Sievers - Geils - Kuhlmey - Pagelsdorf - Wojcicki - Groth - Prange - Sundermann - Maaloul (46. Heisig) - Eckel - Radojewski (24. Surmann)

Tore: 1:0 Banach (43.), **2:0 Banach** (56.), 3:0 Hartmann (79.)
Schiedsrichter: Berg
Zuschauer: 2.500

24.02.1990 | 2. Bundesliga, 24. Spieltag | FC Schalke 04 – SG Wattenscheid 09 1:1 (1:0)

Schalke: Lehmann - Müller - Prus - Schacht - Luginger - Müller - Anderbrügge - Borodjuk - Edelmann (82. Marquardt) - Flad - Sendscheid - Ljuty

Wattenscheid: Eilenberger - Emmerling - Langbein (60. Buckmaier) - Bach - Sobiech - Hartmann - Siewert - Kügler (**60. Banach**) - D. Kontny - Tschiskale - Fink

Tore: 1:0 Müller (6.), **1:1 Banach** (62.)
Schiedsrichter: Neuner
Zuschauer: 61.400

10.03.1990 | 2. Bundesliga, 26. Spieltag | SpVgg Unterhaching – SG Wattenscheid 09 1:2 (1:0)

Unterhaching: Häfele - Betzendörfer - Pfluger - Pflügler - Schmidt - Grosser (66. Wasner) - Leitl - T. Niklaus - Stöhr - Gensch (70. Reichel) - Müller

Wattenscheid: Eilenberger - Neuhaus - Bach - D. Kontny - Buckmaier - Emmerling - Hartmann - Sobiech - Fink - **Banach** (78. Langbein) - Tschiskale (90. Jankovic)

Tore: 1:0 Müller (27.), 1:1 D. Kontny (61.), **1:2 Banach** (77.)
Schiedsrichter: Eli
Zuschauer: 2.500

17.03.1990 | 2. Bundesliga, 27. Spieltag | SG Wattenscheid 09 – Blau-Weiß 90 Berlin 0:0

Wattenscheid: Eilenberger - Neuhaus - Bach (76. Jankovic) - D. Kontny - Buckmaier (46. Kügler) - Emmerling - Hartmann - Sobiech - Fink - **Banach** - Tschiskale

Berlin: Gehrke - Levy - Schlegel - Drabow - Gartmann - Kutschera - Motzke - Steinfurth (46. Adler) - Schmidt - Deffke (90. Kunert) - Wilbois

Tore: -
Schiedsrichter: Ronig
Zuschauer: 3.500

31.03.1990 | 2. Bundesliga, 29. Spieltag | SG Wattenscheid 09 – VfL Osnabrück 1:1 (0:1)

Wattenscheid: Eilenberger - Neuhaus - Bach - D. Kontny - Emmerling (40. Jankovic) - Hartmann - Sobiech - Fink - **Banach** - Kügler (71. Schmitz) - Tschiskale

Osnabrück: Kellner - Neidhart (38. Braathen) - Gellrich - Helmer - Pickenäcker - Bulanov (74. van den Berg) - Glöde - Heskamp - Schulz - Voigt - Wollitz

Tore: 0:1 Wollitz (13.), 1:1 Tschiskale (75.)
Schiedsrichter: Ronig
Zuschauer: 3.000

03.04.1990 | 2. Bundesliga, 25. Spieltag | SG Wattenscheid 09 – SV Meppen 2:0 (0:0)

Wattenscheid: Eilenberger - Neuhaus - Bach - D. Kontny - Hartmann - Sobiech - Fink - **Banach** - Jankovic (83. Emmerling) - Kügler - Tschiskale

Meppen: Rülander - Böttche - Deters - Faltin - Heuermann - Klobke - Kretzschmar - Rusche -

Schulte - Pütten - Thoben
Tore: 1:0 Jankovic (54.), 2:0 D. Kontny (75.)
Schiedsrichter: Malbranc
Zuschauer: 2.200

07.04.1990 | 2. Bundesliga, 30. Spieltag | Rot-Weiss Essen – SG Wattenscheid 09 0:2 (0:0)

Essen: Kurth - Chmielewski (80. Basler) - Koch - Pusch - Steiner - Thommessen - Helmig - F. Kontny - Landgraf - Serr (80. Biagioli) - Regenbogen

Wattenscheid: Eilenberger - Neuhaus - Bach - Siewert - Hartmann - Sobiech - Fink - **Banach** - Jankovic - Kügler (50. Buckmaier) - Tschiskale (90. Langbein)

Tore: 0:1 Bach (78.), 0:2 Bach (90.)
Schiedsrichter: Correll
Zuschauer: 9.900

14.04.1990 | 2. Bundesliga, 31. Spieltag | SG Wattenscheid 09 – Eintracht Braunschweig 3:1 (0:1)

Wattenscheid: Eilenberger - Neuhaus - Bach - D. Kontny - Hartmann - Sobiech - Fink - **Banach** (85. Emmerling) - Jankovic - Kügler (85. Buckmaier) - Tschiskale

Braunschweig: Hain - Gorski - Lellek - Scheike - Scheil - Schmidt - Löchelt (74. Dreßel) - Pospich - Seeliger - Aden - Buchheister

Tore: 0:1 Aden (42.), 1:1 Kügler (64.), 2:1 Kügler (67.), 3:1 Tschiskale (75.)
Schiedsrichter: Merk
Zuschauer: 4.200

21.04.1990 | 2. Bundesliga, 32. Spieltag | Alemannia Aachen – SG Wattenscheid 09 1:3 (1:1)

Aachen: Kau - Buschlinger - Dämgen - Jackisch - Nelles - Brunner - Delzepich - Lipka (72. Rousajew) - Prusik - Schneider - Zimmermann (72. Krella)

Wattenscheid: Eilenberger - Neuhaus - Bach - D. Kontny - Hartmann - Sobiech - Fink - **Banach** - Jankovic (85. Emmerling) - Kügler - Tschiskale

Tore: 1:0 Zimmermann (13.), 1:1 Tschiskale (16.), **1:2 Banach** (71.), **1:3 Banach** (88.)
Schiedsrichter: Föckler
Zuschauer: 8.500

29.04.1990 | 2. Bundesliga, 33. Spieltag | SG Wattenscheid 09 – 1. FC Saarbrücken 0:2 (0:1)
Wattenscheid: Eilenberger - Kollenberg (66. Jankovic) - D. Kontny - Siewert - Emmerling - Hartmann - Langbein (79. Buckmaier) - Sobiech - **Banach** - Kügler - Tschiskale

Saarbrücken: Wahlen - Eichmann - Gothe - Hönerbach - Fuhl - Hach - Knoll (90. Kirchhoff) - Nushöhr - Schlegel - Epp (78. Geyer) - Yeboah

Tore: 0:1 Schlegel (43.), 0:2 Yeboah (77.)
Schiedsrichter: Albrecht
Zuschauer: 4.600

02.05.1990 | 2. Bundesliga, 34. Spieltag | SG Wattenscheid 09 – Hessen Kassel 2:0 (0:0)

Wattenscheid: Eilenberger - Neuhaus - Bach - D. Kontny - Buckmaier (74. Emmerling) - Hartmann - Sobiech - Fink - **Banach** - Jankovic (86. Schmitz) - Kügler

Kassel: Kneuer - Heidenreich - Schnell - Freudenstein - Hecking - Paavola - Rompel - Schäfer (80. Lakies) - Schmidt - Raab - Schmelting

Tore: 1:0 Banach (68.), **2:0 Banach** (85.)
Schiedsrichter: Prengel
Zuschauer: 5.000

05.05.1990 | 2. Bundesliga, 35. Spieltag | Fortuna Köln – SG Wattenscheid 09 1:1 (1:0)

Köln: Jarecki - Hielscher - Hupe - Niggemann - Ritter - Brandts - Lopes - Seufert (77. Hutwelker) - Pasulko - Bolzek (82. Friz) - Hamann

Wattenscheid: Eilenberger - Neuhaus - Bach - Siewert (80. Jankovic) - Emmerling - Hartmann - Sobiech - Fink - **Banach** (84. Buckmaier) - Kügler - Tschiskale

Tore: 1:0 Bolzek (21.), 1:1 Tschiskale (60.)
Schiedsrichter: Kasper
Zuschauer: 3.000

10.05.1990 | 2. Bundesliga, 36. Spieltag | SG Wattenscheid 09 – Hertha BSC 5:1 (4:0)

Wattenscheid: Eilenberger - Neuhaus - Bach - Emmerling - Hartmann - Sobiech - Fink - **Banach** - Jankovic (81. Buckmaier) - Kügler - Tschiskale (71. Langbein)

Berlin: Junghans - Greiser - Holzer - Niebel (46. Zernicke) - Gowitzke - Gries - Mischke - Patzke - Halvorsen - Klaus (46. Unglaube) - Kretschmer

Tore: 1:0 Bach (11.), 2:0 Kügler (25.), **3:0 Banach** (33.), **4:0 Banach** (44.), 4:1 Gries (56.), 5:1 Tschiskale (67.)
Schiedsrichter: Neuner

Zuschauer: 7.500

13.05.1990 | 2. Bundesliga, 37. Spieltag | Preußen Münster – SG Wattenscheid 09 1:0 (1:0)

Münster: Winter - Knauer - Ptok - Römer - Bremser - Gäher - Geise - Posipal - Riechmann (74. Silberbach) - Terhaar - Acquah (82. Fleige)

Wattenscheid: Mai - Neuhaus - Bach - Siewert - Emmerling - Hartmann - Sobiech (48. Kollenberg) - Fink (63. Langbein) - **Banach** - Kügler - Tschiskale

Tor: 1:0 Acquiah (22.)
Schiedsrichter: Harder
Zuschauer: 7.700

17.05.1990 | 2. Bundesliga, 38. Spieltag | SG Wattenscheid 09 – Darmstadt 98 0:0

Wattenscheid: Eilenberger - Neuhaus - Bach - Emmerling - Hartmann - Langbein - Sobiech - Fink - **Banach** - Jankovic - Kügler

Darmstadt: Huxhorn - Heß - Kispert - Lachmann - Scholz - Baier - Blättel - Prinzen - Täuber - Eichenauer - Gutzler

Tore: -
Schiedsrichter: Berg
Zuschauer: 5.000

Saison 1990/91 – 1. FC Köln

18.08.1990 | Bundesliga, 2. Spieltag | VfL Bochum – 1. FC Köln 1:0 (0:0)

Bochum: Wessels - Kempe - Oswald - Reekers - Ridder - Heinemann (46. Rzehaczek) - Legat - Peschel (78. Ostermann) - Wegmann - Kohn - Nehl

Köln: Illgner - Andersen - Higl - Flick - Greiner - Janßen - Rudy - Götz - Littbarski - Ordenewitz (**74. Banach**) - Sturm

Tor: 1:0 Kohn (84.)
Schiedsrichter: Weber
Zuschauer: 20.000

25.08.1990 | Bundesliga, 3. Spieltag | 1. FC Köln – Werder Bremen 1:0 (1:0)

Köln: Illgner - Andersen - Giske - Higl - Flick - Greiner - Janßen - **Banach** - Götz - Littbarski (63. Baumann) - Sturm (73. Ordenewitz)

Bremen: Reck - Bockenfeld (63. Bode) - Borowka - Bratseth - Otten - Eilts - Hermann - Votava - Allofs - Neubarth (46. Harttgen) - Rufer

Tor: 1:0 Sturm (13.)
Schiedsrichter: Amerell
Zuschauer: 15.000

01.09.1990 | Bundesliga, 4. Spieltag | Borussia Mönchengladbach – 1. FC Köln 2:2 (0:1)

Mönchengladbach: Kamps - Eichin - Klinkert - Stefes - Dreßen - Meier - Neun (46. Belanow) - Pflipsen - Schneider - Criens - Wynhoff (82. Schulz)

Köln: Illgner - Andersen (75. Rudy) - Baumann - Giske - Higl - Flick - Greiner - Heldt (62. Ordenewitz) - **Banach** - Götz - Sturm

Tore: 0:1 Banach (14.), 1:1 Criens (48.), 2:1 Pflipsen (61.), 2:2 Götz (83.)
Schiedsrichter: Theobald
Zuschauer: 18.500

08.09.1990 | Bundesliga, 5. Spieltag | SG Wattenscheid 09 – 1. FC Köln 0:3 (0:1)

Wattenscheid: Eilenberger - Neuhaus - Kuhn (46. D. Kontny) - Moser - Siewert - Emmerling - Hartmann - Sobiech - Fink - Sané (46. Jankovic) - Tschiskale

Köln: Illgner - Andersen (81. Britz) - Baumann - Giske - Higl - Flick - Greiner - **Banach** - Götz - Ordenewitz (89. Rudy) - Sturm
Tore: 0:1 Ordenewitz (43.), **0:2 Banach** (75.), **0:3 Banach** (89.)
Schiedsrichter: Dellwing
Zuschauer: 13.000

15.09.1990 | Bundesliga, 6. Spieltag | 1. FC Köln – Hamburger SV 1:0 (0:0)

Köln: Illgner - Andersen - Giske (66. Rudy) - Higl - Britz - Flick - Greiner - **Banach** - Götz - Ordenewitz - Sturm

Hamburg: Golz - Rohde - Beiersdorfer - Kober - Dammeier - Doll - Eck - Jusufi - Matysik - Spörl (11. Kaltz) - Nando (77. Furtok)

Tor: 1:0 Rudy (90.)
Schiedsrichter: Neuner
Zuschauer: 18.000

18.09.1990 | UEFA-Cup, 1. Runde | IFK Norrköping – 1. FC Köln 0:0

Norrköping: Eriksson - Almgren - Andresson - Fredheim (73. Karlsson) - Hellström - Holter - Kalen - Kusnetzow - Lind - Rödlund - Vaattovaara

Köln: Illgner - Andersen - Giske - Higl - Britz - Flick - Greiner - Rudy - **Banach** (76. Ordenewitz) - Götz - Sturm

Tore: -
Schiedsrichter: van Langenove

Zuschauer: 10.400

22.09.1990 | Bundesliga, 7. Spieltag | Eintracht Frankfurt – 1. FC Köln 1:0 (1:0)

Frankfurt: Stein - Binz - Körbel - Roth - Falkenmayer - Lasser - Möller - Studer (80. Bindewald) - Eckstein - Sippel - Yeboah (67. Turowski)

Köln: Illgner - Andersen (60. Rudy) - Giske - Higl - Britz - Flick - Greiner - Janßen - **Banach** (60. Ordenewitz) - Götz - Sturm

Tor: 1:0 Falkenmayer (21.)
Schiedsrichter: Föckler
Zuschauer: 19.000

29.09.1990 | Bundesliga, 8. Spieltag | 1. FC Köln – Borussia Dortmund 0:1 (0:1)

Köln: Illgner - Andersen - Higl - Britz (72. Ordenewitz) - Flick - Greiner - Janßen - Rudy - **Banach** - Götz (26. Baumann) - Sturm

Dortmund: de Beer - Gorlukowitsch - Helmer - Quallo - Schulz - Franck (68. MacLeod) - Lusch - Poschner - Rummenigge - Zorc - Povlsen (68. Wegmann)

Tor: 0:1 Lusch (35.)
Schiedsrichter: Fux
Zuschauer: 20.000

02.10.1990 | UEFA-Cup, 1. Runde | 1. FC Köln – IFK Nörrköping 3:1 (0:1)

Köln: Illgner - Andersen - Giske - Higl - Britz (38. Ordenewitz) - Flick (68. Janßen) - Greiner - Rudy - **Banach** - Götz - Sturm

Nörrköping: Eriksson - Almgren - Andresson (57. Ericson) - Fredheim - Hellström (84. Karlsson) - Holter - Kalen - Kusnetzow - Lind - Rödlund - Vaattovaara

Tore: 0:1 Hellström (35.), 1:1 Higl (48.), **2:1 Banach** (72.), 3:1 Ordenewitz (76.)
Schiedsrichter: Hartmann
Zuschauer: 9.000

06.10.1990 | Bundesliga, 9. Spieltag | Hertha BSC – 1. FC Köln 0:0

Berlin: Junghans - Halvorsen - Holzer - Scheinhardt - Schlegel (17. Zernicke, 64. Unglaube) - Görtz - Gowitzke - Gries - Lünsmann - Farrington - Kretschmer

Köln: Illgner - Giske - Higl - Britz (82. Gielchen) - Greiner - Janßen - Rudy - **Banach** - Götz - Ordenewitz - Sturm (75. Baumann)

Tore: -
Schiedsrichter: Tritschler
Zuschauer: 16.120

13.10.1990 | Bundesliga, 10. Spieltag | 1. FC Köln – Bayern München 4:0 (3:0)

Köln: Illgner - Baumann - Gielchen - Giske - Flick - Janßen (80. Wunderlich) - Rudy (70. Andersen) - **Banach** - Götz - Ordenewitz - Sturm

München: Aumann - Augenthaler - Kohler - Pflügler (31. Effenberg) - Thon (46. Wohlfarth) - Bender - Dorfner - Schwabl - Strunz - Laudrup - Mihajlovic

Tore: 1:0 Ordenewitz (3.), 2:0 Janßen (25.), **3:0 Banach** (38.), 4:0 Sturm (66.)
Besondere Vorkommnisse: Rote Karten für Mihajlovic (57.), Bender (77.) und Gielchen (85.)
Schiedsrichter: Umbach
Zuschauer: 54.000

20.10.1990 | Bundesliga, 11. Spieltag | 1. FC Nürnberg – 1. FC Köln 0:4 (0:2)

Nürnberg: Köpke - Kurz - Bayerschmidt - Dittwar - Heidenreich (74. Wück) - Metschies - Brunner - Drews (37. Oechler) - Wagner - Türr - Wirsching

Köln: Illgner - Giske - Higl (84. Baumann) - Flick - Greiner - Janßen - Rudy - **Banach** - Götz - Ordenewitz (64. Britz) - Sturm

Tore: 0:1 Sturm (3.), 0:2 Sturm (19.), 0:3 Janßen (83.), **0:4 Banach** (86.)
Schiedsrichter: Harder
Zuschauer: 20.100

24.10.1990 | UEFA-Cup, 2. Runde | 1. FC Köln – Inter Bratislava 0:1 (0:0)

Köln: Illgner - Andersen - Giske - Higl (70. Greiner) - Flick (78. Heldt) - Janßen - Rudy - **Banach** - Götz - Ordenewitz - Sturm

Bratislava: Toth - Weiss - Bagin - Jonis - Jurasko - Kubica - Lednicky (83. Barka) - Obsitnek - Rehak - Stojka (72. Lavrincek) - Stranianek

Tor: 0:1 Obsitnek (67.)
Schiedsrichter: Listkiewicz
Zuschauer: 8.000

27.10.1990 | Bundesliga, 12. Spieltag | 1. FC Köln – Bayer 05 Uerdingen 3:1 (1:0)

Köln: Illgner - Gielchen - Giske (62. Baumann) - Higl - Flick - Greiner - Janßen - Rudy - **Banach** - Götz - Sturm (55. Heldt)

Uerdingen: Dreher - Steffen -

Chmielewski - Fach - W. Funkel - Kleppinger - Klinger - Zietsch - Bartram - Klein (61. Vorholt) - Klauß (55. Grein)

Tore: 1:0 Sturm (42.), 2:0 Sturm (47.), 2:1 W. Funkel (78.), 3:1 Greiner (79.)
Schiedsrichter: Führer
Zuschauer: 13.000

03.11.1990 | DFB-Pokal, 2. Runde | 1. FC Kaiserslautern – 1. FC Köln 1:2 (1:1)

Kaiserslautern: Ehrmann - Kadlec - Kranz (89. Krämer) - Dooley - Goldbæk - Haber - Hoffmann - Roos - Scherr - Schupp - Labbadia
Köln: Illgner - Gielchen - Giske - Higl - Flick (68. Heldt) - Greiner (89. Baumann) - Janßen - Rudy - **Banach** - Götz - Ordenewitz

Tore: 0:1 Greiner (22.), 1:1 Haber (41.), **1:2 Banach** (88.)
Schiedsrichter: Kriegelstein
Zuschauer: 26.428

07.11.1990 | UEFA-Cup, 2. Runde | Inter Bratislava – 1. FC Köln 0:2 (0:0)

Bratislava: Toth - Weiss - Bagin - Jonis - Jurasko - Kubica - Lednicky - Obsitnek - Rehak - Stojka (57. Barka) - Stranianek

Köln: Illgner - Andersen (67. Gielchen) - Giske - Higl - Flick - Greiner - Janßen - Rudy - **Banach** (81. Heldt) - Götz - Ordenewitz

Tore: 0:1 Götz (56.), 0:2 Janßen (62.)
Schiedsrichter: dos Santos
Zuschauer: 12.000

10.11.1990 | Bundesliga, 13. Spieltag | Bayer 04 Leverkusen – 1. FC Köln 2:0 (1:0)

Leverkusen: Vollborn - Foda - Kree - Seckler - Jorginho - Feinbier (62. Fischer) - Lupescu - Reinhardt - Lesniak - Schreier - Thom (87. Herrlich)
Köln: Illgner - Andersen - Baumann - Higl - Flick (46. Heldt) - Greiner - Janßen - Rudy - **Banach** - Götz (64. Britz) - Ordenewitz

Tore: 1:0 Lesniak (35.), 2:0 Thom (68.)
Schiedsrichter: Fux
Zuschauer: 25.800

16.11.1990 | Bundesliga, 14. Spieltag | 1. FC Köln – FC St. Pauli 2:0 (2:0)

Köln: Illgner - Baumann - Gielchen - Giske - Higl - Greiner - Heldt - Janßen - Rudy (67. Andersen) - **Banach** - Ordenewitz (65. Britz)

St. Pauli: Thomforde - Schlindwein - Trulsen - Dammann - Gronau - Knäbel - Sievers - Wolf (46. Ottens) - Zander - Golke - Knoflicek

Tore: 1:0 Heldt (39.), 2:0 Greiner (45.)
Schiedsrichter: Scheuerer
Zuschauer: 10.000

24.11.1990 | Bundesliga, 15. Spieltag | VfB Stuttgart – 1. FC Köln 3:2 (0:1)

Stuttgart: Immel - Buchwald - Frontzeck - Hartmann - Schäfer - Schmäler - Allgöwer - Buck - Kögl - Sammer - Sverrisson

Köln: Illgner - Andersen (71. Sturm) - Baumann - Gielchen - Giske - Higl - Greiner - Heldt (46. Ordenewitz) - Janßen - **Banach** - Götz

Tore: 0:1 Giske (38.), **0:2 Banach** (49.), 1:2 Kögl (53.), 2:2 Sammer (55.), 3:2 Allgöwer (69.)
Schiedsrichter: Steinborn
Zuschauer: 35.000

28.11.1990 | UEFA-Cup, Achtelfinale | 1. FC Köln – Atalanta Bergamo 1:1 (0:0)

Köln: Illgner - Baumann (80. Jensen) - Giske - Higl - Greiner - Heldt - Janßen - **Banach** - Götz - Ordenewitz - Sturm (46. Gielchen)

Bergamo: Ferron - Bigliardi - Pasciullo - Progna - Contratto - Bordin - Bonacina - Strömberg - Nicolini - Perrone (81. Caniggia) - Evair (89. Porrini)

Tore: 1:0 Progna (50., Eigentor), 1:1 Bordin (54.)
Schiedsrichter: Goethals
Zuschauer: 25.000

01.12.1990 | DFB-Pokal, Achtelfinale | 1. FC Köln – SV Meppen 1:0 (1:0)

Köln: Illgner - Gielchen - Giske - Higl - Greiner - Heldt (64. Andersen) - Janßen - **Banach** - Götz - Ordenewitz - Sturm

Meppen: Kubik - Böttche - Deters - Faltin - Hanses - Helmer - Klobke - Korek (59. Dlugajczyk) - Menke - Rusche - Thoben

Tor: 1:0 Greiner (43.)
Schiedsrichter: Wittke
Zuschauer: 5.000

07.12.1990 | Bundesliga, 16. Spieltag | 1. FC Köln – Karlsruher SC 0:0

Köln: Illgner - Andersen - Giske - Higl - Flick - Greiner - Heldt - **Banach** (70. Gielchen) - Götz - Ordenewitz - Sturm

Karlsruhe: Kahn - Bany -

Bogdan - Kreuzer - Metz - Süss - Harforth - Schmidt - Schütterle - Westerbeek - Reichert

Tore: -
Schiedsrichter: Kasper
Zuschauer: 9.000

12.12.1990 | UEFA-Cup, Achtelfinale | Atalanta Bergamo – 1. FC Köln 1:0 (1:0)

Bergamo: Ferron - Progna - Bigliardi - Contratto - Bonacina - Nicolini - Bordin - Pasciullo - Strömberg (61. Porrini) - Caniggia (83. Perrone) - Evair

Köln: Illgner - Baumann - Giske - Higl - Flick - Greiner - Heldt - **Banach** (73. Daschner) - Götz - Ordenewitz (42. Ordenewitz) - Sturm

Tor: 1:0 Nicolini (19.)
Schiedsrichter: Quiniou
Zuschauer: 26.000

27.02.1991 | Bundesliga, 18. Spieltag | Fortuna Düsseldorf – 1. FC Köln 0:2 (0:0)

Düsseldorf: Schmadtke - Loose - Werner - Wojtowicz (20. Ahlsen, 60. Andersen) - Baffoe - Büskens - Hey - Kaiser - Schütz - Allofs - Demandt

Köln: Illgner - Andersen - Baumann - Gielchen - Higl - Flick - Greiner - Heldt (72. Jensen) - Götz - Ordenewitz - Sturm (**82. Banach**)

Tore: 0:1 Sturm (49.), 0:2 Heldt (54.)
Schiedsrichter: Mierswa
Zuschauer: 21.000

02.03.1991 | Bundesliga, 19. Spieltag | 1. FC Köln – VfL Bochum 0:0
Köln: Illgner - Andersen - Baumann - Gielchen (**62. Banach**) - Higl - Flick - Greiner - Heldt (78. Daschner) - Götz - Ordenewitz - Sturm

Bochum: Wessels - Dressel (87. Zanter) - Herrmann - Kempe - Oswald - Ridder - Heinemann - Helmig - Legat - Wegmann (78. Ostermann) - Milde

Tore: -
Schiedsrichter: Berg
Zuschauer: 15.000

16.03.1991 | Bundesliga, 21. Spieltag | 1. FC Köln – Borussia Mönchengladbach 1:3 (1:2)

Köln: Illgner - Andersen - Baumann - Gielchen - Higl - Jensen (46. Daschner) - Britz - Heldt - **Banach** - Götz - Sturm

Mönchengladbach: Brunn - Eichin - Kastenmaier (83. Stefes) - Klinkert - Straka - Hochstätter - Neun - Pflipsen (88. Wynhoff) - Schneider - Criens - Max

Tore: 0:1 Götz (9., Eigentor), 1:1 Higl (31.), 1:2 Kastenmaier (39.), 1:3 Max (70.)
Schiedsrichter: Krug
Zuschauer: 28.000

19.03.1991 | Bundesliga, 17. Spieltag | 1. FC Kaiserslautern – 1. FC Köln 2:2 (0:2)

Kaiserslautern: Ehrmann - Kadlec - Kranz - Stumpf - Dooley - Ernst - Hoffmann - Schupp - Hotic - Kuntz - Labbadia

Köln: Illgner - Andersen - Baumann - Gielchen (58. Wunderlich) - Higl - Jensen - Britz - Greiner - Heldt - Ordenewitz (**90. Banach**) - Sturm
Tore: 0:1 Heldt (4.), 0:2 Sturm (24.), 1:2 Winkler (72.), 2:2 Haber (80.)
Schiedsrichter: Striegel
Zuschauer: 36.133

23.03.1991 | Bundesliga, 21. Spieltag | 1. FC Köln – SG Wattenscheid 09 1:1 (0:0)

Köln: Illgner - Baumann - Gielchen - Higl - Britz - Greiner - Heldt - Rudy (62. Daschner) - **Banach** - Götz - Ordenewitz

Wattenscheid: Mai - Neuhaus - Bach - Moser - Siewert - Hartmann - D. Kontny (68. Buckmaier) - Sobiech - Fink - Sané - Tschiskale (59. Emmerling)

Tore: 1:0 Banach (62.), 1:1 Hartmann (64.)
Schiedsrichter: Prengel
Zuschauer: 10.000

30.03.1991 | DFB-Pokal, Viertelfinale | 1. FC Köln – VfB Stuttgart 1:0 n.V. (0:0, 0:0)

Köln: Illgner - Andersen - Baumann - Gielchen - Higl - Greiner - Heldt - Rudy (**84. Banach**) - Götz - Littbarski - Ordenewitz - Sturm

Stuttgart: Immel - Buchwald - Frontzeck - Hartmann - Schäfer - Schneider (113. Kastl) - Allgöwer - Buck - Kögl - Sammer - Sverrisson (91. Gaudino)

Tor: 1:0 Banach (110.)
Besondere Vorkommnisse: Rote Karte für Götz (83.)
Schiedsrichter: Osmers
Zuschauer: 37.000

03.04.1991 | Bundesliga, 23. Spieltag | Hamburger SV – 1. FC Köln 1:1 (1:0)
Hamburg: Golz - Rohde - Ballwanz (68. Nando) - Beiersdorfer - Kober - Doll - Eck - Matysik - Spörl - von Heesen (83. Stratos) - Furtok

Köln: Illgner - Andersen - Baumann - Gielchen - Higl - Jensen - Greiner - Heldt (**54. Banach**) - Littbarski - Ordenewitz - Sturm (89. Britz)

Tore: 1:0 Eck (42.), **1:1 Banach** (60.)
Schiedsrichter: Föckler
Zuschauer: 30.000

06.04.1991 | Bundesliga, 24. Spieltag | 1. FC Köln – Eintracht Frankfurt 2:1 (1:1)

Köln: Illgner - Andersen - Baumann - Gielchen - Higl - Greiner - Heldt (**71. Banach**) - Götz - Littbarski (85. Britz) - Ordenewitz - Sturm

Frankfurt: Stein - Bindewald (80. Sippel) - Binz - Körbel - Roth - Bein - Gründel - Lasser (46. Turowski) - Möller - Studer - Yeboah

Tore: 0:1 Binz (24.), 1:1 Littbarski (26.), 2:1 Sturm (50.)
Schiedsrichter: Wiesel
Zuschauer: 23.000

13.04.1991 | Bundesliga, 25. Spieltag | Borussia Dortmund – 1. FC Köln 1:1 (1:0)

Dortmund: de Beer - Gorlukowitsch - Helmer - Kutowski - Schulz - Breitzke (80. Plechaty) - Franck (67. Karl) - Rummenigge - Zorc - Mill - Povlsen

Köln: Illgner - Andersen - Baumann - Gielchen - Higl - Greiner (85. Britz) - Heldt (72. Rudy) - **Banach** - Götz - Littbarski - Ordenewitz

Tore: 0:1 Banach (20.) **0:2 Banach** (35.), 1:2 Rummenigge (61.)
Schiedsrichter: Kriegelstein
Zuschauer: 44.547

20.04.1991 | Bundesliga, 27. Spieltag | FC Bayern München – 1. FC Köln 2:2 (1:0)

München: Aumann - Augenthaler - Grahammer - Münch - Reuter - Thon (63. Schwabl) - Effenberg - Strunz - Ziege (55. Bender) - Laudrup - Wohlfarth

Köln: Illgner - Andersen - Baumann - Gielchen - Higl - Greiner (87. Britz) - Rudy - Götz - Littbarski - Ordenewitz - Sturm (**46. Banach**)

Tore: 1:0 Laudrup (2.), **1:1 Banach** (60.), 2:1 Schwabl (86.), 2:2 Götz (88.)
Schiedsrichter: Steinborn
Zuschauer: 27.600

23.04.1991 | DFB-Pokal, Halbfinale | MSV Duisburg – 1. FC Köln 0:0 n.V.

Duisburg: Macherey - Mariotti (72. Hajszan) - Notthoff - Puszamszies - Struckmann - Woelk - Bremser - Kaluzny (85. Kober) - Steininger - Tarnat - Lienen

Köln: Illgner - Andersen - Baumann - Gielchen - Higl - Rudy - **Banach** - Götz - Littbarski - Ordenewitz - Sturm (70. Heldt)

Tore: -
Schiedsrichter: Tritschler
Zuschauer: 30.600

04.05.1991 | Bundesliga, 28. Spieltag | 1. FC Köln – 1. FC Nürnberg 3:1 (1:1)

Köln: Illgner - Andersen - Baumann - Higl - Greiner - Heldt - Rudy (66. Gielchen) - **Banach** (83. Sturm) - Götz - Littbarski - Ordenewitz

Nürnberg: Köpke - Kurz - Dittwar - Metschies (68. Weidemann) - Wolf (78. Heidenreich) - Brunner - Dorfner - Oechler - Wagner - Eckstein - Wirsching

Tore: 1:0 Oechler (25., Eigentor), 1:1 Oechler (26.), 2:1 Littbarski (64.), 3:1 Ordenewitz (71.)
Schiedsrichter: Malbranc
Zuschauer: 13.000

07.05.1991 | DFB-Pokal, Halbfinal-Entscheidungsspiel | 1. FC Köln – MSV Duisburg 3:0 (1:0)

Köln: Illgner - Andersen (88. Britz) - Baumann - Gielchen - Higl - Greiner - Heldt (63. Rudy) - **Banach** - Götz - Littbarski - Ordenewitz

Duisburg: Macherey - Mariotti (51. Hajszan) - Notthoff - Puszamszies - Struckmann - Woelk - Bremser - Kaluzny (80. Kober) - Steininger - Tarnat - Lienen

Tore: 1:0 Higl (30.), 2:0 Ordenewitz (49.), **3:0 Banach** (90.)
Besondere Vorkommnisse: Rote Karte für Ordenewitz (85.)
Schiedsrichter: Merk
Zuschauer: 35.000

11.05.1991 | Bundesliga, 29. Spieltag | Bayer 05 Uerdingen – 1. FC Köln 0:3 (0:2)

Uerdingen: Dreher - Fach - Funkel - Kleppinger (68. Steffen) - Paßlack - Klein - Rolff - Sassen - Timofte (64. Klinger) - Chapuisat - Witeczek

Köln: Illgner - Andersen - Baumann - Gielchen - Higl - Greiner (87. Rudy) - Heldt - **Banach** (88. Sturm) - Götz - Littbarski - Ordenewitz

Tore: 0:1 Banach (12.), **0:2**

Banach (44.), 0:3 Ordenewitz (85.)
Schiedsrichter: Berg
Zuschauer: 13.600

18.05.1991 | Bundesliga, 30. Spieltag | 1. FC Köln – Bayer 04 Leverkusen 1:1 (1:1)

Köln: Illgner - Andersen - Baumann - Gielchen - Higl - Greiner - Heldt - **Banach** - Götz - Littbarski - Ordenewitz (18. Rudy, 71. Britz)

Leverkusen: Vollborn - Foda - Kree - Seckler - Jorginho - Fischer - Lupescu - Stammann - Kirsten - Lesniak (83. Herrlich) - Schreier (45. Reinhardt)

Tore: 0:1 Fischer (2.), 1:1 Götz (18.)
Schiedsrichter: Scheuerer
Zuschauer: 21.000

25.05.1991 | Bundesliga, 31. Spieltag | FC St. Pauli – 1. FC Köln 2:0 (1:0)

St. Pauli: Ippig - Hollerbach (77. Wolf) - Kocian - Olck - Schlindwein - Trulsen - Dammann - Ottens (65. Dahms) - Sievers - Zander - Golke

Köln: Illgner - Andersen - Gielchen - Giske (68. Rudy) - Higl - Flick - Greiner - Heldt (61. Daschner) - **Banach** - Götz - Littbarski

Tore: 1:0 Kocian (14.), 2:0 Zander (58.)
Schiedsrichter: Dellwing
Zuschauer: 17.600

01.06.1991 | Bundesliga, 32. Spieltag | 1. FC Köln – VfB Stuttgart 1:6 (0:2)

Köln: Illgner - Andersen - Baumann - Gielchen - Giske (46. Rudy) - Higl - Greiner - Heldt - **Banach** - Littbarski - Ordenewitz (77. Daschner)

Stuttgart: Immel - Buchwald - Frontzeck - Hartmann - Schneider - Strehmel - Allgöwer - Buck - Sammer - Sverrisson (89. Kastl) - Walter (73. Gaudino)

Tore: 0:1 Walter (19.), 0:2 Allgöwer (40.), 0:3 Frontzeck (48.), 1:3 Higl (54.), 1:4 Sammer (57.), 1:5 Frontzeck (67.), 1:6 Sverrisson (79.)
Schiedsrichter: Kriegelstein
Zuschauer: 20.000

08.06.1991 | Bundesliga, 33. Spieltag | Karlsruher SC – 1. FC Köln 1:1 (1:1)

Karlsruhe: Kahn - Wittwer (64. Lust) - Bogdan - Metz - Süss - Harforth - Schmidt - Scholl - Schütterle (89. Silva) - Carl - Reichert

Köln: Illgner - Baumann - Gielchen - Giske - Higl (45. Rudy) - Flick (82. Sturm) - Greiner - **Banach** - Götz - Littbarski - Ordenewitz

Tore: 1:0 Scholl (35.), **1:1 Banach** (38.)
Schiedsrichter: Albrecht
Zuschauer: 15.000

15.06.1991 | Bundesliga, 34. Spieltag | 1. FC Köln – 1. FC Kaiserslautern 2:6 (1:4)

Köln: Illgner - Gielchen - Giske - Higl (46. Heldt) - Flick - Greiner - Rudy (72. Sturm) - **Banach** - Götz - Littbarski - Ordenewitz

Kaiserslautern: Ehrmann - Friedmann - Kranz - Lutz - Dooley - Haber - Hoffmann (87. Labbadia) - Scherr - Schupp - Kuntz - Winkler (75. Ernst)

Tore: 0:1 Haber (5.), 0:2 Winkler (14.), 1:2 Ordenewitz (34.), 1:3 Winkler (43.), 1:4 Dooley (45.), 2:4 Greiner (47.), 2:5 Haber (77.), 2:6 Schupp (90.)
Besondere Vorkommnisse: Rote Karte für Flick (31.)
Schiedsrichter: Harder
Zuschauer: 55.000

22.06.1991 | DFB-Pokal, Finale | SV Werder Bremen – 1. FC Köln 5:4 n.E. (0:1, 1:1, 1:1)

Bremen: Reck - Borowka - Bratseth - Bode - Eilts - Hermann (75. Sauer) - Votava - Wolter - Allofs - Neubarth (70. Harttgen) - Rufer

Köln: Illgner - Andersen (96. Rudy) - Baumann - Gielchen - Higl - Jensen - Greiner - **Banach** - Götz - Littbarski - Sturm (59. Heldt)

Tore: 1:0 Eilts (48.), **1:1 Banach** (62.)
Elfmeterschießen: Rudy verschießt, Allofs scheitert an Illgner, 1:2 Higl, 2:2 Rufer, Littbarski scheitert an Reck, 3:2 Bratseth, **3:3 Banach**, 4:3 Harttgen, 4:4 Götz, 5:4 Borowka
Schiedsrichter: Schmidhuber
Zuschauer: 73.000
Saison 1991/92 – 1. FC Köln

Saison 1991/92 - 1. FC Köln

02.08.1991 | Bundesliga, 1. Spieltag | VfL Bochum – 1. FC Köln 2:2 (1:2)

Bochum: Wessels - Kempe - Reekers - Zanter - Bonan - Heinemann - Nehl - Rzehaczek - Epp - Peschel - Türr (78. Helmig)

Köln: Illgner - Baumann - Götz - Jensen - Heldt - Steinmann (90. Greiner) - Trulsen - **Banach** -

Littbarski - Ordenewitz - Sturm (76. Higl)

Tore: 0:1 Ordenewitz (18.), 1:1 Epp (31.), **1:2 Banach** (45.), 2:2 Bonan (74.)
Schiedsrichter: Heynemann
Zuschauer: 30.400

10.08.1991 | Bundesliga, 2. Spieltag | 1. FC Köln – Stuttgarter Kickers 0:0

Köln: Illgner - Baumann - Götz - Jensen - Heldt - Steinmann - Trulsen (46. Higl) - **Banach** - Littbarski - Ordenewitz - Sturm (46. Greiner)

Stuttgart: Brasas - Novodomsky - Ritter - Wolf - Cayasso - Kula - Richter - Tattermusch - Wörsdörfer (77. Schwartz) - Fischer (43. Berkenhagen) - Vollmer

Tore: -
Schiedsrichter: Stenzel
Zuschauer: 16.000

14.08.1991 | Bundesliga, 3. Spieltag | 1. FC Köln – 1. FC Kaiserslautern 1:1 (0:0)
Köln: Illgner - Andersen - Baumann - Higl - Jensen (76. H. Fuchs) - Flick (**62. Banach**) - Greiner - Heldt - Steinmann - Littbarski - Ordenewitz

Kaiserslautern: Ehrmann - Dooley - Funkel - Kranz - Haber - Hoffmann - Lelle - Scherr - Witeczek - Hotic - Kuntz

Tore: 0:1 Hotic (56.), **1:1 Banach** (86.)
Schiedsrichter: Albrecht
Zuschauer: 28.000

17.08.1991 | DFB-Pokal, 1. Runde | Rot-Weiß Wernigerode – 1. FC Köln 0:4 (0:2)

Wernigerode: Fieberling - Denecke - Löder - Schedlbauer - Brendel - Wilke - Domine - Lickefett - Lange - Reuß - Potyka (8. Kintschil)
Köln: Illgner - Andersen - Baumann - Higl - Jensen - Greiner (69. Sturm) - Heldt - Steinmann - **Banach** - Littbarski (61. H. Fuchs) - Ordenewitz

Tore: 0:1 Baumann (16.), 0:2 Littbarski (39.), **0:3 Banach** (55.), 0:4 H. Fuchs (67.)
Schiedsrichter: Kemmling
Zuschauer: 11.300

21.08.1991 | Bundesliga, 4. Spieltag | Hamburger SV – 1. FC Köln 1:1 (1:0)

Hamburg: Golz - Rohde - Beiersdorfer - Kober - Eck - Hartmann - Matysik - Spörl - von Heesen - Furtok - Nando (76. Bode)

Köln: Illgner - Andersen - Baumann - Higl - Jensen - Greiner - Heldt - Steinmann (72. H. Fuchs) - **Banach** - Littbarski - Ordenewitz (83. Trulsen)

Tore: 1:0 von Heesen (11.), 1:1 Ordenewitz (51.)
Schiedsrichter: Fux
Zuschauer: 26.800

24.08.1991 | Bundesliga, 5. Spieltag | 1. FC Köln – Eintracht Frankfurt 1:1 (0:1)

Köln: Illgner - Andersen - Baumann - Higl - Jensen - Greiner (46. Sturm) - Heldt - Steinmann - **Banach** - Littbarski (60. H. Fuchs) - Ordenewitz

Frankfurt: Stein - Bindewald - Binz - Klein - Roth - Bein - Falkenmayer - Gründel (84. Sippel) - Möller - Studer - Kruse (73. Yeboah)

Tore: 0:1 Kruse (36.), 1:1 Ordenewitz (63.)
Besondere Vorkommnisse: Rote Karte für Baumann (59.)
Schiedsrichter: Berg
Zuschauer: 21.000

28.08.1991 | Bundesliga, 6. Spieltag | 1. FC Nürnberg – 1. FC Köln 4:0 (4:0)

Nürnberg: Köpke - Kurz - Dittwar - Friedmann - Wolf - Zietsch - Golke - Oechler - Wagner - Eckstein - Zarate

Köln: Illgner - Andersen - Higl - Jensen - Heldt - Steinmann - Trulsen - **Banach** (69. H. Fuchs) - Littbarski - Ordenewitz (46. Greiner) - Sturm

Tore: 1:0 Wagner (1.), 2:0 Friedmann (28.), 3:0 Zarate (29.), 4:0 Eckstein (37.)
Besondere Vorkommnisse: Gelb-Rote Karte für Higl (43.)
Schiedsrichter: Mierswa
Zuschauer: 40.000

31.08.1991 | Bundesliga, 7. Spieltag | 1. FC Köln – FC Bayern München 1:1 (0:1)

Köln: Illgner - Andersen (35. H. Fuchs) - Giske - Götz - Flick - Greiner - Steinmann - Trulsen (61. Heldt) - **Banach** - Littbarski - Ordenewitz

München: Hillringhaus - Babbel - Berthold - Pflügler - Bender - Effenberg - Schwabl - Sternkopf (71. Kremm) - Ziege - Labbadia - Wohlfarth (76. Mazinho)

Tore: 0:1 Effenberg (14.), **1:1 Banach** (64.)
Schiedsrichter: Dellwing
Zuschauer: 43.000

03.09.1991 | DFB-Pokal, 2. Runde | Bayer 04 Leverkusen –

1. FC Köln 2:0 (0:0)

Leverkusen: Vollborn - Foda - Kree - Wörns - Buncol (81. Seckler) - Jorginho - Fischer - Lupescu (90. Feinbier) - Stammann - Herrlich - Thom

Köln: Illgner - Baumann - Giske - Götz - Higl (67. H. Fuchs) - Greiner - Heldt - Steinmann (70. Rudy) - **Banach** - Littbarski - Ordenewitz

Tore: 1:0 Buncol (64.), 2:0 Fischer (69.)
Schiedsrichter: Neuner
Zuschauer: 20.000

06.09.1991 | Bundesliga, 8. Spieltag | Borussia Dortmund – 1. FC Köln 3:1 (1:1)

Dortmund: Klos - Karl - Kutowski - Schmidt - Schulz - Lusch - Poschner - Rummenigge - Zorc (42. Povlsen) - Chapuisat (86. Gorlukowitsch) - Mill

Köln: Illgner - Baumann (24. Trulsen) - Giske - Götz - Higl - Greiner - Heldt (46. H. Fuchs) - Steinmann - **Banach** - Littbarski - Ordenewitz

Tore: 0:1 Banach (14.), 1:1 Mill (37.), 2:1 Rummenigge (69.), 3:1 Povlsen (76.)
Schiedsrichter: Habermann
Zuschauer: 42.611

14.09.1991 | Bundesliga, 9. Spieltag | 1. FC Köln – VfB Stuttgart 1:1 (1:1)

Köln: Illgner - Andersen (56. Heldt) - Giske - Götz - Higl - Greiner - Steinmann - **Banach** - H. Fuchs (81. Baumann) - Littbarski - Ordenewitz

Stuttgart: Immel - Buchwald - Dubajic - Frontzeck - Schäfer - Schneider - Strehmel - Buck - Sammer - Sverrisson (86. Kastl) - Walter (46. Gaudino)

Tore: 0:1 Walter (24.), **1:1 Banach** (39.)
Besondere Vorkommnisse: Gelb-Rote Karte für Ordenewitz (70.)
Schiedsrichter: Föckler
Zuschauer: 19.000

20.09.1991 | Bundesliga, 10. Spieltag | Borussia Mönchengladbach – 1. FC Köln 2:2 (1:1)

Mönchengladbach: Kamps - Fach - Klinkert - Stadler - Kastenmaier - Meier (74. Max) - Neun - Schneider - Schulz (38. Steffen) - Salou - Wynhoff

Köln: Illgner - Baumann - Giske - Götz - Higl - Flick - Rudy (86. Heldt) - Steinmann - **Banach** - Littbarski - Müller (33. Trulsen)

Tore: 0:1 Banach (17.), 1:1 Kastenmaier (28.), 2:1 Fach (46.), 2:2 Steinmann (57.)
Schiedsrichter: Ziller
Zuschauer: 23.114

27.09.1991 | Bundesliga, 11. Spieltag | 1. FC Köln – SG Wattenscheid 09 1:1 (0:0)

Köln: Illgner - Giske (46. Baumann) - Götz - Higl - Flick - Heldt - Steinmann (58. H. Fuchs) - **Banach** - Littbarski - Ordenewitz - Sturm

Wattenscheid: Mai - Bach - Langbein - Moser - Sobiech - Buckmaier - Hartmann - Jankovic (81. Emmerling)- Schupp - Fink - Sané
Tore: 0:1 Fink (82.), 1:1 Moser (88., Eigentor)
Schiedsrichter: Kasper
Zuschauer: 23.000

05.10.1991 | Bundesliga, 12. Spieltag | Bayer 04 Leverkusen – 1. FC Köln 1:1 (0:0)

Leverkusen: Vollborn - Foda - Kree - Wörns - Buncol (82. Seckler) - Jorginho - Fischer - Lupescu - Stammann - Herrlich (64. Herrlich) - Thom

Köln: Illgner - Baumann - Götz (46. Jensen) - Higl - Flick (78. Ordenewitz) - Greiner - Heldt - Trulsen - **Banach** - H. Fuchs - Littbarski

Tore: 1:0 Kree (76.), 1:1 H. Fuchs (90.)
Schiedsrichter: Harder
Zuschauer: 21.000

12.10.1991 | Bundesliga, 13. Spieltag | 1. FC Köln – MSV Duisburg 1:1 (0:1)

Köln: Illgner - Götz - Higl - Flick (63. Sturm) - Greiner - Heldt - Trulsen (46. Baumann) - **Banach** - H. Fuchs - Littbarski - Ordenewitz

Duisburg: Macherey - Gielchen - Nijhuis - Notthoff - Puszamszies - Woelk - Kober (90. Azzouzi) - Steininger - Tarnat - Liutyi - Tönnies

Tore: 0:1 Kober (24.), **1:1 Banach** (86.)
Besondere Vorkommnisse: Gelb-Rote Karte für Tarnat (50.)
Schiedsrichter: Gläser
Zuschauer: 18.000

19.10.1991 | Bundesliga, 14. Spieltag | Karlsruher SC – 1. FC Köln 0:1 (0:0)

Karlsruhe: Kahn - Wittwer (86. Schmarow) - Bogdan - Metz - Reich - Schuster - Harforth - Rolff - Schmidt - Schütterle - Reichert (66. Scholl)

Köln: Illgner - Baumann - Higl - Jensen - Flick - Greiner - Heldt - **Banach** - H. Fuchs (46. Sturm) - Littbarski - Ordenewitz (74. Steinmann)

Tor: 0:1 Littbarski (85.)
Schiedsrichter: Steinborn
Zuschauer: 17.000

26.10.1991 | Bundesliga, 15. Spieltag | 1. FC Köln – Werder Bremen 5:0 (3:0)

Köln: Illgner - Baumann - Higl - Jensen - Greiner - Heldt - Trulsen (69. Götz) - **Banach** - H. Fuchs (46. Sturm) - Littbarski - Ordenewitz

Bremen: Reck - Bratseth - Otten - Bode - Eilts - Hermann (64. Legat) - Votava - Wolter - Allofs (64. Bockenfeld) - Neubarth - Rufer

Tore: 1:0 H. Fuchs (7.), 2:0 Heldt (43.), **3:0 Banach** (43.), 4:0 Heldt (81.), 5:0 Sturm (87.)
Schiedsrichter: Schmidhuber
Zuschauer: 19.000

02.11.1991 | Bundesliga, 16. Spieltag | Hansa Rostock – 1. FC Köln 1:1 (0:1)

Rostock: Hoffmann - Alms - März - Straka - Böger (79. Schlünz) - Dowe - Machala - Spies - Weilandt (46. Bodden) - Persigehl - Weichert

Köln: Illgner - Baumann - Higl - Jensen - Flick - Greiner - Heldt - **Banach** (46. Sturm) - H. Fuchs (80. Götz) - Littbarski - Ordenewitz

Tore: 0:1 H. Fuchs (10.), 1:1 Persigehl (51.)
Schiedsrichter: Osmers
Zuschauer: 15.000

09.11.1991 | Bundesliga, 17. Spieltag | 1. FC Köln – Fortuna Düsseldorf 4:1 (2:1)

Köln: Illgner - Baumann - Götz - Higl - Jensen - Greiner - Heldt (46. Steinmann) - **Banach** (75. Giske) - Fuchs - Littbarski - Ordenewitz

Düsseldorf: Schmadtke - Drazic - Loose - Spanring - Werner (58. Albertz) - Büskens - Hey - Schreier - Hutwelker (58. Carrecedo) - Allofs - Demandt

Tore: 1:0 H. Fuchs (4.), 1:1 Demandt (28.), **2:1 Banach** (45.), **3:1 Banach** (56.), 4:1 Greiner (68.)
Schiedsrichter: Scheuerer
Zuschauer: 20.000

16.11.1991 | Bundesliga, 16. Spieltag | FC Schalke 04 – 1. FC Köln 3:0 (1:0)

Schalke: Lehmann - Luginger - Güttler - Herzog - Mademann - Prus - Anderbrügge (81. Eigenrauch) - Borodjuk - Freund - Schlipper (67. Müller) - Sendscheid

Köln: Illgner - Baumann - Götz - Higl - Jensen - Greiner - Steinmann - **Banach** - H. Fuchs - Littbarski (65. Heldt) - Ordenewitz (65. Sturm)

Tore: 1:0 Anderbrügge (17.), 2:0 Borodjuk (72.), 3:0 Sendscheid (80.)
Schiedsrichter: Merk
Zuschauer: 61.400

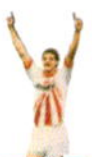

Danksagungen

Familie Banach um Claudia Weigl-Banach. Frank Steffan für seine schier unendliche Geduld. Unseren Familien für (moralische) Unterstützung in jeglichen Lebenslagen.

Christian Kreckel | Andreas Gielchen | Dominik Hamers | Thomas Hiete | Stefan Kühlborn | Frederic Latz | Daniel Mertens | Tim Müller | Chaled Nahar | Florian Reinecke | Monika Sänger | Michael Trippel | Dirk Unschuld | Jens Volke | Moritz Zimmermann

Ralf Friedrichs

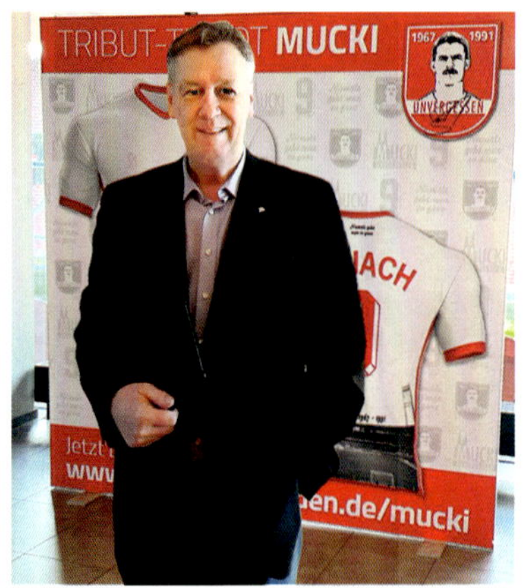

Der 1964 geborene Autor landete mit der Fussball-Satire "Neulich im Geissbockheim" einen lokalen Bestseller, schrieb weitere Fussballbücher und moderiert diverse Fussball-Talks, unter anderem seit 2009 den "FC-Stammtisch Talk". Weiterhin war er mitverantwortlich für zwei prämierte Fussballfilme. Den 1. FC Köln und die Bundesliga verfolgt Friedrichs seit den frühen siebziger Jahren, Maurice Banach hat er selbst im Müngersdorfer Stadion spielen und treffen gesehen.

Thomas Reinscheid

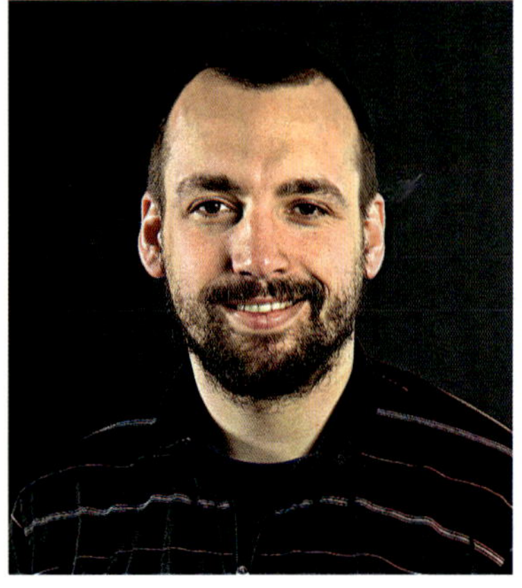

Der Sportjournalist (Jahrgang 1986) hat im Zusammenhang mit dem 1. FC Köln nicht die Gnade der frühen Geburt erlebt, sondern stieß als Fan zu den „Geißböcken", als es mit dem Verein steil bergab ging. Maurice Banach hat er deshalb niemals live spielen sehen, sondern lediglich rudimentäre Erinnerungen an das Pokalfinale 1991. Unter dem Motto „FC ist, wenn man trotzdem lacht" schreibt Thomas Reinscheid seit 2012 für das Online-Fanzine effzeh.com und ist darüber hinaus als Autor für diverse Magazine und Webseiten tätig.